原来你是这样的常玉

Sanyu: A Life

陈琳 著
Chen Lin

常玉

湖南美术出版社
· 长沙 ·

常玉像（摄于 1932 年）

第一部分　少年时代

第二部分　冉冉上升

第三部分　高峰期

第四部分　江河日下

第六部分　晚景

第一部分　少年时代

第一章　蜀中岁月

· 库房和书房

“西路红苕好难吞，要吃干饭到顺庆；顺庆有个常俊民，丝厂开在平城门；常家丝厂有干饭，干饭拿起甑子蒸；哪个把我介绍去，一辈子都谢他的恩。”“常俊民，常百万，我要进厂吃干饭！……”一块收拾平整的空地上，一群衣衫褴褛的孩子边唱童谣边嬉戏打闹，他们身后是一座院落，几栋宽敞的平房都是红砖砌成，在周围一片简陋的茅草土坯房的映衬下，显得更加气派，高大门楼上的牌匾赫然写着“德合丝厂”几个大字。

清脆的童声透过厂院围墙传入砖房内，这栋砖房格外宽阔，堆满了生丝等原料和各色成品、半成品丝绸，显然是丝厂的库房。一个六七岁的男孩正跟在一位老人身后查看库存，老人腰间挂着一串钥匙，正是库房的管理员刘伯。男孩眉目清秀，样貌周正，眼睛虽不大，但目光专注有神，显得十分机灵聪颖。男孩名叫常廷果，是四川顺庆——隶属于现在的南充——当地画家常书舫的第六个孩子，前面有两位哥哥和三位姐姐。儿歌里的常俊民、常百万，正是常廷果的长兄，1901 年常廷果出生时，常俊民已经 37 岁，独立经营买卖多年。常俊民在常廷果出生的第二年，创办了一家专营丝绵的贸易公司，以自己的号“德源”

常玉长兄常俊民肖像

为公司命名。因常俊民经营有方，商誉良好，德源贸易公司在当地有口皆碑，经营规模迅速扩大，收购合并了多家小厂，此时已更名“德合”，成了四川最大的丝绸厂。常俊民总觉得自己这次发迹是廷果带来的好运，因此格外宠爱这个幼弟。

库房里的一老一小听见窗外传来的儿歌声相视一笑，显然不是头一次遇到这种情况。

“快到腊八，大哥又要准备施粥了。”小廷果喃喃道。

“是啊，六少爷记性可真好，还能记着大掌柜每年这习惯。掌柜的真是个大善人，到年底盘库、清账这么多活计，厂里这么大开销，施粥接济穷人的事可是雷打不动。”

廷果的注意力很快又回到库房内堆积如山的原料和成品上，尤其是那一匹匹码放得整整齐齐、五光十色的绸缎，他喜欢新织出的丝绸散发出的蚕丝特有的香气，也喜欢丝织品珍珠般迷人的光泽，但最令他着迷的还是丝绸柔和悦目的配色和花样繁多的纹饰：寓意吉祥的万字纹、暗八仙、八宝，连绵回旋的缠枝莲、缠枝牡丹……多数纹样是由一个或几个基础图案不断重复、组合构成的，每个单独的图案都极其简洁，只有几根线条而已，然而却毫不单调，组合在一起更是变化无穷。这些图案还有丰富的寓意，圆圈里面一个方块，画的是大钱，代表财富；一根线仿佛绳子一样穿来绕去，结成一个四方平安结，这叫盘长，是佛教八吉祥之一，象征幸福绵延往复，无始无终。鱼是生命力和财富的象征，莲花则有纯洁美丽、绵绵不绝等美好寓意，鱼和莲叶莲花组合在一起意思是连年有余，也暗示夫妻和合、连生贵子。

这都是刘伯教给廷果的，他每次来大哥的丝厂，必先钻进库房翻看绸缎，发现不认识的新花样就缠着刘伯问东问西。刘伯开始以为小孩子只是随便问问，便顺口胡诌应付，没想到廷果记忆力极好，告诉过的事情几乎过耳不忘，如果说得前后不一致还会遭到小家伙的质疑，刘伯常被考得词穷，不得不向厂里负责描样的师傅请教，搜肠刮肚应付这个好奇心旺盛的六少爷。

“刘伯刘伯，这个盘长我在家里的柜子上也见了，为什么到处都有它啊？”廷果想起家里乌漆描金的柜子边缘上嵌着一排贝壳拼成的图案，除了盘长还有石榴、如意，亮闪闪好漂亮，爹说叫什么螺钿。

刘伯正瞠目结舌不知如何作答，库房大门被推开，常俊民走了进来。这个勤劳精干的丝商此时已近知天命之年，他面相和善，五官跟小廷果颇有相似之处，上唇略蓄短须，显得沉稳持重。常俊民虽已身家百万，却牢记自己白手起家的艰难，从无挥霍恶习，临近年关，他依然戴着瓜皮小帽，穿着样式朴素的黑绸马褂，身上几件行头都颇有些年头了，好在质地做工考究，不至显得寒酸。常俊民自己吃穿用度如此节俭，对弟妹们却宠爱有加，在读书教育方面尤其不吝投入。二弟必诚学业出色，常俊民有意过几年送他出洋留学。六弟廷果自小聪颖，只是散漫调皮了些，不过一到父亲的画室便格外安静，如果能子承父业也是好事。

“刘伯，小六顽皮，又给您添麻烦了吧？”

“哎哟，掌柜的说的哪的话，六少爷聪敏好学，我这乡下老头肚里的半点存货早被他掏尽了，将来准和二少爷一样，是读书的好材料。”

常俊民闻言呵呵一笑道：“借您吉言，我先带六少爷回家了，您辛苦。”拉着常廷果走出库房。

“廷果，你这么喜欢这里，长大以后来帮大哥开丝厂好不好？”

“不要，不要，我要像爹那样画画，不过我可以帮大哥画绸子花样。”

“好啊，哈哈，等你成了大画家，可得记着欠大哥的绸子样，我喜欢菊花，你多画几种菊花的。”

……

时光荏苒，转眼常廷果从孩童长成了少年。这期间晚清覆灭，中华民国建立，幸而长兄常俊民的丝厂在动荡的时局中未受太大影响，且在其苦心经营下逆市而上，为家人安定的生活提供了保障，也让六弟廷果儿时的梦得以初步实现。常俊民和常廷果的父亲常书舫作为画家在当地小有名气，以画马和狮子见长。家中众多兄弟姐妹都没有继承父亲常书舫的绘画技艺，只有廷果自幼显露出过人的艺术天赋。看到家学传承有望，父亲自然十分欣慰，将毕生所学倾囊授予廷果。

此刻少年常廷果正坐在父亲的画室中，临摹父亲示范的写意花卉。廷果偏爱花草禽鸟的多姿多彩，也最喜欢父亲所画的花鸟，而且他认为比起广受欢迎的马、狮等动物题材，父亲画花鸟的用笔更加灵动自如，这份举重若轻的洒脱是廷果最想达到的境界。廷果崇拜父亲，会画画的人是多么了不起呀，不用砖瓦木头，无需耕地播种，一支画笔就能创造出一个丰富多彩的世界，小小的廷果暗下决心长大也要成为一个画家。因此他尽管平时调皮，但只要进了画室就格外认真起来。常书舫在一旁观察儿子作画，见廷果手持毛笔一丝不苟地勾勒、填色、罩染，笔法娴熟有条不紊，尤其是菊花花瓣那几笔线条，一气呵成颇显功夫。常书舫心中暗暗嘉许，脸上却不动声色。和多数传统父亲一样，常书舫极少直接夸奖儿子，尤其是这个灵透有余踏实不足的六小子，常书舫生怕他受了表扬更加不肯用功。故而他心里想的是廷果近来习字大有长进，自己已经难以胜任教授他书法，而他现在读的乡里私塾，那先生学问恐怕也有限，自己就吃亏在书法诗文造诣不高上，一辈子被人视为画匠，无缘跻身文人圈层，万不可耽误孩子，不惜重金也要延请名师指导廷果的书法和学问。然而他开口却成了批评：“书画同源，字写不好，画便落了下等。廷果，你的字还差得太远，我和你大哥商量再给你请位先生。”

廷果了解父亲的脾性，没有责骂就相当于表扬了，他自己也感到近来通过书法练习逐渐熟悉毛笔的特性，使用起来愈发得心应手，对书法的兴趣日趋浓厚，他深知父亲用心良苦，可他自己也同样不善以言辞表达感情，只简单答道：“嗯，晓得了，爹。”

· 恩师赵先生

常书舫和常俊民作为父兄，为了老六常廷果能受到良好的教育可谓煞费苦心，他们费尽周折地将廷果托入蜀中赫赫有名的大儒士赵熙门下。赵熙字尧生，号香宋，生于同治六年（1867），比常俊民略小几岁。

常玉恩师赵熙肖像

赵熙原本少年得志，科举之路一帆风顺。光绪十八年（1892）25岁的赵熙便一举考中进士，殿试列二等，选翰林院庶吉士。次年应保和殿大考，殿试名列一等，授翰林院国史馆编修，转官监察御史。明明仕途坦荡，然而赵熙性情高洁、刚正不阿，不堪忍受官场腐败，早早归隐故里，陆续在蜀中各地书院担任山长教书育人，并寄情于文学艺术，在诗、词、书、画、戏等领域均有所建树，时人称其“工诗，善书，间亦作画。诗篇援笔立就，风调冠绝一时。偶撰戏词，传播妇孺之口”。赵熙在诗词方面的造诣尤为突出，被后人推为“晚清第一词人”。

廷果拜于赵熙门下时，先生已年逾不惑，廷果对他的鼎鼎大名早有耳闻，然而初见时只觉他貌不惊人，还不及自己大哥有福相。赵先生瘦长脸型，细眉小眼，眼距颇宽，五官平淡无奇，唯有金丝眼镜圆圆的镜片后一双小眼闪烁着睿智的光芒。但一来到先生的书房，年少的常廷果便受到了震撼——书架上密密麻麻码放的，桌案上层层叠叠摞起的，甚至墙角地上堆放的，全都是书，看得廷果眼花缭乱，无暇看清全部，只注意到书架最显赫位置摆放的都是些看起来相当有年头的旧书。书斋主人显然对这些藏书极为重视，对残损之处都进行了精心的修复，故而这些书并不显得破败，反而透出古雅之气。廷果不禁走到书架前，想近距离赏玩，又未敢贸然伸手触碰。

赵熙见这少年看得认真，便故意试探他：“你喜欢这些破破烂烂的旧书？”

廷果憋红了小脸说道：“不破，好看，像古董。家父画室里也有些书，远不及先生这里藏书宏富。”

赵熙听了颇为惊讶：“想不到你小小年纪倒有些眼力。看到这部《金光明最胜王经》了吗？这可是唐人写经，算是我的镇宅之宝了，我的斋名‘金光明室’就是从这里来的，难得与你投缘，今天就让你见识见识。”

说着他竟小心翼翼取下这本手抄经书，放在廷果面前。廷果见这部经已残破不堪，然而写经人一丝不苟的虔诚信仰和那种雍容典雅的气度，却由那一行行优美质朴的蝇头小楷散发出来，历经千年时光而毫无损失，真迹的力量与美感是字帖所无法比拟的，廷果第一次真切地领略到书法的魅力。他一抬头又瞥到书斋墙上悬挂着一副赵熙名款的楹联，上书“花影忽升知月到，古人不见想山高”，字体介于行、楷之间，端庄劲重，又不乏灵动秀媚，气质高古，直追六朝晋唐，正是闻名蜀中的“荣县赵字”，也有人更加简单直接尊其为“赵熙体”。此时廷果已对赵先生钦佩不已，毕恭毕敬问道：“先生，您的字乍看仿佛颜体，但又更秀气。我临帖时，爹要求一模一样，为什么您就可以不和字帖上写一样，还这么好看？”

赵熙欣然答道：“初学者当然要从临仿前代大家入手，不仅形似，还须意到，揣摩书家的用笔。一家书体熟练掌握之后，再换一家，体会不同书风。临仿阶段肯定是越像越好，临到一定程度便要开始建立自己的风格。你颇有些眼光，能看出我的字脱胎于颜真卿，我还取法元人赵孟頫，秀媚之气便来自松雪道人。此外我广涉汉魏诸碑，尤喜北魏《张猛龙碑》，将金石笔法融入我的书体当中，算是集前代书家之大成，又对前人有所突破。若想书法上有所造诣，必不能满足于像某大家，而要自成一体。其实不仅书法，绘画、诗词、文章莫不如此。哎呀，一提起习字我就滔滔不绝起来，你学书时日尚短，不求一次听懂，可留待今后慢慢领悟。”

常廷果的确听得似懂非懂，只觉字字珠玑甚有道理，便尽力将先生说的话逐字逐句记在心中，此刻他想起蜀中流传甚广的那句顺口溜，不禁脱口而出：“难怪人说‘家有赵翁书，斯人才不俗’，我也想在书画上学有所成，请先生多多指教。”

赵熙闻言大笑：“哈哈，你虽年幼寡言，悟性却不错，也有心向学，孺子可教。”

廷果见先生和蔼可亲，又想起之前听说先生写过戏词，他对此颇为好奇，便放开胆子问道：“先生，听说您还写过戏，是真的吗？”

“哦，那是光绪二十八年（1902），我在自贡胡氏怡堂看了一出木偶戏叫作《焚香记》的，我重写了第四折《活捉王魁》，改名《情探》。”

“《活捉王魁》我看过，里面有个女鬼焦桂英，那个木偶长着血盆大口，一上来就把王魁给抓走了，吓煞人。先生您为什么要改这一出呀？”

“我就是见旧本把焦桂英写得凶神恶煞，甚是不满，觉得这个人物不该如此。这个故事讲的是王魁、焦桂英二人本识于微时，后来王魁赶考高中状元，贪图荣华娶了当朝丞相的千金，忘恩负义将桂英休弃。桂英悲愤难忍，到海神庙哭诉陈情，海神告以阴阳相隔难以处分，桂英为报仇伸冤便自缢身亡。海神命鬼卒勾取王魁魂灵前来对证，《活捉王魁》一折讲的正是焦桂英带鬼卒捉拿王魁。焦桂英在王魁失意潦倒时不离不弃悉心照料，以这些表现来看，焦桂英定是个重情重义的女子。剧里让她死后变了厉鬼，不由分说取了王魁性命，私以为与其本性不符，且原本唱词不雅。因而我写了‘情探’的过程，焦桂英对王魁用情至深，又是一个心地善良的女子，即使王魁如此负她，她还对其心存希望，愿意给他解释悔过的机会，生怕冤屈了他。‘缓思裁，权相待，犹恐他从前恩爱依然在。好教奴千回万转，触目伤怀。’你瞧，几个回合试探下来，发现王魁贪恋富贵毫不念及旧情，才彻底对这负心汉死心。‘梨花落，杏花开，梦绕长安十二街。夜间和露立苍苔，到晓来辗转书斋外。纸儿笔儿墨儿砚儿呵，件件般般都似郎君在。泪洒空阶，只落得望穿秋水不见一书来。’这桂英真是情深意切，可怜可叹……”

赵熙且讲且唱，恍入无人之境，小廷果竟也听入了迷。赵先生谱写的唱词明白如话、哀婉动人，又如诗词般典雅，与他之前听过的《活捉王魁》的粗糙鄙俗有天壤之别。另一个激起廷果强烈好奇的是赵熙塑造的焦桂英形象，他还只是一个懵懂少年，平日里接触到的女性无非母亲和姐妹们，最喜欢看的小说《三国》《水浒》里面见到的女性形象要么是潘金莲、阎婆惜一类荡妇，要么是孙二娘那种母夜叉，他头一次见到焦桂英这样善良多情但又不失果决刚烈的女性角色，头一次感受到女性柔韧坚强的内在美感，但这种美是朦胧的、抽象的，等待被赋予形态。

就这样师生二人一见如故、教学相长，廷果在赵熙先生这里获得了对文学艺术的真正启蒙，本就天资过人的他在先生的教导下，书画技艺和文化修养日益提高。如果不是二哥常必诚的召唤，常廷果也许真的会像父亲一样，一辈子留在家乡，成为一位受邻里尊敬的乡绅画家。

第二章　游学东洋

· 初识东京

二哥常必诚是常家第一个走出去的人，他从小便颇有志向，幼时在私塾念书一直成绩优异，1910 年 27 岁的常必诚赴日本留学，就读于著名的早稻田大学工程专业。20 世纪初期是中国青年学生赴日留学的一次高峰。晚清中国在甲午战争中的惨败，令清政府意识到培养军事、政法、教育、实业等领域人才的迫切性，于 1896 年开始向日本派遣官派留学生，除了希望更加了解对手，知己知彼，还想以日本为中介学习西方的先进技术与思想。于是赴日留学生逐年增多，尤其是清政府推行新政废除科举之后，许多有志青年为寻求新知，自费留学海外，使得留日学生人数在 1905 年前后达到一个高潮。1911 年清朝统治被推翻，中华民国建立，政权更迭，但中国青年学生赴日留学并未中断，并在 1914 年左右再次出现高峰。常必诚所就读的工程专业能够直接应用于基础建设，属于社会急需的实用型专业，是当时留学的热门选项。就读早稻田大学的常必诚可谓不折不扣的海归精英。

常必诚留学期间时常与家乡的亲人通信，信中提到的在日本的见闻总能引得常廷果浮想联翩，对那个与中国文化同源又发展迥异的邻国充满好奇。在兄长的支持下，1918 年 17 岁的少年常廷果前往日本

常玉赴日游学时和二哥常必诚的合影

增长见识。此决定也获得他的业师赵熙先生的赞同，临行前先生专门为廷果取了字，这本应是在年满二十的弱冠之礼上进行的一项仪式，表示该人业已成年，除父母长辈可继续称呼幼名外，平辈朋友应以字对其进行称呼，以示尊重。先生郑重对廷果说道："廷果，我取单字'玉'作你的字，其意有二。其一，取玉之美好寓意自不待言。玉乃石之美者。玉有五德：'润泽以温，仁之方也；鰓理自外，可以知中，义之方也；其声舒扬，专以远闻，智之方也；不桡而折，勇之方也；锐廉而不技，絜之方也。'我希望你成为具有玉之美德的君子。其二，此字与你姓氏相配正是'常玉'一词，《汉书》有言：'常玉不琢，不成文章；君子不学，不成其德。'我知你天资不凡，有时却不够稳重，易生取巧之思。因此取'常玉'二字也是希望时时提醒你，勤学不怠，修身养德。取字本应等到你弱冠之年行冠礼之时，然而此刻你即将远游，等于提前步入这纷繁人世，便该如成年人般对自己的行事举止负责，正式取了字，也是向外人宣告你是个有学识有身份的成年人，也就不必拘泥于那些传统教条了。”少年常廷果深深感受到先生在这“玉”字中寄托的殷殷希望和良苦用心，对恩师的敬佩、感激与不舍，千思万绪瞬间涌向心头，然而一开口却化作一声哽噎，唯有向先生深鞠一躬，千言万语尽在其中。赵熙先生拍拍廷果肩膀：“送君千里，终须一别。人生如逆旅，你我皆为行人，师生一场已是莫大缘分，为师只能伴你到此，接下来的人生路还要靠自己去探索。”尽管先生所说的人生逆旅，常玉还未能完全领会，但先生这番语重心长的话已被他铭记于心。

与恩师作别后，常玉踏上赴日之旅。当时的交通尚欠发达，常玉从四川出发，先要辗转乘车至外省，再乘坐火车至上海，由上海乘轮船经海路到达长崎，再乘火车方抵达东京。尽管旅途辗转曲折，然而精力旺盛的少年并未感到特别辛苦，而且途中的新鲜见闻令初出远门的他兴奋不已。

当常玉随着出站的人流来到东京火车站外，一眼看见接站人群中的二哥，此刻他正翘首眺望，显然还没有看到自己的六弟。多年未见，二哥依然浓眉大眼一脸福相，相貌与离家时变化不大，只是身材略微发福。常必诚一身簇新洋装，举手投足充满自信，颇有成功人士的派头。常玉疾走几步来到常必诚近前，张口叫声“二哥”，倒把常必诚喊得一愣，他旋即收回在人群中来回搜寻的目光，激动地喊道：“廷果！都长这么大了，哥都不敢认了。”常必诚注视着眼前这个英气勃发的少年，想从他脸上寻找记忆中顽皮小弟的影子，他的鼻梁变得高挺，眉毛、嘴唇、脸庞的轮廓都变得棱角分明，只有那双眼睛依然像小时候那样，专注、敏锐，总在用探索的目光观察，仿佛对一切都充满好奇。那面带笑意又藏着一丝不屑的顽皮神色，也和儿时无异。常玉被二哥盯得有些不好意思，他生怕二哥还把他当小孩子对待，一本正经地说道：“先生帮我取了字了，朋友现在都叫我常玉，二哥在外面也别老是喊我幼名了。”

“哈哈，好啊，成了大人了。常玉贤弟路上挺辛苦吧？船上的伙食我是领教过的。走，哥先带你吃点好的去。”

常必诚接过常玉的行李，塞进提前雇好的汽车，拉着常玉钻进车里，向司机喊了句日语，司机便应声启动。

常玉在车上坐定，饶有兴致地打量着这座二哥口中急速发展的城市。除了二哥的来信，常玉在一些报刊上也看到过对这个东邻岛国的介绍，他知道日本明治维新以来，在思想家福泽谕吉的倡导下，“脱亚入欧”的理念贯穿日本社会的各个方面，尽管大正时期全盘西化的浪潮有所回落，但西方文化已悄然融入日本国民生活的方方面面。此刻呈现在他眼前的街景正是欧亚融合的生动注解——样式现代简洁的洋房和传统和式小楼错落排列在街道两旁，熙熙攘攘的行人衣着五花八门，有像二哥这样西装革履的洋行职员，有身着立领诘襟制服的学生，也有穿着传统和服、脚踩木屐的浪人。女士的着装更是千姿百态。有的头戴钟形小礼帽，下面露出剪短的头发，身着 A 字形的西装套裙，与欧洲街头时髦女郎的装束无异。有的身着和服，梳着一丝不苟的发髻。年轻的女学生上身穿着传统和服，下系带有褶裥的行灯袴，衣袂飘飘，脚上却穿着西式的平底皮鞋，看似冲突的服饰元素，在年轻女孩的身上组合在一起，竟别有一番韵致。

“大哥信里夸你的字画学问这几年都大有长进，二哥为你高兴。”“嘿嘿，谢二哥夸奖，主要还是先生和爹教导有方。”

“呵，小子学会谦虚了，也是你有慧根，所以我跟家里求情力主你来东洋一游。我虽不懂画画，但是我知道现在日本社会整体是上升的势头，正所谓水涨船高，美术也应该很先进，‘美术’这个词不就是从日语引进过来的吗？你既然有志于书画，应该多出来看看，长长见识，眼睛不能只看着身边的那点人和事，否则最多也就是和爹差不多，难有更大的作为。”

“二哥教导得是，这次出来一路上已经见了好些新鲜事，都是在家不曾见也想不到的。”

两人说话间，车已到餐馆门口，常必诚为了让弟弟长长见识，特意选了一家比较地道的意式西餐厅，据说店主是昔日明治时期名噪一时的外交沙龙“鹿鸣馆”主厨的传人。餐厅的装潢是简洁的西式风格，此时基本已过午间饭点，餐厅里人不多，仅有的几个客人皆衣冠楚楚、彬彬有礼的样子，或安静进餐，或低声交谈。午后的阳光透过宽大明亮的窗户落在铺着洁白台布的餐桌上，静谧而安闲，让习惯了家乡餐馆人声鼎沸的常玉感到新奇。常必诚熟稔地叫来侍者点好菜，转向常玉说道：“日本人极善学习和模仿，这西餐就是舶来品，但日本人学得十足地道。古时候他们学咱们中国，派遣唐使，现在他们看到欧洲成了世界上最发达的地方，于是往欧洲派遣大批留学生，科学、技术、经济、政治制度，甚至像这衣食住行，无所不学，全面西化。欧洲现代文明确实先进，至少在吃穿上我是很赞同的。不过你可不要以为往后顿顿带你来吃大菜，那哥哥我可负担不起，咱们得在家开伙，我的厨艺还是可以的。”“嗯，这我相信，看二哥您的体形我就知道了。不过您这伙食上是省了，衣料子却费了。”

“哈哈哈，还是那么皮，原来刚才斯文是在装舅子，说到衣服，”常必诚似乎想起了什么，看了看还穿着马褂的六弟继续说道，“等你安顿好了，哥再带你添置些衣物，已经成人了，该有几身像样的行头，日本的西装剪裁也是学得了西洋精髓的。”常玉望着二哥身上笔挺的洋装，不禁有些期待自己穿上西装的样子。

常必诚接着说：“日本紧跟欧洲的步伐，在我们工程专业领域，英国、德国这些技术发达国家一有新的成果，日本就会立刻跟进，马上就能在期刊上看到介绍的文章，相关著作不久也会被翻译成日文出版。我估计美术界的情况也差不多。偶尔去看过一些展览会，感觉西洋画占的比例越来越多。我刚来的几年多数画还能看懂，栩栩如生，这几年感觉怪画越来越多，有些看起来很是粗糙简陋，有些根本看不出画的是什么东西，也许是我不懂艺术吧。”

二哥的话激起了常玉强烈的好奇，他以前也在国内的报纸杂志上见过印制的西洋画图片，那些画有人物有风景，都像照片似的凹凸立体，的确如二哥所言栩栩如生，然而却全然不讲笔法，似乎过于直白，少了些韵味。他想起这次途经上海，在旅店穷极无聊，竟从房间角落翻到一本破旧的杂志，封面印着“东方”两字，已经是近一年前出版的旧刊。常玉略翻了翻，发现其中内容涉猎广泛，时政、文教、军事、商务财政、实业交通、学术论文、文艺作品等无所不包，对于来自小城镇的常玉而言这些资讯及观点都十分新颖，尤其是其中一篇《新画派略说》立即引起了常玉的兴趣。这篇文章很短，正文不足千字，简要介绍了欧洲画坛近年来涌现出的新流派。作者吕琴仲写道：“欧西画术，自前世纪末法国创行印象派以来，流别渐繁。至今有后期印象派、新印象派、未来派、立体派等。画法诡异，理论艰深，盖已涉入哲学之域。其说东传日域，殆近十载，我国今犹无闻。”当时常玉看到新画派古怪的名称感到一片茫然，甚至连组成这些词汇的汉字都变得陌生起来。再看文中对这些画派的简要介绍，如“新印象派一曰点描派……其画法乃分析色彩成点，用规则的排列法，布于画面。稍远观之，即生错觉，而成微妙之调和。其表现光色之感觉……”。只用颜色描点，全然不用线条，如何能够画出画来，常玉完全想象不出。未来派就更加离谱了，文中写道：“此派画法之理论，有二要点。一所画者为宇宙力，即动性感觉。二所画者为精神真相，超越时间、空间与物质性。故其宣言，谓宇宙之象，永久流动。又谓无空间、无时间、无不透明体，运动与光，可破坏物质性云。至其画家，诸形重叠，纷乱无序，盖于印象之外，又有记忆及联合之作用焉。以之与后期印象派较，一则动而复杂分解，一则静而单纯结合也。”简直不知所云，常玉十分好奇这未来派的画是怎样一副面貌。看到作者说这些新画派及其理念早在十年前已经传入日本，国内还闻所未闻，常玉不禁对此次日本之行更增添了期待。此刻听二哥提到看不懂的画，常玉立即想到了《新画派略说》里面提到的那些流派，他迫不及待想要一睹这些怪画的真容。

兄弟二人正聊着，一道道菜肴开始上桌，色彩缤纷的沙拉、奶香扑鼻的蘑菇浓汤和嗞嗞作响的煎牛排，令人食指大动。吃惯了家乡菜的麻辣浓香，偶尔换一换口味也蛮新鲜。常玉是个充满好奇、乐于尝试的年轻人，很快便适应了西餐的口味和餐桌礼仪。他学着二哥使用刀叉，刚开始还有些拘谨，很快便越来越熟练，大快朵颐起来。

饭后二哥带常玉来到他的住处，他在早稻田大学附近租了一间民宅，面积虽然不大，但厨房等设施一应俱全，且地处繁华的新宿。常玉虽从小家境优渥，却对物质没有过高要求，看到此处生活交通便利，便高高兴兴住了下来。

· 他乡结好友

常玉与二哥寓居异国，却从不感到孤单，全仰赖二哥的好人缘。常必诚来日本已经八年，年纪较其他留学生稍长，且为人热情，又有组织才能，因此在留学生中颇有号召力，尤其受四川籍留学生拥戴，被尊为乡长。常必诚喜好美食，自己也擅长烹饪，常招呼朋友来家中聚餐。背井离乡的留学生们在这里能吃到家乡味道，日本同学、友人们也前来品尝地道的中华美食，常必诚也通过组织饭局不断拓展自己的社交圈子，就连天性颇为羞涩内向的常玉也在聚餐中结识了几位朋友。常必诚本有意让六弟学些社交场面上的技巧，无奈这直性子的闷葫芦无论如何也学不来八面玲珑的手段，倒是学会了不少烧菜的本事。

一日常必诚又设宴邀请朋友聚会，照例是常必诚主厨，常玉帮着打打下手兼招呼客人。这次来客以在东京留学的同乡为主，大多同常必诚极为相熟，又都是平辈，因此大家毫无拘束，十分轻松自在。此刻常必诚拿手的回锅肉刚刚出锅，一时间香气四溢，引得众客垂涎欲滴，纷纷催主人赶快开席。常必诚忙命常玉端出一盘糍粑给客人垫肚，怎奈狼多肉少，糍粑几乎被一抢而空，常玉见有位客人仍斯斯文文坐在角落，连忙躲开几只再次伸来的狼爪，好歹留了一块糍粑。那位腼腆客人看来和常玉年龄相仿，戴着副金丝眼镜，西装穿得规规矩矩，常玉记得二哥好像介绍过，叫作王季冈，出身于成都一个书香门第。常玉走上前将糍粑递过去，王季冈连忙道谢，两人便攀谈起来。常玉得知王季冈在东京学习工程，他还有个哥哥毕业于北京清华学校的留美预备班，刚去了美国的康奈尔大学读道路桥梁工程专业，姐姐在四川省立第一女子师范学校读书，果然一门书香。闲谈中常玉发现，王季冈虽学习工科专业，但幼时曾读私塾，受过传统文化熏染，对书画很感兴趣。于是常玉从书橱中掏出一本日文杂志，翻到中间刊登着一些美术作品的插页，常玉指着其中一幅书法横额对王季冈说："小弟在书画上略通一二，这是小弟在东瀛杂志上发表的书法，请季冈兄指教。"常玉言辞虽谦虚，其实心中颇为自得。这次发表说来也是机缘巧合，之前一次二哥组织的饭局，在座有一位日本朋友正是这本艺文杂志的编辑，他当时正四处搜罗可刊登在插页上的美术作品，不以作者名气为选择标准，仅看艺术水平高下。二哥闻言随口说道："我这六弟能书善画，曾得名师指点，不知是否有资格登上贵刊？"本来常必诚的话有玩笑意味，多少日本画家争先恐后想发表作品的知名杂志，怎么可能刊登一个中国毛头小子的书法？谁料这位编辑十分认真，要看看常玉的字，此处只有几张常玉闲来解闷随手练的习作，没想到编辑居然一眼相中了这幅"万物静观皆自得"的横额，这句诗出自宋代著名理学家程颢的《秋日偶成》，常玉十分喜欢，编辑还称赞他的字虽略有些生涩，但贵在气质不俗。见自己的书画才能被行家认可，常玉欣喜不已。

王季冈并不知个中原委，只连忙说："不敢不敢，常玉兄高才，客居东京不多日便能在日本的杂志上刊发作品，我蜀中果然人才辈出。小弟于书画不通，信口胡言，常玉兄见笑。兄台的字气势十足，笔力雄健，似有碑学的功底。字体似乎融合了颜、赵多位历代大家，竟有些像咱们四川著名的‘荣县赵字’，难不成常玉兄是赵尧老的门生？”

常玉本以为王季冈只是个学理工的书呆子，随意客套几句满足一下自己的虚荣心便好，没想到他竟是个内行，不禁对王季冈刮目相看，态度也认真起来。

“季冈兄好眼力，香宋先生正是我的授业恩师，先生书法集古之大成，初出颜赵，上追唐贤，我只学得些皮毛，惭愧惭愧。近来在东京炒勺拿得多，毛笔握得太少，手头越发荒疏了，还是得勤动笔才是，否则日后画艺也难大成。”

“哈哈，常玉兄打算今后以丹青为业？”

“正有此意。家父在乡里颇有画名，我从小耳濡目染。不过我可不想跟老巴子（指父亲）一样画狮子老虎的，这次来东京就是想开阔开阔眼界，看看现在外国都在画什么，怎么样画。”

听说常玉有志于书画并打算以此为业，王季冈十分钦慕，常玉的机智幽默，甚至谈论事情讥诮调侃的语气，都让他觉得新鲜有趣。而一向颇为清高的常玉，也对王季冈谦和敦厚的性情和学业上的聪敏用功颇有好感。两个性情截然相反的同龄人居然一见如故，成为十分投契的朋友，在东京之后的日子里也时常相约聊天出游。

· 文展和怪画

二哥的学业与社交活动颇为繁忙，常玉更多时候是在独自探索东京这座国际都会，初时只在早稻田大学附近游逛，后来活动范围逐渐扩大，与住处相距不远的东京美术学校是他喜欢的去处。东京美术学校是一所具有深厚传统的美术学校，成立于 1887 年，坐落在风景优美的上野公园旁边，还毗邻东京动物园，学生们进行风景写生、观察动物都十分便利。东京美术学校原本只有日本画科，随着西洋画在日本艺坛势力的不断壮大，1896 年东京美术学校设立西洋画科，并聘请留法艺术家黑田清辉执教。黑田清辉是日本现代美术史上极为重要的人物，被誉为“日本西洋画之父”，他将印象派的外光表现技法应用于自然观照，这种清新明朗又颇符合东方审美观念的新风格很快在日本掀起外光派的浪潮，很快这种以黑田清辉为代表的新派画法，便开始与明治时代画坛主流的深色调古典风格油画分庭抗礼，甚至有取代之势。画界将新派画法称为紫派，是因新派画家为使画面明亮，在阴影部分不用黑色而用紫色。

1902 年黑田清辉升任东京美术学校油画专业主任教授，其在画坛的影响力愈加扩大。值得一提的是，东京美术学校应该是民国时期中国留学生入读最多的美术院校，人数超过巴黎高等美术学院等欧洲学校，时间也较早。清末民国期间，曾于该校学习油画的中国留学生多达 90 人，其中不乏后来在中国美术界卓有影响的人物，著名的弘一法师李叔同便是该校最早一批中国留学生，此时他早已毕业回国，且已在美术教育等领域作出不小的贡献。而常玉在日期间，正在东京美术学校就读的中国留学生则有汪亚尘、陈抱一、关良等，他们日后也都在中国近现代美术史上留下了自己的足迹，只可惜无人将他们与常玉相互引荐，只能在相同的时空擦肩而过。

东京美术学校的中国留学生毕业后多数回国从事艺术教育并活跃于画坛，从这个角度来看，可以说黑田清辉及东京美术学校对中国早期油画发展颇具影响。1907 年，在黑田清辉的推动下，日本文部省创立了文部省美术展（简称“文展”），相当于后来中国全国美展的官方展览。文展采用评选制，设立日本画、西洋画、雕塑三部，每部皆设立委员会，聘请该领域知名艺术家、专家担任评委，从报名参展者中遴选优秀者，给予奖金奖励，并举办展览向公众开放，每年一届的文展举办地正是上野公园。

常玉去日本游学是在大正七年（1918），赶上文部省第十二回展览，售价十日元的门票不算昂贵，常玉自然要去开开眼界。展厅位于上野公园北端，紧邻帝室博物馆，即现在的东京国立博物馆。展厅入口处有十余位工作人员，各自负责售票、检票、展览图录销售、行李物品存放等工作，忙而不乱，井然有序。常玉在国内还未曾见过如此规模的展览会，因此看什么都感到十分新奇，他见有印制精美的展品目录，每册仅卖两日元，便毫不犹豫买了一本，边进展厅边翻看起来。展厅是一座为文展专门建造的木质建筑，室内光线充足，根据作品的类别划分出三个区域，分别展出日本画、西洋画和雕塑。常玉来的这天不是公休日，因此观众不多，展厅里的几个人看起来像是大学生模样，可能就是隔壁东京美术学校的学生。常玉向来不喜热闹，倒是很满意这安静的环境。

他先从日本画看起，因为材质和技法上与中国画相似，因此日本画在常玉看来并不感到陌生。其实此时常玉看到的日本画已经是经过近代改革的产物了，明治维新以前日本画的主要源流正是中国古代绘画，尤其是宋画对日本水墨画风格的形成有着极为深远的影响。明治初期全盘西化的狂潮波及美术领域，寺庙建筑被拆除，佛教造像被捣毁，狩野派、圆山四条派等传统画派一度萎靡不振，大量倾入的西洋绘画也给传统日本画家带来极大冲击。明治后期日本文化界的一些有识之士意识到传统文化的重要价值，在以芬诺罗萨和冈仓天心为代表的学者的大力倡导下，日本传统绘画开始重新被认识和研究，东京美术学校即是这一日本美术复兴运动的产物。“日本画”的概念被提出，以便与西洋画相区别，艺术家们也积极探索，寻求日本画革新发展之路，吸收借鉴西方绘画的技法和元素成为一个主要的探索方向。

常玉观看文展时便感受到了这一倾向，他发现这些日本画的题材和中国画差不多，乍看上去很眼熟，但是用色更为丰富灵活，不像中国画的设色需要遵循许多规矩，一些作品通过色彩晕染出凹凸明暗的效果，产生很强的立体感。此外常玉在看一些山水画时感到和他熟悉的中国山水画有明显区别，比如本届文展日本画评审委员之一川合玉堂的作品《暮色山家》，画傍晚山中的院落，意境类似传统文人山水题材《春游晚归》，然而画中并未出现悠悠远山，而仅聚焦于村屋门口，虽少了咫尺千里的开阔，却别有一番人间烟火的温暖气息。也许画家川合玉堂曾受到印象主义“即景”摄影式构图的影响，并借鉴了西画的焦点透视法则，他的老师，为传统画复兴贡献良多的著名画家桥本雅邦，正是以融合透视技法与狩野派传统而著称。更让常玉惊讶的是人物画。另一位日本画评委菊池契月的《夕至》，画两名女性并肩而行，两人的姿态、容貌都十分自然，穿着朴素，作者显然经过西方解剖学的训练，将人物的动作和身材比例刻画得相当准确，因此画中的两名女性真实得如同街上所见的女工，完全不同于传统浮世绘中艳丽造作的美人，更与中国传统仕女画的写意风格有天壤之别。

随后，常玉又看了西洋画的部分。此前常玉对西画的认识基本局限于杂志画册等印刷品，这次看到大量的油画原作感觉还是很不一样。藤岛武二的《草之香》是一幅印象派风格的风景画，描绘郊外景色，一片广阔的草地占据画面的大半部分，独特的视角和朴素自然的画风令常玉感到耳目一新。中村不折一幅风景画体现了他稳健的技法和画风，也给常玉留下深刻印象。前面看到的这几位都是本届西洋画评审委员，也是目前日本美术界的领军人物，他们的画风基本都是黑田清辉所倡导的经过日本本土化的外光派风格，也正是当前日本西洋画坛的主流风格。与多数成为主流的艺术风格一样，外光派画法在日本愈发流行、普及的同时，也逐渐变得保守和程式化，失去了最初的先锋性和活力，即将涌现出新的、更具革命性的风格取而代之，这也是艺术发展的普遍规律。这届文展西洋画部分的作品风格基本不出外光派的藩篱，见得多了不免感觉雷同。

常玉越往后看越觉得索然无味，参观完回想一下，反倒是初看时感觉画风有些粗野的满谷国四郎的作品显得独树一帜，那是一幅风景和人物结合的画，画的是河岸边的几个农人正在买卖东西。画面很扁平化，不像其他外光派作品依靠色彩和明暗塑造物体和空间，尤其是人物完全靠粗略的轮廓线勾勒出形态，毫无细腻刻画，甚至形体比例也不精确，却十分生动传神，竟然颇有中国传统绘画的写意神韵。

常玉本来满怀期待，以为能在展览中看到《新画派略说》中提到的那些令人看不懂的怪画。他并不知道自己其实来错了地方，文部省美术展这样的官方展览本来就是以画坛主流的趣味作为评判标准，风格趋于保守是必然的。要看前卫的作品，应该去看二科会的展览，这个在野艺术团体成立的直接原因便是，保守的文展画部拒绝采纳一批新锐画家关于设立新旧二科的要求，于是这群以梅原龙三郎、有岛生马等为首的新锐艺术家便以构想中的二科为名称成立了这个艺术组织。二科会成员的画风多种多样，其中不乏《新画派略说》中提到的立体主义、后印象主义等新画派，总体来说具有强烈的现代主义倾向，专与官展唱反调。遥想当年黑田清辉留法归国初创文展之时，代表着当时最先进的绘画潮流，在明治时期的日本画坛掀起了变革风潮，而今梅原龙三郎同样从法国留学归来，却秉持西洋画坛的最新理念，向前辈发起颠覆性的挑战，真是画坛代有才人出，各领风骚数十年。

只不过此时无人指引的常玉并不了解日本画坛的风起云涌，只得带着对文展的一丝失望，思量着接下来该去哪消磨下午的时间。他不觉朝东京美术学校的方向走去，路过学校附近一排卖书籍画材的小店，常玉好奇地逐一进店浏览，这些店铺主要服务于美术学校的学生，所售商品包括西洋画、日本传统绘画、中国传统绘画以及雕塑等各艺术门类创作所需材料和工具，各种材质、型号的画笔，各种成分、颜色的颜料，画布、画纸、画绢，以及画架、雕塑刀一应俱全，常玉看得目不暇接。

最让常玉流连忘返的还是那些印刷精美的画册，当时日本的印刷技术已达到相当水准，那些大开本画册中的图片色彩鲜明、细节丰富，和之前在国内画报上看到的模糊的黑白图像完全不是一回事。最先吸引常玉的是那些文艺复兴时期以及17—18世纪古典主义大师的经典名作，他不由自主地跟刚刚画展上看到的作品进行比较。在他这个刚刚接触西画的门外汉看来，日本画家们的新作简直一无是处，直到几年后他真正对艺术有了自己的认识，方才省悟自己当年单纯以逼真和细腻程度来评判那时的日本油画其实有些偏颇，它们的确不能与古代西方大师的传世经典相媲美，但也有其存在的价值，只不过那时的常玉还无法认识到这一点。

常玉一下子被那些二维平面上制造出来的立体幻觉迷住了，他甚至忍不住伸手去触摸画面上的建筑、岩石，想看看那里是否真的有凸起或凹陷。达·芬奇、米开朗基罗等艺术大师甚至不需要色彩便能制造幻象，他们用炭笔勾画出的线条，不仅能够清晰精确地说明结构关系，还极具美感，即便将这些线条从画面中单独提取出来，它们本身也值得细细欣赏玩味。画册里的注释将这种单色的炭笔画称为“スケッチ”，常玉查过后才知道这是一个外来词，由英文的Sketch音译而来，这种画法在中国被翻译为素描，就像是中国绘画里的白描。

这些画册中更让常玉感到震撼的是那些裸体女性形象，在他的成长过程中，在哥哥们的带领下偷偷摸摸窥看绘制不甚精美的春宫绣像已算是对性和异性身体最深入的认知，何曾见过这样栩栩如生、一丝不挂的女人身体。那充满肉感的肥白的乳房、臀部、大腿，看得他脸红心热，慌忙合上画册，下意识地抬头望望四周，发现很少的几个顾客都只管挑选自己所需的画材，店员在远处忙着整理货架，并没有人注意到自己，他方才松了口气，小心翼翼翻开画册继续欣赏。

开始常玉还遮遮掩掩，把一本风景画册盖在自己正在看的画册上方，以防有人走近发现他的秘密，然而看着看着，他便忘却了周围的环境，完全沉浸在这些美妙的画面中了，而且渐渐看出一些门道。同样是白花花的屁股，有的画家笔下的女性体态苗条优雅、肤若凝脂，而有的画家似乎更偏爱强壮有力的女性，他画的女人面容端庄俊秀，身体却像男人一样肌肉发达。但是这本册子里的画仍有许多共性，似乎画的都是一些帝王将相或是男女神祇，形象高大美丽，总之是些了不起的人物和场景，构图非常完整考究，笔触细腻、轮廓清晰，整个画面具有和谐稳定的美感。

其他画册里的画作则不尽然，常玉翻到一本画册，里面的作品似乎全部出自一个叫鲁本斯（Peter Paul Rubens）的画家之手。这个人尤其喜欢画些丰乳肥臀的娘们，那些胖女人的皮色像玫瑰一样鲜艳，饱胀的肉体呼之欲出，人物的动作大开大合，情感似乎也跟动作一样激烈。而且不知为什么，即使他笔下的人物只是静静坐在那里，依然让人感到画面似乎盈盈欲动。常玉仔细琢磨起来，拿着两本画册反复比较，终于破解了鲁本斯画作动感的秘笈——主要来自画家自由奔放的用笔和不那么清晰明确的轮廓线，以及明快的用色所营造的光影浮动的感觉。

看起来差不多一样逼真写实的西方绘画，原来竟有这么多奥妙，常玉愈加兴致勃勃，他开始有意按照绘画创作的时间顺序翻阅画册，研究每个时期西方绘画最典型的特征，小半天的时间里居然就这样自学了一遍文艺复兴之后的西方艺术简史。常玉发现西方绘画发展到 19 世纪，再现客观现实的技术已经极为成熟。一个叫安格尔（Jean Auguste Dominique Ingres）的，把女人画得像女神一样仪态优雅、完美无瑕，在常玉看来达到了女性美的极致。然而一个叫布格罗（William-Adolphe Bouguereau）的法国画家，从画风看极有可能是安格尔的后继者，居然有过之而无不及，他笔下的女人像天仙一样美丽，整个画面的意境氛围也极尽唯美，美得让人挪不开眼睛。然而看这样的画超过十张，这种美的体验便急速减弱，千篇一律的美人，程式化、缺少情感的画面处理令人感到乏味。技法的过分纯熟，似乎令画面变得平庸，缺少了震撼人心的感人力量，艺术性难以跟 15、16 世纪的作品相提并论。

直到 19 世纪中后期，涌现出了马奈（Édouard Manet）、莫奈（Claude Monet）、雷诺阿（Pierre-Auguste Renoir）这些画家，才重新变得有意思起来。他们的画近看笔触十分粗糙草率，色彩也显得不够柔和典雅，构图连完整都算不上，跟前辈艺术大师的精心之作相比，简直像是粗陋的草稿。然而只要观众肯稍微推远一点距离，便会发现那些粗率的笔触和略显生硬的颜色变魔术一般自动融合起来，刚才的草稿变成了一幅十分生动鲜活的画作，开满睡莲的池塘波光潋滟；巨大的干草垛在空旷田野里形成的阴影仿佛会随着日光而变化；斑驳的树影跳动在少女脸上和每一个参加舞会的人身上，位于画面边缘的跳舞的人们很多都没有完整的身体，被切割在了画面外面，可是有什么关系呢，这不是就是初到一个热闹场景中眼睛所捕捉到的吗，喧腾的、动感的、局部的印象。这种真实的画面要比那些假人一样的美女有意思得多。

看到这里常玉恍然大悟，刚才在文部省美术展上看到的多数西画，其实都在向这几位被称为“印象主义”的画家学习，只不过有些只学到皮毛，缺少自然光影的生动，画面流于简陋。这一家小书铺的西画画册几乎被常玉翻了个遍，他发现这里画册中的画作最晚便是 19 世纪末期，距现在已经有好几十年，那么现在那些欧洲的画家们都在画些什么呢？那篇《新画派略说》中提到的后期印象派、新印象派、未来派、立体派都是什么样呢？这里的书已经不能提供答案。

常玉走出店外，继续在这条小街上漫步，忽然看到一家小书店门上张贴的一张有趣的海报，这应该是一幅油画，画中呈现的是一个室内场景，房间左侧有一扇窗，透过窗子可以看到室外的树木绿地和远处的房屋，房间内一个女人正在布置餐桌。画面的内容并无出奇之处，令常玉感到震撼的是这幅画浓艳的色彩和几乎可以用狂野来形容的画风。鲜红底色的墙面和桌布上布满了硕大的蓝色纹饰，用笔简率的花篮图案，颇似中国青花瓷器的花纹。因为颜色完全一致，桌子和墙面几乎融为一体，全靠花纹的走向来区分。桌旁女人的黑衣白裙，以及明黄色的窗台和窗外的景物，和室内的红色对比鲜明，画中所有色彩都那样饱满，似乎是把颜料罐里挤出来的颜料直接涂抹在了画布上。画中物体的形态全靠轮廓线勾勒，这种画法对于从小受中国传统绘画熏陶的常玉来说并不陌生，但以他对西洋画已有的认识，他从没想到西洋画也可以像这样完全舍弃明暗和空间感的表现，而且像小孩子的涂鸦一样简化，屋内的人物、陈设和窗外的风景，都和墙上的花纹一样扁平，整幅画就像是一个装饰图案——思及此，常玉不禁恍然大悟，难怪这幅画令自己感到震惊的同时又有一种奇怪的熟悉感，原来它唤起了自己儿时对丝厂库房里那些五光十色、极具装饰感的丝绸的回忆。是什么人画了这样一幅大胆的画呢？海报上有几行日文和洋文的说明，可惜常玉都不认识，只认得其中几个数字，常玉猜想这大概是这幅画创作的时间，公历 1908 年。

常玉毫不犹豫地走进书店，鼓起勇气找店员打听这幅海报，用仅会的几句日语连说带比划，终于让那个好脾气的年轻店员明白了他的意图，店员拿出一张明信片塞到常玉手上，对他边鞠躬边解释了一大串，常玉模糊听出是说海报宣传的杂志已经售罄，只剩些明信片送给他留作纪念。常玉高兴地接过明信片，如获至宝地揣进口袋。他猜测这家书店的书刊也许更加新潮一些，翻看后果然有些收获，他看到一些更加颠覆原有认知的奇怪画作。有的画完全不知所云，仿佛由许多碎片组合在一起，通过一些碎片标志性的特征才能依稀辨认出这也许是一架破碎的小提琴；有的画是更加无法辨认的碎片，却写着硕大的外国字母；还有的画似乎比刚才海报上还要不成熟，丛林里无论前景的动物和作为背景的植物，都呈现一种稚拙的风格，而且几乎没有塑造出任何纵深感，仿佛是贴在一起的剪纸画。常玉兴奋地想，这些很有可能就是《新画派略说》里提到的新潮绘画流派，只是他没法逐一对号入座。

直到天黑，常玉才恋恋不舍地离开书店。回到家一见二哥，他便迫不及待地掏出明信片请他翻译。常必诚对这幅奇怪的画也颇感兴趣，认真看了说明，告诉常玉，这幅画的题目是《红色的和谐》，创作于 1908 年，作者是法国画家亨利 · 马蒂斯（Henri Matisse），他的风格被称为“野兽派”，这期杂志应该主要是介绍欧洲一些新画派的。虽然未能买到这本杂志，没看到其他新画派的作品，令常玉略感遗憾，但这幅《红色的和谐》带给他的视觉冲击已经足够强烈。这些新画派的画家们似乎都聚集在法国巴黎，这是一个什么样的地方呢？比上海、比东京还要繁华吗？常玉不禁对这个遥远的城市心生向往。

· 临别的成人礼

东京的生活自由而惬意，转眼常玉已经在此生活了数月，再过几日便要结束东京的游学生活，随二哥一起回国。在日本这段时间，常玉见识了许多异国特有的风俗，参观了不少美术展览，着实不虚此行。而对于常必诚，这已是他在日本的第十个年头，学业已经完成，早就迫不及待想要回到国内大展拳脚，此时忙于四处打听国内各地情况。常必诚在读书期间结识了一位好友，此人姓张名群字岳军，四川华阳（今属成都市）人，曾在东京振武学校学习军事，能力十分出众，年纪轻轻便成了革命组织中国同盟会的骨干，参加武昌起义时刚过弱冠之年。二哥每次提起这位同乡好友总是一脸敬重，赞他有见识有魄力，是干大事的材料。张群虽早已回国投身革命，前不久刚好因为段祺瑞政府“西原借款”事件，随上海记者团再次赴日，进行反对借款的活动。常必诚抓住时机专门去拜访了张群，向他请教回国后该往何处发展，张群毫不犹豫地建议老友去上海搞实业，和常必诚本来的想法不谋而合，常必诚便下定决心去上海创业。常玉听说了二哥的决定十分兴奋，经过这段时间的游历，他见识到了外面世界的精彩，心气正盛的少年人哪里甘心再回到家乡小城，因此强烈要求追随二哥同去沪上发展。常必诚是过来人，自然很能理解弟弟的心思，况且在人生地不熟的大上海创业谈何容易，他也正需要自家兄弟做自己的左膀右臂，于是欣然应允。王季冈听说兄弟二人的计划也很高兴，他刚刚从东京的学校毕业，正好可与常家兄弟结伴回国。

临行几日，常家兄弟的日程格外密集，常必诚忙着收拾行李，清理多年积攒下的个人物品，常玉则加紧四处游览，想在回国之前游遍东京。兄弟二人还抽空去照相馆合影留念，黑白底片留下了他们年轻的风华——常必诚端坐在一把扶手椅上，身穿黑色西装上衣和白色西裤，白衬衫的领口还系着考究的黑色领结，双搭扣皮鞋擦得锃亮，依然是一副运筹帷幄的自信模样。常玉站在二哥左侧，穿一件样式颇为别致的浅色西装，衣服的前襟和下摆各有两个很明显的大口袋，让这件上装显得不那么严肃呆板，多了一丝休闲的味道，这件外套正是到东京后不久二哥带他去服装店亲自挑选的。此外常玉穿戴的花领带、乳白色西裤、白皮鞋也都是二哥帮他添置的，他对这一身搭配尤其满意。

临行前两天的晚上，常玉正收拾行李，二哥突然进屋，让常玉带着洗浴用具赶紧跟他出门。常玉感到莫名其妙，因为他住的旅店有淋浴间，虽然比较简陋，但足以满足他日常洗浴的需求。常玉刚要张口询问，二哥却一脸神秘地说："这可不是普通的浴室，哥带你去长长见识，赶快收拾，我朋友的车子正在楼下等着，路上我再细细跟你解释。"常玉只好依言行事，将毛巾、浴衣等物草草塞进袋子。

常玉不明就里地跟着二哥坐进一辆破旧的黑色轿车，司机是一位和二哥年纪相仿的年轻人，热情地冲常玉打招呼"konn bann wa（晚上好）"，原来是位日本青年，常玉赶紧磕磕巴巴地还礼。二哥介绍说这是他的大学同学田中桑，家境不错，机敏热情，这次能找到这个浴室，全靠田中桑消息灵通。

"二哥，咱们是要去泡温泉吗？"常玉听说过日本天然温泉的盛名，他好奇到底是什么样的浴室，值得二哥专门麻烦朋友大晚上驱车去洗浴。二哥嘿嘿一笑说："这个浴室简单来说就是男女共浴。"二哥话音未落，常玉惊讶地张大了嘴巴，旋即感到一股热血涌上面颊，幸亏是晚上，不然十米之外都能看到他通红的脸颊。

然而二哥不用看也猜得到常玉的反应，他忍俊不禁又怕伤了少年人敏感的自尊，于是强忍笑意，尽量用一本正经的语气向常玉解释道：“日本为岛国，多温泉，东洋人自古重视洗浴，认为沐浴能够涤荡尘垢，不分性别皆可一起入浴，如果是家人还可通过这种方式增进感情。这是日本自古以来的习俗，甚至可以说是一种洗浴‘文化’，切不可以我们中国的传统道德去判断。只是明治以来，东洋与西洋交流甚多，西人见到‘男女混浴’未免惊骇，认为有碍社会文明，向日本政府提出异议。于是明治期间开始明令禁止男女混浴，但此习俗历史久远，不可能立即断绝，因此民间仍存在许多混浴的‘风吕屋’，就是浴室，只是越来越少，如不是田中桑这样的当地人引荐，是很难找到的。”

田中桑听见提到他的名字，回过头来冲他们一笑，并抛下一串日语。常必诚赶紧向常玉解释：“田中桑提醒我告诉你去这种‘风吕屋’的规矩，先在洗澡间冲洗干净，裹上浴巾，再进泡澡间。一定要等全身都进到水里才能解开浴巾。还有切忌盯着女性浴客乱看哦，我料想你这童男子也没这胆量，哈哈。”这最后一句玩笑话，更让毫无经验的少年人羞得无地自容，要不是因为实在对这难得的体验充满向往，常玉早就夺门而逃了。

车子停在一个窄窄的小巷子口，他们下了车跟在田中桑后面，七拐八绕之后三人来到一个极不起眼的店面前，要不是有人带领，初次来是很可能错过的。小店门上挂着素净的深蓝色布帘，如果不是门楣上一盏小小的纸灯笼，估计没人会注意到那块写着“稻荷汤”的深色匾额。田中桑掀起帘子请常家兄弟先进去，自己则熟稔地向站在前台后面的“风吕屋”老板打招呼，并介绍了两位新客。那位胖胖的大叔客气地向客人们鞠躬，并专门向常玉一笑，让年轻的客人更加手足无措。

常玉十分好奇，却不好意思四处张望，只得低着头匆匆一瞥，只觉得“稻荷汤”的内部跟店门面一样朴素低调，满眼是因经年日久变成深褐色的原木地板和家具。他和二哥亦步亦趋跟在田中桑身后更衣冲洗，然后裹着浴巾步入泡澡间。一进门常玉便被大量水汽包围，什么都没看清，便稀里糊涂被二哥拽进水池。水温舒适宜人，常玉坐在靠池壁砌出的台阶上，感到浑身放松下来。他定了定神，这才看清泡澡间里的情形——宽敞的矩形房间里，他们身处的这个巨大泡澡池占了绝大部分面积，对面一侧也有一扇挂着帘子的小门，估计是供女浴客淋浴更衣的入口。此时浴客不多，只有几名中年及老年男子，确有两位女浴客，是一个老奶奶领着一个四五岁的女童，老奶奶用一条毛巾裹着发髻，肩上还披着一条，除了布满皱纹的面颊和脖颈，几乎没有露出任何皮肤。小女孩颇为顽皮，也许因为个子太矮没法坐着泡浴，她站在台阶上，大半个身子露在外面，还屡次试图爬出池子外，遭到奶奶的呵斥和阻止。

温热的池水令常玉昏昏欲睡，一阵嘈杂声却扰了他的清梦，哒哒的木屐声伴着一串风铃般的说笑声从门外传来，门帘一掀，走进三个年轻的姑娘。四周的老客们都“熟视无睹”，甚至都没有向门口望上一眼，唯有常玉蓦地紧张起来，下意识地往下缩了缩身子，将嘴巴以下的部分都没入水中，因房间内毫无遮挡，他的眼睛实在无处躲藏，只能佯装假寐，却又抵不住诱惑，不时眯眼偷瞧。只见其中两个姑娘穿着薄棉布的浴衣，虽穿戴严整，但裸露出来的纤细的足踝和娇小的玉足足以令人浮想联翩。另外一位身材丰满的姑娘更加大胆，齐胸裹着一条浴巾，露出圆润的双肩和结实浑圆的大腿。在氤氲的水汽缭绕下，姑娘们恍若下凡的仙女。常玉哪曾见过这等景象，家乡小城民风淳朴，女性穿着打扮较晚清变化不大，毫无曲线的衣装从领口盖到脚面，恨不得连手腕都遮住。这次日本之行，上海、东京身着紧身旗袍或洋装的摩登女郎已令常玉大开眼界，然而却无法与眼前的视觉冲击相提并论，常玉感到周身热血沸腾，喉咙烧得发干。

三个姑娘显然也是“稻荷汤”的常客，进来后便礼貌地向泡澡池里的老奶奶问好，裹着浴巾的姑娘还笑着向那个小女孩打招呼，女孩见了姑娘兴奋地喊着“欧内酱”（姐姐），迫不及待地伸出小手拉那姑娘，不料她个子太矮，够不到姑娘的手，只抓到浴巾的下缘，不管不顾地往下拽，姑娘一声惊呼，慌忙伸手去按浴巾，然而为时已晚，浴巾滑到了腰部，她丰满的胸部和纤细的腰肢一览无余，姑娘再也顾不得形象，迅速跳进水池把自己藏在水里，引得两个同来的女伴一阵嘲笑。

这个突如其来的奇观，实实在在让常玉惊掉了下巴，结果呛了一大口洗澡水，连声咳嗽起来，他拼命想忍住却换来更猛烈的咳嗽，尴尬得恨不得潜入水底溜走。常玉这阵咳嗽倒是意外地替姑娘解了围，所有的浴客都不由得看向这个羞赧不堪的年轻人，把刚刚春光乍泄的姑娘抛在脑后，只有她的两个女伴——此刻已经从容地在水中脱去浴衣坐在台阶上——先瞧瞧她们惊魂未定的朋友，再望望对面好不容易止住咳嗽的常玉，会心对视，揶揄了浴巾姑娘几句，又忍不住笑起来。浴巾姑娘又羞又气，竟忘了浴室的规矩，用力向两个“落井下石”的家伙泼起水来。两个姑娘立刻奋起还击，而且她们依仗自己有浴衣，居然起身跑到浴巾姑娘近前发动攻击，然后迅速逃开，她们薄薄的浴衣如皮肤一样紧贴在身上，玲珑的身体曲线毕露。一时间浴室里充满了泼水声、姑娘们的尖叫声和周围“观众”们的笑声，如果不是浴室老板娘马上跑来制止，这个美妙的场景可能会持续得更久。三个姑娘向老板娘和周围的客人道了歉，不好意思地坐回原来的位置。浴室恢复了平静，少年的心里却腾起巨浪，无法克制的生理反应令他感到极为羞耻。他向二哥借口如厕，跑到淋浴间冲了个冷水澡，才浇熄了欲望的火苗。

回去的路上，常玉恍恍惚惚的，年轻女性窈窕的身影在脑海中挥之不去，她们的身姿动作都是那样轻盈，气质像水一样洁净，与之相比，男性像泥土一样沉重污浊，常玉不禁自惭形秽。好在田中桑和二哥默契地闭口不提浴室里的经历，常玉的羞耻感稍减，暗自感激两人的善解人意。到了就寝时间，他依然没完全平静下来，躺在床上辗转反侧，“风吕屋”入浴姑娘的身影和之前画册里看到的裸体女人画像时而交替闪现，时而重叠在一起。常玉起身翻出纸笔，想把这些美好瞬间落在纸上，却发现因为羞怯导致观察不够，自己根本搞不清一些关键部位的结构，而且以他目前的绘画经验和技法还不足以支持这样的创作，他尝试了半天，只画出一些不太成形的轮廓线，他只好悻悻作罢，却对人体和西洋画兴趣更浓。

几天后常玉与二哥及王季冈踏上归国的旅程，与这座和洋结合的都市东京挥手作别。在这里他不仅体验了异域风情和现代都会生活，还刷新了对艺术的认识，并收获了一个终生难忘的成人礼。

第二部分　冉冉上升

第三章　沪上短居

· 上海美术界

时隔年余，常玉又来到了上海。虽说赴日途中曾在此中转，然而短短几日所瞥见的浮光掠影，不及大上海繁荣景象之万一。自道光二十三年（1843 年）上海开埠成为通商口岸以来，各地冒险家、商人前来淘金，列强各国争相设立租界。太平天国时期，不少江南富贵家族为避祸乱迁居上海。于是咸丰、同治年间，上海不仅人口大增，还汇聚了大量财富与资源，发展成为重要的商港和都会。到了常玉和二哥回国创业的 20 世纪 20 年代，上海更是如日中天，不仅是中国最摩登的城市，也是重要的国际金融中心，在亚洲的地位首屈一指，在全世界也名列前茅。这座被称为东方夜巴黎的都市，磁石一样吸引着各行各业、各个阶层的人们前来寻找机会，在美术领域也是人才济济、精英荟萃。

上海的传统画坛亦是随着 19 世纪开放海禁而开始兴盛的，江浙一带众多画家云集于此相互影响，并受上海浓郁的商业文化、市民趣味的熏染，将文人画的笔墨传统与民间美术的审美情趣结合，作品常以大众喜闻乐见的民间传说、历史故事或寓意吉祥富贵的花鸟为题材，构图新颖大胆，色彩明快艳丽，逐渐形成一种充满活力、雅俗共赏的风格，被称为上海画派，简称“海派”。正因为符合广大商人、市民阶层的喜好，海派风格很快占据上海画坛主流，并涌现出许多出色的代表画家，如并称“三熊”的张熊、朱熊、任熊，其中任熊又与稍晚的任薰、任颐、任预并称“四任”。“四任”中的任颐即赫赫有名的晚清画坛巨擘任伯年，他的画技艺精湛、取材广泛，将海派亦古亦今、雅俗共赏的风格特点发挥到极致，影响远超海派。到清末民初之际，海派鼎盛时期已过，却出现了一位成就杰出的大师——吴昌硕。吴昌硕十余岁时便开始学习刻印，后研习古文、书法，三十多岁才开始作画，但因为他具有深厚的书法、篆刻功底，故而出手不凡。

花鸟是吴昌硕最常画的题材，他以多年修习石鼓文、大篆而得的金石笔法入画，笔法古拙、笔力苍劲，全无海派画风中常见的媚俗造作之气，却又不失海派自由奔放、平易近人的特色，将海派风格提升到更高的层次。最难能可贵的是，吴昌硕是少有的书法、篆刻、诗词和绘画四者并重的艺术家，真正能将诗书画印熔于一炉，可谓达到了文人画的理想境界。

常玉寓居上海的 20 年代初，吴昌硕的画坛地位正如日中天，名声早已远播书画圈之外。上海滩许多实力雄厚的商号都请他题写匾额、条幅或楹联，甚至沙逊洋行都向吴昌硕订购过对联。普通市民想要欣赏或收藏吴昌硕的书画也并不困难，当时上海有许多专门经营信笺、扇面以及书画作品的店铺，叫作笺扇庄，相当于现在的画廊，古香室、九华堂、大吉庐、朵云轩等上海一流的笺扇庄都代理销售吴昌硕的字画。常玉常去笺扇庄看画，对吴昌硕的字画尤为关注，他十分欣赏其中古雅朴拙的金石味道，同时又感到几分亲切，因为恩师赵熙先生也属于典型的金石书风，而吴昌硕在画中运用碑刻篆籀的笔法，给常玉留下了深刻的印象。

传统画坛之外，上海的西画群体也十分活跃，一方面是因为西画在上海已有一定的历史积淀，另一方面近年许多西画专业的留学生，学成归来后都来上海谋求发展，从事美术教育，不断为上海西画画坛注入新鲜血液。上海作为口岸，对外来事物的接受与发展一直领全国风气之先，早在 19 世纪中叶，西方传教士范廷佐等人便在上海建立了被誉为“中国西洋画的摇篮”的土山湾画馆，培养了许多中国本土的西画人才，其中周湘、张聿光等学成之后，又投身西画教育事业。周湘早在 1911 年回国后便创办上海油画院、中西图画函授学堂、布景传习所，开创中国私人开办美术学校的先河。1912 年乌始光、张聿光、刘海粟等人共同创办上海图画美术院，即后来在美术教育史上鼎鼎有名的“上海美术专科学校”。其中刘海粟曾在周湘的布景传习所学习，他创办学校并担任校长时还是个十几岁的少年。刘海粟少年成名，颇有胆识又善炒作，其名字常见诸报端，在沪上文化圈子十分活跃。据说刘海粟的上海图画美术学校几年前便开始采用人体模特进行教学，他经常标榜其为中国首例，其实早在 1914 年李叔同在浙江两级师范学校任教时便聘用了人体模特。1918 年，刘海粟又以上海图画美术学校为依托，创办《美术》杂志，以登载中外古今美术史、画家论、画派论、美术教学研究等专论和报道国内外重要美术活动为主，辅以刊载有关美术作品图版，是中国第一本美术专业性杂志，这一点上刘海粟倒果真功不可没。1920 年，上海图画美术学校终于聘请到女性模特，常玉听说后跃跃欲试，但尚未来得及实施。

· 助二哥一臂之力

常玉整日关注美术讯息，参观展览会，流连笺扇庄，大饱眼福，倒不枉身在上海。另一方面二哥常必诚也紧锣密鼓地筹办自己的事业，他依然希望借重好友张群的敏锐眼光和见识，一段时间内频繁与张群通信，商讨创业大计，最后终于选定了方向，打算开办牙刷厂。在当时牙刷尚属比较奢侈的日用品，而并非人手必备的生活必需品，只有中产以上阶层才使用牙刷。住在上海的外国人、洋行职员、中国商贾买办众多，牙刷销路甚广，然而偌大的中国竟没有自己的牙刷厂，牙刷全靠进口。其实中国并不缺乏生产牙刷的条件，恰恰相反，还盛产制造牙刷的原料，尤其是制作刷毛所需的猪鬃（当时尼龙尚未问世，牙刷的刷毛都由猪鬃加工而成）。作为农业大国的中国，每年产出大量猪鬃，经由上海或广州出口海外。这些原产自中国的猪鬃，有相当一部分被制成牙刷，又以高昂的价格进口回流。常必诚了解到这一情况，深为民族工业之薄弱而扼腕，恰好他的家乡四川正是重要的猪鬃产地，相关产业十分成熟，于是他看准这一商机，决定进军牙刷产业。

常必诚以果断的行动力，迅速完成了办厂基本的筹备工作，将厂址选定在南市斜桥徽宁路长兴里，并在重庆设立了办事处，方便采办原料。至于六弟常玉，常必诚也自有妥善安排，他了解这个排行靠后的弟弟，从小到大凡事有哥哥姐姐操心，他乐得远离家事俗务，沉浸在自己的书画天地中，且自幼养尊处优，从未因生计发愁，对如何经营生意毫无兴趣，颇有贵公子世家子弟“视金钱如粪土”的做派。而其优点是头脑活络，品位不俗，富有创造力，又有美术功底。因此常必诚将产品广告设计和宣传的工作交给六弟常玉，常玉也欣然受命。

当时上海的工商制造业与国际接轨，早就不是酒香不怕巷子深的理念，图文并茂的广告已成企业产品重要的宣传和营销手段。常玉特地对上海的广告业进行了考察，当时最流行的广告样式是月份牌，近似于卡片式的单页年历。最有名的月份牌画家叫郑曼陀，他擅长用擦笔水彩的画法画时装美女，风格细腻、通俗可亲，大受市民欢迎，奠定了月份牌广告的主流样式和风格，一时间效仿者众多。这样的广告画初看甜美可人，然而看多了却变得甜俗可厌。况且也并非所有商品都适宜用美女来打广告，一些与女性相关的产品，如布料、化妆品等，广告中出现女性形象还算合情合理，可是烟草、药品、罐头等商品，全都一股脑儿地配上时装美人，只会更令人乏味。

常玉觉得这样完全展示不出产品的功能特性，也不能令消费者对产品产生深刻的印象，他认为“一心”牙刷的广告应该采用不落俗套的图像，让潜在消费者们充分了解牙刷的作用与功效，才能真正拓宽牙刷的销路，起到宣传的作用。二哥也赞成他的想法，于是常玉便按照这一思路去设计海报。过不几天，常玉把几页稿纸递到了二哥的办公桌上，常必诚看了不禁拍手叫绝。原来常玉完全跳出了美女加产品的俗套和甜腻的画风，采用墨笔勾勒的方式呈现出一个生动的场景——一位年轻人坐在拔牙摊子旁的板凳上，手捂腮部，一脸生无可恋，拔牙的江湖郎中身穿长袍，站在摊子的遮阳伞下给钳子消毒，看起来令人生畏，画面右侧写着广告词“早晚用‘一心’牌牙刷刷牙，清洁卫生，不伤牙齿，不必拔牙吃苦”。这则广告生动幽默地展现了拔牙的痛苦，让人意识到以牙刷护齿的必要性，白描的画法突出重点，令人耳目一新。

常必诚不禁夸赞：“真不错啊廷果，这墨笔白描简洁大方又不俗气，你哪里得来的奇思妙想？”常玉不无得意地说：“我为了这个广告着实做了不少功课，没少去旧书摊上翻故纸堆，其实这种画法早就有人用来画广告了。前清时候，上海出过几种时事画报，都是用这种线描画法，最有名的有《点石斋画报》《飞影阁画报》。有一个叫周慕桥的画师，以前给这两份画报画过插图，后来他转画月份牌依然还是用线描，我觉得正适合咱们的牙刷广告，就试着画了一下。”

这款广告定稿后，常必诚着人在多家报纸刊物上投放，果然效果喜人。常必诚见弟弟初试牛刀便有不错的反响，很是欣慰，自以为给六弟找到了适合的出路，盼着兄弟二人联手在上海干一番事业，却没想到常玉的想法正渐渐改变。

· 向往自由之地

随着居住时日的增加，常玉对上海这座城市的风习气质有了愈加深入的了解。这里的商业氛围十分浓厚，连传统中多以文人自居的书画家都毫不避讳谈论卖画和润例，甚至和买主讨价还价，比家乡作为职业画家的父亲还要直接，这令常玉深感不适。他心目中的画家应该是博学而清高的文人形象，就像恩师赵熙先生，既有儒家的敦厚，又得魏晋风骨，对于前来求字的人，首先考虑的绝非礼金的多少，而是来人的人品学识。如果是附庸风雅或企图转手牟利，哪怕奉上重金也休想求得先生一字。若是同道知音，先生甚至分文不取，以字画结缘交友。

常玉更无法忍受的是此地精明势利的风气，其实拜高踩低并不为上海所独有，只不过在这个名利场，一切人间悲欢都被放大凸显出来。一日，常玉和牙刷公司的同事在租界街头闲逛，远远听见一阵叫骂，回头一看，一名巡捕一边用警棍抽打一个黄包车夫，一边辱骂道：“滚远点，租界也是你这种瘪三随便能来的地方？这里的狗都比你金贵！”“别打了，官爷，别打了，我马上就走。”车夫不住求饶，巡捕对他的哀求丝毫不为所动，警棍雨点般落在车夫戴着破毡帽的头上、嶙峋的肩膀上和他试图遮挡的双臂上，褴褛的衣衫绽开新的裂口，布片摇摇欲坠。巡捕打得不耐烦，一脚将车夫踢倒在地，转身扬长而去。常玉见了这一幕不禁义愤填膺，想冲上去找巡捕理论，却被同事紧紧拉住。他只得上前默默将车夫扶起，愤愤不平地说道：“中国衰败已极也，我一定要走出去，以后就是讨口也不回来。”

此后，巡捕殴打车夫的一幕久久盘踞在常玉心中，他想不通明明都身处底层，这些受雇于洋人的巡捕却狗仗人势，自觉高人一等，对同胞肆意欺凌，更可怕的是周围人的麻木冷漠。尽管常玉生活优渥，不问政事，却也能深刻感受到国家已深陷内忧外患交迫的绝境，小到他亲眼所见的底层人的相互倾轧，大到新闻报道中政府官员腐败无能、丧权辱国的行径，都在这个病入膏肓的社会真实发生着。常玉深感无力，想要离开这个令自己窒息的地方，寻找一处平等自由的伊甸园。

1919 年 1 月，第一次世界大战战胜国在法国巴黎召开所谓的“和平会议”，中国作为战胜国之一参加了会议，并在会上提出废除外国在中国的势力范围、撤退外国在中国的军队和取消“二十一条”等维护主权的合理要求，但巴黎和会竟罔顾事实与正义，无视中国的要求，决定将德国在中国山东的权益转让给日本。此消息传回国内，爱国人士群情激愤，怒斥日本的无耻行径，要求政府坚持国家主权。然而国力衰弱是不争的事实，北洋政府屈服于帝国列强的压力，居然准备签署新的不平等条约，引发了国内民众更加激烈的抗议。5 月起，一场由北京的青年学生发起的革命运动席卷全国，很快上海各界便迅速响应，电车、船坞、铁路等各行业工人相继罢工游行。轰轰烈烈的革命运动犹如夜空中的闪电，振聋发聩，并令人看到中国贫弱的现实与改变现状的可能。

在五四运动的涤荡下，许多人第一次知道了民主的力量和自由的精神，法国作为自由民主精神的重要发源地，也更多地进入中国民众的视野，比如陈独秀所创办的影响甚广的《青年杂志》，通过发表《敬告青年》《法兰西人与近世文明》等多篇文章，极力宣传法国文明的先进性和独创性。“欧罗巴之人心，若梦之觉，若醉之醒，晓然于人权之可贵，群起而抗其君主，仆其贵族，列国宪章，赖以成立。”“人类之得以为人，不至永沦奴籍者，非法兰西人之赐而谁耶？”这样充满激情的词句，令热血青年们心潮澎湃。

常玉在日本看到现代派的绘画时，便对巴黎有了初步的印象，觉得那是一个自由的艺术圣地，如今报刊中关于法国巴黎越来越丰富的信息，又不断补充完善着他对巴黎的想象，他脑中逐渐拼凑出一个模糊却理想化的巴黎印象。那里讲究民主、人人平等，充满浪漫的艺术气息，常玉越发觉得巴黎就是符合自己所有需求和想象的理想所在。然而法国虽好，却远隔重洋，而且不像日本有兄长可以投奔，人生地疏，该如何到达呢？

· 老友带来新希望

常玉正无头绪之际，恰好接到老友王季冈的来信，之前王季冈同常玉兄弟一同回国，一到上海口岸便北上天津，去了新开办不久的南开大学继续学业。此次他在信中说自己近日即将来沪，面谒吴稚老，通过一个叫作“勤工俭学会”的组织去法国留学。常玉闻讯喜出望外，急忙复信王季冈表明自己也想去巴黎的心愿，并询问“勤工俭学会”的具体事宜。常玉很快收到了王季冈热情的回信，以及随信附上的一份剪报，上面是《留法俭学会缘起及会约》和《北京留法俭学会简章》两则内容。常玉仔细一看，发现刊载这些消息的报刊居然是自己到了上海就开始订阅的《东方杂志》，只不过是民国六年（1917）的旧刊。常玉赶忙翻看家中往期的《东方杂志》，果然看到前不久的一期杂志中“内外时报”栏目刊发了《留法勤工俭学详况》。常玉又扩大范围，开始留意各大报刊关于留法勤工俭学的消息，发现《申报》《时事新报》《新青年》等各大媒体也都在关注留法勤工俭学运动。通过各刊物发表的消息、文章，常玉大致了解了“留法勤工俭学”的来龙去脉，原来王季冈口中的吴稚老，便是“留法勤工俭学”的发起人之一吴稚晖。吴稚晖原本接受的是旧式书院教育，近不惑之年才先后留学日本、欧洲，西方现代主义思潮令他受益匪浅，因此希望让更多中国青年在国外接受先进的思想和科学教育。吴稚晖基于自己在英法留学期间“俭学”“苦学”的亲身经历，感到在法国边工作边学习，用自己的劳动收入来维持生活和学业，不失为一条可行的道路，于是提出留法勤工俭学的主张。吴稚晖后与出身浙江南浔的巨贾张家的张静江，以及当朝军机大臣、晚清“清流派”领袖李鸿藻的三公子李石曾结识。三人志同道合，共同在法国“试验节俭之生活”。

后来留法学习生物及农学的李石曾在巴黎成立了豆腐公司，从老家直隶高阳（今属河北）招聘大量华工到法国做工。为了让工人提高文化知识和工艺技能，李石曾开办夜校为工人授课，取得了良好效果。一两年后工人们大多能够稍有储蓄，而且通过学习具备了一些基本的文化知识，行为举止也变得文明起来。李石曾欣慰地看到工人脱胎换骨般的变化，越发坚定了帮助同胞来法接受民主思想和教育，进而富民强国的信念。于是 1912 年，理念接近的吴稚晖、李石曾、张静江一拍即合，创办了“留法俭学会”，并在北京安定门内方家胡同设立了留法俭学会预备学校，时任教育总长的蔡元培对此给予大力支持。后因二次革命失败，作为革命派的李石曾、吴稚晖、蔡元培等人逃亡法国，留法俭学会被迫暂停活动，幸而留法事业并未就此偃旗息鼓。1915 年，曾在李石曾豆腐公司工作过的几名工人李广安、张秀波、齐云卿等，以“勤于工作，俭以求学”为宗旨发起了“勤工俭学会”。1916 年 3 月，吴稚晖、李石曾、蔡元培、吴玉章、张静江等人，联合法国自由教育会的欧乐、穆岱等人，发起组织了“华法教育会”，进一步推动勤工俭学运动的发展。1917 年 8 月 1 日，华法教育会成员华林在《新青年》杂志刊登《与全国各县筹派公费留法商榷书》。文中建议各县出资筹派留法勤工俭学学生，学成后回来建设家乡报效国家，“归中国本地方上振兴教育，扩充实业”。因《新青年》巨大的影响力，华法教育会的提议获得政府的支持和来自民间各方力量的积极响应，各省分会纷纷成立，同时创设相应的预备学校，至 1919 年 3 月各地成立预备学校共二十余所，北京、上海、重庆、成都等地都开设有留法预备学校。勤工俭学运动以燎原之势席卷全国，在 1919—1920 年达到顶峰，仅这期间便输送留法青年学生 17 批约 1700 人。

勤工俭学运动在五四运动的推动下形成了汹涌大潮，改变了许多个体的命运，常玉便在其中。

没过几日王季冈抵达上海，他带着教育总长蔡元培的推荐函去找吴稚晖，在其引荐下加入了“勤工俭学会”，办妥手续他便迫不及待地来找常玉，分享赴法的信息及趣闻。王季冈到访时，常必诚碰巧也在家，在一旁听到两个年轻人兴致勃勃地讨论赴法、俭学，才知道六弟有留学的打算，而且他询问得那样细致热切，看样子应该是早有计划。常必诚忍不住插言问道：“廷果，你去了巴黎打算学什么呢？”

“画画！”常玉几乎脱口而出，连他自己也有些惊讶。他并不是一个计划性很强的人，之前只是很渴望去一个自由民主的地方学习生活，至于学什么、以何为生，并没有仔细考虑过。而今面对二哥的问题，学画画这个选项不假思索地蹦出来，如同刻在他的骨子里一般。

常必诚对这个答案也似乎并未感到意外，一个画师的儿子，去先进的欧洲国家学习画画，继而成为一个画家，不是理所当然的事情吗？去历练一番开开眼界也没有坏处。常必诚还存了些私心，暗自期待六弟学成归来，再继续助自己一臂之力。

这时常玉向王季冈问起留学的费用问题。王季冈道：“‘勤工俭学会’宣称只准备旅费便可，抵法后可以用勤工所得来俭学，但我认为以你我的家庭条件而言，无须把自己搞得这般辛苦。勤工俭学看似勤勉独立，为家庭减轻了负担，然而一味考虑如何赚钱、省钱，会占用大量精力和学习时间，若为此影响了学业则有违我们不远万里去留学的初衷，反而得不偿失。常玉兄认为如何？”

常家兄弟连连称是。王季冈继续说道：“而且我们现在去法国实在很占便宜，如果一战前去法国留学，每年所需的费用最低也要 1000 法郎左右，折合咱们中国货币 600 多元，这在前几年可不是个小数目。前阵子一战结束、《凡尔赛和约》签订之后，法郎对咱们的货币大幅贬值，原来一银元可以兑换不到两法郎，现在一银元都可以换十多个法郎了，还在不停地跌呢。如今在巴黎每月费用满打满算 300 法郎，换成银元还不到 30 块，这些钱在上海供一个学生读书都不够。去法国的船票就按三等的算吧，大概 100 多元，一年的学费加生活费就算 500 块，第一年准备 600 多块绰绰有余，这对你们家来说应该不成问题。”

常玉闻言心头一动，此前去巴黎的想法是个遥不可及的梦，他从未敢和家人提起，现在终于看到了实现的可能，他转头用充满希冀的目光看着二哥。

其实就在王季冈介绍的时候，精明的常必诚便在心中拨起了算盘，认为现在去法国留学是笔不赔本的买卖，便冲常玉点点头，表示了默许。常玉见状不禁心花怒放，王季冈也希望能有朋友同行，便趁热打铁又接着说道：“其实常玉兄还有一个便利条件，就是你身处上海，不必再费周折去其他地方出境。原本中法之间铁路交通十分便捷，现在因为一战，铁路受阻，要去法国只能通过轮渡，而且所有从中国开往法国的船只都只能从上海起航。上海成了赴法的唯一口岸，常玉兄去法国留学可谓占尽天时地利。”

常必诚马上致信家人商议常玉留法之事，立即得到了大哥的肯定回复，常俊民表示，读书乃光宗耀祖之事，六弟有心向学，必须大力支持，大哥愿包揽赴法期间一应费用，廷果不必为川资经费发愁。常玉得到家人的支持十分高兴，马上依照王季冈的提示，在上海的留法预备学校报了名，开始赴法之前为期半年的学习。当时预备学校用的法文教材主要有两套，其一是《百尔力兹》，这是法国人专为外国人学习法语而编写的教材。此外还有一套《法语进阶》，是国人编写的法汉对照的小册子。由于留学培训的需求猛增，各地留法预备学校大量招聘法语教师，难免质量良莠不齐，不少老师是半路出家，本身程度也一般，仅能照本宣科。好在王季冈家中有不少留学欧美的亲友，之前便略有基础，再加上本人聪慧勤奋，经过半年的学习，法语有较快提高。有他从旁协助，常玉也初步掌握了法文的基础生活用语，足够应付初到海外的一些日常情境。

· 俭学预备生众生相

就在常玉准备赴法各项事宜期间，来自全国各地的勤工俭学生及他们的领队、组织者也汇集于上海，等待启程。这些青年以四川、湖南、广东等几省人士居多，家庭境况、赴法目的、个人志向与天资各不相同。他们当中有的立志学习先进科技，实业报国；有的则计划深入考察资本主义社会，探寻中国社会改良之路；也有人与常玉一样，想要投身艺术的殿堂。能够下定决心远赴重洋进修学习的青年，必然是心存奋发图强之志。因此勤工俭学生群体藏龙卧虎、人才济济，身边貌不惊人的同船者也许就是推动时代进步的革命者、领导者。

邓小平、周恩来、陈毅、李富春、聂荣臻、赵世炎、王若飞、陈延年、蔡和森、向警予、徐特立、蔡畅等中国共产党早期骨干成员和新中国的杰出领袖都曾乘着这次勤工俭学的浪潮留法学习。而专程前往上海欢送蔡畅、向警予等湖南学生赴法的，正是毛泽东。

和常玉一样追寻艺术之梦的徐悲鸿此时已经到达巴黎一年有余，相比于常玉的顺水顺风，他的法国之行可谓一波三折。1915 年，21 岁的徐悲鸿为摆脱包办婚姻束缚避居上海，结识了著名美术教育家周湘，就是毕业于土山湾画馆并开办布景传习所的那一位。此前徐悲鸿曾随父习画，其父徐达章是一位民间画师，徐悲鸿在学习过程中又曾临摹吴友如等受到西画影响的商业画家的作品，因此其早期绘画掺杂了文人画和民间绘画等多种来源。通过和周湘的交往，徐悲鸿接触到了正宗的西方古典绘画并深受震撼，遂产生去法国留学的愿望。1916 年徐悲鸿考取上海震旦大学学习法文，然而经济拮据，生活与学费没有着落，正巧赶上犹太地产大亨哈同为创办学校公开征集仓颉画像，徐悲鸿所绘应征作品《仓圣像》被采纳，并获哈同花园总管姬觉弥的赏识，被聘为哈同花园的美术指导，兼仓圣明智大学美术教授，不仅经济问题得到解决，还得以结识同在明智授课的大师康有为，并拜其为师。正当徐悲鸿紧锣密鼓为赴法做准备之时，爱情却不期而至，他邂逅了出身宜兴望族的大家闺秀蒋碧薇（一作“蒋碧微”），二人暗生情愫。当时蒋小姐已经与门当户对的查家公子订婚，徐悲鸿看出她对这门婚事并不满意，便大胆冲破礼教束缚，暗自与蒋碧薇相约私奔去法国。谁料因欧洲战争局势不明，到法国的航线中断，二人无法成行，只好先转道日本，在日本停留了一年之久，又回到上海继续寻找机会赴法。老师康有为建议徐悲鸿先去北京寻求公费留学的机会，并将徐悲鸿介绍给当时任北京大学校长的蔡元培和自己的大弟子罗瘿公，通过后者徐悲鸿又认识了当时的教育总长傅增湘，争取到了公费留法俭学的资格。然而由于欧战未停，去法国的航线仍未恢复，徐悲鸿只能既来之则安之，与妻子暂居北京，等待战争结束通航。蔡元培因欣赏徐悲鸿的才华，在本没有艺术系的北大专门设立“北大画法研究会”，聘请徐悲鸿担任导师。徐悲鸿夫妇在北京等待消息期间，租住在东城方巾巷一栋四合院内，紧邻华法教育会会址，同院合租的华林就是《与全国各县筹派公费留法商榷书》的那位撰稿人。华林将徐悲鸿引荐给了勤工俭学运动的发起人李石曾，后者也颇为欣赏这对年轻伉俪，邀请蒋碧薇在其刚刚与蔡元培等人筹办的一所新型学校教授音乐。

1918年11月，一战终于结束，傅增湘立即帮徐悲鸿办理了公费留法的各项手续并发放置装费与路费，已等候多时的徐悲鸿迫不及待地携妻子蒋碧薇返回上海为赴法做准备。然而因一战期间中欧交通的中断，造成大量计划赴欧及返回欧洲的旅客滞留，交通甫一恢复船票便被抢购一空。徐悲鸿十分焦急，打听到留欧学生监督高鲁将带领一批勤工俭学生乘船赴法，急忙千方百计托人分到两张三等船票，才终于得以成行。

常玉在准备赴法期间，和家人时常关注着有关勤工俭学的信息，1919—1920年正是赴法勤工俭学的高峰，各类消息不时见于报端，除了一些相关政策、通告，也不乏赴法各色人等的趣闻。一天傍晚，常必诚难得没有出去应酬，闲来无事坐在沙发上翻看《上海晚报》，读到一则报道后不禁失笑。他招呼正在读法文的常玉：“哈哈，廷果你看，去勤工俭学的居然还有这种人，我读来你听听。昨日‘博多斯号’搭载的十五位勤工俭学生，有‘某某两位’刚刚搭拖船到吴淞口上船，说是船上有些‘冷’，便决心掷弃一百元的船票，乘拖船回来了。对人说是静待俄乱平靖后，再取道西伯利亚的铁路前去。我先以为，他已经尝了海船在涛浪中的滋味，万分受不住了，所以回转来的。船既泊在吴淞口，并未到海里去，自然没有风浪。他明白说是冷，便没有尝过海浪的滋味，可以想见。以八月的天气，就说是冷，就因为这冷抛弃了张船票不去，这种人还配讲勤工俭学吗？只好长年用狐皮包了，收在箱子里。一张船票花了一百元，也随便抛弃，还算是俭吗？最妙是他再要待俄乱平靖，取道西伯利亚去。俄乱设若不平靖，你们就不读书了吗？西伯利亚设若没有铁路，你们怎样呢？我恐怕你们这两位大学生这世是去不成了。因为西伯利亚的气候，盛夏的时候也同上海八、九月的天气一样。你们既是这样怕冷，自然这世没有去的机会了。

“八月居然嫌冷，一百多的船票就这么浪费了，真作孽哟。这个记者笔头子也蛮毒，‘用狐皮包了，收在箱子里’。哈哈。还有这个更逗乐，这人估计没见过什么世面，到上海来等坐船，结果被花花世界迷了眼，天天逛窑子，把勤工俭学的事抛到爪哇国去了，他老爹连发二十多封信催他动身，说‘一些朋友饯的饯行，送的送行，你若再不赴法，有何面目见人？’，看来家里以为他去喝洋墨水光宗耀祖，出发前兴师动众庆祝了一番。这人就算到了法国也不过是换个地方继续玩乐败家，用那记者的话讲，这种人还配讲勤工俭学？”

说到此处，常必诚拿出了兄长的姿态，叮嘱常玉道：“廷果，你可莫要学这种人，咱们常家现在虽比之前宽裕，也都是大哥勤勤恳恳挣来的家业。我们不用你勤工俭学节衣缩食，但求你能专心读书，即便是画画也要学到真本事，搞出些名堂来，到时衣锦还乡光耀门楣，父亲也算后继有人。”

常玉不停点头称是，心中却暗想：要是想继承父亲的画艺和事业，我留在顺庆便好，何苦大费周章去法国。既然去了就没打算回来，那种自由之邦不信没有我容身之处。何况我想画的东西和那些“怪画”近似，你们大概欣赏不来，估计也不能给祖宗增光。幸亏上面有你们两位哥哥，不需要我承担那些家族重担。未来的人生旅程果然要独自探索，家人无法继续陪伴、保护，另一方面也意味着无法干预，先生诚不欺我。

· 踏上寻梦旅途

启程的日子到了，常玉和王季冈在家人的陪同下来到码头。这里像是一个露天剧场，总是人山人海，人间悲欢离合的戏码在此轮番上演。此刻码头聚集的多是与常玉同一班次的乘客，除了少数归国的法国人或往来于中法间的商人外，其余大部分是准备赴法的留学生。一张张年轻的面孔意气风发，眼睛里充满希望与向往，蓬勃的朝气使得送行的氛围也没那么伤感沉重了。

万吨巨轮缓缓起航，码头上二哥等亲友的面孔渐渐模糊，淹没在送行的人群当中，直至不见踪影。一同远去的还有这片常玉声称“讨口也不回来”的土地。此时的常玉正处于他人生最好的年华，对巴黎的憧憬和独自远行的兴奋充盈心间，没有空间留给离愁别绪，他雀跃着、期盼着，向着梦想中的目的地进发。

常玉和王季冈乘坐的是一艘法国邮轮，当时我国上海与法国间的航线多由法国的轮渡公司经营，如鸯特莱蓬号、波尔多斯号、麦朗号等，也有少数别国航运公司，徐悲鸿夫妇赴法乘坐的就是日本邮轮。相比较而言，欧洲公司的轮船吨位较大，条件也略好一些。常玉和王季冈买的是三等舱的船票，这也是多数勤工俭学生的选择。原本常家大哥疼爱幼弟，想要给他订二等舱的铺位，但是常玉和二哥都觉得不必如此奢侈，他们认为票价高达 800 元的头等舱和 500 多的二等舱是那些洋商和达官显贵用来标榜身份的，普通百姓实在不必去充冤大头。相比而言一百多元的三等舱是性价比最高的，四人一间的住宿条件也尚可接受。常玉和王季冈的铺位相邻，他们在舱中安顿好行李，便开始兴致勃勃地在船上四处探索了。

三等舱位于邮轮船舱的内部，与餐厅在同一层，此刻距离饭时尚早，两人决定先上甲板看看光景。刚从舷梯探出头，清新的海风便携着微腥海水飞沫扑面而来。从舷梯走上甲板，此刻轮船已离岸多时，海岸线已不见踪影，目之所及只有一望无际的大海。此时天气晴好，甲板上熙熙攘攘，游人如织。常玉在船头看了一会儿海，便转过身，后背靠着船舷，饶有兴致地观察着往来乘客。一位女士的背影吸引了常玉的目光，这是一位白人女性，她正俯身倚在船舷边看海，帽子下露出的金发在夕阳的余晖下闪着耀眼的光芒，海上斜阳将她曼妙的身材勾勒成一幅剪影，常玉不禁心头一动，又想起离开东京前那个难忘的夜晚，眼前浮现出湿透的浴衣包裹下若隐若现的胴体。

“常玉兄，天色不早，餐厅大概已经开门了，我们去吃晚饭吧。”王季冈的声音蓦地打断了常玉的浮想联翩，他点点头，跟王季冈走入船舱。

他们来得正是时候，晚餐刚刚开始，人还不是很多，两人正好有闲暇观察一下用餐环境。用作餐厅的船舱十分宽敞，可同时容纳上百人用餐。整个餐厅以廊柱及屏风相隔，分成几个不同区域。其中最靠里面的部分最为豪华宽敞，天花板上悬挂着华丽的水晶吊灯，光线十分柔和，地上铺着深色花纹的地毯，餐桌有方有圆，都铺着洁白的台布，整齐摆放着精美的餐具和叠成花样的餐巾，每张桌子周围配有四到六把考究的靠背软椅，就餐环境可以媲美上海高档的西餐厅，显然是头等舱客人的就餐区域。紧挨着这一区域的应该就是二等舱餐区，这里的地上同样铺着地毯，但是吊灯简单了许多，光线更明亮一些，餐桌是仅容四人的木质小方桌，配套的餐椅也不带扶手，比头等舱餐区的空间紧凑许多。而最靠外的三等舱餐区显然更加朴素，头顶是配有简洁灯罩的日光灯，易于清理的深色地板上许多张硕大的长方形餐桌连成一片，相邻两排的长条木凳紧挨在一起，可以想象用餐高峰时这里将会十分拥挤。

王季冈和常玉赶紧找了一张空桌坐下，拿起桌上的菜单看起来。菜单是法文的，两人勉强认出今日的主菜有鸡肉和牛肉两种可供选择，具体的配料及做法因他们有限的词汇量不得而知。另有一道素菜，可在莴苣色拉和豆羹中任选其一。一位留着八字胡的侍者过来查看他们的船票，并为他们点餐，他俩商量着各自选择不同的菜式，可以多尝几种味道。邻座早到的乘客点的餐已经上桌，常玉隐约闻到饭菜的香味，他忽然觉得很饿，担心点的餐不够吃，便问侍者是否可以加些主食。侍者指了指墙边一张长桌，告诉他们自助区有面包和热茶、咖啡，可随用随取，两人听了十分高兴。点完菜肴，侍者问道：“二位先生可需要红酒？”王季冈连忙摆手回绝，常玉虽不喝酒，却对船上的事物很感兴趣，他问侍者：“红酒可要额外付钱？”侍者答道：“不需要，先生，您买的三等船票，餐费和酒钱都包含在内了，只是红酒只有一种，没有头等舱和二等舱可选的品类丰富。”常玉听后说道：“季冈兄，咱们要一杯尝尝吧，反正无需额外花费，如果不要等于白白浪费了钱，而且咱们也该庆祝一下顺利起航。”王季冈欣然表示同意。

侍者走后，常玉自告奋勇去自助区取面包和饮料，只见铺着台布的长桌上，摆着两个竹筐和两个带龙头的大水壶，以及许多干净的餐盘和茶杯。其中一只竹筐中盛满了小圆面包，另一只里则放着切成一截截的法棍面包，常玉每样都拿了一些，随后又倒了一杯热红茶和一杯咖啡。红茶是拿给王季冈的，他实在无法接受咖啡的苦涩，而常玉尽管也还未能习惯咖啡独有的味道，但是他决定积极努力地入乡随俗，就从饮食开始。

常玉端着餐盘正要离开，却瞥见一个有些眼熟的身影，他脱口喊出：“小杨！原来你也坐这班船！我还以为你要等下一批才来。”被叫作小杨的青年大名杨廷辉，是常玉在留法预备学校的同届同学，因年龄较小，同学们都喊他小杨。常玉知道杨廷辉家境普通，读预备学校期间便一直为筹措赴法的路费发愁，临近常玉这批同学都开始订票时，杨廷辉仍有小半路费没有着落。小杨见到常玉也十分意外，而且神态略显窘迫：“原来是常玉兄。我后来还是及时凑齐了旅费，多亏乡董徐公作保，邀集数位乡亲，以集会方式帮我筹了些钱。船票买的是四等，也省下不少。”

“还有四等舱？我订票时只听说有一、二、三等，怎么居然还有四等？”

小杨有些不好意思地说：“本来是没有的，华法教育会为照顾贫困学生，与一些航运公司交涉，专门辟出一些新舱位，咱们同级有好几位同学都买的四等票。”

“哦，原来如此，我和一位朋友同来用餐的，我们坐在那边，你要一起吗？咦，你怎么拿这么多面包，如何吃得了？”

小杨连忙说：“不必了常玉兄，我们也是好几人同来的，咱们改日再叙。”说完便端着满满一盘面包，急急忙忙走掉了。

常玉感到有些困惑，纳闷自己是否又无意间得罪了人家。回到座位上，菜已上桌，味道还不错，量也蛮足。常玉一边吃着，一边用有些惊讶的语气聊起刚才遇见小杨的情景，王季冈倒似乎见怪不怪：“我之前在预备学校时也听说，有轮船将谷仓或病房改为客舱，列为四等，因为本是船上没有的，所以也叫无等舱。班上有不少同学为节省买了这种票，估计住宿条件要差一些，而且好像吃饭要另付钱的。”

常玉这才恍然大悟，喃喃道：“难怪他拿了那么多面包，估计根本没舍得点菜，全靠面包和茶充饥了。那他干吗躲着我呢？”

王季冈有些无奈却仍不失耐心地对常玉解释道：“这个杨同学本来就因为家贫有些自卑，他拿船上免费的食物被你撞见自然感觉不好意思，怎么可能跟你坐在一块儿，难道看你吃大鱼大肉下饭？”

“这我自然明白。但拿吃的有什么好羞愧的，又没偷没抢，要是我就光明正大地连筐端了来。家贫也不是他的过错，而且有钱又能怎样，不过身外之物。”

王季冈苦笑：“常玉兄，不是每个人都像你这么超脱的，而且这种话，只有你这种吃穿不愁的公子哥说得出来，假如真到了为温饱发愁的地步，你大概才能体会钱的重要。”

王季冈跟常玉相处久了，已经对他不同凡俗的道德观念见怪不怪，但有时仍难以置信一个二十岁的青年，何以有些时候在人情世故上，在对待金钱上，幼稚得如孩童一般。常玉却若有所思，他忽然意识到人与人之间的贫富等级差别，似乎是无处不在的。

· 中法航线沿途见闻

过了头几天的新鲜阶段，船上生活开始显出枯燥乏味。初登船时令内陆青年们激动不已的壮丽海景，而今却如同荒芜的蓝色沙漠。三等舱内的生活尤其令人乏味，船上的休息室和娱乐室是为头等舱和二等舱客人设立的，三等舱乘客除了在甲板上闲逛，便只能待在舱内。房间内仅有的圆形舷窗很小，且几乎与海平面相齐，稍有风浪海水便涌到窗户上方，所以很少开窗，更无风景可看。因此有经验的乘客会自备纸牌等消遣，否则便只能与室友面面相觑。

勤奋的王季冈翻出专业书啃了起来，常玉想起自己随身携带了一套《红楼梦》，虽然已读过不止一遍，此时却正是完美的消遣读物。这套书是前几年上海江东书局印行的，虽不是什么珍本古籍，但胜在是洞庭护花主人王希廉评序的版本，且配有一百余幅绘制精美的人物绣像。常玉一头扎进去，做起了红楼梦中人。

看到第五、六回，宝玉梦游幻境及初试云雨的情节，常玉不禁面红耳赤，又忆起了在东京“风吕屋”度过的夜晚，甚至前几日夕阳中金发美人的背影也历历在目。上次通读《红楼》时自己尚且年幼，看到此处不解其意便一带而过，不料如今重读竟有了完全不同的体验。

王季冈见他看得废寝忘食，便打趣他：“老常，怎么读《红楼》读得神魂颠倒的，我看你是羡慕贾宝玉的艳福吧，每天在大观园里倚红偎翠、莺环燕绕，再不必巴巴盯着那只可远观的西洋美人呆看。”

“呵，你这书呆子不学好，居然调侃起我来了。不错，我果然羡慕贾宝玉，只缺个警幻仙姑封我为‘天下古今第一淫人’呢。”

王季冈笑道：“我看你是缺个可卿仙妹给你启蒙开窍吧。”

“你懂什么，我正如贾宝玉一般懂得意淫。眼中所见之普通美人，经过我意淫而成胸中独一无二的绝代佳人。惟心会而不可口传，可神通而不可语达。”

长途旅行中，旅伴显得格外重要，两个年轻人斗嘴调侃，让枯燥的旅程不那么难熬。邮轮由东海向南航行，到达了途经的第一站香港，轮船会在此停靠一天，上下旅客补充给养。由于停泊时间较短，许多乘客只在船上等待，而好奇心旺盛的常玉不愿错过任何一个体验不同的机会，船一靠岸便拉着王季冈下船观光。他们不敢走远，只在码头附近闲逛，这里有许多当地人摆摊贩卖刚捕捞上来的鱼虾。热带海域的水产对于来自内陆的两人来说不啻珍禽异兽，想要和摊主问个究竟，却发现这些当地人虽长得与内陆人无异，一开口却是语速飞快的粤语，也有些身穿洋装打扮得西崽一样的人物粤语夹杂英文，令人更加迷惑，完全无法交流，二人转了一会儿便悻悻而返。

轮船离港后继续南行，没过几天便到了下一个经停码头越南西贡。因是法属殖民地，轮船在此停泊时间较长，乘客有机会上岸观光游览。常玉又兴致勃勃地拉着王季冈上了岸，这次他们运气不错，西贡居住着不少移民在此的华人，有很多看到码头附近的商机，到这里讨生活，或兜售特产，或做向导、翻译，还兼职跑腿，给语言不通的中国游客带来极大便利。常玉两人雇了一位向导，带他们参观了红教堂、邮政大楼等最具当地特色的建筑和市集。地道的法式洋楼和东南亚传统建筑掩映于木棉、罗望子等热带植物摇曳的树影里，优雅的法语、绵软的越南语夹杂在一起，偶尔也会有零星熟悉的汉语传入耳中，炸春卷的香气混合着清新的植物气息在空气中弥漫，游人便迷醉在西贡融汇东西的独特风情之中。

还有一道流动的风景不断吸引着常玉的视线，那便是街头身着奥黛款款而行的当地女性。奥黛是受清朝旗袍启发而形成的越南民族服饰，上半身与旗袍无异，高领长袖斜襟盘扣，只是两侧开衩高至腰部，作为长衫需搭配裤子穿着。自从越南成为法属殖民地，方方面面都受到法国的影响，奥黛也像现代旗袍一样吸收了欧洲服饰的剪裁方式，将原本宽松的胸部和腰身做得更加合体，以突显身材。越南女性普遍身材娇小却曲线玲珑，在奥黛的衬托下更显得婀娜多姿。街头所见女子大多出自普通人家，或是摆摊做生意的小贩，或是来采买食品的家庭主妇。她们所穿多是花色朴素的棉质奥黛，为了行动方便多穿着平底便鞋甚至赤脚，总是行色匆匆地走在路上，微风吹动奥黛长长的下摆和宽大的裤脚，有种别样的飘逸洒脱和东方女性特有的温婉。常玉一路只顾看风景和美人，不经意间随向导走进一条偏僻小巷，正四处探寻此处建筑有何特别之处，却惊讶地发现临街皆是些小小的门洞，每个门口都站着几位打扮艳丽的佳人，热情地同过往行人搭讪，等到被佳人的玉手挽住了胳膊，常玉两人才恍然，这里原来是西贡的青楼所在。王季冈立即反感地皱起眉毛，对向导说：“为什么带我们来这种地方，我们不需要。”向导见没有额外的生意好做，只得讪讪带他们离开。王季冈一脸正气目不斜视，常玉却忍不住偷眼看这些青楼女子，她们都浓妆艳抹，看不出本来的样貌，也都身穿奥黛，但款式十分紧身，花色也格外花哨浮夸，其性感时髦倒是可以与身着紧身旗袍和高跟鞋的上海摩登女郎一较高低。

两人回到船上，王季冈气呼呼地抱怨向导下流猥琐，险些让他们陷入烟花之地。常玉则边敷衍地劝慰着，边在脑子里回想着今天所见到的女性。他不禁感叹曹公雪芹果真通透，借宝玉之口所说，女儿是水做的骨肉，简直至理名言，水无常形，女人亦无统一的标准，就今天所见的越南女子，冶艳、清秀各有千秋，只可惜中国传统绘画里的仕女全是一般娇弱体态，等自己学成了西洋画艺，一定要把女子的万千情态全画出来。

轮船继续航行，西贡下一站是新加坡。短暂停泊后，船开始向西行驶，经马六甲海峡驶入印度洋，到达斯里兰卡的科伦坡。轮船必须在此停靠补充足量的给养，因为此后便要进入此航线中最长的一段航程。这段航程长达七昼夜，且印度洋上风浪甚大，不少旅客出现晕船呕吐的症状，幸亏有王季冈和《红楼梦》相伴，常玉顺利度过了这段难熬的旅程。

之后轮船经由亚丁港驶入红海，这里被认为是东西方的分界处，船只将会在法属殖民地吉布提短暂停靠。吉布提是东非最大的海港之一，地处欧、亚、非三大洲的交通要冲，然而发展缓慢，在 20 世纪初期仍十分落后，偌大的海港竟然连供船只停靠的码头都没有，轮船只能在离岸几百米的海面抛锚。

常玉拉王季冈到甲板上看热闹，甲板上船头方向已经聚集了不少旅客，都朝着陆地的方向指点、眺望，常玉赶紧在人丛中寻了一个空隙钻了进去。遥望海岸，只见沿岸除了几座低矮的草屋，便是一望无垠的沙滩，岸上往来活动的人无论男女几乎赤身裸体，只在下身围一块布巾蔽体。不过当地人尤其是女性的样貌，却与常玉此前在画报、明信片上所见的黑人大不相同。她们的肤色并不是锅底一样的漆黑，而是深棕色，且光滑细腻，在阳光的照射下呈现出上好紫檀家具般的光泽。她们也没有黑色人种常见的扁塌鼻子和肥厚嘴唇，五官端正清秀，四肢修长匀称。常玉正惊叹于吉布提女子的美丽，忽听周围的人群中爆发出阵阵惊呼，常玉赶紧回过神来定睛观看。原来是几艘满载着当地孩童的独木小舟正飞速驶来，此刻已到了船下不远处，皮肤黝黑的小孩子们正纷纷跳入水中，有些孩子看来只有四五岁年纪，入水却毫不犹豫。黑孩子们轻松地在水中直立浮起，双手高高举起，口中念念有词，以乞求的目光看向船上围观的乘客。一些有经验的乘客从衣袋内摸出硬币向水中抛去，黑孩子们见了，像一只只捕食的水鸟飞快地翻身潜入水中，不一会儿便浮出水面，手中抓着满满的硬币喜笑颜开，赢得了人们的声声喝彩。于是更多旅客纷纷解囊，硬币如雨点般落入水中，黑孩子们一趟趟地入水捞取，乐此不疲。据说此处水深可达十几米，这些当地儿童娴熟的水性和奇特的谋生手段令人惊叹。

由吉布提起航后，轮船向北驶入红海，这片海域因生长着大量深红色的藻类，导致海水呈红棕色而得名。红海海域物种丰富，常玉等旅客在这一航段目睹了飞鱼群跃出海面的奇观，无不感叹眼界大开。穿过红海，轮船抵达位于埃及东部的苏伊士港并短暂停靠。早听说过埃及是历史极为悠久的文明古国，常玉自然不愿错过观光的机会，无奈停泊时间太短，只能从码头小贩处买几张印着当地名胜的明信片过过眼瘾。轮船起航后便驶入了著名的苏伊士运河，这条“东方的伟大航道”

连接了红海和地中海，将欧亚之间的水运路程大大缩短。苏伊士运河全长一百九十公里，河道却比较狭窄，河面最宽处也不过一百五十米，船行驶在运河中央，两岸是一望无垠的沙漠与平原，日升日落之时尤为壮观。常玉看着苏伊士运河沿岸的景色，心里却在遗憾这次无缘上岸游览，无法亲眼看到金字塔和狮身人面像等名胜古迹，还有听几位游客所描述的极尽妩媚妖娆的肚皮舞娘，后者尤其给埃及古国增添了神秘香艳的味道，令常玉多年后仍魂牵梦绕。

在苏伊士运河上行驶了十余小时后，轮船抵达运河北端的塞得港，这里被认为是进入地中海的门户。邮轮绕过西班牙、葡萄牙的南端继续向北航行，在地中海中经过大概四天的航程方抵达法国南部重要的港口城市马赛。华法教育会安排了专人在港口迎接学生们，并安排他们通过陆路中转至巴黎或其他城市。从马赛到巴黎需乘十几小时的火车，沿途秀丽的风光和当地人热情友善的态度，令常玉对法国产生了极佳的第一印象。

第四章　初到法国

· 朱利安美术学院 上

长达四十余天的舟车劳顿之后，常玉、王季冈等一批赴法留学生终于到达了目的地巴黎。埃菲尔铁塔、凯旋门，这些曾在报纸、明信片上见过的景物，如今真实地伫立在眼前，似梦想照进现实。然而追逐梦想也要脚踏实地，到达巴黎后勤工俭学生们首要面临的便是求学及就业的选择，其余租房等一系列事宜都将取决于这个大方向的确定。华法教育会安排了一位来法多年、经验丰富的执事负责学生的接待安置工作，执事会按照惯例先询问学生的意愿，想要做工还是求学抑或先补习法文，然后根据学生的想法及实际情况提供实用的指导意见，协助学生尽量达到目标。王季冈来法之前已计划好要进法国国立高等航空航天学院，学习最先进的航天技术。常玉想要学习绘画，但并无目标学校，于是华法教育会的执事便将一位优秀前辈介绍给他，这便是早他一年到达巴黎的官费美术生徐悲鸿。

常玉对这位前辈颇有好感，他相貌英俊端正，面色又白净，看起来十分儒雅，且为人谦逊踏实，绝少夸夸其谈。可徐悲鸿似乎担心自己显得过于文弱，总是装出江湖中人的豪迈神气，故意粗门大嗓地讲话，然而一谈起艺术，这冒牌梁山好汉便现了原形，滔滔不绝引经据典，分明一个痴迷艺术的书生，说到激动处无论是官话还是法文，都夹杂点宜兴口音，十分有趣。

徐悲鸿听说了常玉的情况，极力推荐他入读朱利安美术学院（Académie Julian），徐悲鸿考入巴黎国立高等美术学院前便在此进行基础训练（有些类似现在美术类高考的考前班）。徐悲鸿虽已考入国立高等美院，但每逢下午没课时仍会去朱利安进行人体写生，于是约常玉过几日下午到朱利安参观考察。

朱利安美术学院位于拉丁区与蒙帕纳斯附近，离常玉租住的旅店不远。拉丁区是巴黎久负盛名的学府区，因中世纪以拉丁语作为教学语言而得名，此处汇集着索邦大学、法兰西学院、巴黎高等美术学院等历史悠久的名校，围绕着巴黎高等美院大大小小的私立美术学校、画室鳞次栉比。常玉顺利找到了朱利安美术学院，这是一家颇有名气的私立美术学校，无需入学考试，随到随学。常玉花一法郎买了张门票便进了门，还未进入画室内，一片嘈杂的人声便扑面而来。上百人同在一间极大的教室中作画和雕塑，场景颇为壮观。教室的挑高约有八米，比普通居室的两层还高，且从上到下挂满了画，有石膏素描、人体素描及油画。室内光线也十分均匀明亮，显得空间更加开阔。

教室被大致等分为三个区域，分别用于石膏写生、人体写生和雕塑教学。石膏教学区位于最左侧，大小难易各不相同的石膏像沿三面墙错落排列，从几何体到头像、半身像、全身像应有尽有，几十个画架散立在不同的石膏像周围，学画者在各自的画架后埋头练习，常玉随意看了看，感觉学员的素描水平悬殊，有的对着最简单的几何体不知从何下手，有的则能将最复杂的古希腊经典雕塑处理得游刃有余。但无论起点如何，这些学员都在向着共同的终点努力，就是墙上那些写实功底扎实却不免缺乏个性的范画。常玉对石膏素描实在不感兴趣，教室的地面却吸引了他的注意。地上不甚整洁，烟蒂、纸团、粉笔头、快用尽的炭棒随处可见，还有许多用粉笔画的圆圈，而且似乎是按照一定规律分布。常玉正好奇这些粉笔圆圈为何物，只见旁边一个大胡子正在收拾画具，他的大卫像已初具形貌，但细节尚待深入。大胡子装好炭条画纸，只剩画架和板凳，他不慌不忙捡起地上的一截粉笔头，比着画架的三条腿和板凳的四条腿画了七个圆圈，然后在几个圆圈的空白处熟练地签上大名，伴着一声口哨将粉笔头顺手一抛，拍拍双手背起画架走了。一系列动作行云流水，周围人仍专注于自己的画面，没人多看一眼，显然已见怪不怪。原来这些粉笔圈圈是用来占位置的，常玉恍然大悟。

教室内人气最高的区域就是位于中部的人体写生区，数十人和画架将两个模特台围得密不透风，地上的粉笔圈也比石膏区密集得多，加上许多滴落的油彩，令地面斑斑驳驳，看不清本色。一男一女两名模特分别站在两个模特台上，正袒露着躯体摆姿势。男性双手自然垂落于身体两侧，身体正直，两脚并立，呈基础站姿。女性将右臂弯曲搁在身侧一个高台上，左臂垂下，重心落在左腿上，右腿因放松而微曲。两名模特都是白人，看起来有一定年纪，身材都很健硕。虽然常玉之前已见过不少人体绘画，在男女混浴的“风吕屋”也算长了些见识，然而亲眼见到成年男女裸体，还是被人体的精妙多样所震撼。

常玉起初有些害羞，不好意思直视模特的裸体，然而模特训练有素的专业姿势和泰然自若的表情，令人感到艺术的庄严和力量。再看周围，对模特写生的学员多专注于自己的画面埋头练习，有的是用炭棒素描，有的是在画布上用油画写生，有些两三人凑在一起相互交流品评，也有人如常玉一样四处走动，看看别人的情况。所有人都各得其所，而且对任何情况都见怪不怪的样子，并没有人对常玉这个初来的看客予以过多的关注。常玉很喜欢这种画室的氛围，感到十分自在惬意，便逐渐放松下来，开始坦然地观察模特。那名女性模特尤其吸引常玉的目光，她身材丰腴却不臃肿，当得起“丰乳肥臀”四个字，尤其两条粗壮饱满的大腿，简直可以媲美原始母神的雕像，不禁让常玉想起曾在东京一本画册上看到的给予他强烈震撼的鲁本斯的画。常玉心中又涌起了那股强烈的创作冲动，想画下眼前这尊原始维纳斯，就像在“风吕屋”见到几个洗浴的少女那次一样。

· 朱利安美术学院 下

常玉正暗自出神，忽听到有人喊他名字，循声望去，只见徐悲鸿在模特台的对面冲他招手。常玉快步从众多画架之间穿过，来到徐悲鸿面前。即便是到这种要求松散的场所练习绘画，徐悲鸿依然西装革履，头发梳理得一丝不苟，尽管雪白的衬衫衣袖也不免沾上炭笔的粉末。他正画的背面女裸体素描习作已经基本完成，造型坚实准确，显示出出色的写实技法。“悲鸿兄真是技艺超群。”常玉客气地夸赞道。“哪里哪里，常玉贤弟过奖了，这一幅画了许久还没完成，不过你可以看看北面墙上挂的那幅《裸女坐像》，那是我考上巴黎国立高等美术学院之前的习作。学校会把优秀习作挂在这儿展示，一方面供学员观摩，另一方面也有广告的作用。”徐悲鸿指了指身后墙上挂在右上位置的一幅坐姿女人体画，他虽尽量说得轻描淡写，仍难掩自豪的语气。他的确有得意的资本，巴黎国立高等美术学院创立于17世纪末，拥有悠久的历史和极为纯正的欧洲学院艺术传统，是众多艺术学子心目中的最高艺术殿堂，本国学生考取都极为艰难，徐悲鸿作为中国留学生考入实属不易。常玉顺着徐悲鸿的指引看到了那幅留校作品，也是一幅素描，细节处理更加深入，画面更加完整，朴素真挚而不乏点睛之笔，颇有些欧洲大师的神采。再看看周围其他优秀习作，也称得上造型准确、深入细腻，却只是四平八稳、中规中矩的好，如同连锁餐厅，口味和品质固然不会有大的差错或意外，但也无甚惊喜。而且这些作品虽数量众多，技法和风格却过于接近，仿佛千人一面，毫无个人风格可言，更不用说常玉心中以灵动线条勾勒的“原始维纳斯”了，他不禁略感遗憾。徐悲鸿见常玉认真观看墙上的范画，以为他十分欣赏，便热心介绍起来：

“西面是石膏教学区，所以石膏素描的范画都挂在那边墙上，我也有一幅奴隶像在那。学画必须从石膏素描入手，从几何体到头像，由易到难逐渐过渡，练得差不多时学校会安排一个简单的考核，通过了就可以去画人体。人体也是先画素描，熟练之后可以再学油画。朱利安美术学院的风格路数跟巴黎国立高等美术学院很吻合，到时你再去考高等美院命中率就很高了。”大概感觉自己多次提起巴黎国立高等美术学院似有卖弄的嫌疑，徐悲鸿语气便有些不自然。常玉本是个极随性的人，并没有一定要考取某校的想法，但见这位谦谦君子难得自矜，却又有些难为情的样子，觉得十分有趣，顽皮心性又起，想和徐悲鸿开开玩笑。于是他故作焦急状：“哎呀徐兄，这大大小小的石膏像几十个，全部画完怎么也得两三年的工夫，我哪里等得及，恨不得现在就考进国立高等美院与你同窗。”“贤弟不要心急，如果进步快可以跳级去画更复杂的石膏像，也不是必须每个都练到。我就只练了大半年便考取了，以贤弟的天资悟性只怕时间更短。”徐悲鸿一脸认真地安慰常玉。“实话同你讲吧徐兄，我其实没有什么计划，学画嘛，不就是凭个喜欢。这些死气沉沉的白疙瘩完全引不起我的兴趣，我就愿意画这西洋胖婆娘，你看这结实匀称的肉，这腰臀腿的线条，用毛笔稍一勾勒不就是一幅绝好的画。徐兄可见过亨利 · 马蒂斯的画，我还挺欣赏他那粗重的线条和泼辣的色彩。”谁知温文尔雅的徐悲鸿听闻马蒂斯的名字突然疾言厉色起来：“你说的是马梯是吧？实乃无耻之徒，他原本就在朱利安学画，拜在布格罗大师门下的，后来竟画成那样！真是有辱师门！”大概感到自己有些失态，徐悲鸿缓和了一下，恢复了温和的语气：“贤弟切不可学马氏这样欺世盗名，他那种画一小时能画两幅，简直就是胡涂乱抹。无论你考学与否，想要学画，素描一关是必须要过的，素描是一切造型艺术的基础。”常玉见他说得恳切，觉得也有一定道理，正想附和几句，徐悲鸿突然叫道：“贤弟运气不错，你看那边，老师来指导了，每周才来一次的，正被你赶上。”常玉顺着徐悲鸿的目光转头看去，只见一位西装革履蓄着胡须的先生正在不远处看一名学员的习作，这学员肤色略深，头发也是棕黑色，大概是拉丁裔，他的油画人体略有些夸张变形，色彩也很强烈。谁料那位老师略看了看画面，便以不容辩驳

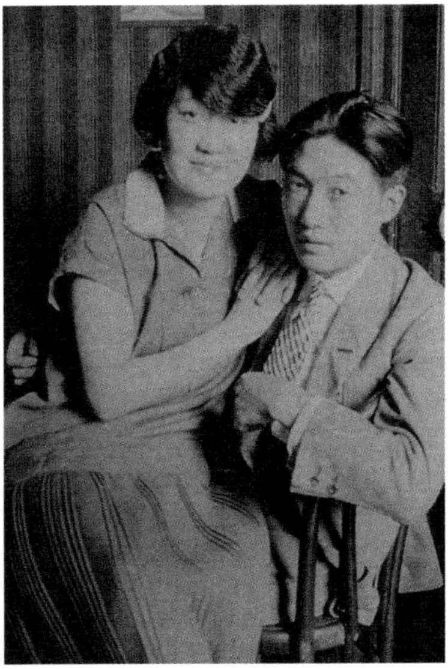

徐悲鸿、蒋碧薇合照

的语气说道：“造型不够准确，色彩太主观化，尤其是这里阴影的用色。记住，在色彩中，黑色是不存在的。”说完不容学员说明，也不再进一步解释，便转身走到下一个画架前。其实常玉觉得此人画得蛮有韵味，和自己心目中的原始维纳斯形象有些接近，没想到遭到老师的全盘否定。徐悲鸿见常玉疑惑不解，向他解释道：“西洋绘画遵循科学原理，从科学角度来说物体的颜色其实是物体反射的光在我们眼睛里形成的印象，所以颜色不是恒定不变的，而是受到光色和周围环境色彩的影响。阴影其实是一块暗色无光区域，这个区域的颜色是阴影所覆盖物体固有的颜色以及光源色的互补色叠加形成的，通常是沉暗的棕、灰色，理论上是没有绝对的黑色的。而这里人体的阴影……”徐悲鸿正口若悬河，一眼瞥见常玉早已神游天外，只好仓促收尾：“总之正统的油画家不会采用黑色颜料画人体的阴影。”常玉在心里琢磨的却是，这个油画老师的理论虽没错，但竟然如此教条，朱利安美术学院看似自由，可一旦触及艺术风格和理念这样的核心问题，便展现出保守狭隘的一面，可见这里并不适合自己。因此在徐悲鸿询问常玉对朱利安美术学院的印象时，他客套搪塞后便告辞，打算继续寻找更为理想的学画之所。

常玉虽未入读朱利安美术学院，但仍很感谢徐悲鸿的热心推荐，于是想要送一幅自己的画以表谢意。常玉从上海出发时随身带了几支毛笔和一些墨锭、颜料等传统中国绘画材料，又在蒙帕纳斯附近的画材商店里买了几张吸水性不错的素描纸代替宣纸，画了一幅小写意牡丹。这幅《牡丹图》采用没骨技法，用笔颇为老辣，很见笔下功力，对于常玉这样一位二十出头的青年来说实属难得。这幅画虽然从技法到题材仍在传统框架之内，但笔墨在素描纸上呈现出的不同于宣纸的效果，却令常玉对运用西方绘画材料产生了兴趣，并且想要探究西画材料与中国传统书画相结合的可能性。这次创作小试验的意外发现，仿佛种子在土壤里悄悄探出的根芽，从外部尚难察觉，但已开始积蓄力量默默壮大，只待有朝一日时机成熟破土而出。

这幅小画是常玉在异国他乡的开笔之作，他在右下角一丝不苟地题写道："一千九百廿一年 常玉时客巴黎。"常玉专门将画送去给徐悲鸿，徐悲鸿郑重收下，并照例对常玉的画艺极力夸赞一番，常玉知道是客套，想着心意已经表达，送出去的画如同离家独立的子女，各有其缘法，作者已经无法掌握了。

转眼常玉到巴黎已有数月，与常玉同船到来的勤工俭学生们初到巴黎，多数先在廉价旅店集中的拉丁区找一家临时住下，然后尽快申请学校、荐工求职，否则所剩不多的川资便要见底。此时多数学生已尘埃落定，并搬到了租金更便宜的住处。唯有常玉图方便，依然住在位于圣米歇尔大道南端的旅馆。因此处交通便利，靠近艺术区蒙帕纳斯，他便可以从容悠闲地逐个考察美术学校和画室，慢慢挑选自己中意的一家。

牡丹图　常玉
纸本水彩｜60cm×43cm｜1921 年

· 现代艺术圣地蒙帕纳斯

常玉这一批留法学生可以说赶上了巴黎的黄金时期，20 世纪 20 年代的巴黎是全世界艺术家、小说家和诗人的圣地，艺术资源极为丰富，不仅能够欣赏到各历史阶段最重要的西方艺术史经典原作，也能看到最先锋、最活跃的当下的创作。以勤奋著称的模范生徐悲鸿在博物馆、美术馆林立的巴黎大饱眼福，除了上课、习画，便长时间在展厅里参观流连。常玉开始也效仿着去参观卢浮宫、卢森堡博物馆，之前只在画册上见过的世界名作真迹呈现在眼前，令他十分激动，但去了几次之后常玉便没那么兴致盎然了，他发现相比于艺术史上已盖棺论定的经典，自己对同时代艺术家们正在进行当中的创作活动更感兴趣，因为这些就活生生地发生在他身边。

常玉所居住的蒙帕纳斯地区是位于巴黎中心偏南的一片区域，紧邻高等学府林立的拉丁区，北面就是风景如画的卢森堡公园。蒙帕纳斯从20世纪初期逐渐接棒塞纳河右岸的蒙马特高地，成为艺术家、音乐家、诗人的新的乐土。如果说蒙马特高地是印象派艺术大师的摇篮，那么蒙帕纳斯则是现代主义前卫艺术家的孵化器。原本将工作室设立在蒙马特“洗衣船”大楼的毕加索、马蒂斯等人，纷纷搬到了蒙帕纳斯。这里也有一幢聚集了众多艺术家工作室的著名建筑“蜂巢”，这座圆环形的建筑本来是1900年巴黎世博会遗留的展馆之一，被雕塑家阿尔弗莱德·布歇（Alfred Boucher）改造成了容纳八十多间工作室的艺术大楼。“蜂巢”的确实至名归，吸引了莫迪里阿尼、苏丁、基斯林、夏加尔等来自世界各地的艺术冒险家。

除了艺术家工作室，蒙帕纳斯还汇聚了数不胜数的画廊和艺术商店，这些小店铺、小画廊都是常玉学习艺术、了解巴黎的“课堂”。有些古董店的确名副其实，从17世纪法国工艺品摆件到原始非洲面具，再到中国瓷器、日本版画，应有尽有，可常玉顶喜欢的却是圣米歇尔大街上那一排小旧货铺子。乍看之下将这些地方称为商店委实是抬举了，基本上就是一个废品回收站。旧书、旧钟表、工艺品小摆件，甚至旧衣服、旧雨伞、带着豁口的碗盘，都被店主摆出来希求换几个铜板，可见一战后欧洲的惨淡，即便是战胜国法国，也难免陷入物资匮乏和经济萧条的泥潭。常玉却在这破烂堆里如鱼得水，他在翻找、把玩这些旧物的过程中，感受岁月和人的使用留下的痕迹，想象物品原主人的样貌、性格，感受巴黎人的日常生活和品位。而且这个地方还让常玉想起儿时父亲的画室和丝厂的库房，都混乱而令人着迷。常玉在这旧货铺里淘到过雕刻精美的旧画框、烛台、玳瑁镶嵌的单筒望远镜，甚至一把仿造得十分逼真的假手枪，不知原主人从哪里搞来的这种玩意。

蒙帕纳斯的画廊以在世的法国本土画家为主，朱利安画室里多见的学院写实风格仍是主流，也有些画家风格更偏向印象主义一些，显得更加时髦。偶尔也能看到更加前卫的风格，有些像马蒂斯或毕加索，常玉这时已经对野兽派和立体主义有了一定了解，对他们创作的自由态度十分欣赏。有一次，一幅古怪的肖像画吸引了常玉的目光，画中是一位年轻的女性，她有一张线条优美的鹅蛋脸，长长的鼻子扭向一边，修长的脖颈弯成一个常人无法企及的角度，最奇怪的是她杏仁形的双眼没有瞳仁，只有一片像雾一样迷离的浅蓝灰色。常玉被这双迷雾般的眼睛击中了，他鼓起勇气向画廊经理询问，得知这幅画出自意大利画家莫迪里阿尼之手，没有瞳仁的双眼是他画作的标志性特征。莫迪里阿尼生活放荡不羁，在蒙帕纳斯颇有名气，这幅画中的女子是他最后的情人让娜 · 艾布特纳。不幸的是几个月前年仅 36 岁的画家已经因病去世，确切点说是死于酒精、大麻和长期的贫困，更加悲惨的是他的情人让娜因悲伤和绝望自杀殉情，死时已有身孕。常玉听了这个凄惨的故事，再看这幅画便更有感触，愈发赞叹莫迪里阿尼非凡的艺术表现力。根据常玉近期混迹蒙帕纳斯的经验，这些名气不是特别大的艺术家画作售价从几百到上千法郎不等，从莫迪里阿尼生前落魄的状况推测，他的画价应该不高。常玉本想咬咬牙买下这幅打动自己的作品，不料数千法郎的价格大大超出了他的承受范围。

“有些艺术家就是死了更值钱啊，早知道趁莫迪里阿尼活着的时候多囤几张画了，可那时候他根本卖不出去呀，保罗 · 纪尧姆这老狐狸，这回可发了大财。”画廊经理用理所当然的语气应对常玉的一脸错愕。

看来画商净是些唯利是图的小人，瞧瞧这个家伙，谈起艺术家的死来毫无尊重，只在乎他那几张画有没有升值。他提的纪尧姆本来自称是莫迪里阿尼的好友，可生前并没见他怎么资助艺术家，倒是靠着艺术家的死发了笔财。“以后我可一定不能信这些画商的鬼话。”常玉愤愤不平地想。

在蒙帕纳斯，有些看似不起眼的小画廊其实卧虎藏龙，莫奈、德加、雷诺阿这些刚刚离世或尚且在世的印象派名家作品也偶尔得见，甚至运气好还能见到伦勃朗、维米尔或与其同时代的真正的古董绘画精品，然而动辄数十万上百万法郎的价格，常玉也只能干看着眼馋。

最能勾起常玉好奇心的当然还是“蜂巢”里艺术家的工作室，这里是先锋艺术发生的第一现场，比任何画廊、美术馆都要前沿。但最大的问题是工作室是艺术家的私人领地，多数艺术家可并不喜欢别人像逛动物园一样随便进来观光。而常玉自己慢热的性格和并不流利的法语也带来更多阻力，他从来不敢敲响某个紧闭的房门，大模大样地进去参观一番，只偶尔几次透过半开或大敞着的门口匆匆一瞥，竟有些收获，有好几次他都窥看到刚刚完成或尚未完成的作品，一些画令他印象深刻。

在一个陈设简朴但还算干净整洁的工作室里，常玉看到过几幅女性肖像和裸体像，色彩十分柔和细腻，尤其是女人的皮肤呈现一种梦幻般的珍珠白色。这样的色彩处理令颜料的质感显得极为轻薄，如果不是看到四边紧绷的油画框，会让人误以为是纸上的水彩画。常玉认为这些画最妙的还是对人体轮廓的处理，并不像他通常所见的油画那样通过色块和明暗的对比形成事物的轮廓线，而是专门用笔细细勾勒出优美纤细的线，就像自己所熟悉的中国绘画那样。但常玉觉得这位艺术家的线条过于细致，未免显得有些拘谨刻板，他喜欢更放松、更自由的线条。

还有一次，常玉兴奋地向一间大敞着门的画室窥看，却被吓了一跳。屋子里凌乱得仿佛刚遭过劫，满地都是烟头、挤瘪的颜料管和沾着颜料的画笔，一面被海报和颜料糊满看不出颜色的屏风后传来东西落地破碎的声音，以及一个男人粗野的叫嚷，听不出语言，但能感受到强烈的愤怒，似乎在咒骂什么。常玉赶紧转身走开，但画室中几张惊鸿一瞥的画给他留下了深刻的印象。那些画布满厚厚的油彩和扭曲的笔触，勉强能看出画的是什么内容，有静物也有人像，插在玻璃瓶里的花仿佛害了病，张牙舞爪，人的面部变形得十分严重，神奇的是这些连五官都难辨清的面孔，却仿佛能透出人物的情绪和性格，愤怒、猜忌、势利、胆怯种种感情、个性扑面而来。常玉虽然并不想也画成那种古怪样子，但却对它们的胆大包天十分赞赏，他喜欢不循规蹈矩的东西，蒙帕纳斯盛产“出格”。

蒙帕纳斯似乎连空气里都飘荡着文艺的气息，在咖啡馆极有可能与已经出名的艺术家、诗人和作家毗邻而坐，在街头闲逛时擦肩而过的年轻人也许是正在冉冉升起的明日之星。常玉如饥似渴地汲取着蒙帕纳斯的养分，希望自己也能融入其中。

· 留法文艺小群体

常玉整日闲云野鹤般游荡，很快便对蒙帕纳斯各处好玩的地方如数家珍，同时也混进了中国留学生的圈子。这个小群体不过十几个人，大家年龄、经历、所学专业各不相同，将他们凝聚在一起的除了同胞之情，还有他们对文艺的共同热爱。大家时常聚在拉丁区的咖啡馆谈天说地，话题不离文学艺术，颇有魏晋名士清谈遗风，与当时巴黎浓厚的文艺氛围也十分契合。

常玉本不热衷交际，但是初到异乡似乎格外需要友情的温暖，所以也经常参加留学生们的聚会。除了徐悲鸿外，常玉还和谢寿康、孙佩苍、郭有守等人来往较为密切。谢寿康字次彭，生于江西一个书香门第，因天资聪颖，十四五岁便被择优选送留欧学习政治经济学，此前已分别在法国和瑞士获得该专业的学士和硕士学位，尽管只比常玉年长四岁，却是一位不折不扣的“老留学生”了。加上他面色黝黑、身材矮胖，衣着又极其朴素，看上去略显老成，故被周围朋友“尊称”为老谢。老谢虽一直读政治经济学专业，却倾心于文艺，尤其在文学领域有些造诣，此外于烹饪美食上也很有心得。老谢热情随和的性格还有他的好手艺，让他在留学生圈里人缘极佳。

郭有守字子杰，与常玉是四川同乡，且与常玉同龄，所以两人关系格外亲厚些。出国前郭有守就读于北大法学专业，是蔡元培的得意门生和忠实追随者，如今在巴黎大学攻读经济学博士学位，跟老谢一样也是位醉心文艺的跨界人士，而且同样幽默风趣、交际广泛。老谢和小郭两人一个操江西赣州方言，一个满口四川土话，一胖一瘦，一唱一和，说相声一般，每次聚会总是贡献许多笑料。

这些留学生们大多二十出头的年纪，单身者居多，因此生于 1889 年已有子女的孙佩苍在这群体中显得有些另类。孙佩苍来自奉天，别号禹珊，他的求学经历比徐悲鸿还要曲折。孙佩苍早年就读于北洋师范优级博物科，毕业后工作了十余年，且已成家，突然在而立之年立志赴法留学。此时他已有三个子女，长女六岁、长男四岁，最小的儿子只有两岁，原本仅靠他一人工作养家，如今他要辞工留学，家庭经济状况更加拮据，甚至要靠开杂货店的岳家补贴，孙佩苍筹备留学的困难与压力可想而知。年纪一把、家累沉重，又无人提携引荐，周围亲友对孙佩苍申请留学本不看好，谁知他竟凭着早年读书时某次考试全省第一的成绩，以及锲而不舍的精神，打动了当时奉天省教育部的工作人员，获得了赴法船票的补助，终于在 1920 年得以成行，此时他已是三十一岁的“高龄”。孙佩苍初到法国时也选择了绘画专业，但高昂的学费令他实在无力承担，因此素描阶段完成后，孙佩苍听从朋友的建议，转而学习美术史，没想到歪打正着，美术史和艺术评论竟比艺术实践更适合孙佩苍。他将美术史知识学以致用，不仅是与朋友聊天时旁征博引的谈资，还成了异国“淘宝”的利器。当时欧洲各国皆处于一战后经济衰落时期，许多家庭迫于生计将艺术收藏品低价出售以换取生活必需品，其中不乏传世精品和现代名家力作，孙佩苍一有闲暇便去逛古董店和跳蚤市场。然而他一介穷书生，尚有妻儿需要供养，收藏艺术品的钱都是口挪肚攒出来的，很多精品价格稍贵一些便要忍痛割爱，只能伺机“捡漏”一些小件。这位老大哥对艺术文化的热爱和尊重令常玉、徐悲鸿等年轻朋友十分钦佩，孙佩苍本就足智多谋，又比这群年轻人多些生活经验与历练，因此留学生们遇到大事小情都喜欢找他参谋，久而久之他就成了朋友圈里的军师。

转眼到了暑假，留学生们纷纷利用假期去欧洲其他国家游玩。因为欧洲各国相距不远，旅费也十分低廉，各国食宿费用也相差无几，德国、瑞士等国都是很好的选择。徐悲鸿便携了夫人蒋碧薇去德国旅行，留学生小群体在咖啡馆的聚会少了总是正襟危坐的悲鸿兄，聊天的话题更加信马由缰。

· 天马会代表来法

立秋第二天，即公历 1921 年 8 月 9 日，巴黎依然延续着夏天的燥热，傍晚时分，晚风才吹来丝丝凉意，提醒着秋天已至。常玉、谢寿康、郭有守等一干朋友照旧坐在咖啡馆的户外卡座上饮着冰镇柠檬水，摆起龙门阵。

“听说了吗？上海的张聿光、谢列、朱应鹏几个组织了一个‘晨光美术会’，还办了份刊物也叫《晨光》。”

“这哪是什么新闻，分明是去年的旧闻了，哈哈。《晨光》月刊都已经停刊了。”

“什么？这么快就停刊了，听说悲鸿兄还在上面发了文章，我还想拜读一下呢。”

“别提了，刚出一期就停了。发表的是老徐从法国去信的节录，里面专门介绍了‘留学生之习美术者’，提到了常玉、严季冲几个。”

“托悲鸿兄的福，我也上了杂志。只可惜报道了我们一次便停刊了，难不成是八字不合冲犯了这杂志。”

常玉嬉笑着搭腔，眼睛却在瞄着一个之前聚会中未曾见过的人。这是位风度翩翩的美男子，一双星目炯炯有神，下巴留着一撮尖尖的山羊胡，一身合体的西装洋范十足，言谈机敏、彬彬有礼。常玉见消息灵通的郭有守跟美男子谈笑风生，便得空向他询问。郭有守得了贫嘴的机会，便煞有介事地说道：“都怪你参加活动不积极，居然连小鹣兄都不认识，他三月份就到法国了。正式给大家介绍一下，这位是江新君，字小鹣。尊大人江标先生是前清翰林，维新派重要人物，家有藏书楼‘灵鹣阁’，满腹经纶。小鹣兄也是才华横溢，弱冠之前便留学日本，学习雕塑专业，如今竟是为了公干而来，代表‘天马会’来巴黎考察欧洲美术界现状。听说小鹣兄上月刚在《申报》上发表了一篇《天马会员报告法国美术消息》，敢问钦差大人对鄙处美术之发展有何见教啊？”

郭有守言毕还滑稽地模仿法国宫廷礼节，俯身摆手做了一个请的手势。

江新落落大方地答道：“子杰贤弟休要取笑，什么公干，不过是借个由头到贵处学习一下先进的艺术理念，再顺便游玩罢了。”

“小鹣兄过谦了，给我们介绍介绍贵社团天马会吧。在国内搞得轰轰烈烈的，我们这边远异邦都有所耳闻。”

“哈哈，不过是我们图画美专几位同为留学归国的同仁组织起来玩的，只是刘大校长一参与就隆重了。那还是民国八年（1919），我同刘海粟、丁悚、杨清磐、王济远等诸位同事在环球中国学生会举办展览，展览期间观众络绎不绝。我见效果不错，于是提议将我们的展览变成一个长期的事业，而且扩大范围，广泛向全国的美术家们征集作品，每年定期展览，就像法国沙龙展、日本帝展那样，一年一次或两次展示最新的出品。一是让国人看看中国美术的发展进步，二来也是对个人创作的一个督促。大家都一致赞同，海粟提议上书政府，想获得官方支持，我当时便劝他不要白费功夫，眼下政府腐败无能，官员只顾一己私利，哪有人理会咱们美术界这些没有进项的'闲事'。果然他那建议书投出去几个月杳无音信，方死了心。你们也知道海粟，做事专爱高调，一心要把这展览会搞得声势浩大，可凭我们几人又难办到，他又提出募集社会上的力量和资金。我心想这要等到何年何月，美术界的人本就散漫，若不此时趁热打铁将事情敲定推行下去，便做不成了。我就主张无论如何先行动起来，于是我们小群体开会讨论，最后确定采纳丁悚君起的'天马会'之名，取意'天马行空'及汉武帝作的《天马歌》。之后还决定由我和丁悚、刘雅农、张邕、杨清磬、陈国良六位具名发起，以9月28日为天马会成立之日。会徽是我设计的，我最喜金石高古，因此模仿青铜器的质地，金地青文，外轮廓圆形，内部方形，取天圆地方之意，方形上刻一飞马形象。天马四周皆有文字，以小篆署天马会名及成立时间、发起人等信息。为表郑重，9月28日我们专门在美专礼堂举办了天马会成立仪式，邀请了一些美术界、教育界的同仁观礼。谁知开会当日下雨，本来以为我们内部自娱自乐的仪式，下雨更不会有人来，没承想张聿光、郑曼陀、但杜宇这些前辈，还有神州女校、第二师范的同仁都冒雨前来，总共有几十号人，还惊动了《申报》记者，次日竟发了篇专稿。"

谢寿康与江新也颇熟识，此时老谢插话道："《申报》那篇报道我看了，小鹈兄在会上阐述的天马会宗旨，什么'谓美术一道……可阐扬一国之文化'，'今设此会，期略变文人派之中国画，从而发挥光大俾有裨于工艺实用'云云，句句真知灼见。听说你还在会上唱了一出，大放光彩呀。只是这刘海粟算哪门子要员，他凭什么又在会上长篇大套地发言？”

江新无奈地笑道：“海粟这人嘛，凡事不弄出些花哨名堂便不是他了。因他未在发起人之列，便搞出个特别会员的名目，成立大会这样出风头的场合又怎能错过，以大谈美术教育之功用与西洋画之价值。不过他也的确积极，经常出谋划策。天马会成立后一月，就是十月，我们便在《申报》上发了征稿启事，定了 12 月 20—25 日在江苏省教育会举办第一次展览。征稿分为中国画、西洋画、图案画、折衷画四部，我们专门成立了遴选稿件的审查委员会，这样算是开国内先河了，报名踊跃得超乎想象，我自己也送了几件油画参选。天马会第一届展览时盛况空前，不得不延期了三天，业内反响也很不错，岭南名家高剑父还专门点评了我的几件作品……”

江小鹣说到天马会的成功之处不由得滔滔不绝起来，不料在座一干留学生多少都受些无政府主义的影响，对一切看似冠冕堂皇的组织都持怀疑态度，在他们看来，天马会的制度越是正规，就越接近于腐朽的官方体系。如今听说天马会诸人以中国画坛救星自居，再加上素日便看不惯刘海粟自卖自夸的做派，愈发感到不服气。于是一群人纷纷起哄，不客气地打断江新：

“看来江钦差此番是奉了刘大校长的委派，来我处监督指导。不过依我看刘大校长自己都没真正出洋留学，不过是跟土山湾毕业的周湘学了几把刷子，靠这不知道几手的技术，也好意思叫嚣‘略变文人派之中国画’。”

“真想拜读一下江钦差发在《申报》的大作，看看天马会的精英对欧洲的艺术现状有何指导意见，不过话说回来，天马会征集展览的形式还是和这里学的吧？”

常玉看到江小鹣在一片揶揄声中渐渐涨红了面皮，也觉得这些朋友有些得理不让人了。不过他原是个极散淡的人，并无朝野、门派的分别心，尽管也对刘海粟和天马会的自吹自擂颇有微词，却只坐在人丛里笑而不语，既不帮腔也不劝阻。

· 成立了一个天狗会

江小鹣本是人情练达之人，然而被同辈朋友如此冷嘲热讽，还是有些下不来台，谢寿康见他陷入窘境，急忙打圆场说道："各位各位，少安毋躁，大家可不要忘了小鹣他们几个才是天马会蹲蹲对对（赣州话，意为真正不假的）的发起人，本来是为踏踏实实办展，供美术界同仁切磋，扩大我们美术界的影响。谁知刘某人又来抢风头，搞得好好的天马会变了味道。"

一直没有说话的孙佩苍这时开口道："他们既能成立天马会，咱们何不也创个会社？也不枉咱们每天研究讨论文艺下的功夫。"

"这个提议好，还是禹珊兄高明。"

"就是就是，咱们也应该组织起来，论才学、论人数，咱们这些人绝对不比天马会的几个差嘛。"

"咱们这组织也得取个响亮的名字。他们取这天马会的名头可是颇费了番心思呢，又是希腊神话里掌管文艺的男女神仙的坐骑，又是汉武帝的西域神马，引经据典诌断了肠子。"

"呵呵，太能装腔作势了，国内多数团体的通病，什么实事没做，先弄个唬人的名头。咱们的组织最要不得这点，咱们起名一定反其道而行之，戏谑反讽，誓做文艺团体的一股清流，哈哈。”

郭有守接口道：“古希腊有个哲学学派叫‘犬儒学派’，信徒们自称为狗，生活态度玩世不恭，拒绝受世俗的约束，对一切繁文缛节怀疑讽刺，这跟咱们的态度也差不多，不如咱们就叫天狗会吧。”

“天狗会！好名字！子杰高才！”

老谢不慌不忙地说道：“天狗会的确不错，但是关于天狗会的态度不够准确。我们虽然也讽刺，但是并不怀疑一切。我们相信世界上的确有绝对的真、绝对的善和绝对的美。我们更以为每个人都应当有一种绝对的成就，便是说，我们无论做什么事情都得一百二十分的彻底：研究一项学问，学习一种文学，爱恋一个人，哪怕是犯一个罪，闯一个祸。”

“姜是老的辣，狗是老的精，还是老谢考虑事情周全，哈哈哈。”

“可惜悲鸿兄和碧薇嫂去了德国，他们要是也在就更热闹了。”

“人没在有什么关系，咱们可以去函邀请，他们异地入会也是一样的嘛，说不定还能成立个驻德分会呢。”

“咱们天狗会的宗旨是什么？”

孙佩苍说：“既然怀疑讽刺一切繁文缛节，还搞什么宗旨这些假模假式的东西，咱们天狗会的宗旨就是不要宗旨，也无需严密组织，就是随心所欲，自主自发。”

“禹珊兄所言极是，咱们不搞宗旨那些空谈，倒是该拟个章程，搞点脚踏实地的东西，咱天狗们遵守起来。”

“没错没错，否则如何显示咱们天狗的与众不同呢。”

“别的先不说，咱们既然以狗自称，首要的就是把狗的地位提高起来，咱们也可以学古代避讳。凡书写讲话忌出现‘狗’字，哪怕出现‘苟’音，也一律用‘圣’代替。”

“那狗屁就是圣屁咯，狗肉就是圣肉。”

“不错不错，此为天狗会章程第一条，以后谁再想起什么，欢迎随时添加。”

“咱们应该选个会长吧？”有人提议道。

立即有人表示反对：“国内一成立个什么组织，甭管大小，总有些人削尖脑袋抢着做这长那长，官迷至此，连个画会的会长都不放过。好好的画会弄得乌烟瘴气，挂衔的领导一大堆，真正做事的没有几个，这风气实在太糟。咱们天狗会既然要破其陈腐之风，就不要搞这些官衔。”

这时孙佩苍又开口道：“选个会长也未尝不可，但我建议，为避免天狗会落入俗套，咱们要反其道而行之。我建议咱们选会长不以能力专长作为选拔标准，唯一候选要求就是此人必须是个马屁精，这样总不会有人再争先恐后了吧。咱们共同推选一个屁精之最，选上了也不必通知他，只咱们内部认可他这个会长就行了。”

“哈哈哈，禹珊兄果然高明。我提议一个人选，拉美路旅馆住我隔壁的老赵，好像是巴黎大学学政治的。据说他在学校，对洋人学监甚至学生都毕恭毕敬，更别说对教授有多恭维奉承了，丢尽了中国人颜面。平时见他确实形容猥琐，见到外国人就点头哈腰，对同胞反而不理不睬的。真是狗眼看人低，我看让他做这个会长正合适。”一向耿直的常玉此刻冲口而出。

“常玉兄提议的这人我也知道，他是民国九年（1920）到巴黎的，还是公费生呢，真不知怎么选上的。”

“那还用说，定然是猛拍管事的马屁咯。”

众人纷纷附和，孙佩苍说道：“看来这个老赵呼声甚高，咱们举手表决吧，同意选他当会长的该干吗干吗，反对的举手。”

自然不会有人举手，于是一阵嬉笑声中，这位老赵全票当选了天狗会的会长。

这时老谢发现了在一边躲清闲的江小鹣，向他说道：“怎么样小鹣，天狗们的觉悟比你们一本正经的天马会可高多了，你不如弃暗投明，加入我们天狗会吧。”

江小鹣当初提议创办天马会，初衷是借鉴西方日本的展会制度，以定期举办美术展览的方式发展新艺术，后来刘海粟喧宾夺主，大有把天马会据为己有之意，正如老谢所言，江小鹣虽无意为自己争这份功名，但作为真正的创办者被公众忽略，心里总不大舒畅。因此借老谢的台阶，他当下便痛快入会。

老谢又提议道：“今天的聚会可谓卓有成效啊，成立了咱们留法学生的小团体，起了这么恰当的名字，选了会长，连章程都有了，该搞个余兴节目庆祝一下。小鹣可是沪上知名票友，跟名小生俞振飞关系极好，二人经常同台的，绝对专业水准。请小鹣来一段给咱们助助兴吧。”

“好好好，就来一段《杀狗劝妻》吧。”郭有守连声附和。

“错了错了，应该是《杀圣劝妻》，要避讳的。”常玉更正道，得到“天狗”们一致赞同。

江小鹣也不推辞，落落大方来到人前，就在初秋傍晚的巴黎街头来了段《杀狗劝妻》，清亮高亢的唱腔和阵阵叫好声，引得路人纷纷驻足。

常玉本来对这种聚会并不十分热衷，对拉帮结派的事情更不愿参与，但这次天狗会的成立别开生面，而且这种玩世不恭的态度跟他不谋而合，此刻竟也被勾起了兴致。于是他便提议道："刚才不是说要邀请悲鸿兄伉俪入会，咱们应该专门去函，方显正式。"

孙佩苍说道："常玉提醒得正是，正好这圈人里属你书法造诣最高，就有劳你执笔拟一封邀请函，寄给他们夫妇。"

郭有守忽然想起来道："老谢过几天不是要去柏林吗？必然要去拜会悲鸿兄，咱们干脆委派老谢做天狗会赴德国特使，当面向他们讲清天狗会的成立原委、来龙去脉，顺便考察德国'狗种'，壮大组织。"

"要得要得，本特使一定不负众望，把天狗会的精神在德国发扬光大。对了，吴君你马上要去伦敦了吧，那咱们又多个赴英特使。"

"没错，老谢，我碰巧与你同一天出发。"常玉旁边一位瘦高白净的青年应道，想必就是那位吴君。

郭有守接口道："道藩兄在伦敦，咱们致电告知天狗会成立事宜，委任他做驻英公使，届时可以接待吴君。"

"多谢郭兄安排。"

夏末巴黎宜人的晚风中，咖啡香气浮动，一群意气风发的青年朋友粪土权威、激扬文字，人生最畅意之时不过如此。一团嬉笑中，时间不觉已过午夜，常玉提笔将这一切记录下来，遥寄远在德国的徐悲鸿夫妇。

第五章　壮游德意志

· 天狗会驻德代表处

天狗会成立没过几日老谢如期赴德，不久便寄回信件，讲述与徐悲鸿夫妇见面之情景，并力邀朋友们来德国会合。因为战后德国经济动荡，马克大幅贬值，而留学生们持有的是英镑或法郎，在兑换时非常占便宜。常玉还未去过德国，正想去游玩一番，孙佩苍也想去德国搜罗更多西方艺术品，于是二人一拍即合，同去柏林投奔徐悲鸿夫妇和谢寿康。

抵达柏林后徐悲鸿夫妇要做东给常玉和孙佩苍接风，但这对年轻夫妇手头也并不宽裕，于是便自己动手准备了丰盛的菜肴在家中请客。徐悲鸿夫妇在柏林的住处是中华民国驻德公使馆一等秘书张季才帮他们租下的，包含一间卧室和一间小小的画室，主客五人将这套小公寓填得密不透风，不大的餐桌将将盛下汤羹饭菜，但个人的餐具实在无处可放，只能各自捧了碗碟在手上，想吃哪个菜，站起来便搛一筷子，轻松随意，毫无繁文缛节的拘束。

蒋碧薇和徐悲鸿都是江苏人士，口味偏清淡，且蒋碧薇未出阁时是十指不沾阳春水的大小姐，只是近几年与徐悲鸿在外求学才不得已亲自下厨，烹饪水平不过尔尔。四川人常玉、东北人孙佩苍都吃得没滋没味，谁知以美食家自居的老谢却对蒋碧薇的厨艺赞不绝口。常玉正奇怪一向嗜辣的江西人老谢何以对这种寡淡菜肴如此赞赏，就听老谢趁着女主人高兴又说道：“咱们来自全国各地，却有缘在这异国他乡汇聚一堂，又有同学之谊，况咱们五人都加入了天狗会，难得志同道合。蒙天狗会各位同仁委任我为赴德特使，我提议咱们五人成立天狗会驻德代表处，成员要定期聚会，切磋学问促进团结。难得悲鸿住处有现成合用的炉灶，咱们便不必破费，代表处会址就设在悲鸿兄这里，敢问贤嫂同意否？不才厨艺也还说得过去，即便不如咱们多才的女主人，也差得不多，我愿意和贤嫂轮流主厨，以飨天狗会驻德成员。”

常玉闻言立刻明白，老谢醉翁之意原来在徐悲鸿家的煤气炉，心想反正有饭可蹭，何乐而不为呢，因此便跟着附和猛夸蒋碧薇厨艺高明。蒋碧薇被两人一唱一和奉承得陶陶然，毫不犹豫地同意了老谢的提议。于是天狗会驻德代表处宣布成立，主要成员徐悲鸿、蒋碧薇、常玉、谢寿康、孙佩苍。开始一段时间几人果真在谈论人生、存在等高深话题，一番高谈阔论之后才开始用餐，后来哲学、艺术等主题高雅的清谈逐渐成为点缀，烹饪、品鉴美食成了每次聚会的实际主题。

每次天狗会的聚会，多是谢寿康、蒋碧薇主厨，徐悲鸿和孙佩苍洗碗打杂。而常玉不改少爷做派，总是在开饭前几分钟才翩然而至，三不五时带来一瓶酒、一束花等礼物送给主人，偶尔来了兴致，便拉一曲小提琴助兴，是一位讨人喜欢的风雅食客。只是吃完饭要么抬腿便走，要么安然自在地和人谈天说地，对一旁干活收拾的人熟视无睹，从不伸手帮忙。女主人蒋碧薇对此颇有微词，偶尔对常玉或明示或暗示，他只笑笑不以为意，下次依然我行我素。

· 在战后德国“淘宝”

在柏林的日子里，徐悲鸿、孙佩苍时常去逛当地二手商店或到当地人聚集的社区淘宝，常玉偶尔跟二人同去。德国虽是战败国，但首都柏林仍秩序井然，甚至街道的整洁程度胜过巴黎，日耳曼民族的严谨坚韧体现在方方面面，然而德国人所面临的物质匮乏等现实困境却也是无法掩饰的。一些战前的中产甚至富裕家庭，此时不得不依靠变卖值钱的家当换取生活必需品，无实用价值又不便携带储存的艺术品自然首当其冲成了处置的对象。尽管和美术馆的典藏相比，这种民间收藏缺乏系统性，质量也良莠不齐，但是这种“淘宝”活动让几个人有机会近距离地观看触摸艺术品原作，尤其是自己收藏之后，可以长时间细致地赏玩临摹，这种体验是博物馆里的惊鸿一瞥无法比拟的。

常玉跟徐、孙二人一道，见识了大量风格各异的欧洲艺术作品，其中不乏传承有序的西方大师作品，也有艺术品位颇为前卫的年轻人在战前家境优渥时收藏的欧洲现代艺术家的创作，此时都以极为低廉的价格抛售。徐悲鸿、孙佩苍两人抓住时机收藏了很多优秀的西方绘画，他们两人偏重古典写实风格的油画，藏品作者不少是当时欧洲学院派的中坚力量，如亨利 · 卢梭、阿德里安 · 塔鲁斯等。常玉则在不断的观看和比较过程中，愈发确定了自己对艺术风格的偏好。在东京游学时，期刊报纸上对野兽主义、立体主义等现代派艺术的零星报道和印刷品图片已经让他对现代艺术风格充满兴趣，到了法国后他满以为身处现代派艺术的大本营，不料却失望地发现古典写实风格的学院派艺术仍占据主流，反倒是在德国这些私人藏品中，常玉见到了不少在当时相当前卫的画作。常玉较少购买，因为他总觉得一切金钱物质皆是身外之物，不如眼睛看过、嘴巴尝过、手摸过这些感官体验更有价值。与其购买收藏一幅画，不如仔细看看、摸摸，把这佳作的每一处色彩笔触深深印在头脑里，在精神层面将它据为己有。因此常玉宁愿花钱去看一部戏、吃一顿大餐、泡时髦的咖啡馆，广增见闻，充分享乐。

在柏林与天狗会朋友们相聚了一段时间，常玉开始到德国其他城市进行短途旅行，每到一地都不忘去当地的二手市场看看。一次在法兰克福的一家旧货商店，常玉看到墙角堆着几十幅油画，显然店主并不指望这些画能给自己带来多少收益。常玉蹲在地上饶有兴致地逐一翻看，多数是出自德国本土一些不知名画家之手的作品，相比法国的学院艺术更具有表现性，造型和色彩都十分主观和夸张，这样的作品常玉都仔细观看，碰到比较保守的作品就匆匆略过。忽然一幅画吸引了常玉的目光，令他久久不能挪开视线。这幅画尺寸很小，外框朴素到有些寒酸，画面主体是一个坐在床上的裸女，从人物苗条的体态看，这应该是一位少女。尽管用笔潦草，人物的面部刻画得十分概括，甚至没有清晰的五官，然而女孩焦虑不安的神态通过这寥寥数笔表现得极为准确生动。画家用一种扭曲的富于动感的笔触刻画裸体的少女和她所处的环境，乍看上去有些像凡 · 高画中的线条，但却并不像凡 · 高那样充满生命活力与激情，而像是因极力压制内心的焦虑和恐惧而导致的颤抖。尽管常玉并不喜欢这种充满神经质的不安感，但他为这幅简单的小画所蕴含的强烈情感所深深震撼，他第一次产生要把一件作品据为己有的冲动。“多少钱？”常玉用生硬的德语问坐在店铺角落里的店主，这个一脸络腮胡子的中年男人面无表情地嘟哝了一句，常玉没听懂，一脸茫然地看着店主，男人只好抓起旁边一个破烂的本子，在上面写出一串数字。常玉费力地数了半天开头数字 5 后面的零，终于确定店主给这幅画要价 5 亿马克。乍听起来似乎是不可思议的天价，实际上在当时德国恶性通货膨胀的情况下，这些钱只能买到一袋面粉，兑换成法郎也并没有几个小钱。常玉毫不犹豫地掏出几张法郎钞票放在店主面前，如果按照当天的汇率，这些钱所能兑换的马克远超 5 亿，店主见常玉如此大方，不禁面露喜色，殷勤地帮常玉把画包好。

回到旅店，常玉迫不及待地拆开包画纸，取出作品细细观看起来。画面颤动的笔触和夸张变形却极具表现力的人体造型，再一次令常玉折服，他想起之前在艺术刊物上了解过的表现主义画派。该艺术流派出现于 20 世纪初的欧洲，法国的表现主义绘画不是十分典型，主要以

常玉壮游德国期间与蒋碧薇互相以对方为模特练习摄影

马蒂斯为代表的野兽派绘画出现，德国、奥地利以及挪威等北欧诸国是表现主义绘画的大本营。常玉初步判断这幅画出自一位表现主义画家之手，但画面上并没发现艺术家的签名，常玉将画框翻过来仔细寻找，果然在画布背面的一角看到了淡淡的字迹：Edvard Munch。常玉不禁激动得叫出声来，原来是挪威画家爱德华 · 蒙克，常玉此前对这位艺术家有所耳闻，但只在画册等印刷品上看过他作品的图片，对其作品强烈的情感和精神力量印象深刻，不料今日竟机缘巧合得到一幅蒙克的原作，何其有幸。

回柏林后，常玉颇为得意地向徐悲鸿、孙佩苍等几位天狗会好友展示自己法兰克福之行的收获，徐、孙几人也对画作表示赞赏，他们尤其羡慕常玉以如此低廉的价格就收藏到了颇有名气的画家作品，但徐悲鸿认为这笔交易还能更划算，于是热心地向常玉分享他在德国买艺术品的省钱诀窍。原来他在看好某件作品后，通常先付少量定金，和卖主约定好过几天取画时再付全款。这一阶段德国物价飞涨，马克每天都在不停贬值，仅几天的时间，便会因汇率变化形成不小的价格差，对于外汇持有者来说晚几天付款相当于获得大幅降价。徐悲鸿并不是斤斤计较之人，但公费留学补贴基本是他在留学期间唯一的经济来源，除去他和蒋碧薇二人的生活开销所剩无几，而他又爱画成痴，仅靠节衣缩食进行艺术品收藏，令他不得不千方百计寻求省钱之道。而常玉则有实业家长兄供养，对于物质和金钱几乎毫无概念，手头宽裕时花钱随心所欲，徐悲鸿这样精打细算利用汇率占便宜的办法，常玉是无论如何也想不到的。

除了迷人的艺术品，常玉几人在德国淘到的另一类宝贝，是素以性能优异著称的德国产照相机。如果身在别国，通过进口渠道购买德产相机，价格相当昂贵，这些中国留学生一定是不敢问津的，然而此时在战后德国，以外币购买则极为划算，简直与白捡相当。于是天狗会几人几乎人手一台相机，常玉手头宽裕，自然也不例外。孙佩苍为了方便去博物馆拍摄作品，甚至买了一台专业照相馆常用的大画幅相机，使用十二或二十四寸胶片，冲洗出来的相片几乎和原作大小相当，作品的细节纤毫毕现。他们几人共同聘请了一位德国专业的摄影师，来教授他们摄影的整套技术，从前期拍摄到后期冲洗一应俱全。学会后几人马上学以致用，游玩时互拍照片，因蒋碧薇是团体中唯一的女士，留下的倩影尤多。而常玉热衷于从取景框中观察街上来往行人，但相比拍摄他更热衷于观看，只有碰到真正打动他的美人，他才会按下快门。孙佩苍则在欧洲各大博物馆拍摄了大量的作品图片，后来与他收藏的部分艺术品原作一起捐赠给了国立北平艺专，给学校留下了一批极为珍贵的教学资料。

· 发现新题材，但创作需要“酝酿”

常玉回到柏林不久后的一次天狗会聚会中，蒋碧薇、老谢等人在厨房忙碌，常玉便悠闲地踱去画室看徐悲鸿最近的创作。徐悲鸿的画室一如既往地拥挤而杂乱，画架、画板、画布、颜料等各种画材，他自己画在素描纸上的人体、动物素描习作，近一段时间在柏林的街头小店、旧物市集淘来的老油画、古董工艺品填满了这个小画室的每一寸空间、每一个角落。这种混乱对常玉来说，却令他感到熟悉和自在，他天生一双敏锐的眼睛，总能在一片狼藉中捕捉到自己感兴趣的东西，又经过徐悲鸿、孙佩苍的指引和欧洲旧货市集的淘宝历练，常玉已练成了鉴赏艺术品的火眼金睛。他漫不经心地在画室中扫视了一圈，挂在墙上的一幅油画人像便像透过长焦镜头一般自动从混乱的背景中脱颖而出，这一方面是常玉的“艺术之眼”自动突出了作品，过滤了其他东西，另一方面则得益于画面本身神奇的光影效果。画面中一名白人女性站在一扇窗户后面，头部略向右倾，望向窗外，抬起的右手扶住窗棂，左手搭在身前的窗台上。窗外的光线投射在女人丰润的面部、线条柔美的颈部和丰满的胸部，左手及浅色的衣袖上，形成画面中几处突出的亮部，从幽暗的背景中跳脱出来，女人古典样式的发辫与衣饰则逐渐隐没在窗内的阴影中。强烈的明暗对比与戏剧化的布光，将这位装扮朴素的女性塑造得端庄典雅，宛如古典神话中的女神，赋予这幅看似日常题材的绘画一种庄重神圣的舞台效果。常玉看得十分入神，同时又有些迷惑，这幅画一副欧洲古典大师的气派，但画布、油彩和笔触又显得很新，显然不是一幅古画。于是常玉收回聚焦在画面中心的目光，在画面上四处搜寻起来，果然在画面左侧的窗棂上发现一行小字：壬戌初秋悲鸿临伦勃朗 柏林，常玉不禁恍然大悟，前几日听说徐悲鸿受孙佩苍之托，去弗烈德里博物馆临摹名画，看来这便是其中一幅。

凝视良久，常玉又将目光转移到了堆满画稿画材的桌案，其上散落着几张动物素描，之前并没有在画室见过，听说徐悲鸿最近常去柏林动物园写生，这想必就是写生的成果了。常玉随手翻看起来，这些动物速写都是用炭笔绘制的，用的纸却参差不齐、大小不一，显然是东拼西凑得来。战后物资短缺，画材难觅也是情理之中。画材的简陋并不会减损艺术的魅力，徐悲鸿笔下的狮子、花豹、大象，结构准确，体感坚实，姿态生动，充满力量感，常玉边看边在心中默默赞赏。其中一幅驯狮图尤其令常玉赞叹，画面由一个背面男人体和三头凶猛的狮子构成，驯狮的男性形象位于画面左侧，他赤裸着健美的身躯，左手持棍棒伸向占据画面中心的雄狮，拿着鞭子的右手位于躯干侧后方，驯狮者前倾的上身和一曲一直的双腿，生动地展现了他试探狮子时的小心翼翼和一触即发的紧张状态。驯狮图是这批素描中最大的一幅，用了一张完整的八开素描纸，常玉好奇徐悲鸿从哪里弄到这样优质大幅的纸张，想翻到画的背面一探究竟，结果赫然看到自己在巴黎时赠送给徐悲鸿的牡丹图，他不禁苦笑这位用功的艺术家为了练习真是“无所不用其极”。

此时饭菜齐备，徐悲鸿过来招呼常玉开饭，刚好看到常玉翻到驯狮图背面的牡丹图，担心常玉怨自己辜负他赠画的一片情谊，连忙解释：“常玉贤弟千万不要怪罪，并非愚兄不珍惜贤弟的佳作，否则我也不会千里迢迢把这张画从巴黎带到柏林，实在是局势紧张，绘画材料难买，这里的动物别处又难得一见，我生怕错过机会。见贤弟这画用的纸实在太好了，背面空着可惜，于是就用上了……贤弟莫要怪罪。”

常玉其实从不在这些俗礼上计较，尤其是与自己投契的人，他见徐悲鸿说得诚恳，忙道：“徐兄言重了，你在我这画纸背面挥毫，价值立刻成倍增加了，这张纸正反两面都有画作，实在是千金难求。再说我素知徐兄勤奋，心中极是钦佩，岂能怪罪。”

一席话令徐悲鸿甚感宽慰，面色缓和了很多。常玉话锋一转道：“徐兄，你这组动物写生实在精彩，让我想起家父。家父便因善画狮子骏马闻名乡里，以前年少，从未想过子承父业这些，如今在异国他乡看到这些走兽，竟然想画一画以解思乡之情。”

徐悲鸿连忙道：“令尊大名我也有耳闻，贤弟若果真想画走兽，可与我一同去动物园写生，后天我刚好打算去，现在柏林秋高气爽，正是户外写生的好天气。”

常玉当即决定周末随徐悲鸿去柏林动物园写生，其他几人听闻也强烈要求参加。于是一个阳光灿烂的秋日，天狗会驻德代表五人相约柏林动物园。徐悲鸿依旧带着全套写生的工具，一进动物园的大门，便直奔狮子笼，支起画架埋头画了起来。其余几人平日都少有机会来动物园游玩，常玉更是头一次来到柏林动物园，打算好好游览一番。常玉看了一会儿徐悲鸿情有独钟的狮子，觉得这种猛兽太过壮硕，而且总是好几只厮混在一处，懒洋洋滚在土里晒太阳，实在缺乏美感。同样是大型猫科动物，花豹就更符合常玉的审美。它们与狮子相比体形较小，奔跑和跳跃的动作如此轻捷灵巧，即便是趴在地上休息，也那样慵懒优雅，而且总是独来独往，十分神秘。常玉不禁看入了迷，如果不是老谢拉着他去看大象，常玉也许会在花豹笼子前待上一整天。大象馆里住着一对母子，母象带着她的孩子在馆区悠闲地散着步，母象不时用长长的鼻子轻轻触碰小象，像是女人忍不住抚摸自己的婴儿。常玉没有想到这种陆地上体形最庞大的动物竟然如此细腻温柔，他又对大象着了迷。随后常玉又随朋友们看到好多动物，鹿、斑马，每一种动物自有它们的灵动可爱之处，常玉久久注视着它们，然而看着这些大自然的精灵被困于狭窄的笼中，常玉为它们感到惋惜，想象在那广袤的天地间、旷野中，它们自由地行走，孤独而美丽。

参观动物园后，动物的形象在常玉心中萦绕不去，然而若只简单地素描写生，他却总感觉少了些什么，一时又没有想到理想的表现方式，便搁置在一边了。有一次天狗会聚会时，徐悲鸿向常玉展示了他根据写生稿创作的新画稿，顺口问道：“常玉贤弟参观动物园后可曾动笔？”常玉答道：“此番来柏林匆忙，未曾携带画具，待回到巴黎再画不迟。”徐悲鸿信以为真，也想弥补自己用常玉赠画当稿纸的歉意，便热情地说：“如贤弟不嫌弃，可在愚兄处试笔，寒舍虽简陋，画具却十分齐全，前几日又搜购到一批纸张，贤弟尽可挥毫。”常玉闻言便嬉笑着说：“谢悲鸿兄慷慨借用画室，但我作画素有怪癖，须得所见之人、物在心中沉淀酝酿一定时日，方能落笔入画，如西人采摘葡萄酿酒一般道理，现在时机尚未成熟，只得些酸臭葡萄。”老谢、蒋碧薇等人哄然而笑，徐悲鸿方才明白他是为懒散找的借口，便也摇头一笑了之。

时间在终日悠游嬉戏中悄然滑过，转眼常玉已在德国待了数月。又有几个从巴黎来德国游玩的中国留学生加入了他们的行列，其中一位研习法国文学的陈登恪，出身书香世家，父亲是著名诗人陈散原，长兄是著名画家陈师曾，三哥则是后来闻名中外的史学大家陈寅恪。常玉不时与这些朋友结伴游览德国山川美景。1922 年冬天，陈登恪要回巴黎，孙佩苍也觉得已在柏林停留得够久，于是与陈登恪一同离开。常玉无甚要紧事情，关于如何开始正式的艺术学习还没计划，待在柏林还是巴黎并无不同，何况由于兑汇的关系，在柏林生活所需费用实在低廉，于是待到 1923 年春季才回到巴黎。徐悲鸿夫妇也相继回来，他们离开巴黎时原计划在德国游玩两三个月，却阴差阳错逗留了近两年时间。

第六章　开启巴黎生活

· 终于选定“大茅屋”

回到巴黎后，眼见周围的留学生学业皆有所进展，生活也步入正轨，常玉终于将找画室提上日程。经过用心寻访，果然打听到有一家以风气前卫自由而著称的德朗格 · 歇米欧尔绘画雕塑工作室，因位于大茅屋街上，也被称为“大茅屋画室”。一个晴朗的下午，常玉来到了“大茅屋画室”门前，这是临街很不起眼的一个门脸，写有“绘画雕塑学院”的匾额低调地悬挂在门左侧的大窗上方，几乎与灰色的水泥墙面融为一体，不过门楣上大大的“14”十分显眼，令着意寻访的人不至错过。门窗之间的墙上钉着一排名牌，上面写着在此授课的教师姓名以及所教授的科目，常玉匆匆扫了一眼便走进了大门。

与朱利安美术学院一样，“大茅屋画室”进门也需要买票，同样也十分灵活，可只买一次性的门票，也可购买月票。常玉付了钱，捏着一枚像硬币一样的金属门票进了门。穿过狭窄幽暗的走廊，教室内别有洞天，虽然面积只有朱利安画院的一半，但胜在结构紧凑合理。进门抬头便见紧靠屋顶的一大排高窗，与天窗连成一片，因此室内光线十分充足。供学员作画的区域由木质横杆分隔为五排，最前面一排使用的是类似给小孩子坐的那种极矮的小板凳，第二排的座位比第一排稍高，

大茅屋画室　常玉
纸本水彩 | 27.5cm×37.5cm | 约 20 世纪 20 年代

第三排便是普通高度的椅子了，第四排是高脚凳，矮个子坐上去还要费点力气，第五排使用高画架站着画。“大茅屋”的教室能容纳一百多个学员同时作画，此刻座无虚席。常玉走到教室的最后面，也就是第五排画架后面，这里也是人头攒动，多数人背靠墙壁，手持小画夹或硬面速写本专注地画着速写，毫不在意空间的局促和站姿的不适。也有个别几人正四下张望，应该和常玉一样是初来参观者。

这里的模特台安置在教室的对面，背靠墙壁，相对整个教室来说面积不小，令人产生一种面向舞台的错觉，台上的女模特纤瘦得甚至有些嶙峋，她正以一种扭曲的姿势侧卧在模特台上，夸张的身材和戏剧化的姿态更加强了舞台感。常玉正暗自诧异这模特如何能一直保持这样高难度的动作，忽听前排有人用法语大喊一声“换！”，只见模特立即起身，以一个较为轻松的姿势坐在了旁边的椅子上。学员们马上开始画这个新姿势，一时间速写本的翻页声、给画夹换纸的声音不绝于耳。

过了约有五分钟，“换”的口令再次响起，模特站了起来，一手扶椅背，并将单膝搁在椅子上，摆了一个单腿站立的姿势，学员们再次闻风而动，纷纷开始重新起稿。常玉对这种练习的形式颇为好奇，但见身边几位手拿速写本的仁兄都在争分夺秒地挥毫运笔，估计无暇回答自己的疑问，便专心观察模特和周围几个人作画的情况。

正前方这一位因为站在低一级的台阶上，加上本身个子不高，常玉可以轻松地越过他已呈“地中海”趋势的脑袋看到他速写本上的大作，他技法颇为娴熟，造型也很准确，中规中矩如教科书一般，常玉很快失去了兴趣。左边是一位戴圆框眼镜的年轻人，他长着一头卷发和一只令人印象深刻的长鼻子。他显然是位初学者，下笔犹豫不决，线条软弱无力，完全不得要领，模特高频率地变换姿势令青年愈发手忙脚乱，不停擦改，将画面弄得乌黑一团，眼见无力回天，索性放弃，将那页乌七八糟的纸团成一团从本子上扯下，正想扔向右侧无人的墙角，却发现自己的一系列举动都被旁边的常玉看在眼里，不好意思地挠着头笑了。右前方一颗毛发蓬乱的脑袋与旁边的“地中海”形成鲜明对比，常玉费力地透过那头浓密卷发的缝隙窥到他的画，这个鸟窝头用和自己头发一样凌乱不堪的线条勾勒出一个电线杆般瘦硬的女人体，模特本就纤瘦的体态被他夸张到极致，却有着不可思议的巨大张力和空间感。从个人喜好而言，常玉虽不喜欢这种凌乱的线条和尖锐的造型，但从艺术创造的角度来看，他却不得不承认，这个毛毛头对人体结构有自己独到的理解和表现方式，这是一个艺术家必需的素养。同时常玉也领悟到了速写的真谛，这种造型训练方法，要求绘画者在极短的时间内以简练的线条勾勒出对象的整体。

这时一位胡子花白的老者走进了教室，他个头不高，衣着极为朴素，衣襟和袖子上沾满了木炭灰。常玉有些诧异，这里居然有这么年老的学员，却看见许多学员站起来尊敬地向老者问好，常玉才知道这是位教授。老者和蔼地向学员们打着招呼，在画架和座椅间缓缓穿行，不时停下来对学员的习作进行点评。没过多久老者点评到了最后一排，他先看到了常玉左前方那个眼镜青年的习作，对这样的胡涂乱抹，老者依然极有耐心地进行指导：“注意人体比例，孩子，一定要记住，线条要落在结构上，想想你看的解剖书里人体的基本结构。”“地中海”也请老教授点评自己的画。“很好，很好，结构十分准确。”老者夸奖道。“你可以在准确的基础上尝试加入一些你自己的东西。”他含蓄地提出自己的意见。老教授转头看到鸟窝头画的“电线杆”，露出赞许的笑容：“非常好，阿尔贝托，看来你已经找到了你的路，坚持走下去，非常好。”“谢谢您，布德尔教授。”鸟窝头高兴地说。常玉蓦地想起刚才在门外看到的教授名牌，原来这就是开设速写和雕塑班的埃米尔·安托万·布德尔教授，隐约记得听人介绍过他是刚刚过世的著名雕塑家奥古斯特·罗丹的得意门生，本身也已取得极高的艺术成就，常玉不由得对布德尔教授的包容和涵养敬佩不已。而大茅屋画室优质的速写课程、自由的风气和兼容并蓄的态度，让常玉感到十分满意，他当场决定就在这里开始自己的职业训练。

徐悲鸿听说常玉打算在他看来根本“不着调”的大茅屋画室学画，很替常玉着急。他认为自己作为一位负责任的学长，有义务对常玉这种自毁前程的做法进行劝阻，于是他约常玉来他新搬的画室小坐。常玉早就听说徐悲鸿的新画室位于巴黎右岸的中心地段，他平日几乎都在蒙帕纳斯一带游荡，这次正好借机去塞纳河另一边游览一番。

徐悲鸿新画室的地理位置果然不同凡响，距凯旋门不足一公里，属于高档住宅区，街道上来往的行人衣着考究、行色匆匆，街道两旁的建筑高大庄严、富丽堂皇，透出大都市森然的秩序感，与蒙帕纳斯随性自由的波希米亚气质大相径庭。徐悲鸿画室位于一栋六层建筑的顶层，巴黎出于市政规划考虑，要求所有建筑物不得超过六层，因此徐悲鸿的画室可谓凯旋门附近的“制高点”。常玉来巴黎后还没有去过这么高层的建筑，一心想饱览巴黎市中心的风景，兴冲冲走进电梯，却发现电梯只到五层，如果想去顶层，需绕到后面从楼梯爬上去。常玉无奈只得一点点爬楼，感觉登了足有一百多级台阶，方才到了六层。徐悲鸿早已敞开门等候，常玉气喘吁吁地走进画室，边喘边四下打量。这是一个小套间，面积虽不大，但功能设施齐全，如果单纯作为居室条件不坏，然而再兼顾画室功能便十分局促了，尤其是对于徐悲鸿这种勤奋的画家而言。常玉见充作画室的客厅塞得满满当当，墙上挂满了画作，有些是徐悲鸿从巴黎、柏林等地淘到的，多数是写实功底扎实的学院派画家的作品，其中不乏名家。还有部分是徐悲鸿自己的画，有在博物馆临摹的大师名作，也有他个人的创作。一张大案子占去客厅几乎一半面积，桌上堆满书籍和画纸，墙边一个大画架上是一幅刚起稿的油画，墙角堆着成卷的油画布和颜料，东西虽多却摆放得井井有条，各处空间都得到了充分的利用。这间客厅最适合做画室的地方在于采光，除了朝东一扇大窗户外，天花板还开了一扇面积不小的天窗，房内光线十分充足，让这间原本拥挤的小屋在视觉上还算敞亮。

常玉走到窗边向外张望，却没看到期待中鸟瞰星形广场的盛景，原来此地寸土寸金，楼虽不高，楼间距离却小，从这扇窗望出去只是对面的楼而已。常玉不甘心，辨了辨方向，判断广场和凯旋门应该在自己的北边，于是极力将身体探出窗外，扭头远眺，好不容易才从楼宇的空隙中依稀看到被遮挡得支离破碎的凯旋门。

“哎呀，常兄你在干什么？快回来，这可是六楼！”徐悲鸿惊呼。

常玉不急不缓缩回身子，向徐悲鸿笑道：“悲鸿兄莫急，我在看凯旋门，我心里有数，你一嚷倒吓我一跳。本以为你这画室位置繁华、坐拥美景，没想到爬了一百多级台阶，只看个凯旋门的边角。唉，真是居大不易……不过这画室的光线真是不错。这里租金应该很高吧？”

“还好，朋友介绍的，房东人不错，没有漫天要价。咱们先聊正事，常玉贤弟……”

“不急不急，悲鸿兄，先让我把气喘匀。哎呀，这一百多级台阶可要了我的命，有什么喝的没？”

常玉来之前便大概猜到徐悲鸿约他的用意，他知道徐悲鸿是出于一片好心，然而常玉也意识到自己与徐悲鸿对艺术的见解和追求大相径庭，又不想与前辈争论，因此故意嬉皮笑脸，顾左右而言他。

“哎呀，我忘了给你倒点茶，招待不周，恕罪恕罪。”

老实的徐悲鸿总是分不清常玉说的是正经话还是玩笑话，他当真以为常玉嫌自己待客不周，赶忙实实在在地泡了杯茶递到常玉手上，看见常玉窃笑的样子，才反应过来自己又着了他的道，无奈地摇头，重新切入正题。

“常玉贤弟，愚兄痴长你几岁，来巴黎又比你早几年，我作为过来人，想给你几句忠告，若说得不恰当，你勿见怪。”

“悲鸿兄哪里的话，前辈愿意提点，感谢还来不及，小弟自当洗耳恭听。”

“我听说你决意在德朗格·歇米欧尔画室学习，你考虑清楚了？”

“是的，我很确定，我就想在大茅屋学画。”

“贤弟啊，不是愚兄说你，巴黎高等美术学院周围没有一百家画室也差不多，那么多资历、规模都不错的画室随你挑，怎么独独看中大茅屋呢？你这么有天赋，可万不能在那种野鸡学校虚掷了时间和才华。我在巴黎高等美术学院的同学，没听说谁是从大茅屋考上来的。朱利安每年可确确实实有十多个人考进来，跟我同年入学的就有好几个是朱利安的同学。”

“可是我并不想考学。我只想学会如何真正地绘画，仅此而已。只要能学到真本事，我不在乎是不是名牌学校。”

“学艺术的人，有这种纯粹是好的，可是你也要考虑未来的出路。你如果打定主意走美术的道路，拿个高等美术学院的文凭还是非常必要的，尤其是回中国发展的话，如果你是巴黎高等美院这种名校毕业，就比较容易拿到教职，在美术专科学校做个教员，生活上就有保障了，否则在国内做个全职的西画家太难了。”

“我不会回国。”常玉语气平淡却极其坚定。

徐悲鸿轻蹙眉头继续劝说：“你即便留在法国，有名校文凭傍身，卖画也更容易些，很多收藏家还是很看重这一点的。”

“我的作品只卖给真正喜欢它们的人。我不能理解那些吃鸡蛋非要认识下蛋母鸡的人。我理想的收藏家应该纯粹欣赏我的作品，不必喜欢我这个人，何况文凭。”

“抛开文凭不谈，退一万步讲，你怎么认定就能在这个大茅屋学到绘画的真本事？我也不是没有去过就信口开河，美术学院没课的时候，我偶尔会去大茅屋画模特。就我所见，那里的氛围十分散漫，尤其是教学，简直毫无章法，任凭学员自己乱画，对造型一窍不通的人进门就可以去画人体写生，没有从易到难的静物、临摹，也没有分级考核，而且几乎没有教师指导，简直就是胡闹。没有扎实的基础造型训练，怎么能画出像样的画来？贤弟莫嫌我啰唆，即便你日后仍回去画写意花鸟，也一定要学到西画逼真写实的精髓，才能对传统中国画加以改良。近世之中国画衰败至极，须靠咱们这样留洋学习的人，带回西方绘画造型的方法，西为中用，方可力挽中国画乃至中华文化衰败之狂澜，重振我中华民族雄风。”

“悲鸿兄，你这种以天下为己任的博大胸襟，我实在佩服至极，可我真的学不来，你也知道我的，没有那么崇高的理想，只想在这乱世偏安一隅，做一个富贵闲人。其实富贵倒在其次，悠闲自得最重要。只要能让我随心所欲地画画、打球、拉琴、看美人，搞我自己喜欢的玩意，哪怕饿上几顿我也心甘情愿。我觉得大茅屋这种闲散与我正相宜啊。”

“我真搞不懂你，你既不为名也不图利，也并不想振兴艺坛、报效国家，你到底想要的是什么呢？难道就是整日闲游，虚掷才华和光阴，那岂不成了无用之人？”

“悲鸿兄难道没有听过庄子的‘无用之用，方为大用’？我就像《逍遥游》里的樗那样无用，肯定成不了国之栋梁，却乐得逍遥。而且若想经世致用，实业、医学、政法岂不更加直接，何必学艺术？我学画正是觉得艺术可以不追求所谓的有用，只单纯为了美，多么自由自在。”

“人生在世哪里有你想的那样容易，总要为衣食住行奔忙，尤其是等你娶妻生子之后，要承担养家的责任，你就不可能像现在这样洒脱了，说不定就会琢磨起那些有用之学了。”

“嘿嘿，悲鸿兄说得甚是在理，我现在光棍一条，一人吃饱全家不饿，就容我先逍遥几年好了。悲鸿兄刚才说中国画如今衰败至极，果真像你说的那样不堪吗？我还想用中国画那种抒情笔墨来改良西画呢，尤其是人体，用毛笔随手勾勾那些洋婆娘的丰乳肥臀，岂不美哉。”

“中国画故有可取之处，唐宋时期之绘画，也曾当得起惟妙惟肖，可后来文人画渐成主流，重修养意趣而轻技艺，专追求惟妙，鄙视惟肖。殊不知完全脱离形似，何来神妙？这就是我极力主张造型训练的缘故，人物画对写实功夫的要求尤其高，中国人物画，毫不讲究解剖透视之法，哪怕画圣吴道子，其人物造型也全无法度，到了近世，像陈老莲以丑怪为美，又比唐宋盛时倒退千步。想要画好人体，定要像朱利安画室安排的那样扎扎实实按部就班地从石膏块开始练习，否则便容易学了马蒂斯那些沽名钓誉之流，还未必能有他们出名的那种时运。”

徐悲鸿说的都是他的肺腑之言，也是真心希望常玉能走他认为的“正道”，然而艺术不是科学实验，没有严格的程序和统一的公式可以遵循，艺术是极为个性化的体验和实践，多数人走的路不见得是好的选择，常玉决定独自冒险。

“嘻嘻，可是不管怎么说，大茅屋的模特比较漂亮。”

徐悲鸿见常玉又摆出那副嬉皮笑脸的样子，知道他心意已决，便也苦笑一下，停止了劝说，只在心中彻底把常玉划在了浪荡公子的阵营，暗自为他浪费天赋而惋惜。

· 花都游荡者的一天

为了去大茅屋习画更加便利，常玉退掉了原来租住的旅店，搬到他心仪已久的圣米歇尔大街，在一家旅店的三楼开启了一种简单纯粹的生活模式。每天上午十点左右，灿烂的阳光照在仍在熟睡的常玉脸上，他缓缓睁开眼，巴黎美好的一天便开始了。他从动物巢穴般舒适却混乱的床上起身，在杂货铺一样精彩的桌子上、沙发上、衣橱中扒出一身行头，从容梳洗完毕，穿戴整齐，便带上画夹走出家门。这位衣冠楚楚的翩翩公子将房间的脏乱抛在门后，仿佛皮色鲜亮的青蛙跳出泥坑。

先找一家 Brasserie 填饱肚子，Brasserie 大概是巴黎尤其是蒙帕纳斯特有的产物，既不是纯粹的咖啡馆、酒馆，也不是那种只在饭点营业的餐厅。这种小馆子全天候提供餐食和酒水，食物简单实惠，咖啡和酒也价格低廉，“一法郎吃饱，两法郎吃好，四法郎吃得像国王”。这是战前的行情，一战后物价飞涨，Brasserie 的餐费早已不是这个价格，但依然要比别处便宜得多，似乎专为了照顾蒙帕纳斯这些清贫的梦想家。劳特尔多（La Rotonde）是蒙帕纳斯最有名的 Brasserie 之一，店主维克多·利比昂（Victor Libion）对艺术家和诗人都很宽容，允许衣衫褴褛的貌似艺术家的人在店内爱待多久就待多久，不会像有些咖啡馆强制客人每小时必须重新点饮料，还允许没钱结账的艺术家用画来抵饭钱。

用过早午餐后，常玉便悠闲散步至几个街区之外的大茅屋画室。他习惯性坐在教室最后一排，一是不习惯前排的拥挤，二则后排的座

20 世纪 20 年代，巴黎街头咖啡馆座无虚席

位有一定高度，教室前部的情景和其他学员的样貌、行动尽收眼底。这里既方便观察写生，又能产生一种置身事外的疏离感，是常玉理想的位置。大茅屋画室聘请的老师并不经常来教室指导，学员多靠自己的摸索与实践以及同学间的交流取得进步，而这些学员来自世界各地，其学习经历与师承大相径庭，因此常玉得以见识到风格各异的素描和速写方法，随心所欲地尝试自己中意的样式，同时也有机会观察到形形色色千姿百态的人。常玉对人的样貌、体态有着极大的兴趣，同是人类，都有五官、躯干、四肢，可组合在一起却那样千差万别，常玉为人类的多样性深深地着迷。有时如果台上的模特是他曾经画过或不太喜欢的，他就把目光转向画室里的同学，捕捉那些独具个性、充满活力的相貌与姿态。

在大茅屋画上几个小时后，通常已经到了下午三四点钟，常玉便会收起画具离开画室，缓步踱到蒙帕纳斯大街上。常玉爱极了蒙帕纳斯的自由和包容，无论何种肤色、种族，也不管是衣衫褴褛还是奇装异服，在蒙帕纳斯都不必担心遭到异样的眼神和审视，特立独行的艺术家反而会受到国王般的礼遇。常玉多次见到当时已在巴黎崭露头角的日本画家藤田嗣治挽着不同的女伴在蒙帕纳斯招摇过市。他的形象实在是太有特点了，瓜皮头、圆眼镜、留着小胡子的亚洲面孔，双耳还戴着硕大的圆圈耳环。虽然常玉并不完全赞赏藤田的作品风格——他此时已经知道自己当年在“蜂巢”画室里瞥见的，用精致线条和珍珠白色来表现女人体的艺术家正是藤田——但不得不承认这个小个子日本人对营销个人形象真的很有一套。

蒙帕纳斯是自由艺术家、诗人、知识分子的国度，自诩精神的波希米亚族的人们终于在此找到归属，这里遍地是他们精神的同胞。而依靠着他们生存的人也在此盘桓，那些供画家做模特的美艳女子，如果价钱合适，也不介意兼职女管家和情人，这都是两相情愿的事。还有那些衣冠楚楚的精明画商，总在用鹰隼般的眼睛搜寻尚未被发掘的艺术新秀，并在心中迅速盘算出有多少利润可图。他们犹如追逐牛马的牛虻，虽有时令人厌烦，却是构成艺术生态不可缺少的元素。

午后的蒙帕纳斯更加慵懒闲适，这些有趣的、美妙的人们散坐在咖啡馆外的露天座椅上，聊天、调情、啜饮或仅仅是放空，都是那么地赏心悦目。最受欢迎的那几家咖啡馆，比如勒杜姆（Le Dôme）、穹顶（La Coupole）永远高朋满座。常玉就坐在角落充满欣赏和愉悦地打量着这些妙人，偶尔用他从德国带回的相机捕捉那些他感兴趣的形象，尤其是那些入得他法眼的美人，兴之所至还会掏出纸笔画几张人物速写。蒙帕纳斯的自由氛围和妙人如同常玉的阳光和空气，他可以在这儿消磨一整天，直到日薄西山，看不清邻座美人的笑靥方才不舍地起身。

夜幕降临，然而对于常玉而言，一天中的精彩时刻才刚刚开启，如果没有流光溢彩、纸醉金迷的夜生活，巴黎又怎能称作花都呢？常玉有时会应朋友之邀在餐馆聚会聊天，有时则会来到位于蒙马特高地著名的红磨坊歌舞厅消遣。

红磨坊诞生于 19 世纪末，当时的法国因普法战争失败，国内士气低迷，然而天性浪漫的高卢人民不愿总是沉浸在伤痛中，他们很快便开始用放纵享乐来取代苦闷彷徨，一种叫作康康舞的舞蹈悄然风靡法国。康康舞最初是一种男性舞者居多的风格粗犷轻快的舞蹈，以高踢腿、劈叉、大跳等腿部高难度动作为标志，后来逐渐演变成由美艳女郎表演的展示性感大腿及身材的热辣艳舞。在 19 世纪末的文艺中心蒙马特高地，每一家小咖啡馆、小酒馆里都有康康舞表演。每到狂欢节，舞女们便会来到街头表演，引起全巴黎万人空巷的盛况。两个精明的西班牙人看到商机，将一间旧磨坊改造成了歌舞厅，聘请了许多美艳舞女，专以康康舞招揽顾客，生意大获成功，到了 20 世纪 20 年代红磨坊更是艳名远播。由于康康舞以腿部动作为主，因此红磨坊挑选舞女的标准十分严苛，容貌姣好自不必说，还必须拥有高挑的身材、极其修长的双腿和一定的舞蹈基础，否则难以展现康康舞的魅力。红磨坊的女郎们极大地满足了常玉欣赏人体之美的需求，尤其是对女性腿部的迷恋。每次常玉坐在红磨坊的观众席上都兴奋不已，期待着即将闪亮登场的女郎们。

“生命多么美好，现在请大家观赏康康舞！”伴随着八字胡的矮个子主持人充满激情的开场白，欢快的音乐声响起，女郎们出现在舞台上。她们身着绲有繁复花边的大摆长裙，配以用羽毛以及闪亮的人造宝石做成的华丽头饰，光是这些服饰便令人眼花缭乱，更何况女郎们灿烂的笑容和激情的舞姿。她们时而撩起裙摆，齐齐伸出浑圆修长的玉腿，继而整齐划一地高高踢起，脚尖举过自己的鼻尖，时而边手抓裙摆像扇子一样挥舞，边轻扭臀部迈出撩人的舞步。几十条美腿在舞台上刮起阵阵令人目眩神迷的旋风，鲜艳的裙摆舞动如疾风中的花瓣。常玉与在座上百位男性观众一同看得如痴如醉，深深感叹人体无可替代的美丽和造物的神奇。经历过人体素描训练和花都灯红酒绿的洗礼，常玉早已不是那个“风吕屋”中手足无措的青涩少年，他面对女性的胴体时，已经可以用一位专业画家的眼光从容地进行观察，并发现不同女性身体的特别之处。红磨坊的艳舞表演，简直成了他人体画创作的素材库。

时至深夜曲终人散，常玉方才回到住处，简单洗漱后，在凌乱的床上扒出一块容身之所便沉沉进入梦乡。第二天照例到日上三竿方才醒来，也许再去画室练习，有时画兴正浓，则索性把心仪的模特请到家中画个痛快。只有在这时常玉才会匆匆收拾一下他的斗室，至少把房东留下的那张旧沙发拾掇干净，好让模特在上面摆 pose（姿势）。如遇到朋友邀约或极好的天气，便任性地给自己放天假，或去网球场、台球室挥汗健体，或携着小提琴到郊外风景优美处奏乐怡神，日子自在逍遥。

留法的最初几年，的确也是常玉经济最宽裕的阶段。1920—1929年，大哥常俊民的丝织生意蓬勃发展，尤其是 1923 年，日本关东发生大地震，当地的丝织业大受影响，常俊民看准商机，果断扩大丝厂的经营规模，并在上海等几个重要城市设立了批发中心，迅速抢占了国际市场份额，常俊民的生意如日中天。这段时间家里寄给常玉的生活费十分丰厚，他在日常开销和学画之余，还尽可以发展网球、桌球、小提琴等爱好，并三不五时和友人聚会。

而此时同在法国的其他勤工俭学生们则多需要精打细算度日，有的甚至难以为继。20 世纪 20 年代初期的法国，正值一战后经济衰退时期，通货膨胀严重，连最基础的食物——面包的价格都上涨四倍之多，大量工厂倒闭停产。法国当地工人都大量失业，来自异国的勤工俭学生就更难找到工作，以工养学成为一句空谈，不少勤工俭学生只能靠华法教育会的借贷款来维持生计，然而一方面由于经济负担沉重，另一方面因北洋政府为遏制留学生的革命倾向所施加的压力，华法教育会不再为学生们提供经济援助。许多学生为能在法国继续生活而不被遣返，不得不中断学业，竭尽所能找一份工作糊口，通常都是在汽车、机械、军工等重工业制造厂做工，如有钳工或焊工等技术傍身还好些，否则只能做毫无技术含量、体力消耗极大的杂工。很多留法的学生只能靠中国驻法公使馆发放的每日 6 法郎维持生活，每天只能吃两顿饭，而且多数时候只有面包加自来水。

徐悲鸿这样的官费生的日子也并不好过，虽有教育部按月发放的补贴，但除去美术学院的学费以及他夫妇二人的生活用度便所剩无几。不料民国十三年（1924）之后，北京政局动荡，教育部的官费开始时断时续，很少能准时寄到，后来竟完全中断。徐氏夫妇的生活一时陷入困境，二人曾向学生自发组织的互助性质团体江苏同学会求援，幸而获得两份共六千多法郎的接济款。同时他们也想尽办法找些零活维持生计，徐悲鸿曾为小说画插图赚取微薄稿费，蒋碧薇则做起了针线活，与另外几位中国留学生家眷及女留学生一起，给商场售卖的衣服进行简单的绣花加工。徐氏夫妇像这样勉力维持了一段时间，仍难以为继，徐悲鸿不得不计划回国筹款。

· 来自中国的 Sanyu

且说常玉，不知不觉间在大茅屋习画已有一年有余。他的人体速写已经得心应手，时常抛开常规速写所用的炭笔或钢笔，改用自己更为熟悉的毛笔和水墨。如果不具备深厚的手头功力，软绵绵的毛笔和多变的水墨是极难控制的，而且笔墨一旦落纸便无法更改，稍一犹豫线条便会显得凝滞，留下败笔。但对于常玉而言，毛笔的粗细变化自如，正适宜表现人体跌宕的起伏和妙不可言的曲线。恰当的工具运用为常玉的画作锦上添花，他也因绝妙的线条和独树一帜的绘画风格在大茅屋的学员里小有名气，每次来到大茅屋习画，常会引来一些同学围观他用毛笔创造的魔法。

在一年时间达到如此境界并非易事，常玉也经历过一次波折。刚开始习画时常玉十分任性，全凭自己的直观感受和喜好随心所欲去画，把徐悲鸿提倡的按部就班那些话抛在脑后。凭借对人体异常敏锐的感觉和出众的造型天赋，再加上多年书画练习形成的笔上功夫，常玉刚一上手人体速写便画得有模有样，令一些进展缓慢的同学羡慕不已。常玉仍是少年心性，整日被一片羡慕、赞扬的声音围绕，天性散漫的常玉便自恃天赋过人，以为绘画是一件轻而易举的事情，以为自己已经完全把握了人体及线描的奥秘，绘画练习便松懈下来，开始发展起“第二专业”——网球。常玉之前在上海便对这项充满活力的运动很感兴趣，可惜无缘接触，来法国后发现此地网球运动十分普及，一年一度的法国网球锦标赛更是大规模的国际公开赛事。常玉毫不犹豫置办齐装备，请了位教练指导，想不到他在运动上也有些天分，进步很快，常获教练夸奖，于是瘾头更足，竟沉迷练球，有一个多月没有拿起过画笔。直到遇上接连几个雨天，无法继续练球，无所事事的常玉才重又回到画架前。因多日缺席，常玉再次来到大茅屋时，发现自己习惯坐的位置已被人占据，他只好在前排找了一个空位。可不知为何，常玉迟迟不能进入状态，原本他轻易便能够画出的优美线条竟然变得滞涩，而且无法准确勾勒出模特的轮廓。难道自己曾引以为傲的才能就这样消失了？常玉被这个可怕的念头吓坏了，他可以懒惰、散漫，但无法接受自己平庸、缺乏天分。

“怎么好久没见你，朋友？”一个有些熟悉的声音打断了常玉焦灼的内心活动。

常玉扭头一看，原来是那个曾被布德尔教授夸奖的爆炸头青年，常玉初次来大茅屋画室考察时便遇见的。常玉蛮欣赏爆炸头的画，对他印象不坏，后来练习期间也常常碰到，但仅是点头之交，没有深入交谈过。常玉没好意思说自己因痴迷打网球耽误了画画，便笑笑岔开话题。

“我叫 Sanyu，来自中国，还不知您尊姓大名。”Sanyu 是常玉根据发音给自己取的法文名，四川话里“常”字的发音接近法文“San”，他又特别喜欢先生为自己取的单字“玉”，寓意美好又十分简洁。常玉出国以来发现中国人与西方的姓、名顺序是相反的，这足以让西方人晕头转向，更别提还有复杂的字、号，自从有了 Sanyu 这名字，再向外国人介绍自己的时候，事情就简单多了。

“阿尔伯特 · 贾科梅蒂（Alberto Giacometti），从瑞士来。”爆炸头的回答跟他的画一样简约，明明是他先打招呼，此刻却无话了。大概也是独来独往惯了吧，常玉想。

“我今天怎么也画不好。”常玉打破了沉默，他没来由地觉得阿尔伯特可能是个很好的交谈对象。

“别着急，你只是需要更多练习，我看过你画画，很有天赋。”

“比你差得远，我认为你画得好极了，可也没怎么见你来练习。”

“我每天都花很多时间练习，有时我不来这边，我在布德尔教授那里学习雕塑。反正我不管来不来大茅屋都会练习，去年我对着一个头盖骨画了一整个冬天，各个角度都画了，才感觉自己真正掌握了人头部的结构。所以你不要气馁，今天模特的姿势都比较复杂，还有观察角度不一样了，可能也有关系。”阿尔伯特十分认真地帮常玉分析。

对了，角度。常玉恍然大悟，自己之前常坐在后排中间位置，今天换到了前排的边缘，观察模特的角度随着位移发生很大变化，他想起偶尔来指导的老师曾讲过透视的原理，徐悲鸿也经常提到这个词，但他之前都没放在心上。常玉决定好好研究一下透视这东西，他扭头想再和阿尔伯特聊几句，发现他已将注意力转回画架，争分夺秒地画着。阿尔伯特心无旁骛的样子让常玉有些感叹，他已经画得非常好了，还在坚持不懈地努力练习，如果真的把绘画作为一项严肃的事业，就需要付出更多。

自此常玉每日花在大茅屋的时间长了许多。他有意隔三差五便换一换座位，好从不同角度观察模特，若碰到来巡堂的老师便虚心求教，有时也会跟阿尔伯特讨论透视和素描技法。同时常玉还专程买了达·芬奇、拉斐尔等艺术大师的素描画集，认真临摹学习。就这样踏踏实实有系统地练习了几个月，常玉对透视等技法的认识有了质的飞跃，对人体结构了然于胸，再下笔时每一根线条便精准地落在结构上，而不是徒有优美的形式。更重要的是，经过这段时间对绘画的倾力付出，常玉获得了一种神奇的能力，一旦拿起画笔，全世界便仿佛只剩他自己，其余的一切都不存在了，直到画得精疲力尽不得不停下，才发现已经过了数个小时。常玉很享受这种忘我的状态，旁人眼中长时间枯燥的练习，在他看来却充满了乐趣，如果哪一日没有拿起笔画一会儿，他便会感到浑身不自在。不知不觉中，常玉绘画的动力早已不是最初对人体的那点好奇，绘画已经融入他的血液，成为他生命中不可分割的部分。

· 签名设计

这天，常玉照例在将近中午时分来到大茅屋画室。今天的模特又是他初次来大茅屋时见到的电线杆般的消瘦女人，常玉颇感失望，他想可惜阿尔伯特没来，他画这个电线杆女郎最传神了。模特不中意，朋友又没有来，常玉随手画了几张便意兴阑珊，于是便开始打量周围的同学。他一眼看到一个颇为熟悉的面孔，确切地说是一只大弯钩鼻子，正是初来画室碰到的那位画技蹩脚的戴眼镜卷发青年，常玉一直对他极有特点的鼻子念念不忘，可惜一直没有再遇见，不想今天却碰见了。时隔多日，大鼻子的画技看来进步不大，此刻他正坐在常玉右侧不远处的一把椅子上刻苦作画，刚好把侧脸呈现给常玉。常玉即刻挥毫，寥寥数笔，将他的侧影勾勒出来，于是一个长着硕大的弯钩鼻子，瞪着近视的眼睛努力想把模特的形象刻在脑中的书呆子形象跃然纸上。早有围在常玉身边观摩的拥趸把画拿给画中人看，青年见到自己这张漫画式的肖像，激动得小眼睛在镜片后闪着光芒，用几乎崇拜的语气对常玉说：“天哪，你用你的东方神笔一下就把我画出来了，简直惟妙惟肖，能送给我吗？不，多少钱，我愿意买下来。”常玉依然波澜不惊地微笑着，和气地说：“很高兴你喜欢，送给你了，你的鼻子令我印象深刻。”青年欣喜若狂接过自己的肖像，得意地展示给旁边相熟的同学，几个人围在一起仔细观看着，不时发出啧啧的赞叹，并向常玉投以仰慕的眼光。青年又走过来毕恭毕敬地说：“请原谅我太激动了，竟然忘了请教您的尊姓大名，可以请您为我的画像签个名吗？”常玉接过画，在背面随手写下西文名 Sanyu。青年连连赞叹：“哦，您的名字是 Sanyu，您应该是一位来自中国的大画家。只是您太谦逊了，签名这样随意。您的技艺完全可以媲美现在巴黎当红的画家，应该好好设计一个具有标志性的签名，以备出名后的需要，我就有专门设计的签名。”常玉忍不住促狭心起，调侃道：“看来你对出名信心十足，我就没那么自信。”周围的学员都笑了，大鼻子有点不好意思，羞得鼻子都红了，赶紧拿着画离开了。

常玉却来了兴致，他注意到前排有几位女士，外貌各具特色，于是不动声色地向旁边挪动了两个位置，调整一下角度，便于更好地观察对象。常玉首先对前排偏右的那位女士下笔了，常玉画出她长着耀眼金发戴着红色发箍的小巧头部，以及与健壮身躯颇不成比例的纤细手臂，紧接着便迫不及待地开始了他最赞叹的部分——在白色裙子里呼之欲出的肥硕臀部和快要将肉色丝袜胀破的粗壮小腿。为了更舒适些，这位女士用她的白色高跟鞋踩着一只矮板凳，将腿架高，把速写本放在膝盖上垫着画。很快这生动活泼的姿态便出现在常玉笔下，他正要收笔，却不禁想起大鼻子青年的话，自己确实需要有一个正式的签名了。

他之前画中国画时，曾制过一枚“天官赐福”图形的印章，但印章只适用于纸本绘画，布面或木板上很难印得清楚，而且天官赐福的图案过于中国化，外国人不容易理解。他把速写本翻到新的一页，用炭笔信手涂写各种字体的“Sanyu”，写来写去总是不甚满意。纯用西文的话的确缺乏个性，这个签名最好能体现出自己中国人的身份。于是他

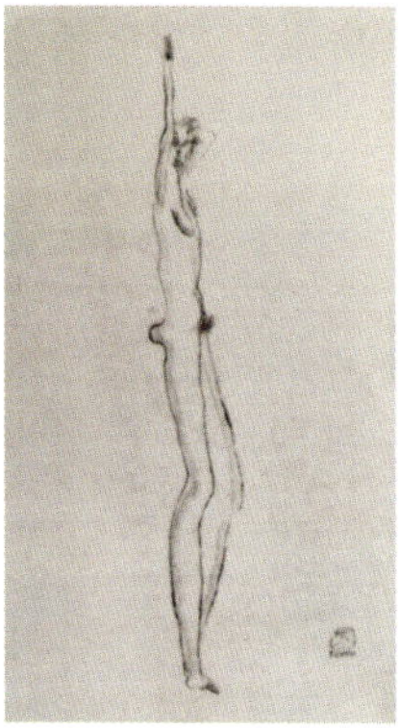

裸女（左） 常玉
纸本素描 | 43.5cm×26.5cm | 20 世纪 20 年代

肖像（中） 常玉
纸本水墨 | 尺寸不详 | 20 世纪 20 年代

常玉常用签名（右）

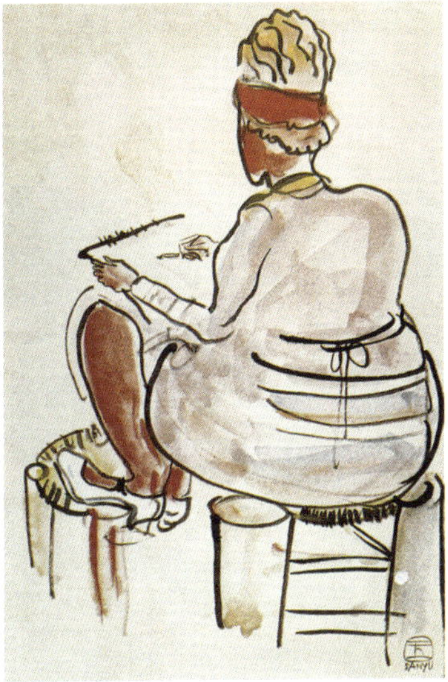

作画中的女子　常玉
纸本水彩 | 48cm×30.5cm | 20 世纪 20—30 年代

作画中的女子　常玉
纸本水彩 | 45.5cm×31cm | 20 世纪 20—30 年代

又试着将中文的“常玉”和西文“Sanyu”进行各种排列组合，却总觉得这种结合过于生硬，作为签名又十分烦冗。常玉不禁感叹西人绘画签名的单调乏味，哪像我们老祖宗的画，诗书画印融为一体相得益彰，本身题跋款识的书法就可单独作为艺术来欣赏，又加入钤印，使得画面更加丰富。思及此，常玉心中不免一动，对啊，印章。虽然不能真的刻一方印钤盖在素描油画上，但是可以借用印章的形式来设计签名，而自己名字里的“玉”字，字形简洁优美又对称，本身充满装饰美感，正适合设计在签名当中。于是常玉在纸上勾画出一个四角略有些圆润的小方框，在里面写一个“玉”字，而且有意把“玉”字那一点处理成一个下弯的弧线，两端连接中轴的竖和最下面的横，使字有了些篆刻的味道，和方中带圆的外框合在一起正像是一枚小巧的阳文印章。常玉在这“印章”下面用小字写下西文“Sanyu”，自觉效果不错，既有东方韵味又不突兀。他左右端详，又在纸上连写了几遍，直到“印章”的形状和西文比例合宜了方才满意。于是常玉拿起刚才画的“发箍女士”的速写，在右下角签上了精心设计的签名，感觉画面有了签名更像一件完整的艺术作品了，心中颇感得意，还有些意犹未尽，于是便继续在画室里搜寻起来。右侧一位健壮的“马达姆”（女士）进入他的视线，她浓密的黑色短发和浓眉，似乎都在表明她的东欧血统，最有特点的是她肥厚的双唇，此刻因为专注写生而微微噘起，又黑又浓的弯眉向上挑着，仿佛带点生气的神情。一双雪白丰满的臂膀从暗红色的无袖上衣里伸出来，一手扶画板一手执笔，好像大茶壶里倒出的两股牛奶。常玉的画笔抓住了这位“马达姆”身上有趣的特征和细节，并用略有夸张的笔法表现出来，形成了一幅出色的人物速写，且毛笔勾勒出的线条显得更加灵动和富于变化。

第七章　异国之恋

· 结缘大茅屋

常玉就这样忘情地创作着，肆无忌惮地打量着他的同学模特们，自以为是一个不动声色的观察者，却不知螳螂捕蝉，黄雀在后，早有一双多情的眼睛盯牢了他。这双美目的主人名叫玛素 · 夏绿蒂 · 哈祖尼耶，她出身法国卢瓦尔省一个没落贵族家庭，有着姣好的容貌和娴雅的气质。玛素家中经济情况本不宽裕，她又与父母闹了矛盾，家里完全切断了对她的经济支持。因此玛素不得不身兼数职，做秘书、时装设计绘图员等各种工作以维持生计，然而她却依然保持着对艺术的崇敬和向往，克服重重困难，利用仅有的一点闲暇时间练习绘画，她选择大茅屋也是看重这里学费不高且时间安排十分灵活。

玛素来到大茅屋没多久便注意到了常玉，每次这个东方男人出现在画室，便如磁石一般吸引许多人簇拥在周围，看他作画并向他讨要作品。刚开始玛素以为常玉在搞什么哗众取宠的把戏，因为学员们围观常玉作画时不仅会发出赞叹的声音，有时还伴随着戏谑的笑声，教养和矜持不允许她去凑这样的热闹，然而好奇心却驱使她悄悄地观察常玉。

她发现这个人其实并不希望受到太多的关注，他每次来画室都匆

常玉妻子玛素·夏绿蒂·哈祖尼耶

匆穿过人群直奔后排，找到一个位置偏僻的角落坐下，一边观察周围，一边不慌不忙地掏出画具，有时碰到熟识的同学向他打招呼，他便十分礼貌地同人家寒暄几句，如果是关系较好的，他还会跟人开上几句玩笑，常引得人眉开眼笑。待人走后，他便逐渐收敛笑容，准备进入作画状态。一旦拿起画笔，他便仿佛完全变了一个人，脸上的表情变得严肃甚至可以称为神圣。他的眼神那样专注，仿佛要穿透模特的衣服甚至皮肉，直看到骨骼里去。他的手修长而有力，用一种奇妙的姿势握着那种中国特产的毛笔，仿佛一个法力高强的魔法师握着他的魔杖，轻轻一抖，便在纸上形成一根复杂而美妙的线条。他观察模特的时间很长，落笔却只在一瞬间，这使得他作画显得十分轻松，然而玛素却知道他前期花了大量的时间用于观看和构思，并且对自己画出的线条十分严苛，相同角度的模特速写会重复多遍，直到能够非常精确自如地勾勒出来方才罢休。

有些时候常玉正沉浸在创作的愉悦当中，却有仰慕他的拥趸不请自来，请求他现场进行速写示范或向他索要一张画，他明明被打扰到，却总是十分客气得体地应对。被人群包围的常玉，不再是创作时仿佛神祇附体的状态，他重新换上一副玩世不恭的神气，油腔滑调地和女模特、女同学调情，把她们逗得花枝乱颤，随手画一些已经练熟的图式，满足旁观者的心愿。常玉在人群中看似游刃有余、如鱼得水，玛素却能感觉到他其实并不享受这样的众星捧月，只有不被打扰地创作时他才真正感到自在。

随着对常玉的了解逐渐增多，玛素对这个神秘的东方男人的关注已经超越了好奇，不知不觉起了些微妙的变化。如果常玉对哪个模特观察得比平时久，或者以某个女同学为模特超过两次，玛素的心里便会感到酸涩，并忍不住用挑剔的眼光来审视这个吸引了常玉目光的同性。尤其是这一次，她看到常玉接连画了几位女同学的速写，并露出欣喜的神色，似乎十分满意，玛素的心湖不由得翻滚起来，咕嘟咕嘟冒着酸溜溜的小泡泡。她看着常玉画的几个女同学，不服气地想，她们并不是什么美人呀，甚至还不见得比我漂亮，他为什么画起来没完，还那么兴高采烈，真想当面去问个究竟。心里这样想着，玛素竟然不自觉地离开座位慢慢向常玉走去。原本为了便于暗中观察，玛素每次都刻意坐在常玉后侧方较远的位置，现在她在强烈的情感驱使下忘乎所以，竟一直来到常玉跟前。她本来踌躇着不知如何开口，却一眼看到常玉在画面右下角设计的新签名，情不自禁地脱口叫道："好别致的签名，Sanyu 你真是个天才！"

专注于创作的常玉忽然听到一个柔美的女声喊自己的名字，诧异地抬起头，迎面撞上了玛素多情的双眼，那对碧蓝的眸子像海水一样澄澈，像天空一样深邃，让人不由自主沦陷其中。双眸下是一张肤若凝脂的鹅蛋脸，配上一头金发和花瓣般鲜艳的双唇，简直是油画里走出的古典美人。常玉被这突然而至的美貌所震撼，一时间大脑一片空白，完全沉浸在对美的欣赏中。玛素虽然多次目睹常玉专注观察模特的样子，但她自己却从未经受过如此近距离的凝视，她感到他的目光如激光射线般灼热，烤得她满脸发烫。黑眼睛遇上了蓝眼睛，蔚蓝的湖水荡起层层涟漪，神秘的黑洞中燃起火花，两个人都体验到了心头异样的震颤。

时间仿佛停止了，不知过了多久，玛素回过神来意识到自己的失态，羞赧地用双手捂住面孔，想夺路而逃。这时常玉也已想起，眼前的古典美人其实自己在大茅屋画室多次见过，他屡次想画她，她却总是只留给他惊鸿一瞥便翩然消失，他无论如何也想不到玛素刻意躲在他注意不到的角落，反过来暗中观察他。常玉本能地想拦住这个落跑的仙女，又意识到不妥，旋即触电般地放开。玛素倒是停下了脚步，仍羞得不肯看他。常玉想像平常和女人调情一样说句轻佻的俏皮话，打破这尴尬的僵局，然而心里话却脱口而出："你可以做我的人体模特吗？"话一出口，常玉心中狂骂自己笨蛋，简直想扇自己的嘴巴。他那后悔不迭的表情和手足无措的窘态，倒逗得玛素扑哧笑出了声，她本以为常玉是个油滑的花花公子，没想到却有这样笨拙可爱的一面。玛素反而镇定下来，大胆地说道："可以啊，但是必须把画送给我，而且你得先教我画画，教到我满意才给你当模特。"常玉没有想到她还想向自己学画，心中暗自得意，终于找回了平时的机智幽默："教小姐画画在下不胜荣幸，您已经知道在下的名字，还请小姐赐下芳名。"说着还以左手扶右胸夸张地向玛素施了法国贵族的鞠躬礼，又把玛素逗得咯咯直笑，她丢下一串动听的音节便逃走了。常玉好不容易听清她的名字，等他反应过来，玛素已经跑远，他只能在后面喊道："哈祖尼耶小姐，我们还没约好时间，我怎么找您呢？"玛素遥遥应道："我每天下午都来大茅屋。"

常玉望着玛素窈窕的背影，感到今天真是幸运的一天。

第二天早上，常玉一睁眼发现居然才八点钟，这对他来说有点早，他想再睡一会儿，可一闭上眼睛，常玉 Sanyu 中西文签名的各种组合在脑海中不停闪现，间或夹杂着玛素的倩影。他感到大脑过于兴奋，便索性起床。梳洗完毕，他走到衣橱跟前，鬼使神差地翻出自己最中意的一套西装，这还是当年在日本二哥专程带他去一间高档的"仕立屋"定做的。这套深色带暗纹的西装质地和剪裁都属上乘，穿上衬得人身姿挺拔，只有遇到节日或一些比较隆重的场合，常玉才会穿一次。他穿上整套西装站在穿衣镜前，镜中的青年一脸严肃、衣冠楚楚，常玉对这个故作深沉的形象并不满意。他脱掉了板正的西装外套，换上一件平时常穿的套头羊毛衫，解开衬衫最上一粒纽扣，立刻感到轻松许多，还是做真实的自己最自在。

常玉一如往常去大茅屋习画，这天的模特是他很喜欢的一位身材丰腴的“胖珍妮”。以往每次碰到她，常玉都画得格外投入，然而今天却莫名有些心不在焉，“胖珍妮”白腻的皮肤和圆润的曲线都不能使他专注。尤其到了下午，常玉越发坐立不安起来，眼睛总是不自觉地溜向教室门口，他意识到自己有点为刚刚认识的哈祖尼耶小姐丢了魂。下午四点多玛素终于姗姗而来，她带着歉意说道：“我真不是个好学生，第一天上课就让老师等了这么久。可是我下班后赶过来只能是这个时间了，真不好意思。”常玉这才注意到玛素白皙的脸蛋此刻泛出红晕，还不住用手帕拭汗，显然刚刚在着急赶路。常玉立刻说道：“没关系，这样我刚好能画得久一点，赚回门票钱。哈祖尼耶小姐，我能说您流汗的样子更美了吗？”玛素听了，脸上的红晕更深一层，娇嗔道：“你怎么这样油腔滑调。我们赶快开始吧，你要是不认真教我，我是不会给你当模特的。”

常玉急忙收敛了嬉笑的表情，正色道：“好，那我们开始吧。教你之前，我先要了解一下你目前的水平，你先给‘胖珍妮’画一张速写吧。”玛素闻言，不禁噘起嘴巴有些生气地想：哼，这人居然对这些模特这么了解，每个都叫得上名字。但她还是乖乖拿出纸笔画了起来。玛素画得很慢，显然技法并不娴熟，但艺术感觉十分敏锐，造型也比较准确。常玉看画的同时也在打量画画的人，画板上纤细白皙的双手没有戴戒指，除了沾染上木炭棒的黑灰，右手中指关节处还带着老茧和残留的深蓝色墨水渍，与其他部分的白嫩颇不相称，应该是长期大量书写留下的痕迹。沿着手向上看去是一双皓腕，再往上的部分便都包裹在米白色罩衫下面了，但常玉却能透过薄薄的布料“看到”骨肉匀停的玉臂和香肩。平直的锁骨在罩衫领口若隐若现，修长的脖颈和下颌线条无比精致，令常玉再次感叹造物的神奇和女性的美好。不一会儿玛素画完了，常玉赶紧收回自己肆无忌惮的目光，认真地点评起玛素的习作。“哈祖尼耶小姐，您的艺术感悟力不错，只要多加练习，进步会很快的。”

“请叫我玛素，否则我只能叫您 Professeur（教授）Yu。”

“如您吩咐，哈祖尼耶小姐。应该叫我 Professeur Sanyu。”

“好吧，Sanyu。”玛素也风趣地回应。

常玉拿起笔，边在玛素的习作上修改示范，边耐心地讲解：“你看这里，我注意到你在这里花了不少时间，大概是想表现出模特夸张的腰臀曲线。但是这样一来，你就陷入局部细节当中，忽略了对整体的把握，这导致腰腿的衔接不自然，比例也不太对。无论画什么，首先要把握整体——对象整体的特征和比例，切忌死磕一处孤军深入。”

常玉谈起绘画技法和自己对艺术的理解时，一反平时嘻嘻哈哈的态度，变得一本正经起来，连他自己都对自己的认真感到惊讶。玛素感觉常玉又进入了和创作接近的状态，仿若神祇附体一般，连身材都似乎变得高大了，于是她看向常玉的眼神不禁多了一丝崇拜。教玛素画画的时间好像过得特别快，一转眼天已经黑透了，常玉本想邀玛素共进晚餐，被她客气地婉拒了，二人相约第二天同一时间再见。

就这样常玉和玛素每天下午两到三个小时的绘画教学，居然不知不觉进行了一个多月。玛素领悟力很好，经常玉指点后，画艺进步很快，绘制时装版式图时更加得心应手。常玉和玛素也通过课余闲聊对对方逐渐深入了解。玛素对常玉出生长大的东方古国充满了好奇，而常玉得知玛素完全不依赖家人独自在巴黎生活，白天做一份秘书工作，下班后赶来大茅屋学画，晚上还要画设计图增加收入，以供房租和一只领养的猫咪，不禁对这位美丽又独立的年轻女性肃然起敬。只是每次聊天触及感情生活方面，玛素都会迅速岔开话题，这份神秘感反而令她更加迷人。两个人都对每天下午的“教学时间”十分期盼，颇有相见恨晚之感。

· 情定比堤耶

这天常玉像往常一样，不到四点钟便早早给玛素准备好了画架，自己在一旁的座位上翘首以盼。然而任他脖子伸得老长，几百次看向门口，都没有等到玛素的倩影，直到天色渐晚，教室里几乎没人了，常玉方才死心，怏怏不乐地收拾起画具离开。常玉以为玛素大概是因为临时加班才没能赶来学画，因为前几天她抱怨过最近任职的公司为节省开支裁员，仍然在职的员工工作量大大增加。谁知第二天玛素仍然没有出现，常玉有点慌神了，但大茅屋画室并没有几个人与玛素熟识，他根本不知道该去问谁。后来他终于回想起玛素曾经告诉过他的公司名字，第二天一早他便迫不及待地跑到电报电话公司，在电话簿上查到了玛素公司的电话，试着拨了过去。幸运的是他拨打了正确的电话号码，而且接电话的女职员正好和玛素很熟，这个声音尖细的女孩告诉他，玛素前天在公司突然晕倒，被送去比堤耶医院抢救，幸好只是盲肠炎，经过手术后已完全脱离危险，但现在仍在比堤耶住院。常玉闻听此言，悬着的心才稍微放下一些，打听到了比堤耶医院的地址，他在街角一家花店里买了一大束玫瑰，在水果店买了一大篮水果，便匆匆赶往医院。幸好医院距他只有两个街区，常玉一路飞奔赶到，进入玛素的病房时仍然气喘吁吁。看到病床上的玛素脸色失去了往日的红润，显得有些苍白，整个人看起来十分纤弱，完全不是平日充满活力的样子。常玉感到他内心最柔软的部分仿佛被狠狠捏了一下，他确信这和自己刚才的剧烈运动毫无关系。

玛素本来正默默羡慕病房里其他病友都有家人照料、亲友探望，而自己在巴黎这座大都市无依无靠，没有可以信赖的朋友，又与家人关系搞得如此紧张，甚至手术后要独自住院，颇有些自伤自怜，忽然听到一个熟悉的声音喊她“哈祖尼耶小姐”，转过头先看到的是一大束娇艳欲滴的粉玫瑰和一大篮水果，花后面是那个自己暗暗期待却未敢奢望见到的人。她本来想保持仪态，向常玉优雅微笑，却被常玉接下来一句“你还好吗？”激出了眼泪。压抑许久的情绪如同决堤的洪水一发不可收拾，见玛素泪如雨下，常玉慌了神，他捧着花，提着水果，站在病床前手足无措，一度怀疑是自己出现得不合时宜惹得玛素难过。

这时隔壁病床将老伴指挥得团团转的大婶对常玉说道：“你可真是个差劲的情人，女朋友都住院两天了才出现，还不赶紧过去安慰一下。”说得常玉和玛素都有些不好意思，却又不好申辩。大婶圆润的脸蛋白里透红，说话中气十足，显然得到了精心的照顾，坐在病床边给她削苹果的胖大叔佐证了这一点，他为自己的太太帮腔道：“手术之后的病人很脆弱，身体和心情都需要照顾，我这几天都住在医院了。这里正好有个花瓶，快把东西放下吧。”

常玉赶忙放下水果，把玫瑰插在空瓶中，摆在玛素的床头，拖过墙角的一把椅子，在玛素病床边坐下，掏出手帕递给她，玛素只默默擦泪，一言不发。只听邻床的大婶大声说道：“老头子，我要去洗手间。”胖大叔忙不迭答应着，赶紧过来扶老伴起身。病房变得十分安静，只有玛素低低的啜泣声，她的眼泪像山泉一样不断涌出，把常玉的手帕浸得透湿。常玉连忙翻出另一块备用的手帕替玛素拭去新流出的眼泪，他小心翼翼，动作极其轻柔，仿佛对待世间最珍贵最娇嫩的一朵花。他的手指无意中碰到了玛素的脸颊，那天鹅绒般细腻，却又像玉石那样冰凉的触感，犹如过电一般从指尖直传到心尖，给了常玉猛烈一击。他的大脑似乎因为这强烈的电流引起了短路，他眼睁睁看着自己的手不受控制地抚摸玛素的脸庞和头发，自己整个人都在向玛素靠近。玛素先是惊讶地睁大眼睛看他，随即便垂下了眼帘，长长的睫毛像蝴蝶的翅膀一样轻轻抖动，嘴唇微张，像含苞待放的花朵，散发着似有若无的幽香。他不自觉也闭上了眼睛，放在床头玫瑰的那片粉红占据了他最后的视野。他仿佛飘浮在一个粉红色的梦中，甜蜜的棉花糖一样的粉红云朵托着他飘飘欲仙，忽然铺天盖地的粉红乳液潮水般向他涌来，粉红的滔天巨浪拍打他的心房，接着他又深陷粉红的漩涡，在一片粉红中不断下坠。他感到窒息，一丝甜蜜，一丝恐慌，一丝茫然，却不愿醒来。

当常玉回过神来的时候，他发现自己已经坐在玛素的病床上，双臂紧紧揽着玛素的肩膀和腰肢，像在最隐秘的幻想中那样把她搂在怀里。他们的脸贴得那么近，能感受到对方的呼吸。常玉对自己刚才大胆的举动感到惊讶，但他也清楚地意识到自己并非一时冲动，他对玛素的好感由来已久，只是担心刚才的一吻过于唐突，也不知道这位美丽的法国姑娘能否接受和一个东方男人建立亲密关系。常玉试探地看向玛素，没想到她也正温柔地看着自己，眼神中满是鼓励。常玉松开双臂向后挪了挪，但却紧紧握着玛素的双手，他看着她的眼睛问道：“玛素，以后让我照顾你好吗？”

玛素的眼圈又红了，好不容易止住的泪水又泫然欲滴，她侧过脸去没有说话，但常玉捕捉到了一声微不可闻的“嗯”，并且看见她不容置疑地点了点头。一瞬间常玉感觉花朵在心中盛开，烟花在脑中绽放。两个年轻人凝望着对方，分别沉溺在碧蓝的湖水和神秘的黑洞中不能自拔。他们身在医院病房，心却飞进了春天的花园，被鸟语花香所包围，两只胖喜鹊的到来打破了宁静——大婶被大叔搀扶着回到病房，一进门便喳喳叫起来：“哎呀，老头子都怪你老是催我，我说要去院子里转一圈你就是不肯。你看看，打扰人家小情侣谈情说爱了吧！”然而她走进来一屁股坐在病床上，目不转睛地盯着十指交缠的玛素和常玉，一脸热切看戏的神情，完全不觉得尴尬。胖大叔倒是蛮不好意思地说：“孩子们真是抱歉，打扰到了你们，可是我的玛利亚太累了，需要卧床休息，你们当我们不存在好了。”边说边向窗边走去，试图把自己硕大的身躯隐藏在窗帘后面。

常玉和玛素都笑了起来。两个青年都孤身一人在这个繁华的大都会摸索闯荡，虽然无依无靠却也无牵无挂，反而不需要顾虑家庭、门第、种族等潜在的障碍，而且两人觉得光明正大的交往也没有什么可羞愧隐藏的，因此格外轻松大方，非但不觉得被打扰，反而把这和善的老两口当成了感情发展的见证人。

常玉附在玛素耳边轻轻地说：“这下好了，你再没有借口拒绝给我做模特了。”

玛素脸一红，低头说：“可惜这个模特现在已经不完美了。做了盲肠炎手术，肚子上面会留好长一道疤。”

“那有什么关系，在我心里你就是完美的，在我的画里，你也会是完美的。现在伤口还疼吗？我能看看吗？”

玛素拼命摇头，用被子把腹部捂得严严实实。

“小傻瓜，从今天起我就要开始照顾你了，给你喂水喂饭、擦洗，还要陪你去洗手间呢，看一下伤口有什么好难为情的。”

玛素这才极不情愿地掀开被子和宽大的病号服，露出缠着厚厚绷带的腰腹部。绷带覆盖的右下腹位置有一道细微凸起，这应该就是手术伤口的位置。玛素嗔怪地说：“有什么可看的呢，包扎得像木乃伊一样。哎呀，你在看什么呢？真讨厌。”

原来常玉的注意力早就从伤口转移到了绷带边缘露出的肌肤上，尽管只有一小片，却令常玉目不转睛。这片皮肤白皙中透出淡淡的粉红，不像有些人尽管皮肤很白，透出来的却是青绿的血管或者一团团的红血丝。玛素身上和面部的皮肤看起来颜色和质地都非常均一，有着丝绒般柔软丝滑的触感和轻雾笼罩般柔和的光泽。常玉情不自禁低头吻了吻那片皮肤，感觉就像吻了床头那束粉玫瑰的花瓣，或者初夏新摘的蜜桃。他突然很想拿起画笔把这迷人的色泽和质感呈现出来。这之前常玉一直在进行素描和速写的练习，最多用一点淡淡的水彩稍加点缀，大茅屋画室多个指导老师都认为他的色彩感觉很敏锐，造型能力也达到相当的水准，可以开始尝试油画，但常玉总感觉还没准备好，之前无论是中国传统绘画还是素描淡彩，他熟练运用的都是透明的水性颜料，他还没有把握自己能驾驭得了油彩这种厚重的油性媒材。但是和玛素的肌肤相亲却激起了常玉强烈的创作欲望，他觉得看似娇嫩实则柔韧的女性皮肤正适合用油画来表现，这也许是自己的艺术生涯进入下一阶段的契机。

玛素一时被常玉古怪的举动惊呆，甚至忘了把病号服重新盖好，她突然想起自己与这个刚刚成为恋人的异国男人不过才认识一个多月的时间。这时常玉温柔地拉下玛素的衣襟，为她盖好被子，向她讲述了就在刚才的一刻自己从她身上获取的灵感和对艺术发展的新决定。玛素听完，刚才的犹疑烟消云散，她原本就倾慕常玉的才华，此刻更加坚信自己的慧眼独具。玛素用充满欣赏的眼光看向常玉，觉得他的乌黑的眼睛、挺直的鼻梁、微厚的嘴唇都充满了才华与智慧。她动情地说："Yu，你就按自己的想法去做吧，我支持你，你会成为一个成功的画家。"常玉被恋人对自己的欣赏和支持所感动，两人又紧紧依偎在一起，一直在一旁围观的大婶发出少女般的叹息，她的老伴反应极快地从玛素床头的花瓶中折了一枝盛开的玫瑰，用夸张的姿势献给"女王"。常玉和玛素又被逗笑了，胖大叔朝他们调皮地挤了挤眼，对常玉说："女人就像花朵，一定要精心呵护，小伙子多学着点。"

接下来的几天，常玉大部分时间都泡在医院，把玛素照顾得无微不至，两人的感情像火山一样炽烈，病房里的温度仿佛都跟着升高了好几摄氏度，烧得大叔和大婶时常需要出门去透透气。

· 两个人的新生活

随着伤口逐渐痊愈，玛素可以自如地下床活动了，常玉抽空回到自己在圣米歇尔大街租住的公寓，里里外外仔细收拾了一番，好迎接玛素和她的猫咪奶牛先生的到来。他们已经商量好，等玛素出院后，她就退掉自己的公寓，搬来和常玉同住。但是这间小小的公寓住上两人已是极限，完全不可能再挤出作画的空间，因此常玉又租下了这座公寓顶层的阁楼，把绘画用具和自己之前各处淘来的欧洲老油画、古董木箱、望远镜、画册图录，林林总总各种稀奇古怪的玩意，一股脑儿搬了进去，当然还少不了那张弹簧都已经退休的破沙发。这样，原来的小公寓变得前所未有地清爽整洁，常玉也有了自己专门的画室，可以随心所欲地创作，真是两全其美，唯一不美的是开支增加了许多，但这是常玉最不在意的方面。

玛素痊愈出院后按计划搬进了常玉的住处，两个原本独在异乡的年轻人，开始了亲密的同居生活。玛素在搬到常玉的公寓后，除了房租以外的其他日常开销，如水、电、食品，她都要求承担一半。这在当时很不寻常，尽管法国是全世界较早立法赋予女性选举权的国家，但20 世纪初的法国社会仍是由男性主导的，女性在许多方面都只是男性的附属。当时多数法国女性只有初中或更低的学历，也没有机会接受职业训练，即使想就业也十分困难，因此很多女性在结婚或与伴侣同居之后，经济上完全依赖男方。常玉多次提出不要玛素出钱，但见她十分坚持，再加上自己的花销全赖大哥支持，也不好意思再向家里索要更多，于是也就不再和玛素争辩，手头宽松时经常带玛素去高档的餐馆或送她各种礼物。

常玉和玛素同居初期也不免遇到二人生活习惯不同而造成的矛盾，然而处在热恋期的情侣在一起无论做什么都充满甜蜜。爱情的强大力量像圣诞节的大雪能够掩盖所有不美好的事物，那些生活中的鸡毛蒜

毡上双马　常玉
布面油画｜54cm×81cm｜1929 年

皮在常玉和玛素看来是不值一提的。而且他们两人都相对独立，并不会时刻都要求和对方黏在一起，因此他们在生活习惯上的冲突不难化解。玛素白天要上班，所以必须按时作息，而常玉习惯晚睡晚起且很不规律，他们经过一段时间的磨合找到了适合两个人的生活模式。早上勤快的玛素通常会早起，做好两人的早餐，便去上班。常玉仍然日上三竿方才起身，收拾妥当便去大茅屋作画。不过现在他每天一起床，便能吃到可口的早餐。下午约摸到玛素下班的时间，他便收拾好画具，去玛素的公司等她。两人通常会携手逛逛附近的市场，买些新鲜食材回家烹饪。常玉又捡起了生疏多年的厨艺，麻辣的川香风味总令玛素欲罢不能，一边涕泪齐流，一边不停把辣子鸡丁、回锅肉或麻婆豆腐送进嘴里，不时抱怨自己又被常玉喂胖了，连奶牛先生都跟着变肥了。有时他们不想下厨，便随意在路上找一家小餐馆共进晚餐，之后去熟悉的咖啡馆喝上一杯，如果天气晴好就坐在露天的咖啡座，一起观察来往行人和周围的食客，共同沐浴在巴黎充满文艺气息的夜色中。他们也经常参加朋友的聚会，有时是在咖啡馆、酒馆小酌，有时是一些嘴馋的留学生跑到常玉和玛素的住处蹭饭，玛素爱屋及乌，觉得常玉的朋友都很有趣，对这些厚脸皮的家伙总是和颜悦色，表现出一个女主人最大的慷慨，因此在常玉的朋友圈赢得了极好的口碑。然而到了周末，两人却难得有机会一起出行，因为玛素的周末反而比平时忙碌，不是加班就是有朋友、姐妹的约会。常玉多次邀请她周末一同游玩，玛素却总是很为难，常玉便也尊重她的个人空间，或请来模特，自己窝在简陋的阁楼画室画上一天，或偶尔参加天狗会的聚会，听听国内的时事和留学生圈子的新鲜八卦。

甜蜜的爱情也滋养了常玉的艺术创作，自从在医院被玛素激发出灵感后，常玉便潜心研究用油画来表现人体，玛素正是天造地设的模特人选。经过上百张习作的探索与实验，他感到自己逐渐开始掌握油画这种媒材的特性，对人体色彩质感的呈现也渐入佳境。与此同时，常玉还开拓了新的绘画题材——马。因为父亲就是以画马而闻名的画师，常玉从小对马就不陌生，也很喜爱这种驯良有灵性的动物。和玛素在一起，她温柔娴静的气质令常玉感到安然温馨，勾起对儿时家的回忆，继而让他联想到马，他对玛素的爱称便是 Ma。常玉近几年对艺术的见闻、思考和实践终于厚积薄发，显现出了成效，他将自己画人体速写的方法用于画马，他不强调造型的绝对准确，也不着重表现马健美的肌肉和复杂的动作，而是用简练朴实的线条勾勒马的轮廓，创造出原始岩画一般稚拙生动的形象。玛素对这些新作大加赞赏，给一些相熟的朋友看后也获得了很好的反响，常玉受到鼓舞，开始尝试画更多的动物。

常玉从身边最容易观察到的对象入手——玛素带来的奶牛先生和一只最近领养的哈巴狗花花，一位留学生朋友回国前把它托付给常玉。玛素给奶牛先生起的名字很形象，它长着白底黑斑点的皮毛，刚来的时候还是只活泼苗条的小奶猫，在常玉的喂养下越来越肥硕慵懒，的确像

蜷伏在椅子上的猫　常玉
布面油画｜73cm×50cm｜1920 年

只奶牛了。奶牛先生是位稳定的模特，家里的一把硬木靠背椅是它的专座，奶牛先生最喜欢在温暖的下午在专座上呼呼大睡，任由画家围着它前后左右画个痛快。尽管奶牛先生的姿态十分单一，但常玉依然不厌其烦地反复、细致地画它，常玉把奶牛先生画成一只柔软可爱的毛团，它黑白相间的毛色和椅背的黑檀色、坐垫的藤黄色，以及墙壁的米灰色搭配在一起十分雅致，它小巧鼻子上的一抹粉红，像一片轻盈的桃花瓣，只那么一点便让画面变得生动温暖。花花的表现也不错，它白底棕花的毛皮十分入画，而且很聪明，只要向它保证工作结束后能得到骨头奖赏，它就能乖乖地将一个姿势保持五分钟，这个时间足够常玉画一幅速写，或在油画布上完成起稿。比较而言常玉还是更欣赏猫柔韧灵活的体态，但奶牛先生实在太慵懒，他便又收养了一只白色的幼猫，画下猫咪扑蝶、捕鼠、打滚、喝水等种种姿态。

常玉以它们为模特进行大量的写生练习，为自己未来更丰富的动物题材创作打下基础，准备将当年与天狗会友人参观柏林动物园后被搁置的创作构想付诸实践。

第八章　佳人与妙友

· 漂在巴黎

民国十四（1925）年，国内局势风雨飘摇，各地军阀混战不休，北洋政府维持国家机器运转尚且困难，根本无暇顾及身在海外的留学生们。刚从德国回巴黎不久时，常玉便总听见蒋碧薇抱怨徐悲鸿的留学官费不能按时发放，近来有传闻说留学官费有可能彻底停发，徐悲鸿、孙佩苍等几个官费生都十分焦虑，话里话外都在羡慕常玉生活无忧还交往了美丽的法国女友。其实此时的常玉也只是表面光鲜，因为国内动荡的政局，家中寄来的生活费也时有延误。这对常玉的生活颇有影响，本来他在花销上就毫无计划，通常月初手头宽裕时花钱如流水，不等到月底便开始捉襟见肘，因此汇款迟到几天对常玉来说可谓雪上加霜。

眼下一日三餐、房租、画具、模特费用一项项压来，从来没为钱发过愁的常玉头一次实实在在感受到了生活的重压。可他仍然学不会精打细算，更不愿在买东西、请模特上锱铢必较，因为他觉得那些小商贩、女模特生活更加不易，再去克扣人家的辛苦钱不是士大夫所为。而玛素那里，常玉觉得她已经承担了一半的日常开销，不让女友付房租是他作为男人的底线。因此为了挺过经济的危机，他唯有克扣自己。好在常玉虽喜欢物质享乐，却并不沉迷其中，并不会因为物质的匮乏而感到特别痛苦。钱袋丰厚时消受得起高档餐馆的美食佳酿，荷包干瘪时干面包配凉水也能下咽。唯独“眼瘾”难耐，隔三差五请来一位身材丰满匀称的模特，画上几十张速写，是常玉这几年已经形成的习惯，雇用模特这项支出无论如何不能免除。

常玉租住的公寓靠近蒙帕纳斯，汇聚了许多跟他一样在巴黎追逐艺术梦想的来自世界各地的青年，在异乡苦苦挣扎无人问津的他们都幻想着有朝一日能“一举成名天下知”，在20世纪20年代的巴黎，这样的现代神话层出不穷。远的不说，来自白俄罗斯的犹太裔画家柴姆·苏丁（Chaim Soutine）正是蒙帕纳斯孕育出来的成功典范。这个穷苦裁缝家的儿子17岁便来到巴黎闯荡，经历多年的穷困潦倒，终于在前些年迎来曙光。常玉曾偶然在蜂巢工作室见过苏丁的作品，那些扭曲的人物、静物和风景，狂野的笔触和颜色，给常玉留下了深刻印象。1923年在经纪人左洛夫斯基（Zborovski）的引荐下，美国收藏家阿尔伯特·巴恩斯（Albert C. Barnes）一次性订购了上百张苏丁的油画，消息传遍了巴黎的艺术圈，苏丁一战成名，也让那些仍漂泊在蒙帕纳斯寻找机会的画家们为之振奋。可这样的幸运儿又有几人呢？在成名这一点上文艺界的各个行当都颇有相似之处，无论是画家还是演员，除了过硬的专业素养和勤奋的创作，能否被大众所接受和喜欢，似乎是一门谁也说不清的玄学，即便是最有经验的经纪人，也难免有走眼的时候。凡·高那样生前寂寂无闻死后声名鹊起的先例，让不得志的潦倒画家们保留了最后一丝希望，成为他们继续在巴黎苦撑下去的动力。有一些人却在一次次的失意中忘记了来巴黎的初心，在巴黎的灯红酒绿中迷失了自我，彻底沦为苟且而活的无赖。他们成为拖欠房租的老手，每到月初便很难找到他们的踪影，偶尔出现也都是如鼠避猫一样躲着房东，贴着墙从门房边溜过。年轻的常玉无法想象自己去过这样毫无尊严的生活，那简直和杀了他一样难以忍受。

无论怎样节衣缩食，能省下的钱总是有限，必须想办法搞些进项。其实常玉平时在大茅屋练习时画的人物速写便有好多人抢着要，甚至有画商曾试图收购他的作品，玛素也劝他可以卖画赚钱，但常玉认为多数画商其实根本不懂艺术也不懂他的画，只是牟利而已，他骨子里秉承着传统文人的清高，不愿跟唯利是图的小人做交易。

好在巴黎的典当业颇为发达，能为常玉一解燃眉之急。于是常玉成了当铺的常客，每到周转不灵时，便去典当比较值钱的物件，他在德国买的相机是首选的质押物，多次出入当铺的柜台，好在过不了几天家中汇款一到便及时赎回。还有一个救急的渠道便是老友王季冈。因为所学专业迥异，住所也相距甚远，再加上到巴黎后各自都有了自己的社交圈子，常玉和王季冈这对好友一度濒于失联，直到最近王季冈的专业学习渐入佳境，课业压力不像开始那么大了，才又开始恢复了活跃的社交。常玉知道这位老友凡事预先计划，又极为自律谨慎，不仅拿着官费补助，家中也定期寄给生活费，在经济上比较宽裕。对于王季冈，他没什么可遮遮掩掩，只管直截了当开口借钱。王季冈信任常玉为人，知他并无烟酒赌博等不良嗜好，只是一时周转不开，每次都十分爽快地答应，常玉也从没令朋友失望，每次汇款一到必然先还上欠款。常玉有了这两条方便可靠的周转渠道，自以为圆满解决了经济的问题，继续散漫任性地生活。王季冈揶揄他：“都有女朋友了，快要成家的人，怎么还是一人吃饱全家不饿的光棍习气。”常玉听了老友的调侃只是笑笑，依然我行我素。

· 不速之客的造访

最近一段时间，常玉对油画实验找到了些感觉，他索性搬到了阁楼住。在斜坡屋顶最低矮的位置支起一块极窄的木板，铺上块黑毛毡便算作床了。每天画得昏天黑地，生活作息益发没有规律，阁楼脏乱得如同垃圾堆，就连一向宽容的玛素都闹起了意见。

这一天已经快到中午，常玉还躺在他那简陋的木板床上会见周公，梦到一位人间尤物答应做他的模特，而且这位美人出奇地豪放，居然就坐在沙发上当着他的面更衣，用那涂着鲜红蔻丹的纤纤玉手一颗一颗解着衬衫的纽扣，衣领一点一点敞开，雪白的肌肤一寸一寸袒露。常玉正望眼欲穿，谁知却被一阵敲门声打断。“哪个不识相的瓜娃子？”一向待人温文尔雅的常玉忍不住骂道。这一骂倒把自己给惊醒了，他望望那破沙发，上面只有一堆自己多日攒下的脏衣服，并没有宽衣解带的美人，方知原来只是黄粱一梦。但敲门声却仍不厌其烦地响着，常玉边应声，边胡乱套上一条裤子，走过去猛拽开门，敲门的人来不及收手，险些敲到常玉的鼻子。

常玉借门口昏暗的光线打量着来人，见是位亚洲面孔的年轻人，他梳着一丝不苟的分头，戴着副金丝圆框眼镜，穿一身考究的三件套西装。这样衣冠楚楚的打扮，稍不注意便会像个纨绔子弟，或显得十分油滑。然而那副金边眼镜放在这位来访者的脸上，倒显得他眉眼更加清秀，鼻梁更加挺直，还平添许多书卷气。常玉是典型的视觉动物，对于好看的人和物都没有什么抵抗力，见来人颇得眼缘，气便消了大半。

“请问阁下可是常玉常幼书先生？”幼书是常玉的号，除了极正式的场合很少用到，来人显然十分客气。

“正是，请问您有何贵干？”

“抱歉冒昧打扰您。在下徐志摩，北京大学教员，平日写写新诗，今年抽空游览欧洲各国广增见闻。我每到一地最感兴趣的就是当地的风流名士，前几天刚到巴黎，便从不同人处听闻您的大名，因此一定要来拜访一下，谢寿康次彭先生给了我您的地址。”

见徐志摩谈吐斯文有礼，又是老谢介绍来的，常玉对他更添了好感。

“徐先生请进，进来聊，请随意坐。屋子有些乱，见笑了。”

徐志摩倒不拘束，进了工作室便四处参观打量，先扫了一眼贴墙放着、铺着黑毡子的一块窄长的木板，然后来到位于阁楼中央的、堆满杂物的书桌前。这桌上的“法宝”真可谓五花八门琳琅满目，画册、速写本、炭笔、调色盘、颜料瓶这些跟绘画相关的材料自不必说，还有烂袜子、皱成一团的领结、软领子、脏手绢、烧干了的酒精灯、点不亮的电筒、裂缝的镜子、断齿的梳子、盛着不知剩了多久的半杯咖啡的咖啡杯、缺页的解梦手册等，不仅稀奇古怪还破破烂烂。徐志摩非但不嫌，还饶有兴致地翻弄起来。直到手指不知在哪触到了一摊味道刺鼻、可疑的膏状物方才罢手，转个身又去观摩常玉的书架。说是书架，其实不过是一只靠墙放着的破木箱，一头用油漆写着 Sanyu，上面蒙着块灰色的布，上面摆的书并没有几本，一套江东书局刊印的《红楼梦》尚且装装门面，其余便是一些零零散散的法文书杂乱无章地堆在箱子上，一本卢梭的《忏悔录》甚至栽进了同在箱子上的洗脸盆里，饱吸了一肚浑浊的肥皂水。箱子上还有一把落满灰尘的洋瓷长提壶，耳柄上搭着一顶脏兮兮的软呢便帽，旁边散落着一个破布口袋和几枚硬币。徐志摩本想翻翻那几本法文书，可看了眼一旁的烂水果，又硬生生缩回了手。他转而仰头观看墙上挂的十来幅画，这些画风格各异，都不是博物馆里常见到的那种逼真细腻的古典绘画。

常玉见徐志摩发现了他历来引以为豪的宝藏墙，立刻打起了精神。徐志摩正盯着其中一幅色彩斑驳的纸本小画一脸迷惑，这幅画尺寸很小，笔触又十分潦草，仔细端详才能分辨出是一个几乎和斑斓的背景融为一体的女人体。常玉兴致勃勃地介绍道：“这是我顶得意的一张博纳尔的底稿，巴黎最先锋的纳比派的代表，被我用废纸价格买回来的。”

徐志摩又转向了一幅油画，画的是一处林间草地，一个裸女席地而坐，手肘搭在支起的膝盖上，手托下巴，扭头看向观者。徐志摩觉得这幅画似曾相识，正在纳闷，听见常玉说：“这是我临马奈的裸体，不十分行。我来撩起灯罩你可以看清楚一点，草色太浓了，那膝部画坏了。对油画材料还是没完全掌握。”徐志摩才恍然大悟，原来常玉将法国印象主义奠基人马奈的代表作《草地上的午餐》里面裸女的局部单独截取出来临摹了一幅。徐志摩刚想夸赞几句客套一下，常玉却自顾自指着旁边一幅不起眼的纸本水彩画介绍起来：“这一小幅更名贵，你猜是谁，罗丹的！也是只花了几法郎，跟白捡的一样。”徐志摩望过去，见这幅画毫不起眼，是一幅女人体速写，用铅笔和极淡的水彩画在一张很小的素描纸上，也许因为时间久远，纸张已经泛黄。画中模特的姿势和呈现角度都不同于传统，模特上身覆盖着红色的织物，由左臂支撑着微微抬起，下半身双膝弯曲，左膝贴地，右膝立起，因双腿以很大的角度分开，女性隐私部位一览无余，虽然没有详细刻画，却足以让初次看到如此直白展示的人体的徐志摩脸红心跳。

“那是我前年最大的运气，也算是借来的，老巴黎就是这点子便宜，挨了半年八个月的饿不要紧，只要有机会捞着真东西，这还不值得！”不容徐志摩反应，常玉又指着另外一幅介绍道。

“那边一张挤在两幅油画缝里的，你见了没有，也是有来历的，那是我前年趁马克倒霉路过法兰克福时夹手抢来的，是真的蒙克都难说，就差糊了一点，现在你给三千法郎我都不卖，加倍再加倍都值，你信不信？”

徐志摩参观了一圈，来到沙发前，把上面的破衣服和其他乱七八糟的物件移到一边，便一屁股坐在上面。不料这老旧的沙发年久失修，里面的弹簧大部分失去了弹性，不明底细的客人常常意外地深陷其中。徐志摩便着了道，屁股险些挨到沙发的底板，他刚平复了这小小意外带来的惊吓，谁承想他正坐着的几根弹簧却还没有死透，此时对着他的臀部又弹了几下，惊得徐志摩忙跳起来，转过身弯下腰，扶着眼镜细细研究这个奇怪的沙发。用手探过，弄清了各个位置的虚实后，方才扶着沙发的扶手小心翼翼地坐上去。终于坐定后，瞥见沙发扶手上斑驳的霉斑，不由得掏出手绢擦了擦西装的袖口，碍于良好的教养，强忍着不表现出嫌弃的表情。

徐志摩的窘态勾起了常玉的回忆，多少淑女佳人曾在这破沙发上失态，他觉得徐志摩的神情尤其像自己单独请的第一个模特爱菱（Eileen），思绪竟飘到一年多以前刚见到爱菱的时刻。那时常玉刚去大茅屋学画不久，模特尚且没有认全，对人体素描刚找到感觉，兴致十分高昂，每天上午一起身，便迅速收拾妥当去大茅屋练习，这也许是他这辈子最勤奋的一个阶段。这天常玉到得格外早，多数同学也都刚刚落座，边摆出画具边等待模特登场。偏偏模特却迟迟没有出现，学员们等得不耐烦，开始骚动起来，起哄的口哨声此起彼伏，画室的工作人员不得不出来维持秩序，他向学员们解释说今天的模特是新来的，因为不熟悉路而迟到，此刻正在更衣，马上就来。话音未落只听模特台旁边传来扑通一声，大家循声望去，只见一团棕黄色的“毛球”扑倒在地上，常玉认出那是大茅屋为模特准备的毛毯，在天气冷时供模特从更衣室裹到有暖炉的模特台。“毛球”很快爬起来，跌跌撞撞“滚”上模特台，上台阶时差一点又被绊倒。好不容易在模特台中间站稳，常玉这才看清原来这个模特长着一头毛茸茸的棕黄色卷发，与毛毯几乎融为一体，难怪远远看去像一团毛球。乱蓬蓬的头发和毛毯之间露出一张肉嘟嘟、布满雀斑的娃娃脸，她的重睑非常深，眼距也比较宽，圆圆的嘴巴微张着，看起来总像是一副刚刚睡醒的迷离神情，只有一双睫毛后闪烁翠绿的眸子，透露出她的紧张不安。学员们多是些精力过剩的年轻人，唯恐天下不乱，见这位新来的模特似乎过于年轻，纷纷质疑她是否成年，甚至还有人攻击她的相貌，说她像是智力缺陷患儿。模特台上的女孩面对这混乱的场面更加不知所措。常玉虽然也觉得这位模特并不漂亮，但是某些人对这个年轻女孩的恶意评论和贬低令常玉十分反感，他忍不住出声制止，女孩充满感激地望向他，常玉便尽量委婉地提醒道：“小姐，您准备好了的话，我们就可以开始了。”女孩才恍然大悟似的想起自己的工作，她似乎下了很大决心，松开了紧紧抓着毛毯的手，柔软的毯子无声地滑落，可是对于目睹这一过程的常玉来说，却仿佛一堵墙轰然倒塌——他被这个五官平平无奇的女孩精彩绝伦的身体所震撼。在此之前，常玉已经见识过不下二十个女性全裸的身体，纤瘦的、丰腴的、青春的、衰老的，他都见过，但都没有眼前这副身躯那样饱满鲜活。女孩丰满的胸部、臀部和饱胀的大腿，像极了刚刚成熟的果实，仿佛有芬芳的汁液在她光洁的皮肤下盈盈流动，成熟的身体和她稚气未脱的脸庞形成很大的反差。慧眼识珠的不只有常玉，看到毛毯下隐藏的美丽胴体后，学员们的嘲讽抱怨都戛然而止，吵闹的画室顿时安静了，只听见炭笔在纸张上滑动的沙沙声。

经此一役，长着棕黄卷发的年轻模特爱菱声名鹊起，另外几家画室也争相请她去做模特，有好事之徒还给她起了个绰号“Kiwi Eileen”——她初次亮相时裹着的棕黄毛毯和猕猴桃毛茸茸的表皮简直一模一样，而脱掉那不起眼的毛外套，她青春的身体正如剥了皮的猕猴桃果肉一般鲜嫩诱人。爱菱一直对常玉那次站出来为她说话心怀感谢，两人熟识后，她顺理成章做了常玉单独聘请的第一位模特。那时常玉还没有租用阁楼做工作室，爱菱站在他那间杂乱不堪的斗室门口无处下脚，常玉手忙脚乱地将沙发上的杂物挪到地上，勉强给爱菱腾出摆姿势的空间。爱菱那天特地穿了她最体面的裙子以示重视，没承想坐在那样一张又脏又破的沙发上，心里十分心疼裙子又不好表露的那副神情像极了眼前的徐志摩，常玉思及此不由得笑了起来。

· 人体美专家

徐志摩见常玉对于用这么破的沙发待客毫无愧色，居然还笑得出来，心想这人要么是个无赖，要么是位真正的高士。

“笑什么了你？”徐志摩也不客气起来。

“我笑——你坐上沙发那样儿叫我想起爱菱。”

“爱菱是谁？”

“她呀——她是我第一个模特儿。”

徐志摩听到模特二字，眼睛立刻亮了，机关枪一样抛出一串问题：“模特儿？你的？你的破房子还有模特儿，你这穷鬼花得起……”

常玉看他一副激动的神情，忍不住想卖卖关子：“别急，究竟是中国初来的，听了模特儿就这样起劲，看你那脖子都上了红印了！”

“本来不算事，当然，可是我说像你这样的破鸡棚……”徐志摩也意识到自己的失态，赶紧找补。

“破鸡棚怎么了？耶稣生在马号里的，安琪儿们都在马粪里跪着礼拜哪！别忙，好朋友，我讲你听。这就是巴黎人最大的一个好处，就是不势利！这一点上中国人最糟了，穷人有穷人的势利，阔人有阔人的势利，半吊子的有半吊子的势利——那才是半开化，才是野蛮！你看像我这样子，头发像刺猬，八九天不刮的破胡子，半年不收拾的脏衣服，鞋带扣不上的皮鞋——要在中国，谁不叫我外国叫花子，北京饭店一类的势利场怎么可能进得去？可是在巴黎，我就这样随便请哪一个衣服顶漂亮脖子搽得顶香的美人跳舞，十回就有九回成，你信不信？至于模特儿，那更不在话下，在巴黎学美术的，不论多穷，哪怕饭吃不上，一年里也得换十来个眼珠亮亮的姑娘来做样儿。”

“宁可吃不上饭也要请模特？你们对理想可够执着。但你就让模特坐这破沙发？”

“波希米亚人的生活就是这样，按你说模特儿就不该坐坏沙发，你得准备杏黄贡缎绣丹凤朝阳做垫的太师椅请她坐你才安心对不对？你知道在巴黎，多少姑娘争着给成了名的大画家当模特，环境好坏根本不在乎。再说……”

“别再说了！算我少见世面，算我是乡下老戆得了。可是说起模特儿，我确实有点好奇，你能不能讲讲你的经历让我长长见识？有真好的没有？我也参观过美术学院，也看过些画册，见着的什么米洛的维纳斯，还有提香的，鲁本斯的，波提切利的，丁托列托的，拉斐尔的裸体实在是太美，太理想，太不可思议！反面说，新派画的人体，比如西涅克的，马蒂斯的，塞尚的，高更的，弗朗茨·马克的，又是太丑，太损，太不像人，一样的太不可能，太不可思议。我就很迷惑人体美，究竟怎么一回事？”

常玉听徐志摩问到人体美，仿佛遇到了知音，想开口发表一通他对人体美的高论，谁知徐志摩一口气又继续说开去。

“在咱们国内，女人衣服一直穿到下巴底下，腰身与后部看不出多大分别。实在是太无趣。但话说回来，东方的人体也许的确不该叫人开眼。你看过约翰巴里士那本《沙扬娜拉》没有，他那一段形容一个日本裸体舞女——就是一张脸子粉搽得像棺材里爬起来的颜色，此外耳朵以后下巴以下就如一节蒸不透的珍珠米！看了真叫人恶心。说起来，我写过一组诗也叫《沙扬娜拉》，去年我随泰戈尔，就是那位印度新诗泰斗，一起访问日本，这十八首诗算是我的游记吧。我亲眼见过的日本女郎倒觉得很美，温柔娇羞体态婀娜，不过那也许是因为都穿着衣服吧。你们学美术的才有第一手的经验，我倒是……”

余下的话徐志摩没说，搓着手嘿嘿一笑。

常玉终于找到机会，打开了话匣子。

“你倒是真有点羡慕，对不对？不怪你，人总是人。不瞒你说，我学画画原来的动机也就是这点子对人体秘密的好奇，说来也巧，正是在日本的‘风吕屋’开的窍。你说我穷相，不错，我真是穷，饭都吃不出，衣都穿不全，可是模特儿——我怎么也省不了。这对人体美的欣赏在我这儿已经成了一种必要的奢侈，不可摆脱的嗜好；我宁可少吃俭穿，省下几个法郎来多雇几个模特儿。你简直可以说我是着了迷，发了疯，爱说什么就什么，我都承认当初罗丹也一定与我一样的狼狈，据说他那房子里老是有裸体女人，也不为做样儿，单看她们日常生活多变化的姿态！鲁本斯那位的大手笔，说是常难为他太太做模特儿，结果因为他成天不断地画，他太太竟许连穿裤子的空儿都难得有！但如果这话是真的，鲁本斯还是太傻，难怪他那画里的女人都是这肉肉乎乎似的单调，少变化。美的分配在人体上是极神秘的一个现象，我不信有理想的全材，不论男女我想几乎是不可能的。上帝拿着一把颜色往地面上撒，玫瑰、罗兰、石榴、玉簪、剪秋罗，各样都沾到了一种或几种的彩泽，但绝没有一种花包含所有可能的色调，那如其有，按理论讲，岂不是又得恢复了没颜色的本相？人体美也是这样的，有的美在胸部，有的腰部，有的下部，有的头发，有的手，有的脚踝，那不可理解的骨骼、筋肉、肌理的会合，形成各个不同的线条，色调的变化，皮面的涨度，毛管的分配，天然的姿态，不可制止的表情——也得你不怕麻烦细心体会去发现，上帝没有这样便宜你的事情，他决不给你一个具体的绝对美，如果有，我们所有艺术的努力就没了意义；巧妙就在你明知这山里有金子，可是在哪一点你得自己下功夫去找。”

常玉一谈起人体美，突然从一个寡言的人变得滔滔不绝起来，徐志摩被他一番高论震得目瞪口呆，尤其是对用花做的绝妙比喻和一连串的不同部位美的举例，让这位素来善于通感联想的诗人应接不暇，几次想让常玉暂停解答一下自己的疑问，却根本插不上话。常玉几乎没有停顿地继续说道：

“啊！说起这艺术家审美的本能，我真要闭着眼感谢上帝——要不是他，岂不是所有人体的美，说窄一点，都变了古长安道上历代帝王的墓窟，全叫一层或几层薄薄的衣服给埋没了！回头我给你看我那张破床底下有一本宝贝，我这十年血汗辛苦的成绩——千把张的人体临摹，而且十分之九是在这间破鸡棚里勾下的。别看低我这张弹簧早经追悼了的沙发，这上面坐过至少一二百个当得起美字的女人！别提专门做模特儿的，巴黎哪一个不知道俺家黄脸什么，那不算稀奇，我自负的是我独到的发现：一半因为看多了，女人肉的引诱在我这儿差不多完全消灭在美的欣赏里面，结果在我这双‘淫眼’看来，一丝不挂的女人就同紫霞宫里翻出来的尸首穿得重重密密的摇不动我的兴趣，反面说当真穿得极整齐的女人，不论她在人堆里站着，在路上走着，只要我的眼到，她的衣服的障碍就无形地消灭，正如老练的矿师一瞥就认出矿苗，我这美术本能也是一瞥就认出‘美苗’，一百次里错不了一次；每回发现了可能的时候，我就非想法找到她剥光了她叫我看个满意不成，上帝保佑这文明的巴黎，我失望的时候真难得有！我记得有一次在戏院子看着了一个贵妇人，实在没法想（我当然试来）我那难受就不用提了，比发疟疾还难受——她那特长分明是在小腹与……”

常玉完全沉浸在回忆当中，一脸抱憾的表情，仿佛眼看着伊人的背影渐渐远去。徐志摩早就听得心痒难耐，赶紧借机打断：

“够了够了！我倒叫你说得心痒痒的。人体美！这门学问，这门福气，我们不幸生长在东方谁有机会研究享受过来？可是我既然到了巴黎，又有幸碰着你，我倒真想叨你的光开开我的眼，你得替我想法，要找在你这宏富的经验中比较最贴近理想的一个看看……”

“你又错了！什么，你意思花就许巴黎的花香，人体就许巴黎的美吗？太灭自己的威风了！别信那巴里士什么《沙扬娜拉》的胡说。听我说，正如东方的玫瑰不比西方的玫瑰差什么香味，东方的人体在得到相当的栽培以后，也同样不比西方的人体差什么美——除了天然的限度，比如骨骼的大小、皮肤的色彩。同时顶要紧的当然要你自己性灵里有审美的活动，你得有眼睛，要不然这宇宙不论它本身多美多神奇，在你还是白来的。我在巴黎苦过这十年，就为前途有一个宏愿：我要张大了我这经过训练的‘淫眼’，到东方去发现人体美——谁说我没有大文章做出来？”

徐志摩已经没有耐心继续听他的长篇阔论，忙不迭地附和道：“是是是，太对了！大画家言之有理，不过眼下顶要紧的是先找个活生生的人体让我亲眼看看，且别管东方西方。性灵上你放心，我原在美国学金融的，现在转来写诗，还不是因为内心里迫切的审美需求，现在唯独缺的就是眼睛的练习。”

常玉颇为得意地说：“你想借我的光开开眼，那是最容易不过的事情，让我想想——可惜了！有个马达姆朗莎，原先在巴黎大学当物理讲师的，你看了准忘不了，现在可不在了，到伦敦去了；还有一个马达姆薛托漾，她是远在南边乡下开面包铺子的，她就够打倒你所有的丁托列托，所有的提香，所有的拉斐尔——尤其是给你这未入流的看，长得太美了，她通体就看不出一根骨头的影子，全叫匀匀的肉给隐住的，圆的，润的，有一致节奏的，那妙是一百个戈蒂埃也形容不全的，尤其是她那腰以下的结构，真是奇迹！你从意大利来，该见过西龙尼维纳斯的残像，就那也只能仿佛，你不知道那活的气息的神奇，什么大艺术天才都没法移植到画布上或是石塑上去的。因此我常常自己心里辩论究竟是艺术高出自然还是自然高出艺术，我怕上帝僭先的机会毕竟比凡人多些。不提别的，单就她站在那里，你看，从小腹接上股那两条交会的弧线起直往下贯到脚着地处止，那肉的浪纹就比是——实在是无可比——你梦里听着的音乐：不可信的轻柔，不可信的匀净，不可信的韵味——说粗一点，那两股相并处的一条线直贯到底，不漏一屑的破绽，你想通过一根发丝或是吹度一丝风息都是绝对不可能的，但同时又绝不是肥肉的黏着，那就呆了。真是梦！唉，就可惜多美一个天才偏叫一个身高六尺三寸长红胡子的面包师给糟蹋了。真的这世上的因缘说来真怪，我很少看见美妇人不嫁给猴子类牛类水马类的丑男人！”

常玉认真扳着指头想人选，可一提到那些曾带给他无限灵感的美人，他便忘乎所以，说到那嫁给了面包师的薛托漾，更是无限惋惜，听到徐志摩在旁边干咳，才回到了现实。

“哈，这是支话。眼前我招得到的，够资格的也就不少——有了，方才你坐上这沙发的时候叫我想起了爱菱，也许你与她有缘分，我就为你招她去吧，我想应该可以容易招到的。可是上哪儿呢？这屋子终究不是欣赏美妇人的理想背景，第一不够开展，第二光线不够——至少为外行人像你一类着想……我有了一个顶好的主意，你远来客，我也该别出心裁招待你一次，好在爱菱与我特别熟，我要她怎么她就怎么。暂且约定后天吧，你上午十二点到我这里来，我们一同到枫丹白露的大森林里去，那是我常游的地方，尤其是阿房奇石相近一带，那边有的是天然的地毯，这一时是自然最妖艳的日子，草青得滴得出翠来，树绿得涨得出油来，松鼠满地满树都是，也不很怕人，顶好玩的，我们决计到那一带去秘密野餐吧——至于‘开眼’的话，我包你一百二十分的满足，将来一定是你从欧洲带回家最不易磨灭的一个印象！一切由我布置去，你要是愿意贡献的话，也不用别的，就要你多买大杨梅，再带一瓶橘子酒，一瓶绿酒，我们享半天闲福去。”

听了常玉对美人美景绘声绘色的描绘，徐志摩心旌摇荡，恨不能立刻就约上常玉口中的爱菱奔到枫丹白露去一饱眼福。常玉见他急不可耐的神气，同情又好笑，不禁想起自己初到巴黎时对人体模特的好奇和渴望，他决定满足一下这位千里迢迢来到巴黎的诗人同胞。于是对徐志摩说：“看你诚心诚意想一睹人体美的奥妙，我这就去摇个电话约爱菱，你在这少坐片刻。”说着便走去一楼门房给爱菱打电话，自从在大茅屋初次亮相成功之后，这个姑娘的模特生涯颇为顺遂，除了被大茅屋聘为长期模特，来自艺术家的私人邀约也源源不断，想请她做模特需要提前好久预约，还未必能约得到。不过她一直感念自己初次登台时常玉的仗义解围，每次只要常玉开口她有求必应，果然这次也爽快地答应了，即便听说同行会有一名陌生男子也丝毫没有犹豫。

·“宇宙大腿”的知音

常玉满面春风地回到屋内，告诉徐志摩跟爱菱约在了后天，徐志摩为即将到来的“艳遇”激动不已，以他诗人的妙语和才情把常玉大大恭维了一番，常玉愈发得意。徐志摩提出想看常玉之前提过的那本凝聚着心血的“宝贝”，常玉立刻起身走到靠墙那块铺着黑毡子的窄木板前，边俯下身边说：“我这些宝贝都藏在床底下，轻易不示人的，难得跟你投缘，就翻出来给你开开眼。”徐志摩这才惊讶地发现，原来这块破板子就是常玉的床。常玉先是从床下掏出一双磨得不成样的旧皮鞋，又扒出一堆破袜子、脏纸团等垃圾杂物，随后向更深处探身，拉出一只旧皮箱。虽然落满灰尘又有些磨损，仍能看出这是一口颇为考究的箱子。

“这是家兄留学日本时买了送我的，陪了我好多年，里面装的都是我的宝贝。”

常玉拍拍箱子上的灰，小心掀开上盖，先拿出一部硕大的相机轻手轻脚放到床上，又迅速把一个粉色手帕系成的小包塞到一边，显然不想让人看到，一瞥间徐志摩分明瞧见包里露出黑色半透明的织物。最后常玉才小心翼翼捧出一个方方正正的油纸包，轻轻放在地上，郑重其事地打开层层包裹，露出里面厚厚一叠稿纸。常玉转身靠床坐下，神秘兮兮地朝徐志摩招招手，示意他靠近观看。徐志摩赶紧走过来挨着常玉坐下，也顾不上嫌弃地板上的灰尘弄脏他面料考究的西装裤子，迫不及待地一张张翻看起来。只见常玉的这些人体速写，大多以极简练的线条勾勒出人体的轮廓，仅在暗部施以淡彩，强调出肌肉骨骼的结构。

徐志摩肖像照

明明是一幅人体速写，却令人产生一种观看中国传统写意花鸟的畅快感，徐志摩不禁暗暗称奇，他细细琢磨，意识到常玉所画的线条极富张力和变化，那些在暗部设色的笔触看似随手点染，实则颇具笔法，观者似乎能感受到他行笔的速度和力度，因而感到畅快淋漓。中国写意绘画正是这样，外行看画家作画的过程仿佛十分轻松随意，信手几笔便完成了，其实要想通过这寥寥数笔便将对象形神兼备地表现出来，需要多年的练习和积累，除了身体层面的肌肉训练，手对笔的控制力，还有意识层面的审美和趣味的提升。徐志摩向常玉说出自己的观后感，常玉十分激动，感觉遇到了知音："原来徐兄竟是位行家，失敬失敬。你现在看到的这些已经是前两年画的了，跟后来的比不算好，给你看看我的新画。"

说着便在那叠纸中翻起来，不时停顿一下抽出一两张放在一边。全部翻完后，常玉将自己挑出来的画一张张指给徐志摩看。"徐兄且看这两张，虽然画得也比较早，却是我的得意之作。对了，这模特就是我和你说的薛托漾。”徐志摩忙接过画仔细观看，只见两张速写画的都是同一个模特——一头金色卷曲的短发衬得面孔分外娇小精致，丰腴的身体赤裸着，却穿着一双黑色长筒丝袜和黑色玛丽珍高跟鞋，十分撩人，令徐志摩想起刚刚瞥见的黑色半透明织物。其中一幅速写，薛托漾坐在一张带扶手的单人沙发上，身体斜倚着沙发靠背，右腿也随身体倾斜着，左腿翘起搭在右腿之上，巧妙遮掩了隐私部位，姿态妩媚慵懒。另一幅的姿势和角度则更为直白大胆，甚至称得上色情——模特躺在地上，穿着丝袜的双腿高高举起，形成一个黑白对比的椭圆形圆环。透过两条丰腴的大腿，可以看到模特微微抬起的上身和头部。画家观察的视角正对着模特的臀部，隐私部位一览无余，但画家采用了简化的处理方式，仅用一根线条一笔带过，让观者的注意力完全落在极度夸张的丰满的双腿上，以及由此形成的装饰化效果，使得画作不仅不会

侧坐在扶手椅上的裸女　常玉
纸本水彩 45cm×30cm ｜ 20 世纪 20—30 年代

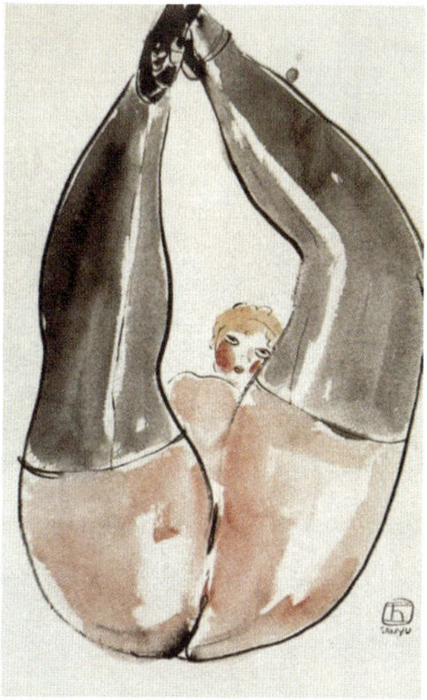

穿黑丝袜的裸女　常玉
纸本水彩｜ 48cm×31.5cm ｜ 20 世纪 20—30 年代

流于低俗，反而显得大胆前卫。

徐志摩对常玉高级的处理方式赞叹不已，那对夸张变形的大腿尤其令他感到震撼。他不禁脱口而出："哎呀常兄，这两条玉腿真是蕴藏乾坤，简直称得上'宇宙大腿'呀。"这个叫法甚得常玉欢心："志摩兄不愧是大诗人，果然出语不凡，'宇宙大腿'这名字起得好。我最喜欢丰满的女人，尤其是她们的双腿，柔韧、强壮、有力，像地母一样，光是看着就让人感到温暖踏实。地势坤厚德以载物，腿中有乾坤，乾坤即是宇宙啊！"

接着常玉又翻出几张更新的作品给徐志摩看，只见这些画的表现方式更加简单纯粹，仅用黑色线条勾勒人体轮廓，甚至五官都采用极其简化的处理方式。跌宕变化的黑色线条，及其所勾勒出的特征鲜明夸张的女性形体得到最大程度的凸显。徐志摩对这些线条既着迷又有些疑惑："常兄，你这批画是用什么笔画出来的？这线条为什么能有如此丰富的变化？我从来没有在任何一幅西洋画里看到过这么精彩的线条。"常玉得意地说道："志摩兄好眼力，洋人那些炭棒、画刷根本达不到这样的效果，这是咱中国人的独门武器——毛笔。"徐志摩恍然大悟道："原来如此，难怪我看你的画感觉像是在看书法名帖，你居然能想到用毛笔来画西画，佩服佩服。"

常玉、徐志摩两人越聊越投机，仅仅接触了几个小时，居然好像认识了一辈子，大有相见恨晚之势，直聊到深夜二人仍谈兴不减。忽然一阵重重的敲门声打断了他们的对话，在宁静的夜晚显得十分突兀，敲门声只响了三下便戛然而止，随即响起一阵脚步声，像是有人跑下了楼梯。徐志摩吓了一跳，以为是贼，用疑惑的眼神看向常玉，却见他面露尴尬，解释说："是我女朋友，嫌我最近总是在画室待到太晚，提醒我该休息了。"

徐志摩又是惊讶又是羡慕："你居然还有同居的女朋友，真人不露相啊老常，看你这潦倒样子，本来以为你只是吹吹牛，没想到不但能让模特招之即来，还有天天关心你的女朋友。是国内跟过来的还是留法同学？”

常玉带着抑制不住的得意嘿嘿笑道：“都不是，是个法兰西姑娘。”

徐志摩更加惊异，死皮赖脸要到常玉家做客，好亲眼见证常玉不是在吹牛。常玉只好答应下周五晚上玛素在家时，请他来用便饭，徐志摩方才意犹未尽地告辞。

常玉叹口气，硬着头皮下楼，准备迎接玛素爆发的小脾气，牺牲一小部分自由也许就是爱情的代价吧。

· 草地上的午餐

第三天常玉、徐志摩、爱菱三人如约相聚枫丹白露郊外的森林。夏末的森林果然如常玉形容的，绿草如茵，树木亭亭如盖，树荫下凉风习习，一扫他们从城市中带来的闷热。三人找到林间相对开阔的一片草地，铺开餐布席地而坐，一边谈笑风生，一边品尝徐志摩带来的杨梅、干酪、法式干肠（Saucisson）和橘子酒。爱菱穿着一条纯白的连衣裙，胸前一排纽扣一通到底，领口很大，胸前雪白的肌肤大面积露出，然而配上蓬蓬的袖子和裙摆，却消解了那种性感的诱惑，显得爱菱愈发天真娇憨。徐志摩依然一身考究的套装，风度翩翩，常玉也稍事装扮，穿了一身宽松休闲的套装，与平日在工作室不修边幅的样子判若两人。此刻才子佳人配上美食美景，简直像电影般赏心悦目，“导演”常玉则坐在一旁以欣赏的眼光看着自己的“作品”。之前他跟徐志摩夸下海口，要让这次经历成为后者从欧洲带回家最不易磨灭的一个印象，现在他对此信心十足，他清楚爱菱的杀伤力。

酒酣耳热之际，常玉提出要在这如画的自然风景中作画，让爱菱成为真正意义上的画中人。徐志摩以为爱菱会感到为难甚至拒绝，在这种毫无遮挡的露天环境下，在两个并非伴侣的异性——其中一个才刚刚认识——面前裸露身体，任何一位女性大概都会有些不自在吧。没想到爱菱听了这个提议十分兴奋，当即放下酒杯开始解连衣裙的纽扣，一连串的动作流畅极了，把徐志摩看得目瞪口呆，常玉却仿佛司空见惯，只在一旁微笑看着他们。爱菱边宽衣解带，边继续和常玉谈笑自如，为不冷落徐志摩，还时不时向他展颜一笑，神态坦然大方。面对如此直白坦荡的女性裸体，徐志摩的眼睛简直不知该向哪看，更别说跟爱菱目光接触了，仿佛他才是脱了衣服的那个人。常玉看在眼里，小声对爱菱说：“你看我这朋友害羞了，咱们摆个含蓄点的姿势，不然他的脸要着火了。”爱菱会意一笑，将脱下来的裙子随意铺在草地上，俯身趴在裙子上，双臂环抱，头枕在右臂上，一头蓬松的姜黄色秀发堆在肩头，右腿小腿向后踢，脚尖像舞蹈演员一样绷起，整个姿态显得俏皮又慵懒。常玉围着爱菱绕了一圈，前后左右端详，终于选了一个满意的角度，站在那里便手捧速写本画了起来。徐志摩好奇地凑到常玉身边看他如何作画，见常玉这次并没有用毛笔，却将西人常用的炭棒使出了变化万端的韵味。在画后背、双腿等较大肢体部位时，他运笔速度很快，几根长线条一挥而就。而在处理手、足、颈部等比较精巧的部位时，他便放慢速度精雕细琢。整个行笔过程张弛有度，手中的炭棒仿佛在纸上舞蹈。

常玉边画边向徐志摩讲解：“志摩兄，你看爱菱浑身的骨肉多么匀停，手臂、脖颈、背部的转折多么微妙，腰、臀、腿的线条又那么流畅。最妙的就是她的那双腿，曲线又饱满又柔和，真是自然鬼斧神工的创造，这就是‘宇宙大腿’的原型啊。我单看自己的画有时还会自鸣得意，但每到对着真人写生，我总恨自己的拙笔画不出这神奇造化的万分之一。”

徐志摩由衷地说：“老常你不必过谦，我算见识了你这丹青妙笔，这么简单几下就把爱菱给惟妙惟肖画出来了。现在又听你这么一解说，总算摸到点人体美的门道，你是深得了精髓的。只是你这次怎么没有用毛笔？”

“毛笔需要蘸水蘸墨，在户外写生毕竟没有炭笔方便。志摩兄别光盯着我这拙作看，我好不容易约了蒙帕纳斯区的著名模特爱菱小姐，还有这夏日美景，都是大自然的恩赐，你可要好好珍惜啊。”徐志摩终于抬起头，正大光明地欣赏了一番人体的美妙。

常玉这个不遵从世俗道德准则的狂想家和他的迷人的助手爱菱，在这片伊甸园般的林间空地编织了一个绮丽浪漫的白日梦，邀徐志摩成为梦中人。于是徐志摩度过了一个如梦似幻的下午，甚至连其间爱菱变换了几个姿势都不记得，更没察觉暮色已悄然降临。爱菱已经开始穿衣服，常玉见徐志摩仍怔怔地盯着呆看，知道他还没从极度的震撼中回过神来，毕竟如他自己所说，前二十多年都生活在保守的、“不开眼”的国度，连女人光着的脖子都没见过几次，这次猛然看到一个有魅力的陌生女人的裸体，所受的视觉冲击可想而知。常玉拍拍徐志摩的肩，把他从迷梦中唤醒，看着他一副如梦初醒的样子，常玉揶揄道：“怎么样志摩兄，爱菱没有让你失望吧？今天这个林中野餐当得起你这次在欧洲最难忘的经历吧？”

徐志摩如梦初醒一般，狠狠点头称是：“爱菱小姐风华绝代，感谢常兄，这何止是我在欧洲最难忘的经历，简直是毕生难忘。”

回城路上，徐志摩反复向常玉表达着他的激动之情，并强烈要求在离开巴黎之前再去他的工作室参观。常玉好不容易他乡遇知己，也巴不得多跟徐志摩聚在一起，而且他很希望玛素也能见见这位新认识的朋友。

· 马姑蘑菇面

他们把聚会的日期约在了星期日，常玉早早和玛素打了招呼要招待贵客，并专门点名要玛素做她最拿手的蘑菇意面，好在朋友面前显弄一番。玛素周末本有其他安排，但禁不住常玉软磨硬泡，再加上她本也喜欢接触常玉这些有趣的朋友，便应承下来。常玉兴高采烈，星期六便跑到市场买好了食材。

星期日上午，徐志摩如约而至，依旧是笔挺考究的西装，还礼数周到地带了一束鲜花和一瓶香槟。男主人常玉早等在门口迎接，他穿着半新不旧的驼色羊毛衫和棕色的呢子裤，看起来十分舒适居家。在厨房忙碌的女主人闻声而来，在常玉的引荐下热情地和徐志摩握手，将他迎进屋内。

常玉和玛素居住的这间公寓虽算不上一尘不染，但比起常玉脏乱的阁楼工作室绝对称得上温馨整齐。沙发后的墙面上挂着一幅小画，似乎是纸本水彩的，淡淡的、虚化的背景之上画了辆由一匹马拉着的四轮马车，与常玉画人体速写的技法类似，依然是以简练的线条勾勒出马车的轮廓，用一点淡色在暗部强调结构。往往画面和技法越单纯的作品，越是考验画家的艺术功底和品位，常玉这件作品于细微处很见功力，尤其是对马的刻画可以看出十分用心。这匹马呈正侧面站姿，这一角度不涉及透视，易于用线条表现，但处理不当容易显得呆板。而常玉画的这匹马造型凝练而不失生动，且别具一格，他并没有塑造雄健的高头大马形象，而是画了匹体形纤秀的牝马，这匹小马低头静立，神态温和安然却透着一股坚毅。徐志摩夸赞道："常兄这马车真是让我刮目相看，感觉比起你那些人体速写更胜一筹。画得这样简单，居然还能形神兼备，更妙的是你似乎给这马赋予了人的品格，像是一位温柔沉静的姑娘，莫非就是……"

常玉笑道："志摩兄好眼力，画这匹小马的时候，我脑海里浮现的是玛素的样子。我喜欢马这种动物，忠诚、驯良又有力量，玛素就具备这样的美德，正好她名字的发音也接近马。私下里我就是这样叫她的。"

"原来如此，画里含着深挚的感情，难怪这样动人。"

恰好这时玛素端着一盆沙拉进来，见两人聊得投机也很想加入进来，便问常玉："你们聊什么这样开心？徐先生为什么一直看着我笑？"

"Ma，我们在谈论那幅《马车》，志摩兄眼光独到，一下就看出你和那匹小马的关联。"

玛素听了非常高兴，直接对着徐志摩说："徐先生真不愧是一位诗人，有这么强的艺术感悟力。常玉说我是这幅画的灵感缪斯，他会把它送给我，在秋季沙龙展出之后。他还没告诉你吧？这幅画入选了巴黎的秋季艺术沙龙，沙龙画展可是巴黎最有影响力的展览，入选秋季沙龙对于年轻的艺术家来说是非常大的肯定。还是我帮他报名参选的，收到入选通知时我激动坏了，常玉却很平静，他就是这样，只一门心思地画画，从来不考虑怎么去卖画或者宣传自己。"

徐志摩只见玛素兴奋地跟自己说了一大堆，白皙的脸上浮现出两朵红云，他虽然听不懂她的语言，但看她激动的神气和望向常玉充满爱意的目光，便差不多明白了她的意思。常玉略有些不好意思地向徐志摩解释道："她刚才夸你眼光独到，告诉你这件作品入选了秋季艺术沙龙。Ma 就是这样，有时候像个小孩子，一点小事就激动起来。”

“入选了秋季沙龙？这个展览我这外行人都听说过，的确是可喜可贺。你的 Ma 大概还怨你表现得不够激动吧？”

“哈哈，志摩兄真是七窍玲珑心，居然连这都猜得到，入选沙龙我当然也高兴，但却不至于怎样。徐悲鸿兄你知道吧？你应该认识，我们美术生的楷模，他已入选过不止一回，我这点成绩并不足道。在法国，画家、雕塑家们都千方百计地推销自己，跟画商合作，上报纸杂志，其实最终目的就是卖画。我也知道画家在许多人看来只是一个职业，卖画赚钱是理所当然的事，但从心底还是有些抗拒，大概我骨子里还是仰慕魏晋遗风，留着古代文人那点酸腐吧。”

徐志摩见常玉难得一本正经起来，但他觉得在不懂中文的女主人面前长篇大套地讨论这样深刻的问题并不适宜，于是便装作对玛素准备的食物感兴趣，故意转移了话题。

玛素像一只勤劳的小蜜蜂，不停在厨房和客厅间穿梭往来，不一会儿便张罗出一桌丰盛的午餐。那张朴素的小餐桌在她的巧手布置下焕然一新，洁白的台布和颜色素雅的碗盘衬得食物更加鲜美诱人，玻璃瓶中随意插放的几枝鲜花增添了些许浪漫的气氛。食物其实很简单，并没有遵循法式正餐严格烦冗的菜肴搭配规则，一盆色香味俱全的凯撒沙拉作为前菜，蘑菇鸡肉面就是主菜了，一盘蜜瓜配火腿既是小食又可充作甜品。徐志摩本来略觉菜式单调，结果尝了一口蘑菇面便停不下箸。徐志摩虽游历过欧美多国，但对西菜也不是百分百接受，尤其是常用奶油奶酪作为配料的浓香口味让他很不习惯，然而玛素做的这道面显然是基于蘑菇意面的配方进行了改良，去掉了味道浓重的奶制品配料，更加适合中国人的口味，同时保留了罗勒、迷迭香、腌橄榄等西餐特有的香料，也就留下了异域风情的精髓。而面里的鸡肉却不像普通意面中的那样寡淡无味，应该是提前腌制过，吃起来麻香十足。面里还配了芝麻菜、生菜等适合生吃的蔬菜。鸡肉的嫩滑，蘑菇的肥厚多汁，意面的劲道嚼劲，蔬菜的脆嫩爽口，不同食材的香气、口感在口中交织成一曲美妙的交响乐，徐志摩连吃三盘才放缓节奏，方想起应该赞美提供这桌美味的女主人。

他用餐巾拭了拭嘴角，郑重其事地对玛素说道："玛素女士，请问您这道面叫什么名头？感觉不像是传统菜式，是您的巧手创新吧？我记得常玉说过您从事文秘工作，但您的厨艺堪比专业大厨，就这道面而言简直够格收进《米其林餐厅指南》。"

玛素听了常玉的转述后笑成一朵花，她笑着指着常玉说了几句。常玉略有些得意地对徐志摩说："要说这道面，主要功劳当然在 Ma，她原本做的鸡肉奶油蘑菇面就非常可口，但是我也有很大贡献，我教她用鸡腿肉替换了西餐里常用的鸡胸肉，肉质更肥嫩，而且提前把鸡肉用姜、蒜、酱汁腌一下入味，我们用的酱汁可不是法餐里的什么白酱、红酱，是我的独家配方，点睛之笔就是四川特产的藤椒，这可是我让家人大费周章从国内寄来的。"

"哈哈，原来你参与了创意，难怪吃起来带点你们川菜口水鸡的味道。"

"大诗人不但眼光独到，舌头也灵啊，我的灵感还真是口水鸡。我们在家就管这道面叫蘑菇面，就请大诗人给赐个名吧。"

"你这面就跟你的画差不多，都是中西合璧，而且我觉得面的名字必须突出发明者，就是玛素，叫玛素蘑菇面？不够好，不够有特色。让我再想想……不如叫这个。常兄，我跟你们一见如故，总是把你女朋友称作玛素女士有些过于生分，咱们中国管年轻女性都称作某姑，就像寿仙麻姑，我想叫她马姑，这道面就可以叫作马姑蘑菇面，你觉得如何？"

常玉觉得甚合心意，他跟玛素转述了徐志摩的想法，玛素也很喜欢马姑这个称呼，对用自己的名字命名他们都喜爱的蘑菇面感到十分高兴。常玉见玛素开心自己也便开心，两人甜蜜又默契地相视而笑，引得一旁的徐志摩好生羡慕，不禁越发思念千里之外的爱人小曼。

餐后，玛素将碗碟收起，只留蜜瓜火腿，又端上一盘葡萄，配上叉子和小碟，餐桌焕然一新。徐志摩更加赞不绝口，常玉微笑着看着玛素窈窕的身影忙进忙出，跟玛素生活在一起后缕缕感受到的幸福和家的温暖，再一次涌上心头。

玛素忙完后又来到客厅加入常玉和徐志摩的闲聊，常玉拉她坐在身旁，紧紧握着她的手。玛素喜欢常玉身边这些有才华又有个性的朋友，他们在一起天马行空地谈天说地，仿佛群星般闪耀，被星光包围着的常玉从容淡然、毫不逊色，他并不热衷于成为谈话的中心，但一开口常语出惊人，每次聚会结束总会留下些轶事或几句耐人寻味的金句令朋友们念念不忘。常玉和玛素不约而同地想着对方吸引自己的地方，脸上不觉都浮现出幸福的微笑，天性浪漫的徐志摩看着这对甜蜜的异国情侣羡慕不已。

聊着聊着，徐志摩又忍不住谈起上周常玉帮他安排的“艳遇”。虽然已过去数日，但他回想起爱菱脱掉衣裙从容袒露出美丽身体的一幕，仍感到震撼不已。这个话题显然点燃了常玉的谈兴，他又侃侃而谈起来：

“单论身材相貌，爱菱不算顶级的美人，但我最欣赏她对身体的态度，她爱自己的身体，接纳自己身上的一切，认为自己的美是上天赐予的，还愿意把这份天赐的美丽与人分享。她自信大方地展示自己的身体的时候就是最美的，仿佛缪斯女神附体。只有巴黎这种美和自由的氛围能孕育出这样的女人，爱菱不是个例，有一个很有名的模特被称作‘蒙帕纳斯的KIKI’，是很多有名的艺术家的灵感女神，据说风情万种，也是毫不避讳在人前脱衣服的。应该是不同于爱菱的另一种类型，我很想见一见画一画她。”

常玉和徐志摩用中文谈得兴起，不觉忽略了一旁的玛素，虽然谈话的内容她大半都听不懂，但通过两个男人有些暧昧的笑容和语气，以及对话里零星夹杂的法文名字——多数是常玉曾提到过的女模特，聪明的玛素已经猜到了他们的话题甚至大致的内容。尽管她知道他们在谈论人体美和艺术，然而从常玉口中听到其他女人的名字还是让她很不舒服，尤其是看到常玉提到爱菱时一脸欣赏的表情，更是感觉胸口有如猫抓。玛素知道自己在嫉妒，人体模特是画家工作必不可少的合作者，作为一位艺术家的伴侣她应该更加宽容大度，然而爱情是有排他性的，在感情面前她只是一个普通的女人。有时玛素觉得自己陷入了一个感情的怪圈，她爱常玉，爱他的才华和不羁，然而他的才华也会吸引其他的女人，而他的不羁总让她感到不确定，但是假如他失去了这些特质，他还是她爱的常玉吗？换言之，她会爱上一个平庸却笃定属于她的男人吗？

思考这些让玛素感到头痛，恰好此时常玉在教徐志摩如何用法语夸赞女性，玛素听徐志摩用蹩脚的法语说“马姑你真美”，笑得花枝乱颤。算了吧，别去想那些烦心事了，趁年华正好趁还相爱，及时行乐吧，玛素这样劝自己，这也是这段时间她跟常玉学到的。

玛素心里经历着山呼海啸，常玉却毫无觉察，他完全沉浸在自己的幸福中，此间有酒有诗有画，有志同道合的朋友和支持他的爱人陪伴身旁，夫复何求。此时的常玉时年二十五岁，家境优渥，爱情甜蜜，事业充满希望，春风得意马蹄疾，无暇去细细揣摩身边佳人的微妙心思，只想遍览巴黎的繁花，他笔下的女人和动物生气勃勃，恣意的动作、体态里写满了昂扬的欲望。

不久徐志摩离开巴黎又跑去了佛罗伦萨，常玉颇有些怅然，然而巴黎犹如一场不停歇的盛宴，各色精彩的人物、事件轮番登场，让人连失落都无暇产生。

· 志摩的“弟弟”

这天常玉在大茅屋画了几幅速写便感到有些无聊，想去古堡尔咖啡厅喝一杯提提神，刚出门只听身后有人用中文喊他名字，回头一看，老谢正气喘吁吁跑过来。“嗨呦，幸亏我今天来得早点，要不又堵你不着，连着两天我都没找到你，画室也没人，住处也没人，不知你这大少爷又跑到哪里逍遥了？人家悲鸿只要学校画室开放就一直画不停，没课还去朱利安接着画，你可真是自在，这才下午四点钟，你就收工了？”常玉微微一笑：“次彭兄，且歇一歇，把气喘匀再说。悲鸿兄勤奋，我一向比不了。今天模特瘦得枯柴棒一样，实在不美，在那里苦熬也无进益，我来街上走走发现点‘美苗’，好挖出美矿啊。”

“呵呵，别看你小子话不多，其实油滑得很，这话说得真是滴水不漏，既给自己摸鱼偷懒找个好借口，又美化自己这登徒子行径。什么发现美苗，还不是用你那双贼眼满街扫荡，到处找‘表妹’，恨不能隔着衣服把人家看个精光”。“表妹”是天狗们专有的切口黑话，代表一切可爱的女人。

“嘿嘿，次彭兄既然这么了解小弟，还何苦说破呢。对了，你连着几天巴巴寻我，可是有什么要紧事？”

“自从上次聚会咱俩拌了几句嘴，你小子就借故不参加天狗会的活动了，好几次聚会你都缺席，我们按齿序排行你都没赶上，反倒便宜了张道藩，他才刚入会几天还排了个老三。咱们言归正传，前两天从英国来个‘小朋友’，老徐对他一见如故，人家第一次参加咱们天狗会聚会，他就邀人家入会，说邀都是客气的，他是硬拉着人家加入，给人家排了个老四。”

常玉饶有兴味地听着，笑着答：

“我这也是为老兄你的健康考虑，免得我口无遮拦贬低你爱慕的德国女子惹你生气。而且天狗聚会谈论的话题越来越没意思，跟那些其他的会似乎也没有什么差别了。我只好奇能让悲鸿兄如此高看一眼的是何许人也？”

“且听我慢慢介绍，这小朋友可来头不小，你在上海待过的，应该听说过邵友濂邵家吧？前清的高官，做过台湾巡抚的。就算没听过邵家，盛宣怀盛家总不可能不知道，一品大员，著名的洋务派大臣。”“盛家听说过，盛府就在静安寺路斜桥一带，有名的豪宅，那一片也都是贵族区。”“是了，邵府就紧挨着盛府，邵友濂和盛宣怀是好友还是姻亲，我说的这个‘小朋友’就是邵友濂的孙子，盛宣怀的外孙，原名邵云龙，自己改成了邵洵美。他可真是含着金汤匙出生的世家子啊，本来在剑桥学经济，谁知去罗马玩一趟，偶然知道了一个古希腊女诗人萨福，从此就迷上诗了，回去坚决转了文学系。其实所有文艺他都热爱，对诗歌、音乐、绘画都有兴趣，唯独对经济学这些经世致用的东西没兴趣。”

“要不是你前面介绍了他的姓名家世，我都疑心说的就是志摩兄了。”

“正是呢，洵美的经历喜好跟志摩如出一辙，更绝的还有呢，我先给你留一悬念，待你见了他肯定会为这造物神奇拍案叫绝。我这次找你是想请你帮忙，带洵美见识一下画家的生活。这位大少爷整天缠着我给他介绍文艺界的朋友认识，我夹袋里的存货都被他掏净了，‘黑猫洞’那些诗人、音乐家全都介绍他认识了，还不满足，恨不得把巴黎掘

常玉与部分天狗会成员在巴黎，从左至右为：张道藩、邵洵美、刘纪文、常玉、谢寿康

地三尺，把所有搞文艺的都翻出来认识个遍。”

“这好说，让他跟我混几天，就知道画家的生活了，就怕大少爷嫌住宿条件差，不肯受这个苦。”

“这倒不会，洵美倒是能上能下，完全没有富家子弟的架子。那咱们可说定了，下次天狗聚会我介绍你们认识，你可一定要去啊，星期天下午老地方——别离咖啡，不见不散。”

老谢这一番介绍果然引起了常玉的好奇，他很想看看这位邵家贵公子何以让徐悲鸿如此欣赏，跟徐志摩还能有什么渊源。他甚至有些盼望这次天狗聚会了。

星期天很快到了，常玉一反常态地早早穿戴整齐出发去别离咖啡馆。别离咖啡就在蒙帕纳斯地铁站旁边，因为交通便利，很多住在巴黎市郊的人都在这里与朋友会面、话别，天狗会成员们也爱在这里聚会，别离咖啡逐渐成了天狗会的大本营。常玉施施然迈进咖啡馆的大门，眼睛却迫不及待扫向里面，他一眼看到靠窗一角拼在一起的两张桌子围坐着几个熟悉的身影，徐悲鸿、郭有守，当然还有老谢，他身边坐着的长脸高鼻子的青年不是徐志摩吗？志摩不是早已离开巴黎了？常玉一时感到有些恍惚，直奔“徐志摩”走过去。这时徐悲鸿几人也发现了常玉，老谢用夸张的语气说：“常玉贤弟今天来得好早，我们离结束还远着，你付账不必来得这样早。”常玉顾不上应付老谢的调侃，盯着他旁边的青年上下打量，那容长面庞和高挺的鼻梁，简直和志摩如出一辙，只是少了副眼镜，上唇和下巴上多了些胡须，也比徐志摩更清瘦些。青年站起身热情地握住常玉的手：“常兄久仰，小弟邵洵美，一直听次彭兄称赞您才华横溢、风度翩翩，早就有心结交，今日终得一见，幸会幸会。”

常玉笑道：“幸亏你姓邵，不然真以为志摩有个嫡亲的弟弟。我本来以为老谢故弄玄虚，没想到果然是造化神奇，天下居然能有两个毫无关系的人长得这么像。你见过志摩吗？你俩见面一定很有意思。”

邵洵美笑答：“前几日终于见了一面，真真是相见恨晚。自从我到法国，不断有人说我像另一个中国人，而且还是个诗人，中国留学生这样说，法国当地人也这样说，把我的好奇心大大地提起来，后来终于打听到此人是志摩，于是一心想见他，可偌大的巴黎找一个人简直如大海捞针。可巧有位极热情的严庄兄，竟然专程把志摩找来跟我见面。刚一见，志摩就亲亲热热拉着我的手说‘弟弟，我找得你好苦’，原来他也在有意地寻我呢。说也奇怪，自打见面之后，我竟觉得这次来巴黎的使命结束了。”

谢寿康插话道：“他俩的确像得离谱吧，我老谢从来不打诳语。洵美对诗歌文艺的热情也不逊于志摩，最近一心想了解绘画艺术，我觉得要想了解得深入，最好的办法就是跟画家一起待一段时间，不仅可以看到一幅画是怎么创作出来的，还可以看看创作了这幅画的人是如何思考如何生活的。”

邵洵美附和道：“次彭兄是真懂文艺的人，介绍我认识了好多巴黎的诗人、音乐家，我现在对画特别感兴趣，所以这次要叨扰常兄几日，好好请教请教。我已经久仰您的大名了。”

“你们放着悲鸿兄这样的大艺术家不去请教，怎么舍近求远来找我？”常玉问。

徐悲鸿苦笑着说：“我倒很愿意跟四弟相处几日，带他看看美术学院、博物馆。可惜过几天我就要离开巴黎去新加坡筹款，行程已经定了。几个月前教育部的经费彻底断了，再不想办法家里就要断炊，我可比不得你贵公子有家里资助，又拖家带口，不像老谢、郭行走他们一人吃饱全家不饿。”

邵洵美忙忙地说：“二哥，还是像我上回说的，不如我叫家里寄笔款子过来给你们，你就不用辛苦到处化缘了，不然二嫂一个人在巴黎该多么孤苦无依。”

徐悲鸿摆摆手没有同意：“我前不久刚从你那儿借了不少钱，足够碧薇半年的生活费了，堂堂七尺男儿，靠跟朋友借钱度日，总不是办法。这次新加坡之行是应当地侨领黄先生之邀去给诸位侨领画像，应该能解决我们很大的问题，又是赵颂南总领事给引荐的，势在必行。我不在碧薇是会辛苦些，但也不至于像你想的那样悲惨，巴黎有天狗会诸好友，还有夏安修夫妇、袁浚昌夫妇这些朋友，碧薇本身性格开朗好交友，不会寂寞的。”

老谢接口道：“这点二弟大可放心，三弟、四弟虽然过阵子就去

约 1925 年，常玉（左二）与天狗会成员邵洵美（左一）、郭有守（右二）等结伴郊游

英国，但我跟军师、郭行走几个一直都在巴黎，一定会把本会唯一的压寨夫人照顾好的。”

邵洵美赶紧插一句：“既然二哥去意已定，出发前可记得给小弟画像，咱们第一次见您可就答应了的。”

常玉听得云里雾里：“怎么你们现在都满口黑话，大哥二哥是谁我还没搞清楚，怎么又冒出来什么军师、行走？还有什么压寨夫人！”

老谢立即呛他：“你看看，这就是你大少爷总是脱离组织不参加天狗会活动的后果，跟不上我们的思路了吧。这都是我们最近几次聚会的重要成果，所有核心成员都定了排序或官职。本人年齿最长，排行老大，悲鸿次之排老二，从伦敦才来几个月的张道藩排老三，洵美年纪最轻排第四。碧薇是目前天狗会唯一的女士，金贵得很，所以是压寨夫人。禹珊兄足智多谋，本会就是他提议创办的，因此被封为军师。

小鹈本来是天马会的骨干，代表天马会来考察巴黎艺术现状，没承想被咱们策反入了天狗会，如今他快要回国，本会委任他为专使，回到国内继续发扬光大天狗精神。子杰虽积极参与本会事务，怎奈外务繁忙，无法承担实质的工作，因此封了个行走。其实本该有你的位置，可惜几次叫你都不来，组织差点除了你的名。”

常玉嘿嘿一笑：“哎哟哟可不得了，我这一句话招来次彭兄一番怪罪，那我就将功补过，这段时间好好带洵美贤弟体验一下巴黎穷画家的生活，诸位意下如何？”

洵美闻言高兴地向常玉连连拱手：“多谢常兄，那洵美就不客气了，烦您看看公寓是否还有空房，我明天就想搬过去，这样跟你去画室学画就方便了。”

“你还真是迫不及待啊，我回去就帮你问问，大约是有的，我那公寓住的波希米亚人不少，写诗的、写小说的、画画的，搬进搬出频繁得很，前天还听门房说有个拉小提琴的欠了几个月房租，人不知跑哪里去了，东西全被房东抛掉，怪道前阵子就听不见了那拉锯样的琴声，玛素还开心了好几天。我得先提醒你，我去的大茅屋画室可比不得悲鸿兄就读的巴黎美术学院，跟人家高雅神圣的艺术殿堂一比，我们这里简直是三教九流混杂的大车店。不过话说回来，我觉得这样的地方反而符合你的需求。”

邵洵美好奇地问：“那里是什么样子的？我能画人体模特吗？”

“哈，看来列位的雅好都差不多。这你放心，大茅屋一定会满足你的，所以我说这个地方更适合你，大茅屋就是这点顶自由。”

短短几句话的交流，常玉感到邵洵美热情而单纯，确无一些纨绔子弟的恶习，对他颇有好感，言辞便更加热络起来，天狗会其他人陆续散场，两人还聊个不停。

·如何辨别真正的巴黎女人

常玉一回公寓马上帮邵洵美落实了房间，那个落魄小提琴家果然弃屋而去，洵美迫不及待地搬了进去。之后的一段时间邵洵美整天和常玉腻在一处，每天一睁眼就跑到顶楼的画室去找常玉，相互的称呼早改成了老常和老邵。常玉若在自己画室画画，邵洵美便在一旁观摩，或翻翻常玉那堆“宝贝”。有时常玉请了模特来家，便也给洵美支上一个画架，让他站在后面装模作样画上两笔，以免模特以为他是专看女人裸体的登徒子。常玉去大茅屋习画时，邵洵美最为兴奋，因为在那里他不仅能看到更多模特，还能见到来自世界各个角落的形形色色的怪人。他们有的将绘画作为养家糊口的手艺，有的将艺术视为终身的追求与理想，也有的像邵洵美一样希望了解艺术让自己多一个观察世界的角度。对艺术的好奇和喜爱是他们共同的语言和信仰，多数专业的艺术院校都设有很高的门槛，会将一部分对艺术有热情但才能欠缺或不愿遵循学院规矩的人拒之门外，然而大茅屋就像一个自由的乌托邦，敞开大门欢迎所有艺术的信徒。

邵洵美每次都把画架并排摆在常玉的旁边，原本想通过观摩常玉作画的过程学到些绘画的技法，却没想到经常看着看着就入了迷，完全忘记了自己想要学习技法的实用性的初衷。常玉绘画的过程仿佛是一种独立的艺术，他像是用笔在纸上跳舞并留下灵动的痕迹，他并非完全没有失误，但即使出现笔误，他也不忙着去纠正，继续画得自信从容、酣畅淋漓，线条仿佛是从一颗赤子之心中流淌出来，那些无心的“败笔”反而给画面增添一种稚拙的生动感。邵洵美常常就这样痴看一个下午，待到天色已晚该收笔时，才想起自己也该动笔练练。好在他在大茅屋有不少同好，常玉的“绘画表演”吸引了种族、年龄各异的“拥趸”，现在他每次去大茅屋画画几乎都有几个围观者，这给他带来了一些困扰，创作被围观多少会感觉不太自在，但又忍不住暗自生出一丝得意，故意表现得更加不耐烦、不在意。

邵洵美倒也看出些“门道”，他发现无论台上模特还是在座的同学，常玉从来不画男性，专盯着女人画，还经常靠意淫画出原本衣着整齐的女性的隐私部位。一天傍晚，从大茅屋出来后，常玉和邵洵美坐在街边的咖啡馆闲聊。邵洵美借机提出了心中存在已久的疑问：“老常，你是不是不会画男的？我怎么从来没见你画过男人呢？”常玉一笑说：“我当初学画画的主要动机就是对人体秘密的好奇，当然我说的人体专指女人体，要画男的还不如看我自己。再说女人的构造线条多么丰富美妙，哪像男子直通通、硬邦邦。”

邵洵美存了个小心思，因此故意想激一激常玉：

“老常，你这些话也就蒙一蒙我这外行，亏我还信了你。人家都说你拿写意当借口，其实是画不像。人家还说你画的女人简直不成个人，那大腿粗得像罗马神庙的立柱，手脚潦草得五指都分不开，活像海豹爪子。你要说你会画男的，不如给我画张像证明一下。”

邵洵美就是想激常玉答应给他画张像，但他那些话倒不是无中生有，他的确听到过不少对常玉画作的质疑，尽管此时野兽主义、立体主义等现代流派已经出现了近二十年，并且逐渐被艺术界主流所接纳，然而多数普通观众仍在用古典写实绘画的标准来衡量当下的绘画，因此他们不能理解常玉的画，感觉画得过于简单粗陋。另有部分来自中国留学生的非议，实则是看不惯常玉行事为人的衍生物。常玉跟法国当地人以及在巴黎的其他外国人交往频繁，除了和天狗会几位元老成员还保持联系，很少混中国留学生圈子，再加上他一副吃穿不愁的公子哥派头，让一些生活拮据的中国留学生颇为眼热，因此愈发贬斥他的画。其实邵洵美对艺术也只是一知半解，常玉的画究竟怎么样他并不能说出个所以然，但他出于直觉就是认为常玉画得好。这种好跟徐悲鸿的好不一样，徐悲鸿画作的好是一目了然的，与真实对象的酷似是明明白白摆在那里的，所有人都能看懂。但常玉不同，他的画仿佛有个无形的门槛，会把对艺术毫无感知的人拒之门外。但只要一个人对美的事物敏感，对心灵的宁静有所向往，他就会被常玉的画打动，无关乎贫富、阶层和教育程度。

对于邵洵美而言，常玉的画总能勾起他对童年旧时光的一些记忆，有时来自父辈书房里的珍藏，砚台、水盂、赏石等文玩简约富有韵味的轮廓，古旧字画泛黄的色泽、气息……更多时候就在日常生活的一呼一吸、一粥一饭里，母亲、姐妹们温润的脸庞和笑容，丝绸的纹饰光泽，有时甚至家中饭菜的香气。这些记忆并非集中于某一样具体的事物，更多是一种难以言表的气氛和意蕴，是他自幼浸淫其中的温婉含蓄的东方美学。常玉画的是裸女、动物这些常见于西洋画里的题材，却能让他想起家乡、想起中国，这是从根底里生长出来的。

一时冲动说了这些违心又冒犯人的话，邵洵美有些担心常玉会被惹恼，毕竟常玉的直性子是出了名的，别看平时温和少言，可如果听到有违他原则的言行，立马会翻脸走人。有次天狗聚会，老谢说艺术就是商品，画家就该像做生意一样巴结，按照藏家的喜好去修改作品。常玉为此跟老谢争了个面红耳赤，后面参加天狗会活动就不那么积极了。

没想到常玉嘿嘿一笑说：“这些话我早就听过，我要是在意这些人的蠢话，也没有必要硬留在巴黎穷哈哈地画画，不如回了顺庆去我大哥厂里帮忙。只有画画，才能让我感到自由，只有在巴黎才能随心所欲地画。你呢？你要是信这些鬼话，恐怕早就不跟着我体验什么画家生活了吧。”

邵洵美见“诡计”被识破，不好意思继续再演下去，索性摊牌。“常兄果然深知老弟，明人不说暗话，我其实就是想求一张画像，见你从不画男子，不知怎样开口。”

邵洵美之所以这样渴望让常玉给他画像，一方面是因为他确实欣赏常玉，觉得这是纪念两人交情的最好方式；另一方面，是因为徐悲鸿刚跟他相识就主动许诺要给他画像，邵洵美十分好奇自己在这两位风格迥异的画家笔下会以何等面目示人。

常玉沉吟片刻道：“好吧，给你画一张无妨，但我有言在先，画的过程中你不准看，画完便拿去，无论你满意与否我是绝不修改的。”

邵洵美忙不迭答应：“那是自然，那是自然，我这外行岂敢在大艺术家面前造次。我这副尊容任凭常兄裁夺。”

洵美见常玉答应了画像，随即又得寸进尺道：“常兄，我对你的艺术才能是无比敬服，可小弟愚钝，并不能完全理解你欣赏的那些女性美，抛开你画里如何夸张表现不说，单是你选的模特我有时就不明白。当然我知道你看女人绝对有一套，听老谢、碧薇嫂他们说，大街上迎面走来的女人，你一搭眼就能看出是哪个国家的。还说你眼睛像X光，能透过女人衣服看透人家身材。嘻，你这绝技能否传授老弟一手？我这辈子虽然已认定一个女人不做他想，但看看美人，作为美的欣赏总是可以的。”

常玉听了一笑，摆出一副过来人高深莫测的神情，邵洵美急道：“老常，你别不信，我对我的茶姐姐一心一意、朝思暮想，对其他女性，哪怕是绝色美人也只是过过眼瘾。”

常玉摇摇头：“话可不要说得太满，你还年轻，经历太少，也不晓得欲望的厉害。人非圣贤，总有把控不住的时候，事情一旦发生就会成为无可挽回的事实，如果想有所坚持，还是尽量不要考验自己，除非你彻底向欲望投了降。”

常玉说这番话时颇为意味深长，后面几句声音低不可闻，仿佛是说给自己听的。随即他便恢复了平日的戏谑，嬉笑着对邵洵美说道：“人嘛，有点嗜好才有意思，正是人无癖不可与交。你既然有这个慧根，我就带你开悟一下吧。现在街上这些来来往往形形色色的女子就是咱们最好的教材。”

邵洵美放眼看去，果然暮春时节的巴黎街头甚是养眼，青年男女趁着温暖宜人的天气身着轻薄时髦的春装招摇过市、争奇斗艳，堪比时装秀场。而此刻华灯初上，霓虹闪烁，夕阳的余晖尚未褪尽，各种光线交织在一起形成华丽复杂的光影，给街上的景物和行人镀上美丽的光晕，平添几分魅力。邵洵美见西边走来一位面容姣好的年轻女子，她步态端庄稳重，一身剪裁合体的套装衬托出苗条的身材，一顶同色配套的无檐小礼帽显得更加得体优雅。邵洵美对这种淑女的仪态十分赞赏，他向常玉问道：“这算得上地道的巴黎美人吧？”不料常玉不以为意地说：“原来老弟你喜欢这种贤良淑德的类型，要我看太端正无趣了，难道你在英国还没有看够这样的淑女吗，走路连腿也不肯迈开。”邵洵美听了将信将疑。

这时又一位时髦女郎从他们面前经过，女郎身材高挑，挟着一阵香风行色匆匆，即使穿着紧身长裙也未能令她放缓脚步，弹性的面料紧紧勾勒出她修长的腿部线条。邵洵美来不及看清她的面孔，只能望着那线条精致紧绷的背影，闻着一团香气发呆。常玉拍拍邵洵美的肩说道：“别呆看了，打扮得那样浮夸，走路一阵风似的，多半是美国女人。她们喜欢模仿巴黎女人穿衣戴帽，却总是用力过猛，即便穿得差不多，做派也不像。往你左边看看吧，这才是真正的巴黎女人。”

邵洵美遵他指示望去，只见一个娇小的身影向他们走来。邵洵美瞥了两眼，颇有些失望，看面孔这位女士已经不年轻了，额头和眼角都已经浮现出细细的皱纹，五官也没有多么令人惊艳，脸上妆容淡淡的，但看得出精致和用心。她身材纤细，单薄得像个小女孩，又穿着一条宽松垂坠的连衣裙，并没有妩媚诱人的曲线，和邵洵美想象中巴黎女人的美艳、性感毫不沾边。可奇妙的是，邵洵美一直看着女士由远及近走来，经过他们两人面前，再缓缓走远，直到她的背影消失在街角，邵洵美才怅然若失地收回目光。邵洵美转向常玉，一脸郑重地说：“老常，这回我彻底服了你。巴黎女人的步态，真当得起翩若惊鸿、婉若游龙了。”常玉早料到了似的，拍拍邵洵美的肩，宽容一笑说：“怎么样，老邵，我不是信口胡说吧？真正的巴黎女人并不是面孔多漂亮，身材多性感，主要是她们身上那股劲儿，那种味道。比如刚才这位，身材瘦瘦小小，甚至不是我欣赏的类型，可是她穿着那松松的绸裙子，身体在里面晃啊晃，舒服自在的，管你觉得我美不美，一脸不在意。你也不愧是个诗人，《洛神赋》里的句子引用得妙，巴黎女人的动态的确迷人又难以形容。我总结过欧美各国女人的特点，虽然没你的语言美，但话糙理不糙，老谢他们甚至碧薇嫂都赞同得很。”邵洵美迫不及待地说：“愿闻常兄详述。”常玉不紧不慢地说：“英国女人是用脚走路的，美国女人是用腿走的，真正的巴黎女人是用下身走的。”邵洵美听了不禁连连叫绝，忍不住逢人便宣传常玉的理论，以至于一时成了拉丁区中国留学生圈中名言。

· 洵美的画像

转眼间巴黎美丽的春天即将过去，邵洵美和常玉一起厮混了几个月，彼此都十分愉快。常玉赞赏邵洵美的审美眼光和文艺情怀，将其引为知己，且洵美十分知趣，常玉需要独处时，他便去逛旧书铺或找其他朋友，从不打扰常玉创作，常玉闲适时，他才去请教关于艺术的困惑，或痛快地谈天说地。因此常玉从不会因他的存在而感到不自在。而邵洵美则感觉自己充分实现了夙愿，这段时间对艺术家生活的切身体验被他视作终生难忘的一段经历，最让他高兴的是常玉答应给他画像。唯一的美中不足就是短短一个月，邵洵美瘦了十来斤，本来周正合宜的容长脸变得过分清瘦。这是跟常玉生活贴近的后遗症，常玉一画起画来便忘乎所以，常常错过了吃饭时间，等画完方才感觉到腹内空空，常常就只在家找些吃的胡乱充饥。家中实在没有东西可吃，便出门找家 Brasserie 小馆子，一杯咖啡或廉价红酒，外加一个牛角包便解决了一顿饭。兴致好时偶尔会在公寓简单的小厨房展示一下厨艺，总的来说饮食毫无规律。常玉经年累月这样吃饭已经习惯，还向邵洵美鼓吹在蒙帕纳斯美术圈子流行的一句话“三十岁前饿不死”。可苦了这位自幼饭来张口的大少爷，一开始邵洵美还觉得有趣，认为饥饿也是艺术生涯必不可少的体验，于是兴致勃勃陪着常玉饿肚子，深度体验了几天艺术家生活之后，邵洵美的胃肠提出了抗议。于是邵洵美学乖了，不再跟常玉一起硬扛，到了饭点就老老实实去餐馆吃饭，还给常玉带回一些吃的，这段时间常玉反而被养得滋润了些，玛素因此十分感谢邵洵美，好几次邀请邵洵美在家里用餐。跟常玉所有中国朋友一样，邵洵美对玛素的印象也非常好，常玉和玛素琴瑟和谐的情景时常让他想到自己的未婚妻——青梅竹马的表姐盛佩玉，他们在邵洵美出国留学前订了婚，两人可算是包办婚姻时代少有的情投意合的眷侣。

一个周末，常玉和玛素难得一起空闲在家，玛素烤了整鸡请邵洵美来一起用餐。邵洵美如约而至。几杯白葡萄酒下肚，三人都进入微醺的状态，聊天的话题逐渐私密。邵洵美说起自己对盛佩玉的思念之情，讲到动情处竟红了眼圈。玛素见状大为感动，轻拍着邵洵美的肩膀安慰他。常玉也被邵洵美的样子触动，这位贵公子平日总是一副无忧无虑的样子，常玉觉得这样一副养尊处优的面孔画出来会显得肤浅空洞，一直不肯动笔给他画像。而此时邵洵美眼帘低垂，平时总是微

邵洵美　常玉
纸本铅笔、炭笔｜36.5cm×26.5cm｜1926 年

笑的双唇紧紧抿在一起，这副饱受相思煎熬的神情给他年轻俊美的面孔增添了一些厚重的质感。常玉灵感突至，抓过纸笔，迅速完成了一幅邵洵美头部的速写。只寥寥数笔，邵洵美茂密的头发、秀气的眉眼、高挺的鼻子、轮廓分明的脸庞跃然纸上，更令人叫绝的是，他那一脸失意也被常玉原封不动地搬到画中，任谁看了都能感受到画中人落寞的情绪。邵洵美看到如此形神兼备的肖像，不禁笑逐颜开、赞不绝口，愁情烦绪暂时抛在一边。玛素看了画，简直比邵洵美还要激动，也顾不得有外人在场，搂住常玉的脖子在他脸上印上好几个响亮的亲吻，之后又抓着那幅画对着邵洵美本人左右比较端详，邵洵美几次想再看看都没能拿回。

邵洵美又恢复了平时乐呵呵的模样，开始大谈他最近寄给盛佩玉的礼物，讲他如何将一个精心挑选的核桃壳剖成两半，中间再用粉红色的细线相连，并且穿上一连串他之前专门积攒的印度尼西亚风情照片，每张照片仅有手指尖宽窄。邵洵美说佩玉性情恬淡，喜欢美丽的事物，但并不爱好华服珠宝，反而是他亲手制作的小东西更能打动她的芳心，接着又回忆起两人那些甜蜜的书信往来。常玉对邵洵美的爱情故事本没有什么兴趣，只是出于礼貌坐在一旁敷衍地听着，可他发现玛素居然听得十分投入，脸上的表情随着邵洵美的讲述忽悲忽喜，仿佛她就是那位日夜期盼远隔重洋的情人来信的女主角，她白皙的脸蛋因激动的情绪而涨得绯红，蔚蓝的眼睛像湖水一样波光潋滟。常玉不觉心中一动，他有多久没有这样专注地看爱人的脸了？他每天四处搜罗形貌各异的模特来激发灵感，竟然忘记了爱人是这样美。玛素又有多久没这样兴奋过了？上一次还是去年得知他的画入选秋季沙龙，她也像今天一样比自己还要激动。再上一次呢？好像是看了几幅自己比较满意的速写，那次请到了一个不错的新模特。常玉回想起来，发现玛素总是为他每一点小小的成就由衷高兴着，而自己似乎从未像邵洵美这般花心思为她做些什么，想到这里常玉心中不免有些愧疚。玛素的家族虽已没落，但毕竟曾是贵族，她自幼接受良好教育，在赌气离家之前不曾为生计发愁。而与常玉相恋之后，玛素仍做着两三份兼职，还经常为常玉的生活起居操心，尽管生活十分辛苦，玛素却很少抱怨，总是一副开心满足的样子。常玉之前对这一切都心安理得，今天忽然意识到玛素也像大多数女孩那样向往浪漫，只是她体谅常玉目前靠家里资助，心思又全在画画上，便不做那些不切实际的要求。“玛素美丽、善良、独立、爱你欣赏你、对艺术有一定见解、支持你的创作，这么完美的爱人就在身边，你要是不珍惜不抓紧就是个十足的傻瓜，这一次一定要主动！”常玉在心里对自己说。别看常玉拿起画笔时总是笃定从容，其实在生活中他并不是一个有很强目的性和计划性的人，喜欢顺其自然随遇而安。此前他也试探地问过玛素对婚姻的意见，玛素隐晦提起自己此前曾有过一段失败的感情经历，再追问便三缄其口，似乎背负很大压力，常玉便不再深究，况且他自己正流连于百花丛中，并不急于步入婚姻。后来两人便都不再主动提起这个话题，心照不宣地继续同居生活。今天他对玛素和这段感情的重新认识，让他下定决心将两人的亲密关系向前推进一步。

另一边，邵洵美正跟玛素聊到中国婚礼的各种习俗，并畅想不久后自己迎娶佩玉将是怎样煊赫的排场。玛素听得满脸向往频频点头，常玉突然捉住她的双手，望着她的眼睛十分认真地说道："亲爱的 Ma，如果我用八抬花轿来娶你，你愿意做我的妻子吗？"玛素面对这突如其来的表白，一时有点发蒙，常玉又单膝跪地用更加郑重的语气说："哈祖尼耶小姐，您愿意嫁给我做我的妻子吗？"玛素这才意识到常玉是在正式向她求婚，不禁掩面而泣，激动得说不出话来，只是倒在常玉怀里拼命点头。在一旁看得目瞪口呆的邵洵美也反应过来，不住地恭喜两人。过了好一会儿，玛素才平复了激动的情绪，红着眼圈向常玉娇嗔道："怎么你求婚连戒指都没有，你们中国不是也讲究定情信物吗？"常玉连忙说："对不起亲爱的，我太着急了，还没来得及准备好订婚的戒指，我会送你一枚最别致的戒指，还有其他礼物，等我好吗？"邵洵美也在一旁打圆场说："我们中国人的定情信物不拘是戒指首饰这类东西，只要是有情在里头，一块手帕也作数的。常兄要是有贴身常用之物，也可以聊表情义。"玛素故作嫌弃地说："谁稀罕他那些臭东西，他的手帕每一条都沾着颜料，又脏又旧，穿的背心大小窟窿连成串，给我也不要。"常玉灵机一动说道："亲爱的，你记得我去年入选沙龙那幅《马车》吧？那件作品对我意义非凡，我画那匹小马的时候脑子里全是你的样子。那幅画暂且算作我的定情信物吧，你喜欢吗？"玛素听了立刻展颜一笑："这还差不多，你等下就去你那阁楼上，把画摘下来给我挂在这里，我天天看着才安心。"

邵洵美也趁机起哄："常兄，我可是你求婚成功的见证人，也算你的贵人了，而且我过阵子就要回剑桥去，可否再赐几幅墨宝送给小弟做临别礼物呢？"

常玉哈哈一笑："老邵，你可真会趁火打劫，今天给你画了张肖像还不够，还要得寸进尺。也罢，我确实也想送你临别礼物呢，但不是你回剑桥的，是我要回顺庆老家去的临别礼物。"

玛素和邵洵美听了都有些惊讶，玛素急问："Sanyu，你要回中国去吗？什么时候决定的？怎么之前没听你说过。"

"刚刚决定的，Ma，我不是答应送最别致的订婚礼物给你吗，就是要从中国带回来。最主要的，我要回去当面告诉家人我的决定，得到家人的支持和祝福是很重要的。"

玛素扑进常玉的怀里又哭又笑，嘴里嘟哝着："你不许去得太久，一定要赶紧回来。哎呀，你的家人要是不同意你娶外国女人怎么办呀？"

常玉轻抚着她的背安慰道："你放心，我怎么舍得离开太久，我还怕你和别的人跑了呢。而且我的家人都很开明，他们会支持的。老邵，你回英国之前请帮我照应一下玛素，我也会拜托老谢、碧薇嫂他们经常来看看玛素。"

邵洵美忙不迭地答应着："老常你放心，只要我在巴黎，一定不会让玛素有任何难处，我离开前也会托付其他可靠的朋友接班。"

常玉急忙打断："你说的可靠朋友，该不会是上次在咖啡馆你介绍我认识的那位'青年会诗人'吧？那还是免了。那位仁兄实在是热情有余，稳重不足。"

"你说梁宗岱？不是不是，小弟虽有些不谙世事，但也没眼拙到那个份上。宗岱可绝不是个好人选，我说的是葛莱夫妇，他们人非常善良，而且都是法国人。咱们还是闲话少说，先把画给我吧。"

"嘿嘿老邵，谁说你不谙世事，你这要画的做派相当老练呢。那我就凭着对你的了解选几张吧。我上楼去拿，你且等一下。"

"岂敢劳大画家跑上跑下地取画，我这受画人不亲自上去请画显得多没诚意。我同你一起上去吧。”

“呵呵，说得冠冕堂皇，我还不知道你？亲自上去不过是想多挑几幅。”

邵洵美见小伎俩被识破嘿嘿一笑，玛素也说她好久没去常玉的阁楼画室了，也要上去看看，常玉无奈，只好带着两人一起上楼。

推开门一阵浓烈的松节油味呛得玛素连声咳嗽，房间里已经乱得无处下脚，唯有摆着画架的一角地面比较整洁，看来是常玉最近工作的地方。画架上摆着一个很小的画框，是一幅风景油画，已经差不多完成了。邵洵美和玛素正要走近观看，常玉急忙抓起一块破布盖到画上，忙不迭地解释说，我的油画还在试验的阶段，还不成熟，不能给人看的。玛素失望地嘟起嘴走到一边，开始有一搭无一搭地收拾常玉弄出的一片狼藉。邵洵美则一心惦记常玉许下的画，恨不得押着他赶快掏出来。常玉不急不慢地踱到他那精窄的木板“床”跟前，床上铺着的黑毡子此时已沾了不少杂色的颜料，有些显然不是迸溅上去的，而是画室主人的“杰作”。常玉有时画到兴起，顾不得专门去清洗画刷，顺手在黑毡上抹净了事。常玉撩起色彩斑斓的破毡子，弯腰从床下掏出他那宝贝旧皮箱。尽管常玉早已向邵洵美展示过箱子里的部分“存货”，但此刻老邵仍目不转睛地盯着那箱子，生怕一不留神里面的宝贝就跑掉几张，拿不到自己手上。

常玉翻了翻里面被包成几摞的稿子，沉吟片刻说道：“老邵，以我对你的了解，我觉得你会喜欢这种更写实的风格，就从这里选几张送你吧。”

通过这段时间的相处，常玉感到邵洵美的审美趣味相对徐志摩要保守一些，似乎还欣赏不来有自己鲜明特征的“宇宙大腿”风格画作。他的判断果然没错，邵洵美对这些相对中规中矩的人体速写赞不绝口，恨不得把这些画全部据为己有。玛素紧紧盯着，只允许他带走一张，这可让邵洵美犯了难，他看哪一张都不忍释手，拿起站姿的，又放不下横卧的，看这张正面精彩，又觉得那张背影不错。经过一番精挑细选，邵洵美手里最后留下了两张画，实在难以割爱，急得抓耳挠腮。一直在旁边笑呵呵看热闹的常玉见到邵洵美的窘态，抓起其中一张说道："看你难成这副样子，兄弟我就帮你决定吧，这幅背影的含蓄，尊夫人也能接受"。说着在画的右下角原有的签名旁边写下"佩玉洵美纪念"几个字，将画举起来端详了一下，感觉似乎仍不够隆重，便又在他那宝箱里寻摸了一番，不知从哪个犄角旮旯摸出一方不小的印章，又在覆满杂物的案子上扒拉出一盒印泥，在一张废纸上试盖了两下，便在画的右上角郑重盖上自己的印章。邵洵美把画捧在手中端详，玛素也凑过来观看，常玉替邵洵美选定的这幅人体速写用极简的笔法勾勒了一个站立的裸女背影，人体比例匀称合理，不像常玉通常画得那样夸张。线条依然是精彩简练到无以复加，除了墨笔勾画的外轮廓，还用白粉强调出肩胛、脊柱、臀部、腿部等部位的高光，无需黑团团的阴影，单用线条便表现出人体结构的立体和灵动。右上角的印章十分特别，是个头戴如意翅丞相帽、长髯垂胸、怀抱如意的天官形象，天官肩上斜披绶带，刻着"常玉"二字，十分别致。玛素惊奇地问："玉，这个印章真有趣，我之前怎么从没见你盖过？这长胡子老头是谁？"

常玉有些不好意思地解释说："这是我以前刻的，是中国神话里赐福的天官，比较适合盖在水墨花鸟画上，跟我现在这些画的风格不太协调。不过因为洵美和佩玉佳期不远，这画算是提前送的贺礼，用上这枚印章倒也喜庆。"

邵洵美手里捧着这张画，眼睛却仍然恋恋不舍地望向刚才选出的另外一张人体速写，这幅画的线条笔法和背影那张如出一辙，也用白粉画出高光，显然是同一时期的作品。画上的模特低头含胸抱单膝蹲坐，这一独特的姿势，让双臂线条充分舒展，双腿线条则曲折重叠，常玉精

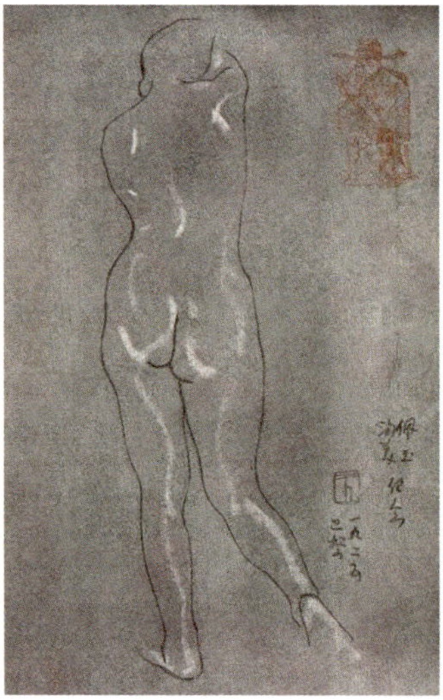

背面裸女　常玉
纸本炭笔｜尺寸不详｜1925 年
题跋：佩玉洵美纪念，一九二五，巴黎。
1928 年刊于邵洵美主编的《狮吼》复刊第 9 期

湛的笔墨功夫得以充分展现。邵洵美又用期盼的眼神望向玛素，玛素实在受不了他那副眼巴巴的神情，心一软便松了口，挥挥手说："好了好了，你别用那种小狗眼神看我，这幅也送你好了，算是我送给你美丽的未婚妻的礼物。"邵洵美大喜过望，赶紧把两张画都抱在怀里，向玛素连连拱手："多谢马姑菩萨大发慈悲！"常玉也高兴地搂过玛素，允诺将来还会画更多好画给她。

邵洵美欢天喜地地离开了，玛素却显得心事重重。常玉以为玛素改变了主意，再三追问之下，玛素终于鼓足勇气向他坦陈了自己的秘密。原来玛素在少女时期曾有一段不成熟的感情，两人最终分道扬镳，却给刚满二十岁的玛素留下一个孩子。玛素的父母恪守传统道德，他们认为她的所为令家族蒙羞，一怒之下与玛素断绝了来往。年轻的女性独自抚养孩子异常艰难，她忍痛将年幼的儿子送到托儿所照看，自己拼命工作维持母子二人的生计，只能趁周末休息时去看望儿子。与常玉恋爱后，她几次想向常玉坦白，却又担心常玉因此而看轻自己或提出分手，随着两人恋情的升温，她越发开不了口。而今天常玉真挚的告白和求婚，令玛素大为感动，同时觉得再隐瞒下去便有欺骗感情的嫌疑，便趁着冲动将过往和盘托出。叙述完这一切后玛素仿佛耗尽了全部力量，她疲惫又无望地对常玉说：“抱歉Sanyu，现在才告诉你这些，如果你收回你的求婚和信物，我也毫无怨言，毕竟这么重要的事情瞒了你这么久。但是希望你相信我对你的感情是真的，也感谢你带给我这么多快乐。”

尽管常玉对玛素过去的经历略知一二，但她有孩子这个事实还是令他颇为震惊。常玉一时间也不知该如何处理，不过他还是保持了温文尔雅的风度，轻轻抱了一下玛素，对她说：“亲爱的Ma，你讲的事情对我来说有些突然，我需要时间消化一下，我出去走一走想一想。现在很晚了，你也很累了，早点休息吧。”

说完他转身出了门，走到街上才发现，自己匆忙间忘了拿外套。好在已经是仲春时节，夜晚吹来的风也是暖暖的，并不寒凉。常玉在街上漫无目的地走着，心乱如麻。在创作时再刁钻的角度、奇险的构图，他都能凭借天才般的直觉化腐朽为神奇，不在话下。可面对生活的难题，常玉感到无从下手，权衡利弊条分缕析不是他所擅长的。美丽善良、与自己情投意合、近乎完美的女友，可是她竟有一个私生子！思想传统的父母兄长会同意这桩婚事吗？朋友熟人们知道了会怎么想呢？自己今后要如何与这个孩子相处呢？常玉毫无头绪，却开始担心玛素，把她一个人留在公寓，她会不会想不开，会不会做出什么傻事。想到这儿，玛素的一颦一笑，观看他的画时发自内心的欣赏，跟他讨论艺术时认真的模样，一幕幕又浮现脑海。常玉忽然发现，自己刚刚担心的都是外界的反对和嘲笑，其实自己从未怀疑过两人之间的感情。他瞬间茅塞顿开，谁没有过去呢？谁也不是毫无道德瑕疵的圣人，最重要的是当下的感受，常玉可以肯定此刻自己是爱着玛素的。至于别人的看法，让它们见鬼去吧！

想通之后，常玉几乎是飞奔着回了家，迫不及待地推开房门，让他牵肠挂肚的玛素果然还在那里。她脸色苍白地瘫坐在沙发上，几乎原封不动地保持着常玉离开时的姿势，听见房门的响声，她迟疑地转头看了一眼，似乎不敢相信自己的眼睛。常玉大步走上前，把玛素紧紧抱在怀里，两个人炽烈地亲吻。他们无需再剖白自己的心意，一切尽在不言中。

第九章　暂别巴黎

· 衣锦还乡

常玉向来行事随性又慵懒，好些事情一想到后续麻烦便懒得去做了，然而这次却一反常态，雷厉风行地订船票、写信通知家人、采买东西、跟朋友告别。玛素帮常玉收拾行李物品，做回国的准备，心里既不舍得他离开，又盼他早日回来成婚。

回国的路线与来时一致，依然需要坐十几小时的火车先抵达马赛，再乘船离境。动身当天，谢寿康、蒋碧薇、张道藩等天狗会同仁，以及王季冈、邵洵美等诸位好友，都陪着玛素为常玉送行。朋友们都知道常玉此去是为与家人商谈婚事，很快就会回来，因此送别的气氛颇为轻松，老谢几个甚至与常玉开起了玩笑，告诫他千万不要在旅途中搞出什么绯闻，自己坐海船，让玛素在岸上“坐海船”。老谢说的“坐海船”是吃醋的意思，是天狗会心照不宣的内部切口，大家听得嘻嘻哈哈，唯有玛素眼圈红了又红，好容易才忍住没有落泪。

列车启动了，逐渐加速，飞驰的火车将恋人、朋友、站台和巴黎都抛在后面，常玉不禁感慨万千。离开家时，他还只是个来自川北小城的青涩少年，在游历了东京、上海、巴黎、柏林等国际都市后，尤其是经过这几年异国生活的历练，如今的常玉已经成长为一名对艺术和人生都有些见地的青年，他的绘画初步得到圈内认可，即将迎娶出身贵族的法兰西美人，虽称不上光宗耀祖，足以让家乡父老面上有光。心中一丝离愁别绪，随即便被衣锦还乡的兴奋、期盼和这点小小的虚荣驱散了。

一路无事，经过一个多月的舟车辗转，常玉终于回到了阔别多年的家乡。一切看起来熟悉而又陌生，人和物都在岁月流逝中发生了许多变化。儿时感觉坚不可摧的老城墙，如今已在反封建浪潮中被拆得七零八落，只留下小南门及附近一小段墙体，据说那些明代老城砖都被军阀何光烈搬走建营房了。今天的常玉再看那残垣断壁，不再怀着崇敬仰望之情，倒有些怜惜感伤，这城墙亦如父兄一辈，已在岁月的摧残中逐渐老去。父母比分别时又苍老些倒也在意料之中，因为常玉算是晚生子，从他记事起父亲便已是年过半百之人，近几年容貌上的变化反而不明显。年少的弟妹们的成长自然是惊人的，如果不是在家中团聚，常玉恐怕不敢骤然相认。然而最令他感慨的是大哥明显衰老，记忆中挺拔魁梧的身影，如今竟有些佝偻，让常玉有些难以接受。其实常俊民此时已年逾花甲，他显现出的是符合年龄的生理特征，只是常玉记忆中的大哥还停留在意气风发的盛年模样。家中的老宅一直维持原状，却也不像儿时印象里那样阔大了，尤其是父亲的书房，常玉小时候对那间屋子十分向往又有些敬畏，他觉得里面装满了文玩古籍和父亲的画稿这些宝贝，是一个庄严神秘的所在。他在十几岁懂事后才被准许进入书房随父亲习画，每次在书房也都是屏息静气不敢随意乱动。后来见识了恩师赵先生的书房后，略感父亲的书房相形见绌，而今在见识过云集在巴黎、柏林的诸多欧洲博物馆、图书馆之后，赫然发现儿时奉为庙堂的父亲书房竟如此寒酸。好在大哥的丝厂生意尚可，儿时常跑去玩耍的厂房库房，如今都经过翻修扩建焕然一新，上百名工人操作着数十台进口织机忙得热火朝天，令常玉颇感欣慰。大哥还提起常玉儿时他们两人的约定，问常玉何时给他生产的绸缎设计纹样，常玉觉得大哥是在说笑，便随意敷衍两句一笑而过。

常玉趁着父兄为他接风的高兴劲，坦陈了自己想与玛素结婚并长居巴黎的打算。家人初听这个消息着实有些惊讶，好在常玉兄弟姐妹众多，家中并不单指望他赡养老人。父母年事已高，没有太多精力去管子女的事情，大哥常俊民早就成了实际的一家之主，而他当年资助六弟留法的初衷，本就是希望常家子弟去远方闯出一番天地。如今六弟要在欧洲的中心巴黎扎根甚至开枝散叶，对家族发展来说是一件好事，他没有理由反对，而且听说玛素出身名门，常俊民更加高兴，大手一挥要支持六弟一大笔钱置办婚礼。就这样，在大哥的支持下，常玉此次回家的第一要务顺利完成，他简直想像儿时那样搂着大哥的脖子转三圈。

接着常玉便开始着手准备送给玛素的结婚礼物，按照他家乡此时的习俗，首饰皮货这些贵重服饰都是不可少的。大哥送了一件华贵的豹皮斗篷和几件玉雕首饰，常玉对豹皮斗篷非常满意，却没太看上那几件样式陈旧的首饰，他想亲自给玛素挑选些别致的样式。

常玉去了当地最大的珠宝店铺，给玛素挑选首饰，他却失望地发现里面售卖的都是些俗气的大路货，材质以翡翠居多，样式老气、雕工粗糙，常玉勉强挑了一只水头还算不错的素圈手镯和一枚马鞍形戒面的戒指，这都是最简单经典的款式，有中国的味道又不会过于繁复，就像常玉的画。可是聘礼首饰须得凑成整套，没有单送戒指手镯的道理。现在还缺耳环和项链，铺子里这些实在不入常玉的眼，他决定自己设计图样找工匠定做，定要送给他的玛素天下独一无二、带着他们两人印记的好首饰。

常玉花了好几天工夫画好了设计稿，他设计的耳环样式十分简洁，翡翠圆片正中镶嵌上足金铸成的大写字母 M，象征玛素的名字。项链的设计稍微复杂一些，由小到大均匀变化的翡翠圆珠，中间装饰着一对翡翠雕成的鸳鸯吊坠。常玉信心十足地拿着自己的设计稿去找匠人，谁知跑遍了顺庆也没有一个翡翠匠肯接这生意。要么嫌常玉要的鸳鸯吊坠对原料和工艺要求都太高，要么说耳环不是常规的工艺，往往还把他的设计嘲笑一番，认为怪里怪气，一看就是外行在胡搞。常玉好生失望，正犹豫是否再去成都碰碰运气，没想到接到了邵洵美的来信。

原来常玉刚离开巴黎不久，洵美便接到母亲寄来的家书，说家中一处房产失火，让作为长房长孙的洵美回家处理，祖母也专门在信上附笔，催促他回国完婚。房产的损失并没给含着金汤匙出生的邵洵美带来太大触动，倒是完婚一事正中了他的下怀。邵洵美赶紧从巴黎回到剑桥，迅速办理好学校的请假手续，便又折回巴黎与三哥张道藩一道乘船回了上海。家中已经为洵美和佩玉定好了婚期，就在这年腊月初二，眼下正紧锣密鼓地筹备婚礼。邵洵美邀请常玉做婚礼上的男傧相，若在家无事，最好近期便来上海帮他。常玉见信高兴得很，他多年在外散漫惯了，突然回到家中与一大家子人朝夕相处竟有些不自在，好友的请求让浪荡子得了离家的好借口。而且到上海正好还可以见见二哥，常玉认为他是家族中跟自己最有共同语言的人。此外上海汇集各地能工巧匠，常玉设计的首饰也一定能实现出来。

于是常玉与家人至亲一一道别，再次启程。

· 沪上重聚

又一次来到繁华的大上海，常玉见识过了巴黎的纸醉金迷，早不像当年初来沪上那样看什么都新鲜，但上海的国际化程度仍令他感到惊讶。一下火车，仿佛到了万国展览会，一辆黄包车拉着个长袍马褂的白种人从他面前驶过，看长相大概是英美人。常玉拖着行李走得稍慢，被后面人踩了鞋跟，还没来得及回头，便听见一声德语的抱歉，一个金发的大个子男人已经大步流星超过了他。前面正好走过几名身着和服木屐的日本淑女，她们盛装打扮排成一排，令人不由得注目，常玉扭头观看，却冷不防和迎面走来的人撞个满怀。常玉赶紧回头道歉，见来人皮肤黝黑、身材胖大，头缠包头巾，身穿刺绣精美的丝绸服装，原来是名印度商人，他显然也是因为刚才看日本女孩走神才跟常玉撞在一处，因此双手合十冲常玉点头笑笑。

常玉终于分开熙熙攘攘的人流走出接站口，老远看见邵洵美笑着冲他招手，常玉惊喜又感动，没想到这位豪门贵公子竟亲自来接站。邵家的司机接过常玉的行李，两人说笑着钻进汽车。邵洵美见了常玉谈性大发，恨不得把常玉离开巴黎后发生的事情一股脑儿告诉给他。他讲玛素十分坚强，常玉走后又多找了一家兼职，让自己几乎没有空余的时间去思念常玉。只有邵洵美离开巴黎那天，玛素、梁宗岱、蒋碧薇一起去送站，玛素终于触景生情，哭得不能自已。梁宗岱还搞出乌龙，以为玛素是对邵洵美有情，还十分“贴心”地安慰玛素，搞得她哭笑不得。

一提到玛素，常玉不禁搅动柔肠，赶紧向邵洵美打听上海哪家翡翠铺户能接他的订单。邵洵美正好自己也在置办婚礼所需的各种物品，又历来对这些风花雪月的“闲事”最有兴趣，马上想到佩玉曾跟他提到，嫁妆里除了祖传的珠宝还置办了几件时新的首饰，翡翠就是找上海著名翠商张文棣定做的。他建议常玉先找张文棣问问，如果他不合适，还可以再问别家，上海经营翡翠出名的商人不少，马功甫、陆钧仁都赫赫有名，总有一家能完成常玉的设计。

常玉见难题有了解，不禁喜笑颜开，又有心情向邵洵美打听上海现在的文化圈子。邵洵美回到上海才三个钟头就收到第一个本地文人饭局的邀请，是刘海粟做东邀了张道藩，张又把邵洵美拉了去。自他回国后已走马灯似的参加了好几拨文人聚会，自然很有话说，跟常玉绘声绘色描绘了一番酒局上的文人百态，引得常玉兴致勃发，他有点迫不及待想会会上海文艺界的各路精英。邵洵美顶着海归文人的名头初入上海社交界，颇受人追捧，此时也正在兴头上，见常玉流露出兴趣，立马张罗攒起饭局为好友接风。邵洵美安排常玉下榻的一品香旅馆坐落在西藏路，本身就是做西餐馆起家，刘海粟做东的那次也是在这里，索性就在此请客。于是在酒店安顿好后，常玉便兴致勃勃地和邵洵美讨论宴客的名单。天狗会成员张道藩、江小鹣自不必说，上海文艺圈的活跃人物刘海粟也是务必要请的，邵洵美又推荐上海美专任职的滕固、王济远、丁悚等人，还有擅长漫画的张光宇、张正宇、曹涵美三兄弟也是妙人。于是一个典型的上海文人饭局名单出炉，时间定在后天晚上。邵洵美不出酒店便开始电话邀约。除丁悚和张正宇当日有事外，其余几位都欣然应允。

次日常玉迫不及待请邵洵美帮忙引荐大翠商张文棣，邵洵美早让下人给联系了一位张文棣手下的业务骨干小王，此人头脑灵活善于变通，又是翠雕师傅出身。看了常玉设计的图纸，心里便明白大半，又跟常玉聊了聊，摸清了他的需求，又帮他把设计中不合理之处做了调整，沟通得很顺畅。常玉一再叮嘱要用好料，小王满口打着包票：“邵大少爷的朋友是我们的贵客，必定给您用最上乘的原料。”紧接着又故作神秘地说：“常先生赶的时机正好，张先生几年前得了块绝世的金丝种好料，这块料不但成色好，还巨大，他不舍得零打碎敲地雕些小件，聘了十几位前清内务府的老师傅，憋着劲要做成个稀世珍宝。雕这宝贝过程中剔掉好些余料，这里的边角料放到别处可都是成色上佳的整料，您的项链和耳环都能用上这批料子。”常玉听了喜不自禁。

第三日便是接风宴的日子，常玉表面不动声色，其实心里对自己在上海文艺界的初次亮相颇为期待。跟邵洵美聊天时，常玉不停打听要来赴约的几个人的情况，并根据邵洵美的描述在脑海里想象他们的样子。刚到午后，常玉便开始换装理容，他这次回来带了两套很考究的西装，是去年在巴黎定做的。今天他打算穿深蓝色的那套，另一套更华贵的黑色套装留在邵洵美婚礼的隆重场合。

离宴请时间还有一个多钟头，邵洵美便早早来一品香同常玉会合。

两人缓缓移步到一楼的一品香西餐馆。餐馆跟旅馆装修风格一致，都走的中西合璧富丽堂皇的路线，中式宫廷风格的雕梁画栋下吊着西式的水晶吊灯。邵洵美订的包间更是阔气得很，西洋座钟和奇石盆景点缀其间，虽是西餐厅却摆着一张硕大的圆桌。邵洵美拉常玉坐在上首，边聊天边等客至。

张道藩早早到了，仍是风风火火的样子。他热情地拉着常玉寒暄，回忆巴黎的见闻，聊天狗会成员的趣事，称兄道弟叫得亲热，尽管常玉跟他见面总共不过三回。不一会儿，滕固和王济远两位上海美专同事结伴而来，并且帮刘海粟告假说要迟到一会儿。滕固、王济远二人形象、气质迥然不同，处处形成有趣的对比。滕固一张国字脸，五官端正、棱角分明，一头浓密的黑发。王济远的脸又白又圆，刚三十多岁发际线便退得厉害，还梳着时兴的大背头，露出白亮的大脑门，又厚又大的嘴巴下面是几乎跟脖子连成一片的短下巴，像只刚出锅的大馒头。滕固板正的衬衣外一丝不苟系着领带，西装笔挺，皮鞋一尘不染，一副严谨的青年学者派头。王济远也是一身西式服装，衬衫领口系一个黑色大领结，却并不显得正式或隆重，也许是因为他的外套和西裤都宽松且带褶皱。王济远虽然只比滕固和常玉大几岁，看上去却像位宽厚和蔼的长辈。滕固与常玉等人客套打了招呼后，便与邵洵美热火朝天聊起了英国文学。王济远则热情地与常玉攀谈起来，他听邵洵美提过常玉留法前曾在日本短暂游学，而他本人自从去年跟滕固一起公派赴日考察美术教育，便与日本美术界建立了密切的联系，如今频繁往来于中日之间，今年5月刚在日本的美术馆举办了个人画展，他觉得跟常玉应该有许多共同话题，事实也正是如此。王济远对法国现代艺术大师塞尚极为推崇，常玉也非常认可塞尚的艺术理念，他们两人的艺术实践都在吸收着现代主义艺术的营养，很快就相互引为知己。

接近约定的时间，张光宇、曹涵美两兄弟和江小鹈纷纷赶到。常玉见江小鹈跟在法国时一样注重形象，西装修身笔挺，下颌上还留起了法式胡须，一副风度翩翩的美男子打扮，可不知为何苍老了许多，鬓角和胡须里都掺了几根银丝。常玉虽知道曹涵美是因为过继给舅家才改了姓氏，却没想到兄弟二人如此大相径庭，其实细看两人五官是十分相似的，就是气质神态迥然有别。张光宇虽从未留洋，却是一副十分西式的做派，随和开朗。曹涵美年纪不大，却是席间唯一穿中式长衫的，举手投足书卷气十足，像个老派文人。据说张光宇年轻时称得上相貌英俊，即便现在略为发福也能看出底子十分周正，但不知为何周身散发出诙谐的气息，即使默不作声也能让人发笑，常玉看见他就觉得十分开心。张光宇一开口更是令人捧腹，他毫不掩饰地叫邵洵美为财神爷，见面便猛拍他的马屁，顺带将常玉也恭维一番，但听来丝毫不让人感觉肉麻，反而像是老朋友之间的调侃，迅速拉近了距离。邵洵美介绍说，张光宇正在烟草公司担任绘图员，但常为《世界画报》等刊物画插图和发表漫画作品，在业内广受认可。而二弟曹涵美也受大哥的影响投身漫画创作，他从临摹陈老莲、仇十洲、任伯年起步，走传统白描的路子。这两兄弟的外貌气质正跟他们的创作风格完全吻合，常玉不禁在心中感叹艺术巨大的影响力。

除刘海粟外，宴客宾主皆已到场，邵洵美自顾和滕固聊得起劲，全然忘了时间，也想不起招呼其他客人。倒是王济远提醒常玉不必专等刘海粟，可以请列位入席上菜了。常玉忙拿出东道主的架势，拉邵洵美一块儿招呼客人入座。邵洵美这才想起自己的主人身份，张罗起点菜，常玉也就邵洵美的手看了看菜单，倒并没搞得多么豪华，简洁清爽的一张纸笺上用绿色油墨印着“一品香大菜单”几个字，竖排栅栏格里水笔手写的菜名，都是色拉、浓汤、牛排、布丁、咖啡这些西餐里的寻常菜式。常玉这个在巴黎吃了几年正宗法餐的人，本没对一品香抱多大期望，想着也就是此地环境够气派请客有面子。及至上了菜，常玉才体会到一品香的妙处，首先这摆盘布菜的方式便与真正的西餐不同，多数西餐厅都是直接分好餐盘每人一份，用完一道再上一道，对中国人来说显得疏远，席面上也冷冷清清不够丰盛。一品香的菜则用大餐盘盛着端上圆桌，由侍者给客人布菜，一大圆桌碗盘好不热闹。最妙的是菜的味道，全都依着中国人的口味进行了改良，同时又保留了西菜的精华特色。原来这种中西合璧的饭店在沪上被称作番菜馆或大菜馆，就为和西菜馆区分开。

常玉赞不绝口，邵洵美不禁得意地说：“我也算吃遍中西的人，选的馆子不会错的。一品香可是我回到上海吃的第一家馆子，刚回上海两天就被三哥拉来赴宴，还是刘校长做东，说起来季芳兄怎么还没到？”话音刚落，包房的门被推开，侍者引一位西装革履的青年男子入内，来人正是刘海粟。常玉久闻他大名，只是不曾得见，不禁暗暗上下打量，好奇这个仅比自己年长几岁的年轻人如何就成了美术界的传奇人物。包间里其他人跟刘海粟都是老相识，热情招呼他入座，尤其是张道藩和江小鹣，一个劲把他往上首席位上推，倒比常玉和邵洵美都像东道主。刘海粟倒大方得很，先郑重跟常玉握了握手，道声久仰，又与列位一一打了招呼，稍微推让一下便坐了首席。

人到齐了，席间的气氛更加热闹起来，先是洵美以主人的身份，再次郑重介绍常玉，极言他画作如何精彩，已经参加过巴黎的秋季美术沙龙，今后必成大师云云，满座溢美之词，尤其提到常玉即将迎娶法国娇妻，更是引起一串艳羡的喝彩。常玉听着朋友的夸赞，心里虽十分受用，却也意识到在座都是在国内崭露头角的美术新星，当面称赞是出于礼貌，心里面谁又服气谁呢，自己还是不宜太露锋芒。于是常玉忙起身谦虚了几句，本想再赞美其他人几句，可实际上心高气傲的他根本没有跟张道藩、江小鹣深入聊过关于艺术的见解，也未仔细看过他们的画或雕塑，其他人都是今天刚刚见面，了解更是无从谈起。那种虚伪的客套话常玉实在无法出口，向诸位敬了杯酒算是收场。

此后刘海粟便成了席上的主角，他大谈日本绘画如何先进世界一流，似乎忘了日本现代艺术是全盘学习欧洲尤其是法国，常玉本想跟他辩论一番，发现他旋即便将话题转向自己，谈他与日本美术界关系如何密切，在日本如何受到追捧，被誉为“东方艺坛之狮”云云。常玉便明白他极力颂扬日本画坛其实是为标榜自己，也便释然了。随后刘海粟又提起正在筹办的第八届天马会美术展，邀请在座画家参展，尤其对常玉格外盛情，言辞极为恳切。常玉发现刘海粟虽喜欢夸夸其谈，有哗众取宠之嫌，但不乏真性情，对艺术有自己的见解，做事也颇有格局，对他的印象便有好转。

此时已酒过三巡，这些年轻的文人们在觥筹交错间谈兴愈浓。刘海粟一番高谈阔论后匆匆尝了几口菜便要告辞，他还要赶着赴下一个饭局，张道藩扯着他不肯放，刘海粟执意要走，众人只得与他道别。张道藩转回头又想找滕固，却见他正和邵洵美谈得热络，便把正和常玉闲聊的王济远拉到一边嘀咕许久。常玉本来和王济远聊得差不多了，倒也乐得用他一贯疏离的眼光旁观酒席上的百态。江小鹣在这种场合中也是如鱼得水，自如穿梭席间，而且他跟张道藩一样煞有介事，仿佛他所谈的都是关乎江山社稷的大事。张光宇两兄弟和王济远都是社交场上的润滑剂，仿佛受了委托担起调节气氛的责任，搜肠刮肚想出各种有意思的话题，不让席上出现冷场的局面。席上谁若说了句妙语，周围人便一本正经地点头表示赞许，仿佛见证了什么至理名言、人生真谛的诞生，其实这些妙语金句多半是些青年文人的无病呻吟，或抖机灵的俏皮话，偶尔有些对文学艺术的见地，每个人都在努力地表现甚至表演，以证明自己的存在。常玉蓦地生出一种空虚感，人生一世仿佛就在这点几点头中过去了，想到这他不由得出了一身冷汗，先前那种想要和同行一较高下的劲头瞬间消散了大半。

宴席散后，常玉跟邵洵美说了自己的感受，并且表示以后不再参加这种聚会。邵洵美其实有时亦有同感，但他觉得正是人们把自己的身体、精神、活力都填补进去，才能让世界不再空虚，而且他希望通过这种聚会结识更多有趣的人。

常玉摇摇头说："刚去巴黎时每次留学生聚会或者天狗会的活动我也是像你这样兴致勃勃，后来渐渐厌倦了，你会发现每次聚会活跃的人物无非那几个，甚至你转个场发现地方换了人却还是那么几位，话题也是翻来覆去谈过多少次的，后来我渐渐就不去了。前几日刚到上海，我见这里发展日新月异，便存了些幻想，以为这里的聚会会与别处不同，谁知竟然连人都是从巴黎转回来的。绝不是说这几位朋友不好，像王济远、张光宇对美术都很有个人见地，滕固跟你聊得那么投机，水平应该也是极高的。我只是不能适应这种需要寒暄客套的场合，我们中国人的聚会是尤其让我疲倦的。”

邵洵美嬉笑着说：“难道外国人的聚会就不需要寒暄客套？社交的本质不就是如此。”

常玉说：“这倒不假，但我跟他们交谈没什么包袱，尤其是西洋人本来就比较直爽，话不投机大不了以后不再来往。但跟咱们中国人不行，尤其是美术圈子，来来去去就是这些人，低头不见抬头见，总要想着留点余地，话总不能畅快地说，还要适时恭维，对我而言实在太费神。有这个工夫，哪怕我去四马路看看各国的美人呢。”

常玉果然说到做到，刘海粟因在常玉接风宴上迟到早退有些过意不去，又听说丁悚和张正宇因事缺席，便有意第二天由他做东再张罗一局，常玉表示领了盛情，但婉言谢绝了他的提议。转过天去常玉便去探望二哥常必诚，二哥倒没怎么见老，依然富富态态、红光满面，他的牙刷公司初开时因猪鬃货源物美价廉，国内又少有竞争对手，着实红火了几年，后来越来越多的内地商人涉足牙刷生意，利润逐渐摊薄，常必诚及时加入其他外贸的业务，此时生意尚可。一见面常必诚便开玩笑说常玉翅膀硬了，这么晚才来看他。嘴上埋怨着，一伸手却亲热地揽住六弟的肩膀，把常玉从头到尾瞧个仔细。常必诚不禁感叹岁月和环境对人的历练，当初在日本事事要他拿主意、不谙世事的六弟，经过几年海外生活的锤炼，已成为一个处事从容、颇有主见的青年，事业上也找到了自己的方向，如今还要娶洋媳妇，真是今非昔比。兄弟二人好不容易聚在一起，有说不完的话，二哥留常玉住了好些天才放他走。

此后邵洵美、张道藩等再拉常玉参加聚会他便能推则推，实在推辞不了就只去做个吃客看客，倒也结识了王济远、张光宇、汪亚尘、郑振铎等几位投契的朋友。其中郑振铎与其他几位不同，他醉心文学史研究，目前任上海商务印书馆编辑，《小说月报》主编，其夫人高君箴是商务印书馆董事、编译所所长高梦旦的幺女，因此在出版界很有影响力。郑振铎喜欢与美术圈的人来往，《小说月报》总以美术作品做封面和插图。郑振铎看了邵洵美带回的常玉的素描十分欣赏，用其中一幅素描裸女做了《小说月报》的插页，刊登在当年第18期上，也让常玉在上海文艺圈出了小小的风头。这期间常玉在张文棣翡翠行定制的首饰也完成了，果然是用了上好的金丝种翠料，常玉精巧的构思被雕翠师傅高超的技艺完美实现出来，甚至超乎他的预料。常玉将首饰小心收起，决定不向玛素透露分毫，到时好给她一个惊喜。

· 洵美的婚礼

一转眼过了公历新年，邵洵美和盛佩玉的婚期临近，订酒店、选席面、发请柬等大小事项接踵而至。邵洵美做惯了大少爷，做事难免眉毛胡子一把抓，常玉也不擅长这些统筹策划的事务，只能在请柬样式、礼堂布置这些跟审美相关的细节上出力。好在邵家可差遣的仆佣众多，虽然难免七手八脚，也算圆满完成了各项任务。

1927年1月15日，农历腊月十二，邵洵美和盛佩玉在卡尔登大饭店举办了盛大的婚礼，名门望族的表姐弟联姻，本就是万众瞩目的盛事，媒体也来争相报道，两人的婚纱照登上了《上海画报》的封面，一场婚礼成了全城人茶余饭后的谈资。常玉作为男傧相之一，亲眼见识了这场豪门婚礼排场气派之大。且不说典礼大堂的布置如何豪华，光是陪伴新人的花童和男女傧相就各有四人。花童是两男两女四个白人

邵洵美与盛佩玉婚礼上男女傧相合影，左一为常玉

小孩，穿着整整齐齐的小洋装，活脱脱四个金发碧眼的洋娃娃。四位女傧相请的盛佩玉妹妹的中学同学，个个青春靓丽。包括常玉在内的四位男傧相都是邵洵美的至交好友，无不潇洒帅气。这十二个漂漂亮亮的人儿众星捧月般簇拥着身着盛装的新郎新娘，令人目不暇接。盛佩玉在结婚典礼上穿的一身缀满珍珠的粉色礼裙，是邵洵美亲自设计的，常玉也给出了不少主意。新郎一身笔挺的西式礼服，是专程从英国进口的羊毛呢面料，找上海最顶尖的裁缝量身定制的，衬得邵洵美愈发气度不凡。参加婚礼的来宾更是大有来头，女方主婚人是盛佩玉的四叔，上海滩鼎鼎有名的豪门公子盛恩颐。证婚人是震旦学院创始人，德高望重的马相伯老人。上海文艺界的青年才俊几乎悉数到场，前阵子聚会常见的刘海粟、张道藩、江小鹣等自不必说，常玉还见到了携新婚妻子陆小曼出席的徐志摩，以及邵洵美多次提到的“阿德哥”，时任东吴大学法学院院长的吴经熊，还有文学界的新锐人物郁达夫，在文学翻译上颇有造诣的朱维基等。这些年轻人多数因着与新郎邵洵美的交

情，得以进入这个名流云集的场合，于是其中一些极有上进心的便要牢牢抓住这难得的机会。常玉见江小鹣手持酒杯如穿花蝴蝶在各要人名流身边往来穿梭，听说他最近给刚刚逝世的著名医学家、改革家李平书塑了一尊三米高的大雕像，马上还要应同盟会委托给革命家陈其美塑一座八米高的巨型雕像，收入一定不菲。江小鹣能接到这种名利双收的订单，便是他苦心经营与上层人士关系的回报。张道藩同样左右逢源，他先是热情地向许多到场的国民党要员招呼敬酒，后来又单拉刘海粟头碰头嘀咕许久，常玉想起邵洵美评价张道藩“做画家未必适宜，搞政治应该是把好手”，不禁深以为然。

看着婚宴上的浮华景象，常玉再次感到惘然若失，他初涉上海交际圈激起的一点兴奋和好胜心，早在第一次文人聚会的寒暄中便烟消云散，彻底恢复了淡然疏离的心态。衣香鬓影觥筹交错都不能令常玉提起兴致，反而是那些点缀在婚宴现场的花饰和亲友敬贺的花篮吸引了他的目光。这些鲜花姿态各异，即便无人欣赏也兀自热热闹闹地开放着。常玉尤其喜欢粉白色调的花朵，像粉色和白色的玫瑰、芍药、牡丹、康乃馨、波斯菊等，它们不像大红、明黄那样艳丽富贵，而是温柔的、温馨的，是常玉理想中婚礼应有的色调和气质，而且那些粉嫩的绒乎乎的花瓣多像女性柔软的肌肤啊，想当年他去医院看望玛素带的就是一束娇艳的粉玫瑰。常玉的思路不禁飘到了他跟玛素初识的时候，那时的自己也是多么年轻专情啊。恍惚之间，常玉发现宾客逐渐告辞离席，原来邵家老祖母要求一定要在家按老规矩办中式的婚礼，因此卡尔登的典礼一结束，新郎新娘及双方至亲要赶回邵府，婚宴便告结束。常玉看着原本装饰华丽的酒店大堂杯盘狼藉的景象，更感到曲终人散的寥落，他将一些姿态尚且挺拔的粉白色花朵细心扎成一束，捧回旅店继续欣赏。

常玉尚未从婚礼高强度社交所造成的疲惫中恢复过来，又接到邵洵美婚后三朝宴会的邀请，他半开玩笑地抱怨：“你们豪门大户就是讲究，婚礼就要一中一西办两场，后面还跟着三朝，接下来是不是还有六朝、九朝、百日、周年？”邵洵美笑道：“常兄别急，百日、周年是生了儿子之后的事了，三朝过后还有个弥月，过完就可以放你回巴黎和玛素成婚了。”

“哎，谁让我摊上你这种富贵公子做朋友，就当好人做到底了，过几天我就去订船票，待你弥月宴一过，即刻回巴黎。真不怕老弟你笑话，这种大场面我实在应付不来，当个伴郎简直比新郎还累，我自己的婚礼决不肯大操大办。”

“你放心，三朝和弥月都是小范围的家宴，请的全是知交好友，不搞那些虚套。”

听邵洵美如此保证，常玉才放下心来，次日便去订好了下月回巴黎的船票，同时给玛素去了信，盼着早日团聚。

刚跟洵美道了再见，王济远的电话接踵而至，他跟刘海粟、江小鹣等人商议，想一起凑份子合力将邵洵美的新婚三朝宴办得热热闹闹，也借此场面好好聚一聚。这一行好友平日多得邵洵美支持赞助，正想找机会对他表示感谢，因此一拍即合，约定每人出资二十大洋，除宴席外，还要请戏班演几出助兴，江小鹣也主动表示要登台献艺。常玉见有王济远这样擅长组织的人张罗此事，乐得省心，高高兴兴随了份子。

三朝当日，常玉、徐志摩、陆小曼、刘海粟、王济远、滕固等十几位友人如约来到邵府，在邵家奢华的宴客大厅里济济一堂，欢宴的同时欣赏堂会戏。有江小鹣这位专业级的票友做顾问，王济远他们请的戏班是这几年上海滩名声鹊起的女戏班“牡丹姐妹京剧团”。“牡丹姐妹”团里主要演员有三位，艺名分别是粉牡丹、绿牡丹、金牡丹，清一色豆蔻年华的美丽少女，果真当得起她们各色牡丹的艺名。唱的都是《送酒》《打花鼓》《朱砂痣》这类热闹喜庆的曲目，江小鹣也献唱了一段《戏凤》，博得满堂喝彩、宾主尽欢。

待到邵洵美新婚弥月宴，正赶上农历新年，邀请的几乎还是原班人马，并增加了章克标等几位出版界人士，上次有事未能到场的张氏三兄弟也来齐了。邵洵美这次邀请挚友们到他和佩玉的新房小坐，新房其实仍在邵府老宅里，单独辟出了几间上房给这对新婚的小夫妻。对于邵府这样的大宅来说，新房的房间都不算大，但布置精美舒适，房内家具都是简洁现代的西式风格。卧房旁边是邵洵美的书房，所有人一进门目光便不由自主被墙上挂的常玉的素描裸女背影所吸引，不由得拍手叫好，几位此前没有见过常玉作品的朋友更是赞不绝口。常玉的佳作也激发了来客们的创作欲望，尤其是画家们，都是年轻气盛的才俊，谁不想在同行面前施展一下才华。

徐志摩看出大家跃跃欲试的劲头，提议在场的画家们合笔创作一幅画以贺邵洵美伉俪新婚之喜，大家纷纷响应，七手八脚在书桌上铺开毡子画纸，研墨润笔。大家一致同意按照年齿顺序作画，于是几人中最年长的漫画家丁悚第一个开笔，他在漫画界和商业美术界很有影响，天性幽默宽和，颇有带头人风范，跟张光宇尤其投契，最近正和张氏兄弟及漫画界后辈鲁少飞、叶浅予等筹划组织漫画会。丁悚见众人一致推他开笔，便当仁不让率先落墨，他从横幅纸的一侧起笔，画出一处缓和的坡岸和几块嶙峋的怪石，正是芝兰香草的绝好背景。周围几人纷纷叫好，赞叹丁悚不仅画艺高超，还处处为他人考虑。接下来是王济远，他于西画更为擅长，笔下的牡丹很有些水彩画的味道。江小鹣齿序紧随王济远之后，他没有沿着前两人的思路画花卉，而是别出心裁地画了一尊古香古色的铜鼎，造型纹饰都有出处，显现了他在青铜器历史和铸造工艺上下的功夫，众人也为江小鹣的另辟蹊径喝彩。刘海粟早就在一旁摩拳擦掌，轮到他时，他在坡岸旁的留白处挥毫画了一枝艳红的荷花，用色大胆，水墨淋漓。张光宇随后不慌不忙地在王济远的牡丹旁边画了一枝兰草，全用细笔白描，线条颇具功力。之后的滕固中规中矩地在兰草旁画了几竿墨竹。然后便到了常玉，众人都知道他留洋多年，也见过了他画的人体素描，都很好奇他在这花鸟为主的长卷上能画些什么。只见常玉气定神闲地在江小鹣的古鼎中添了一枝老梅，笔力遒劲，格调高洁，和古朴的器型相得益彰。众人万没料到常玉在传统水墨上有如此的造诣，本就八面玲珑的江小鹣立刻夸道："常兄这枝梅真是点睛之笔，让这鼎品格立现。"邵洵美更是惊喜不已，开玩笑地埋怨老常居然对他还留了一手。有几位本来对留洋艺术家颇有成见的同行，此刻也心服口服。常玉见自幼习得的传统笔墨功夫得到了国内同行的认可，况且还都是沪上有名有号的青年才俊，心中不免暗暗得意，但脸上努力保持淡然的神色。

其后，张正宇、曹涵美两兄弟也相继在长卷上添笔。一个画了一株菊花，跟前面的梅兰竹凑齐了四君子，一个在花间点缀了蜻蜓彩蝶，让画面活泼不少。这幅画虽出自多人之手，风格并不统一，但胜在朋友间的情谊，且在各位匠心经营之下形成了动静结合颇有意趣的画面。大家欣赏着自己和友人的杰作，相互欣赏品评，不亦乐乎。众人又公推徐志摩题词，他兴致勃勃提笔写道：丁卯新春，众友人合绘花卉长卷，恭贺洵美、佩玉新婚之喜。邵洵美夫妇高兴得合不拢嘴，一向端庄的佩玉也一直在笑着，心中的喜悦溢于言表。常玉看着邵洵美和徐志摩夫妇幸福的模样，心中不禁又涌起对玛素强烈的思念之情，恨不得立刻插上翅膀飞到爱人的身边。

· 再一次告别

常玉订到的船票在邵洵美新婚弥月宴五天之后，宴会一结束，他便开始掰着指头盼回巴黎的日子。朋友们要为他饯行，常玉却毫无心思应酬，一概婉拒。行李已收拾了无数遍，每日别无他事，常玉便向王济远要几支炭笔，搜罗旅店里的便签、旧报纸等一切可用的纸张画起了速写，有时是四马路上来来往往的中外美人，有时索性就画酒店里那装饰在花瓶中的真的或假的花卉。唯有沉浸在画画当中，他才能暂时摆脱等待引起的焦灼不安。

终于熬到了离开的日子，二哥放下繁忙的生意专程去港口送他，又塞给他一大包东西，常玉来不及细看便随手接过。常玉以为素来能言的二哥又会向他灌输一番为人处世的哲学，没想到二哥却紧紧握着他的双手，目不转睛地凝视着他，仿佛这是最后一次见面的机会。常玉历来不喜欢沉重和严肃，他试图用轻松的语气来化解，他故意嬉笑着说：“二哥你这是怎么了？这样看着我，好像这辈子都见不到了似的。”常必诚却不为所动，依然盯着常玉不舍得挪开眼，仿佛想把他的样子刻在脑海里。常玉见二哥嘴唇翕动，似乎有很多话想说，却欲言又止，最终只说出“六弟保重”四字。七年前同在这个码头，同是二哥来送行，彼时未及弱冠的少年常廷果心中的一点离愁完全被未来的梦想和憧憬掩盖。然而此刻身为一个已在海外经过一番磨砺的青年，他望着鬓角渐白的二哥，即将见到爱人的喜悦再也无法抵消与亲人分别的感伤，二哥一反常态的郑重也让常玉意识到，此去经年，远隔重洋，他同二哥、大哥，同父母还有所有与自己血脉相连的亲人也许都没有机会再见了。

游轮汽笛的声声哼鸣宣布着最后的道别时刻，常玉踏上舷梯加入了登船旅客的队伍，他提着大堆的行李被人流裹挟无法回头，待到踏上甲板挤到船舷前才在送别的人群中找到二哥的身影，他们奋力朝对方挥手直到轮船离岸，彼此消失在视野中。人们从甲板上散去各归其位，常玉也找到自己的船舱，开始整理行李。他这才发现二哥塞给他的是一大包“一心”牌牙刷，还有二哥的外贸公司经营的其他生活用品。上次见面聊家常时常玉无意间提到用不惯法国生产的牙刷，还是自家产品用起来巴适，他还提到几种用不惯的外国日用品，没想到二哥都一一记在心里。看着一袋子拉拉杂杂的家常物件，常玉隐忍许久的泪终于落了下来。泪眼蒙眬中他似乎又看到二哥在岸边远远的身影，当年在常玉眼里似乎无所不能的二哥，如今不过是人群中一个最寻常的中年男人，跟父母、大哥一样渐渐老去。而自己即将在法国娶妻成家，作为一个独立的人，展开异国的生活。未来如何在巴黎经营好家庭与事业，已超出了父兄的经验范围，没有人能够再给他指引和庇佑，未知的道路唯有靠自己去探索。

第三部分　高峰期

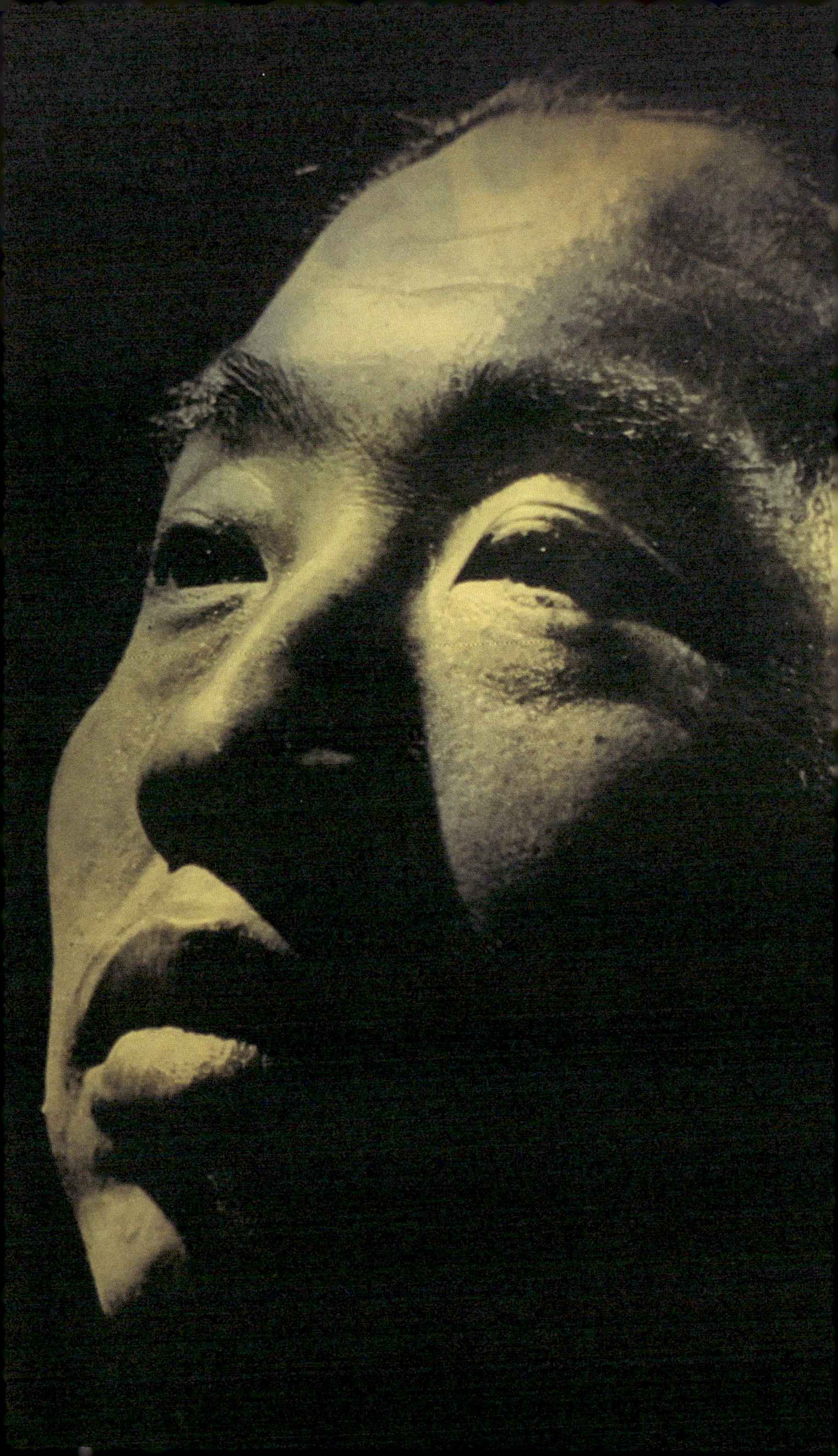

第十章　跨国婚姻

· 小别重逢

中法之间的旅程依然漫长，这次没有了友人的陪伴，常玉唯有通过不停地对着船上旅客写生来排解强烈的思念。经过四十多天的煎熬，轮船终于抵达马赛港，接下来还有一段火车旅程。常玉一上车落座就从行李箱中翻出了要送给玛素的翡翠首饰，单独将戒指取出来小心揣在贴身的口袋里，他打算一见面就给玛素一个惊喜。之后的时间，他要么坐在座位上，目光不停在窗外景物和手表指针间来回切换，要么在车厢过道里像困在笼里的狮子一样焦躁不安地来回踱步。他切实感受到了什么叫度日如年，甚至连速写也拯救不了等待带来的折磨了。

终于到了巴黎，列车还没进站，常玉便早早提好行李，眼巴巴站在车厢门前等候，列车缓缓滑入站台，常玉一眼便在接站的人群中看到了玛素，他朝思暮想的玛，穿着温柔的奶油色羊毛套裙，此刻却全然不顾淑女形象，挤在队伍的最前面，踮着脚向车窗内张望。车停稳了，常玉几乎是夺门而出，不顾行李的笨重，边大喊着玛素的名字，边奋力向她奔去。玛素也朝着他奔来。相隔还有两米有余，玛素便奋不顾身地飞扑进常玉怀里，常玉扔掉行李抱着玛素原地转了好几圈。浪漫的巴黎人对这种爱情小说般的桥段喜闻乐见，常玉和玛素周围口哨声和叫好声此起彼伏，还有位来接伴侣的中年男子，从自己准备的一束红玫瑰中抽出一枝递给常玉，示意他送给玛素。常玉福至心灵，从胸前口袋里掏出戒指，单膝跪地，像中世纪的骑士一样将玫瑰和戒指一起献给他的贵妇人。常玉收起平日嘻嘻哈哈的神情，深情看向玛素，用最真挚的语气说：“哈祖尼耶小姐，我履行约定补上了求婚戒指，现在在这么多人的见证下，再次请你确认，您愿意嫁给我做我的妻子吗？”

常玉话音未落，玛素便大声喊道：“我愿意，我愿意。”生怕自己或常玉两人中的一人会反悔似的。旋即她想起是在大庭广众之下，害羞得用双手捂住脸，双肩仍因激动而不能自已地颤抖。常玉站起身，温柔地拉下玛素的手，给她戴上戒指，吻干她脸上的泪水，顺着眼角一直吻到唇边，在众人的祝福声喝彩声中给了玛素一个地道的法式热吻，两个年轻人的心中充溢着对新生活的憧憬和希望，觉得幸福就像这美丽的戒指、娇艳的玫瑰一般，触手可及。

回到两人租住的公寓，门还没来得及关严，常玉便迫不及待打开箱子给玛素献宝。这套质料纯净、设计新巧、做工精湛，关键是凝结着浓浓爱意的翡翠首饰，果然如常玉意料的那样，引得玛素惊喜得尖叫起来，甚至那件华贵的豹皮披肩在其面前似乎都黯然失色，玛素只略看看便放在一边了。玛素爱不释手地把玩着首饰，恨不得每颗珠子都逐一欣赏，她对耳环天衣无缝的金镶玉工艺赞叹不已，看到翡翠鸳鸯项链坠简直惊为天人。这枚吊坠的确算得上巧夺天工，是用一整块银元大小的石料雕成一对头颈相交的鸳鸯，造型生动、刀法凝练，最精彩的是巧妙地利用翡翠原料本身的俏色，雄鸳鸯一身极漂亮的玻璃翠绿，雌鸳鸯则是柔和的黄褐色，是翡翠中的“翡”的部分，鸳鸯交颈处正是翡、翠两色过渡的部分，显得浑然天成。玛素听说项链和耳环都是常玉亲自设计的，看常玉的眼神全是崇拜，一个劲地问常玉怎么能想到用一整块石头雕出两只颜色不同的鸭子，怎么能想到把自己的名字用金子嵌在翡翠上。常玉得意地说：“俏色巧雕、金镶玉这都是我们大中华的传统手工艺，而且这耳环和项链不只漂亮、工艺好，而且都是有寓意的。

这可不是什么鸭子，这是鸳鸯，在中国象征着夫妻恩爱，白头偕老。你只看到黄金的M是你的名字，怎么没想到玉是我的名字，这副耳环有我们两个人的名字在里面。常夫人你就不要少见多怪了，你先生我的能耐还多着呢，以后有你见识的。”

· 婚礼提上日程

玛素见常玉此次从中国来，给自己带回如此贵重的礼物，真心实意与自己结婚，原本悬着的一颗心终于放下，她跟常玉开始把婚礼正式提上日程。两人对着常玉特地从家里带回来的老黄历研究了好几天，终于选定了次年即1928年4月10日这天，农历的戊辰年闰二月二十，一个宜嫁娶的黄道吉日，留一年左右的筹备时间也比较从容。

婚期既定，常玉担了家庭责任在身，习画也愈加积极勤奋，花在大茅屋和画室的时间更长了，画技日益精进，拿着钱来求他画的人络绎不绝，甚至有好几个画商表示愿意代理他的画，向他许诺颇为丰厚的报酬。常玉依然不为所动，他并非不想靠自己的创作让爱人过上更好的生活，而是他心气高远，非常反感一些对艺术毫无尊重、一身铜臭的商人像买白菜土豆一样挑拣自己的画。巴黎不乏在艺术和市场上都取得成功的榜样，毕加索、马蒂斯等人可谓名利双收，常玉认为他们的代理人功不可没，他暗暗期盼自己也能遇到康维勒（毕加索的主要代理人）那样的画商。另一方面他对自己的画颇有信心，觉得自己这匹千里马早晚会被伯乐发现，因此吃穿用度和款待朋友上仍是挥金如土，大哥给的那笔结婚的费用，还没等置办什么大件的家用，便已消耗过半。

玛素眼看着这样坐吃山空，觉得不是办法，多次劝说常玉，在非必要的开支上节制一些，不要过于奢侈。自己的画就算不想卖也不要总

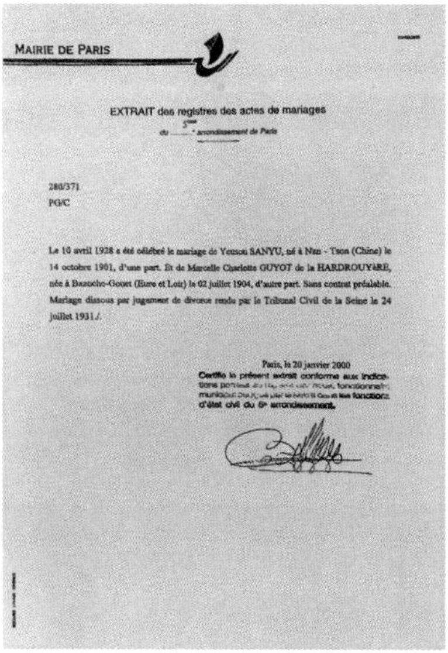

MAIRIE DE PARIS

EXTRAIT des registres des actes de mariages
du 5ème arrondissement de Paris

280/371
PG/C

Le 10 avril 1928 a été célébré le mariage de Yeuson SANYU, né à Nan - Tson (Chine) le 14 octobre 1901, d'une part. Et de Marcelle Charlotte GUYOT de la HARDROUYèRE, née à Bazoche-Gouet (Eure et Loir) le 02 juillet 1904, d'autre part. Sans contrat préalable. Mariage dissous par jugement de divorce rendu par le Tribunal Civil de la Seine le 24 juillet 1931./.

Paris, le 20 janvier 2000
Certifie le présent extrait conforme aux indications [illegible] fonctionnaire [illegible] les fonctions d'état civil du 5e arrondissement.

常玉和玛素的结婚证

是大手一挥就送人，到头来自己手里连几张像样的画都剩不下。常玉却不以为然，因为他画那些人体速写信手拈来，就像那些美而不自知的绝代佳人，完全没有把自己的绘画天才当成多么了不得的能力，他不喜欢有些画家自视甚高、敝帚自珍的做派。与换取财富相比，人们对他的画作由衷的赞美、独到的见地、热切期盼的眼神，更让常玉感到喜悦和有成就。因此他常常反过来劝慰玛素，向她描绘自己成为著名画家的未来前景，畅想到那时两人的幸福生活。这种画饼充饥的套路对玛素屡试不爽，基本上每次都能暂时将她安抚下来。玛素总是无可奈何地叹气，谁让她是那么爱着常玉，并且倾慕他的才华呢，想到他的才华、他的慷慨、他的温情，玛素不由得开心起来，暂时将那些恼人的日常琐事抛在脑后，学着像常玉一样享受当下的快乐。于是他们甜蜜和烦恼夹杂在一起的小日子，如塞纳河水般悠悠流过。

· 未婚妻的画像

秋天的一个周末，玛素去托儿所看过了儿子，难得有些空闲，刚好王季冈也来找常玉聊天，常玉见天气很好，便兴致勃勃提议去枫丹白露游玩，玛素和王季冈也欣然同意了。三个年轻人乘一趟由市区开往巴黎东南郊的专线巴士来到枫丹白露森林，观赏美丽的秋景之余还逛了逛富丽堂皇的枫丹白露宫殿。常玉背着那架从德国带回的宝贝相机，一路给玛素拍了不少美照。

三人逛到了枫丹白露宫的中国馆，这是拿破仑三世的欧仁妮皇后主持修建的，专为陈列法军从圆明园抢夺的珍宝文物。常玉和王季冈看着馆内陈列的琳琅满目的中国文物十分感慨，这些宝物像一个个耻辱的证据，刺目地提醒着他们，沉痛的国耻就发生在半个多世纪前，而今中国羸弱的形象仍未改变。常玉不禁又想起多年前那个被租借巡警

常玉、玛素和好友王季冈同游枫丹白露城堡

玛素像　常玉
纸本铅笔｜尺寸不详｜1928 年

无端欺侮的黄包车夫，他承认自己不是一个英雄主义者，既没有救国于危难的志向，也没有救民于水火的能力，他只是一个逃避在艺术世界中的浪子。单纯的玛素并不知道伴侣此时内心的痛苦，她完全被这些巧夺天工的奇珍异宝震撼了，一个劲地感叹中国人是如此聪明能干，就像她的未婚夫常玉。玛素在中国馆流连忘返，在常玉的再三催促下才走出门，立即又被门口威严的石狮吸引，非要拉常玉和王季冈合影，常玉无奈，只好拉住一位路过的游客给他们三人拍了合照。三个年轻人在石狮前的台阶上一字排开，穿着卡其色双排扣风衣的王季冈在下，中间是穿着黑色羊毛大衣挽着手包的玛素，身着黑呢大衣露出雪白衬衫领子的常玉站在最上面。两位男士的表情都略有些凝重，只有玛素面带微笑充分享受着秋游的愉悦。

回程路上，常玉对祖国的忧思逐渐缓解，然而玛素的好心情却因和王季冈谈论日常开销遭到破坏。原来她听说王季冈尚在求学，却不需要家里额外汇款资助，只凭公派助学金和兼职做工便能在巴黎生活，甚至小有储蓄。而对比之下，常玉家中的汇款比助学金高出不少，却总是捉襟见肘、寅吃卯粮。自己辛苦兼职着两份工作，勉强够自己和儿子生活，居然还要时不时帮常玉救急，她并非计较自己的经济损失——常玉每次手头一有钱都会加倍奉还——而是因为两人已经订婚，婚姻契约将把两人联结为利益共同体，玛素不得不为长远计，考虑两个人经济上的现实情况，然而她自己也并不精于理财，而且对常玉的挥霍深感无力。于是这位感性的姑娘的心情如过山车一般，很快从秋游的喜悦转向了对未来家庭的忧心忡忡。

此时他们一行已回到巴黎市区，在一家小咖啡馆中休息，王季冈见玛素的情绪受了影响，赶紧转移话题，而常玉却浑然不觉，他眼中只看见一幅入画的情景——玛素坐在桌后，头戴钟形小毡帽，脱掉外套露出里面的翻领半开扣罩衫，她右手托腮，左手端着咖啡杯啜饮，低低的帽檐压了住眉毛，鼻子以下的脸庞也被咖啡杯遮住，只露出一双美丽的眼睛，若有所思、欲言又止，给她的温婉优雅加上一丝忧郁。常玉迅速掏出水笔和画纸，记录下了这画面。常玉虽无数次画过玛素，但多数是全身的人体速写，极少有对五官的精细刻画，他对着这幅速写欣赏了半天，满意地签上自己的名字。

玛素见他那副投入的样子，冲王季冈撇嘴摊手表示无奈，王季冈也只能宽容笑笑。常玉一心所求只有“美”——女性的美、自然的美、生活的美、艺术的美，日常琐事、柴米油盐都不在他思考范围之内，作为伴侣和好友，他们心知肚明。

· 婚礼

随着时间临近婚期，玛素逐渐忙碌起来，她不仅要操持婚礼上所需一切事务，还想借婚礼之机修复和家人的关系。她央求一直悄悄与她互通音信的姐姐伊旺向父母求情，届时出席她的婚礼。其实哈祖尼耶夫妇也非不近人情，因为贵族家庭规矩森严，他们当年不得不摆出严厉的姿态对犯错的小女儿加以惩戒，消气之后也依然关心玛素，对伊旺悄悄联系妹妹睁一眼闭一眼，这次听说玛素要嫁给一位有才华的中国年轻画家十分高兴，不但答应参加婚礼，母亲还把几件家传的珠宝送给了玛素，另有一些钱让她置办嫁衣。

得到父母的宽恕玛素非常开心，她筹备婚礼的劲头更足了，每天忙得昏天黑地，常玉虽插不上手，却也为结婚做了自己的贡献。他觉得现在租住的公寓太小也太简陋，婚后再让玛素住在这里实在委屈，常玉还考虑把玛素的儿子也接来同住，因此头等大事是换个更像样的住处。尽管玛素对换大房子增加的生活成本不无担忧，但她被常玉的贴心和诚意深深打动，便同意了。常玉在卢梭街找到一处适合做工作室的房子，租金比米歇尔街的工作室略高，简单改造后便同玛素搬了进去。

1928 年 4 月 10 日，常玉和玛素的大喜之日终于来临。他们只邀请了为数不多的至亲好友，在巴黎第五区市会堂举办了一场低调却温馨的婚礼。常玉邀请了王季冈、谢寿康、蒋碧薇等留学生好友，玛素一边只有父母和姐姐一家出席婚礼，她的家人待人和气，谈吐间流露出贵族风范，对温文尔雅的常玉也十分满意。玛素为了迎合中国的结婚习俗，特地穿了一身喜庆的红裙，配上常玉送她的翡翠首饰，竟给这位金发碧眼的法国姑娘平添了几分东方风情，这种东西元素相融合又略有冲突的美，让常玉看得愣住了，一个念头电光石火一般在他心中闪过——自己一直在尝试将东方的意韵注入油画当中，之前只专注于用笔技法上的实验，其实视觉元素的借用也未尝不是一种办法。常玉正为这个新想法感到兴奋，忽然感觉手被狠狠掐了一下，见玛素正向自己使眼色，才猛然从遐想中回过神，只听见主持婚礼的牧师干咳一声，重新向他发问："常玉先生，你愿意娶玛素·哈祖尼耶小姐为妻，无论疾病、健康、贫穷、富足，都爱护她，安慰她，帮助她，忠诚对她，终身不离弃吗？"常玉忙不迭地说："我愿意愿意。"现场宾客见他呆头呆脑的样了都忍俊不禁，玛素本想狠狠瞪他一眼，也忍不住低头笑了。常玉看着盛装的玛素和周围祝福他们的亲友，切实体会到了成家的感觉，为了爱他支持他的美丽新娘，为了他们的小家庭光明的未来，他愿意全力以赴。

第十一章　崭露头角

· 两座城市的认可

新婚的喜气似乎真的给常玉带来了好运，他收到好友邵洵美的来信，洵美在信中兴冲冲告诉常玉，自己投资复刊了滕固等编辑的文学杂志《狮吼》，每期都需要优秀的美术作品作为封面和彩页插图，来不及向常玉征集新作，便把常玉之前在巴黎作为新婚礼物送给他的《背面裸女》刊在最新一期上。邵洵美让常玉尽快发些新作的照片，他好在《狮吼》上刊登，还可推荐给其他杂志，希望对常玉在国内的知名度起到一定推动作用。

另外，去年 9 月位于上海的中华艺术大学举办了一场“美术联合展览会”，几位主要组织者陈抱一、丁衍庸等也都在上海美专任教，说来说去都是同道中人。洵美拿常玉赠的两幅人体素描向他们推荐参展，被组织者欣然接纳作为“专家出品”展出。一同参展的留日画家倪贻德十分欣赏常玉的画，还在他撰写的展评文章《美术联展之回顾》中专门提到常玉：“常玉君的两幅人体速写，也是场内特出的作品，他的大胆的单纯的线条，很有辟迦索（Picasso）的趣味。曾经听见朋友说，常君在法国的时候专习素描，对于油画很少研究，若是他再在油画上下一番努力，将来在艺术界上定可放一异彩。”美术联展开幕报道和倪贻

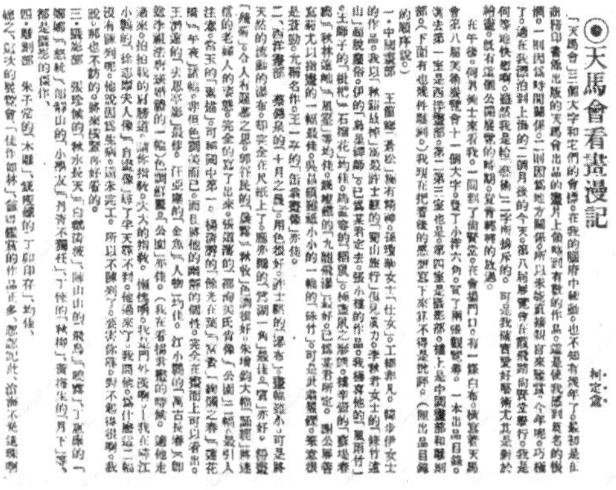

天馬會看畫漫記

柯定盦

1927 年 11 月 8 日出版的《申报》上刊登了柯定盦撰写的《天马会看画漫记》，文中称“常玉的素描，可称国中第一”。

德的展评都在传播面最广的《申报》上刊登，洵美细心地将载有文章的报纸及那期《狮吼》杂志一并随信附寄。

其实早在一年前常玉刚回巴黎时，便收到刘海粟的邀请，常玉通过邮寄作品的形式参加了“天马会”第八次展览。该展览于当年 11 月 5 日在上海举办，当时的批评家周守隽在《上海画报》上发表名为《天马会一瞥》的文章，在西方绘画专栏中特别介绍常玉的速写，赞扬他用线的力度和良好的技术。11 月 8 日出版的《申报》上则刊登了柯定盦撰写的《天马会看画漫记》，夸赞“常玉的素描，可称国中第一”。邵洵美和上海画坛对于旅居法国的常玉还是相当认可的。

新婚当年常玉的一幅油画《裸女》入选了秋季沙龙，这是他第二次参加秋季沙龙的展览。巴黎秋季艺术沙龙是在罗丹、雷诺阿等法国艺术大师倡导下于 1903 年成立的，最初目的是为落选法国官方绘画展览的艺术家提供展示作品的机会，鼓励艺术的多元发展，到 20 世纪 20 年代后期，秋季沙龙已成为推动法国现代艺术和发现艺术人才的重要平台。

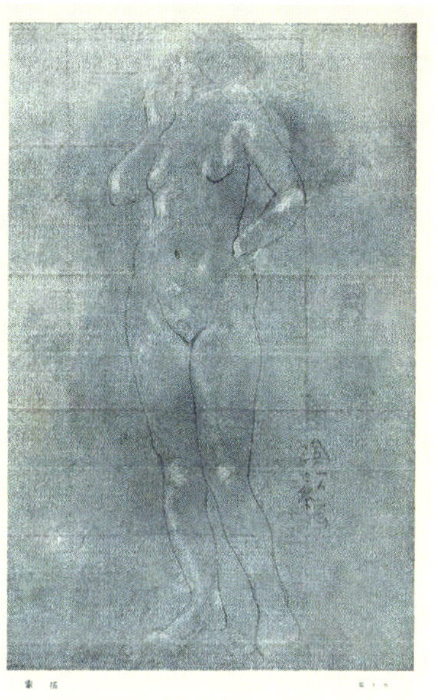

1927 年《小说月报》第 18 期刊登常玉素描作品

因此沙龙展观众如云，艺术爱好者们去欣赏艺术，陶冶情操，艺术家们去向优秀同行学习，激发灵感，艺术评论家们去观察、研究新的艺术潮流，嗅觉灵敏的画商们则将沙龙展视为发现潜力艺术家的绝佳场合。

· 初遇“伯乐”

秋季沙龙展开幕当天，常玉尽管不情愿，还是在玛素的强烈要求下穿起西装出席了开幕式。常玉的社交仅限于相熟的朋友小范围的聚会，对这种要和陌生人搭讪寒暄的场合颇为抗拒，展览开幕这类活动对他唯一的吸引力在于现场云集的美女。这次秋季沙龙展的开幕式上，常玉见展厅内颇有几位值得关注的美人，心里感到些许安慰。他端着杯香槟悠闲地在展厅内踱步，表面是欣赏作品，实际上在肆无忌惮地欣赏观看作品的各色美人。常玉正跟随着一位穿紧身裙有漂亮臀部的女士慢慢朝前移动，忽然听见前方一片人声嘈杂，他抬眼一看，前面聚集着衣着光鲜的一小群人，似乎都在听一个男人对一幅画进行点评，这幅画正是常玉的参展作品《裸女》。常玉也饶有兴趣地在不远处立住，想听听别人如何评价自己的画作。

被多位俊男美女簇拥着侃侃而谈的是一位衣着考究的中年男子，他脸型瘦长，眼窝深邃，脸部线条冷峻，不笑的话看起来有些严肃，但此刻他正和颜悦色地谈着他对这幅画的感受：

“你们看，这勾勒人体的线条多么简洁，多么柔和，把女人画得像只海兽一样原始又梦幻。色彩看起来单纯，却充满变化和微妙的细节，这种调和的粉和白把女人皮肤的质感充分表现出来，像花瓣一样。KIKI，你这身冰肌雪肤不请这位画家画画可惜了。”

常玉这幅参展的《裸女》的确是他近期的得意之作，是他苦心钻研用油画材质呈现女性人体皮肤多年成果的集中体现。听这位先生如此喜爱自己的作品，而且谈得都很到位，常玉不禁有遇到知音的感觉，又听他提到 KIKI，不禁心头一动，朝人群仔细看去。果然男子不远处站着一个婀娜丰腴的女人，顶着标志性的齐刘海波波头，雪白的鹅蛋脸，纤细上挑的眉毛和花瓣形鲜红的嘴唇，组成一张极具故事感的面孔，正是那位众多艺术家的灵感缪斯、被誉为“蒙帕纳斯女王”的传奇交际花 KIKI。常玉久闻 KIKI 艳名，也在蒙帕纳斯的咖啡馆里见过她几次，但从未这样近距离仔细打量过她。此刻他想 KIKI 果然名不虚传，怪不得这冷面的家伙现在眉开眼笑，原来美人的魅力谁也抵挡不住。

只见 KIKI 向着瘦脸男人俏皮地抛了个媚眼，说道：“我也喜欢这位画家的风格，比毕加索画得奇形怪状好。如果您能请到这位画家给我画像，我的模特费打对折。”

被她称为侯谢先生的男人听了 KIKI 的话更加兴奋了，对着常玉的画作赞叹不已：“太美妙了，真是太美妙了！我从来没见过谁这样画过油画，这位画家叫什么名字？ Sanyu？原来不是欧洲人，看起来有东方情调。日本人还是中国人？”

说着他转向身边的几个人：“谁要是能把这位画家介绍给我，我请他去银塔餐厅（La Tour d'Argent）吃大餐，葡萄酒管够！”

常玉立即接口道：“我可以，先生。您说话算话？”

侯谢先生有些惊奇地看着这位举止优雅的东方人，答道：“当然，这位画家非常有潜力，一顿大餐算得了什么。请问您怎么称呼？您和这位 Sanyu 很熟悉吗？”

常玉笑道：“再熟悉不过了，我就是 Sanyu 本人。”

侯谢先生高兴地一把抓住常玉的手，用力握了握，自我介绍道：“亨利 · 皮埃尔 · 侯谢（Henri-Pierre Roché），收藏家、艺术经纪人。Sanyu 先生，很荣幸认识您！我非常喜欢您的作品，希望能与您进行合作！”

常玉毕竟在巴黎画坛混迹多年，对皮埃尔 · 侯谢的大名有所耳闻，他品位出众、人脉广泛，作为收藏家和经纪人在巴黎颇有声誉。皮埃尔 · 侯谢在圈内最著名的事迹，莫过于 1905 年将彼时尚不出名、困居于蒙马特“洗衣船”工作室的毕加索介绍给来自美国的斯泰因兄妹，他们不仅富有，且在巴黎文艺圈极富影响力，对毕加索在巴黎大获成功助益颇多。如今毕加索已经成为热门的艺术明星，侯谢依然与其保持着友好的关系，并收藏多幅他的画作。这样一位大名鼎鼎的经纪人向自己抛来橄榄枝，常玉喜出望外，真有种心想事成之感。他热情地回应道：

亨利·皮埃尔·侯谢肖像照　约 1925 年

“侯谢先生，久仰大名！我们的初次合作就可以从 KIKI 小姐的画像开始，而且您还要记得许诺好的大餐哦，毕竟我给您介绍了常玉。”

常玉幽默的话语把周围几个人都逗笑了，尤其是 KIKI 更是笑靥如花地一直望着他。侯谢当即豪气地大手一挥，请在场几人同去银塔餐厅共进晚餐。其中一对夫妻是侯谢富有的收藏家朋友，他们保持着上流阶层的谨慎与矜持，借口晚上有其他安排，礼貌地与众人道别离开。其他几位都是跟 KIKI 差不多的，游走在各个艺术团体、圈子周围寻找机会的青年男女，他们最大的财富就是青春和美貌。

常玉与侯谢一同被几位靓丽的青年男女簇拥着招摇过市，其中一位还是艳名远播的“蒙帕纳斯女王”KIKI，一路上接受着路人惊异、艳羡的目光。一行人步入格调高雅的银塔餐厅，立即受到侍者的礼遇。侯谢显然是这里的贵宾，KIKI 应该也是常客，同行几人皆衣帽光鲜，餐厅领班为他们领位点餐，主厨亲自出面与他们沟通餐点的各种细节，其间还不时有衣冠楚楚的客人来和侯谢打招呼。KIKI 以及同行的美貌男女都七窍玲珑，极善察言观色，他们想依附侯谢谋一份生计，如今见侯谢十分看重常玉，自然言谈间处处附和吹捧。尽管常玉并不是贪慕虚荣之辈，但此刻他享用着美酒佳肴，得到殷勤周到的服务，随便讲句话便被人当金科玉律般肯定，关键是发出肯定的还是侯谢这样有影响力的人物和 KIKI 这样的美人，常玉不由自主地飘飘然了。他忘记了自己对商业合作的警惕，他本就不擅长锱铢必较地谈判，此刻更没有多余的脑筋去考虑如何在合作中放大自己作为艺术家的权益，再说在 KIKI 等美人们面前，那样斤斤计较的话怎么好意思说出口呢。于是他不假思索地答应了侯谢提出的合作条件——侯谢作为常玉的首席代理人，对常玉所有作品包括最新创作有优先选购的权利。这意味着侯谢既没有义务承担常玉创作的成本和生活开销，还能随意挑选画家的新作精品，以较为低廉的价格购入，再伺机高价售出，到时售价再高也不会再跟常玉有任何分成了。这倒不是侯谢有意占常玉的便宜，他只是出于一个精明商人的本能，提出对自己最有利的合作方式，放眼巴黎整个艺术市场，这也是强势画商与新人画家合作的常见模式。只不过常玉当时具备和侯谢讨价还价的筹码，但他自己没有意识到，便错失了谈判的最佳时机。常玉潇洒豪爽的态度为他赢得了宴席上的喝彩，也更增加了侯谢对他的好感——侯谢喜欢在艺术上纯粹、在金钱上不计较的艺术家，常玉并不曾料想自己可能会为一时豪爽付出代价，此刻他沉浸在巨大的满足感中。刚刚 KIKI 答应周五去常玉的阁楼为他做模特，他已经在心中踌躇满志地构思那幅即将开始的大作，甚至有些迫不及待了。

· 蒙帕纳斯女王的画像 上

星期五的上午，常玉十点钟就被闹钟叫醒，这对他来说已经是破天荒起了大早，他早饭也无心吃便开始打扫工作室。常玉从来没有为任何模特做过这样细致的准备工作，一方面他想通过这幅画实现一些新的设想和突破，因此十分在意；另一方面，那可是 KIKI 呀！多少艺术家的缪斯、尤物，“蒙帕纳斯的女王”，如今能请到她当模特，如同对艺术家水平、实力的一种认证。工作室面积较大，东西很少，玛素借搬家的机会把原来阁楼工作室里常玉积攒的破烂痛痛快快扔了一通，甚至连那张号称招待过二百位美人、两年前徐志摩和邵洵美来访都坐过的沙发也未能幸免。婚礼、装修、搬家和一次性缴清一年的房租，花去了常玉和玛素一大笔钱，两人无力再去置办家具，因此工作室显得颇为空阔。常玉这次还想画卧姿的人体，便将一块靠墙的地板擦洗干净，打算让 KIKI 直接卧在地上，却又担心她会嫌环境简陋不肯配合。收拾停当，常玉坐在屋内唯一的破椅子上喘口气，才感到饥饿。他习惯性地走到厨房，果然发现妻子为他准备的食物，一大块黑面包、黄油和半锅蔬菜汤。常玉刚把汤热好端下炉灶，KIKI 姗姗而来。

这天她穿了件宽大的男士风衣，头戴男款宽檐礼帽，短靴和大衣下摆间露出一截冻得红红的光腿，同样通红的还有耳垂和鼻尖，没有开幕那天打扮得那样华丽妩媚，却别有一番俏皮洒脱的风情。KIKI 一进门便飞快地摘掉帽子，脱掉外套和鞋子，又是搓手又是跺脚，冲着常玉咧嘴一笑说：“巴黎的冬天就是个婊子，你不穿上皮草她就翻脸不认人。”常玉请 KIKI 进到画室，把那唯一的破椅子让给她坐，见她大衣里面竟只穿了件单薄的丝绸裙子，赶紧走到壁炉前拨一拨炉里的木柴，让它烧得更旺。等常玉转身想跟 KIKI 说话，却不见了人影，只听厨房传来吸溜吸溜喝汤的声音，原来这个女孩径自跑去吃东西了。

“女王陛下初次登门居然用残羹剩饭来招待，我可太失礼了，求陛下恕罪。”

KIKI 口齿不清地说：“我又冷又饿，你的汤又太香了。”说着就着汤咽下一大口面包：“嗝，真不好意思，把你的面包吃光了，你还有吗？”

她孩子般顽皮的样子，丝毫看不出不好意思。常玉宽容又无奈地笑笑，只能从橱柜角落里翻出一包不知什么时候打开的苏打饼干，就着 KIKI 喝剩的汤，飞快地解决了这一餐。

常玉拍拍手上的饼干渣，对 KIKI 说：“请女王陛下更衣就位，让我们开始吧。”他请 KIKI 走进他因陋就简在工作室角落用浴帘围成的更衣室，心里还在忐忑等下如何开口说让她直接在地上摆姿势。片刻 KIKI 便脱好衣服，围着一块花毯走出来了，对着立在墙边的镜子左右端详，笑嘻嘻地说：“Sanyu，你们古老的中国真的那么富庶吗？居然用这么华贵的绣花毯子做浴巾，我好喜欢上面这些图案。”

KIKI 披的这块花毯是大哥丝厂的产品，被家人当作包袱皮给常玉包行李，此外还有几块质地、花色都差不多的大小不等的布块，都一起带到了法国。这种丝棉混纺的织物常玉从小司空见惯，并不觉得是多么贵重的东西，他随手把最大的这块放在更衣室供模特裹身保暖。然而此

KIKI 肖像照

刻，这块织有瑞鹤、仙鹿、莲花等中国传统纹样的花布披在深目翘鼻、典型欧洲长相的 KIKI 身上，竟然产生一种妙不可言的化学反应，那天婚礼上得到的灵感又从常玉脑中闪过，他福至心灵，对 KIKI 说：“女王陛下，您既然这么喜欢这块毯子，就躺在上面让它做你的背景如何？”

这正合 KIKI 的心意，她将毯子铺在地板上，躺在上面舒展身体，尝试各种姿势。她一会儿像小孩子一样四肢摆成大字形肆意平躺，一会儿单腿屈膝，另一只脚高高翘起，一会儿又向左侧卧，左手撑起头部向常玉嫣然一笑。她裸露的躯体一览无余，雪白的肌肤被乳黄色的织物衬得格外娇嫩，让人想起美味的奶油蛋糕。常玉纵然阅美人无数，看见这样香艳的画面也不免心荡神摇。他稳了稳心神，改用较为严肃的语气对 KIKI 说：“这个姿势过于袒露直白，我想要含蓄一点的感觉，请您换一个背向的姿势。”

KIKI 见常玉已经进入状态，便也收起了嘻嘻哈哈的笑脸，拿出专业模特的素养。她转过身依然侧卧，但换成用后背朝向常玉，定格几秒后见常玉没有表示肯定，便继续变换体态。这次她俯卧在地上，头枕着右臂，只露出曲线光滑优美的后背，双膝屈起扭向左侧，臀部向外。这样的姿势让身体的线条变得更加曲折微妙，常玉边看边不住满意地点头，但仍未开口发表意见。KIKI 想看看常玉的反应，费力地向右侧转头，然而因为扭着身体，脖子转动的角度有限，她精致的小脸大部分被胳膊和头发遮挡，只露出一只眼睛，显得神秘莫测。一种狂喜席卷着常玉，他的头脑和心灵仿佛被一道闪电点亮，他知道这是缪斯女神降临的时刻，他毫不犹豫地对 KIKI 说：“不要动，请保持这个姿势。”为了抓住这稍纵即逝的瞬间，他没有使用自己预先准备的大画布，而是飞快抓起一块很小的油画板，以最快的速度勾勒出 KIKI 身体的轮廓，再着重画她头部面部的细节，KIKI 的形象画好后常玉又端详了一下，便略去花毯，给墙壁和地板分别涂上米白色和红棕色，在右下角签上自己标志性的签名。整个过程仅花了不到一刻钟。但由于极度专注，常玉竟然浑身是汗，像是刚刚打完一场激烈的网球比赛一样，同时又感到畅快淋漓。

他颇为得意地将这幅油画小稿展示给 KIKI，KIKI 惊呆了，画面中她的身体洁白柔软，像初生般纯粹又富有活力，一头乌黑短发与身体形成鲜明的对比，露出的一只眼睛让整幅画不流于简单，真是名副其实的点睛之笔。此前 KIKI 已经给不少优秀的艺术家做过模特，凡 · 东根笔下的她分外冷艳，藤田嗣治夸大了她的妖冶，莫迪里阿尼把她画得和他画中的其他女人一样清冷疏离，莫依斯 · 基斯林发现了她甜美天真的一面，曼 · 雷——跟她相处最久，刚刚分手的摄影家情人——通过镜头逐渐把她塑造得高贵精致，但是过于戏剧化了，像一件精美的物品，缺少生气。没有人像常玉，不仅在如此短暂的时间里表现出她的特征，还赋予她含蓄神秘的魅力。KIKI 盯着常玉，似乎难以置信地说：“Sanyu，你让我有点害怕，上次在展厅第一次见你，我就感觉你的眼睛隔着衣服把我看光了，这倒没什么，因为多数男人尤其是艺术家见了我都这样。但今天我赤裸地躺在这儿，你好像透过身体把我的灵魂看穿了。”

“女王陛下，您的灵魂跟身体一样自由美丽，看了我的画只会有更多人臣服于您，有什么好害怕的呢。”

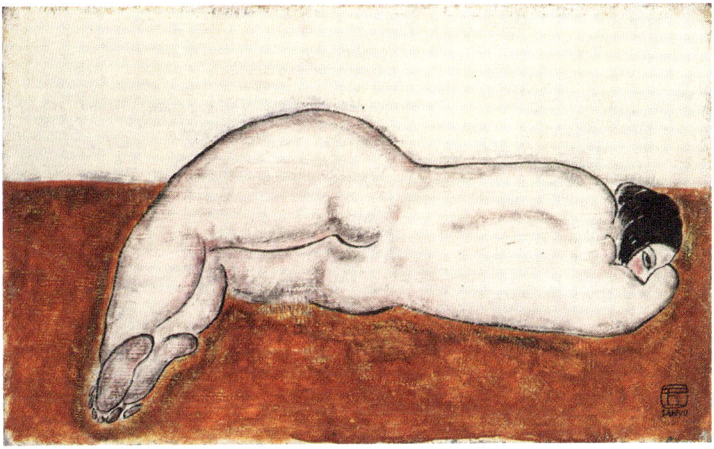

侧卧裸女　常玉
布面油画 ｜ 27cm×46cm ｜ 20 世纪 30 年代

KIKI 笑笑，又恢复了她的俏皮：“看来你已经画完了，我是不是可以拿上我的模特费走人呢？”

“请别急着走啊女王陛下，小稿和记忆再准确，也比不上鲜活的模特，更何况您这样风情万种的绝色美人，相信我，大画会更精彩的。到时候我帮您一起去跟侯谢先生要加倍的模特费。”

KIKI 也对常玉这幅画颇为期待，便恢复了刚才的姿势。常玉再次投入那种全神贯注的状态，因为已经有了小稿的成功尝试，这次他从容了许多。尽管油画可以反复覆盖调整，但常玉仍然以书法的标准要求自己，线条尽可能气韵贯通，落笔便不再改动。常玉预先准备的画布大约 80 厘米高，130 厘米宽，长、宽都接近小稿的三倍，意味着画面上最长的线条将长达半米。常玉先在画布偏右的位置确定了 KIKI 头部的位置和轮廓，随即他沉下心提笔运腕，从模特柔和圆润的肩背到凹凸有致的腰胯，再到颀长曲折的大腿外轮廓，一挥而就。其后常玉又一气呵成画出转折微妙的臀部、腿部及足部线条，之后又回到头部，完善面部轮廓和眼睛等细节。画面面积的增大，给了画家更大的发挥空间，同时也对画面细节的表现提出更加严苛的要求。常玉在头部和眼睛上花了更多的工夫。

人物形象大致完成后，常玉请 KIKI 起身休息，开始画毯子及背景。KIKI 似乎很享受裸露的感觉，不着急去穿衣服，赤身裸体在工作室里东瞧西望，之后又跑过来看常玉画画。他正在画毯子上的纹饰，这些纹样颇为繁复，但常玉用一支细小的画笔画得津津有味，丝毫未觉得厌烦，因为这让他想起年幼时在父亲指导下做的那些花鸟画的练习，他仿佛回到了年少时光。KIKI 也看得入迷，索性搬了个小板凳紧挨着常玉坐下，浑然忘了自己还光着身子。两个人一个画一个看，都十分专注，没有注意到悄悄降临的暮色和下班回到家中的女主人。

· 蒙帕纳斯女王的画像 下

玛素和往常一样打开房门，一股陌生的香水味钻进鼻孔，再看地上一双东倒西歪的女靴，她知道常玉又约了模特。玛素走进客厅兼画室想过去打个招呼，眼前的一幕却出乎她的预料——丈夫背对她站在画布前画画，一个女人一丝不挂地倚坐在他身边，头靠在他的大腿上，像一只黏人的猫。而她的丈夫只顾画画，像个呆子一样任由这个丰腴妖艳的女人贴着靠着。这时女人指着画面发出一声赞叹，声音慵懒娇媚，常玉似乎很享受这样的赞美，低下头和女人相视一笑，两人竟一副心有灵犀的样子。玛素实在看不下去，干咳了一声，常玉这才发现妻子已经回到家中，兴高采烈地冲过来抓住玛素的手，把她拉到画布前。

“玛，你看我的新画，前几天我一直在为它做准备，今天果然画得很顺利，已经完成一大半了，这会是一幅杰作。”

常玉手舞足蹈的样子，像一个得了好成绩向母亲炫耀并索要糖果的孩子。玛素见新画的确十分精彩，心情也好了一些，她吻了吻常玉的脸：“亲爱的，我知道你是个天才。”

玛素朝 KIKI 的方向瞥了一眼，见她已悄悄穿好了衣服，正略有些尴尬地站着。善良的玛素还是体贴地问：“Sanyu，你不打算介绍一下这位模特小姐吗？”

依然沉浸在创作喜悦中欣赏着自己作品的常玉，这才反应过来。“这是大名鼎鼎的 KIKI，‘蒙帕纳斯的女王’，巴黎众多艺术家的灵感缪斯。我记得以前好像跟你提过。KIKI 小姐，这是我的夫人玛素。”

玛素的确对 KIKI 的艳名有所耳闻，她听说的还不止这些，除了模特、缪斯，这位原名爱丽丝 · 普瑞恩（Alice Prin）的小姐还是艺术家们的情人和床伴，美艳多情的另一面就是放荡滥情。玛素用同性挑剔的眼光上下打量这位著名的交际花，不得不承认她的确风情万种。尽管心中嫉妒和不悦，玛素还是得体地向 KIKI 问好，KIKI 倒是大方得很，热情地握了握玛素的手：“你很美，做的蔬菜汤也好喝，Sanyu 是个幸运的男人。”玛素冷淡地道了声谢。KIKI 又意味深长地加了一句：“但你不见得是个幸运的女人，因为Sanyu是个艺术家，而且很有才华。看得出你不太欢迎我，正好 Sanyu 也画得差不多了，我该告辞了。”说着便一阵风似的走向大门。

常玉没想到 KIKI 离开得这么突兀，但也感觉到两个女人之间微妙的敌意，不好出言挽留，只能跟出来送客。KIKI 披好大衣蹬上靴子推门而出，旋即又转回身，冲着常玉妩媚一笑：“Sanyu，别忘了咱们的约定哦，帮我向侯谢多要点钱。”说完瞥了一眼客厅里的玛素，故意嘬起鲜红的嘴唇冲着常玉来了个飞吻。

常玉暗叫糟糕，心想：这可真是个惹不得的妖精，看来今晚想画完是不大可能了，当务之急是扑灭后院起的火。

他调整情绪带上一脸微笑，又用起他对付闹脾气的玛素惯用的招数，亲热地搂住她，不吝肉麻地夸赞道：“玛，你今天真美，KIKI 说得没错，我真是个幸运的男人，娶到你这么美又能干的妻子。”

玛素没好气地推开他：“是啊，你的女王陛下随便说一句都是金科玉律，要是没有她提醒，你都没意识到我是个好女人呢。好女人又有什么用，抵不过丰乳肥臀，人家一个媚眼把你魂都要勾走了，眼珠子恨不得粘在她身上。”

玛素气得口不择言，常玉不解：“夫人今天怎么突然吃起飞醋，我经常跟裸体模特打交道，你也是知道的，以前从没见你生气，我今天也没什么出格的举动，怎么惹你发这么大脾气？”

“你以前跟模特就是对着画，跟画风景画静物没有太大区别。今天这个 KIKI，你明明已经画完她的部分了，为什么不让她离开，还让她光着身子靠在你腿上，你明明一副很享受的样子。还有，你从前画模特重点在身体，脸经常是忽略掉的，这次居然这么用心地画她的头发和眼睛，我看你就是爱上她了。”

常玉被女性的敏锐直觉吓了一跳，他承认自己对包括 KIKI 在内的很多美艳模特都产生过强烈的性冲动，但对 KIKI 这样一个性感又精灵古怪的女孩，在生理反应之外甚至还有一丝超越肉体的欣赏。以世俗的道德标准来看，这已是对婚姻的背叛，然而常玉坚信一位艺术家只有对他的创作对象有强烈的爱欲，才可能创作出动人的作品。但是这些话是不能对妻子讲的，他不想给自己找麻烦，只好使出哄玛素的杀手锏：“亲爱的玛，在我心里你才是最美最好的，任何其他女人也不能跟你比，我画这幅画的时候，心里想的其实是你。而且我画出一件这么精彩的画，你不高兴吗？侯谢欣赏我，这幅画他肯定满意，他是有影响力的收藏家、经纪人，他会把我推荐到更多沙龙和展览上的。我有钱了就把尚接来，让你们母子早点团聚。”

尚是玛素的儿子，至今仍寄养在托儿所，已经四岁了，尚是玛素的软肋，听见常玉又提起接儿子的事，玛素心先软了，对常玉的气也消了一半。常玉倒也不是虚情假意，生性善良的他见不得玛素母子骨肉分离，多次提出要把尚接来同住，只是玛素觉得两人新婚不久还需观察磨合，一直顾虑重重。

常玉看出玛素已经松动，便乘胜追击，紧紧搂住玛素，在她耳边撒娇：“你老是怀疑我，我伤心了。”

玛素叹了口气，认定常玉就是自己的“克星”，无论感情的、经济的，再不可调和的矛盾，总能被他四两拨千斤地化解。可那些问题终究没有解决，只是像以前他塞在床底的那些破烂、垃圾，越堆越多，越

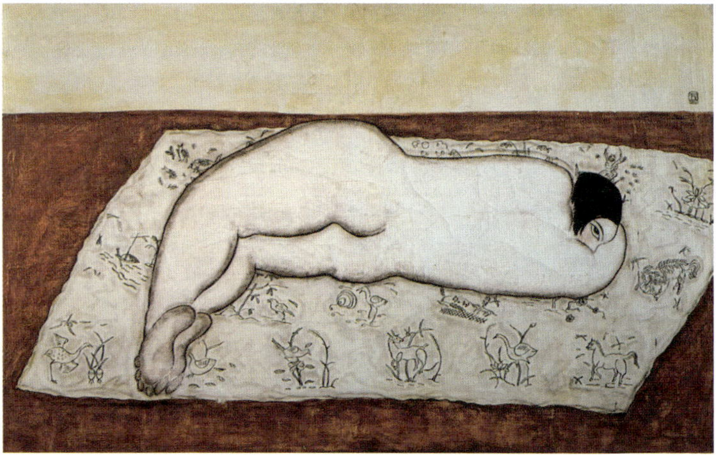

花毯上的裸女（KIKI 肖像） 常玉
布面油画 | 79cm×127.5cm | 1929 年

来越腐坏，总有一天会一发不可收拾地涌出来，让他们无法再假装视而不见。那一天终将到来，他们又将何去何从呢？

玛素试着和常玉谈论未来的计划，可常玉并不想思考如此沉重又遥远的问题，他从来看重当下，眼下他的全部心思都在那幅还未完成的新作上，三言两语敷衍了本来也有些疲惫的玛素，便跑去工作室画画了。

常玉抓起笔继续画毯子上繁复的花纹，像小时候练书法和画谱上最基础的一花一叶，越画越兴奋，乐此不疲。常玉享受创作的过程，即将完成是最好的状态，似乎有无限的可能，令人期盼。就像追求女人，彼此试探暧昧的阶段是最撩拨人的，一旦追到手确定了关系，便尘埃落定，让人失去了那点想象和盼头。经过两天夜以继日的劳作，这幅目前为止他绘画生涯中最大的人体油画完成了，随着最后签名收笔，创作带来的兴奋感达到顶点，随即烟花般散落，常玉带着满足的疲惫瘫坐在椅子上，从远处欣赏自己的大作。这幅画比之前的小稿更加出色，像他预期的一样。乳白、米黄、深棕和黑，极少的几种颜色薄薄平涂，一些位置甚至盖不住画布的底色，直线将画面利落分割，曲线蜿蜒跌宕，构图和色彩都是他自己欣赏的简约，人物眼睛、头发、足部以及毯子图案这些细节却毫不含糊且灵气十足。

· 心情复杂的第一桶金

常玉对这幅画充满信心，他迫不及待想邀请侯谢来看，为表示诚意，他没有通过邮局寄送邀请函，而是带着小稿亲自登门拜访。侯谢的工作室被他自己称为“阿拉构”，位于老牌艺术区蒙马特高地的一栋大厦中，这间占据一整层的大公寓可谓豪华，侯谢常在这里写作、会客，他的许多重要藏品也安置在此处。侯谢看到常玉带来的小稿非常激动，让常玉稍微休息了一会儿便急不可待地穿起外套，要常玉带他去工作室看那幅大画。

那幅画果然没有令侯谢失望，他看到画的一刻便激动地大叫：“天啊！你把 KIKI 画绝了，只画出一只眼睛就知道是她，你还把她升华了，从荡妇变成个神秘的女神。不过她居然出尔反尔，模特费不但没给我打折，还连哄带骗多要了我 500 法郎，说她模特当得好，帮助你画出了杰作。以后我们不必非请她当模特，巴黎美人多的是，随便哪个往这毯子上一躺都是幅好画。你这毯子选得好，让你的画更有东方情调，这也正是你的可贵之处。Sanyu，我一直以自己的眼光和品位为傲，这次我也没有看走眼，你很有才华，跟我合作吧，你会前途无量。这幅画我太喜欢了，谢天谢地咱们有约定，我有优先购买的权利。1000 法郎如何？我收藏了。”

作品被重要的藏家欣赏、肯定，并能够立即变现为一笔不菲的收入，按理说常玉应该感到高兴，谁知他竟然万般不舍，那种痛苦竟不逊于穷苦人家因生活所迫卖儿鬻女的愧疚。

侯谢见常玉面露犹豫，以为他想加价，狠狠心说道："1500 怎么样？同样的尺幅我从没给新人画家出过这样的高价。不要太贪心啊小伙子，才华是你的，你还可以画出很多好画。"

常玉不免心头一动，这笔钱对此时的他来说的确十分重要，婚后他的绘画事业虽有起色，经济方面却遭遇危机，家里寄来的生活费不仅时断时续，还渐次减少，几个月前大哥常俊民在家信中十分为难地告诉常玉，由于日本制丝工业的迅速复苏以及强有力的竞争，整个中国制丝业都遭压制，自家的德合丝厂市场份额急剧萎缩，再不复几年前的繁荣，难以继续给常玉稳定的支持。这几个月里常玉只收到家里勉强凑来的几百法郎，对于他在巴黎的开销无异于杯水车薪。而他如今已是有家室的人，即使自己甘愿忍饥挨饿，也不能不考虑玛素。于是他沉吟片刻，对侯谢说："我很高兴遇到了知音，看得出您的确非常喜欢这幅画，否则无论出多少钱我都不想卖。我并非要囤货居奇，这的确是我大幅油画的处女作，心里有些不舍。希望您能允许我再保留几日，好好看一看它，再拍张照片留念。拍完就给您送到府上，我保证绝不加价。"

侯谢听完爽快地答应了，并大方地当场就签了支票给常玉，当下主客皆欢。侯谢有些不甘心就这样空手而归，在常玉的工作室里四下搜罗，想看看还有没有其他可以收藏的画作。可惜常玉最近因为手头拮据，不舍得买新画布，便将本就不多的几幅旧作涂掉，准备在上面画新画，现在只有一幅只画了一半的花卉静物。侯谢见了惋惜得直跺脚，当即从钱包里掏出 200 法郎，让常玉去买新的画材。常玉见侯谢是真的爱他的画，便打开那口宝贝旧皮箱，给侯谢看自己珍藏的那些速写和素描。侯谢如获至宝，如果不是常玉惜售，恨不得把这几百张速写都收入囊中，最后带着五十多张精挑细选出来的纸上作品心满意足地离开了常玉的工作室。

看着桌上金额数千法郎的大额支票，常玉心中的骄傲、兴奋压过了对作品的不舍。尽管他对这种赤裸裸地用金钱购买艺术的交易仍不太适应，但自己画作的价值被人认可，总归是件令人高兴的事，这也许意味着以后再不必依赖家里的资助，凭自己的双手就可以过上理想的生活。这幅大画从起稿到完成花了不到三天时间，换了 1500 法郎，照这样的速度，他一星期至少能画两幅，每周收入至少 3000 法郎，一个月超过一万法郎，如此他和玛素便衣食无忧了，说不定还能成个富翁。富翁就不必了，能换个更豪华的工作室，画遍天下美人就知足了……常玉做起了白日梦。

· 天狗重聚

玛素下班回到家，常玉迫不及待地跟她分享了今天的收获，玛素也十分激动，但她尚且保留了一丝理智，在常玉张罗着要请朋友们吃饭庆祝的时候，抢先扣下一张支票，好去赎回那件刚被送进当铺的豹皮大衣。

第二天是个周末，银行不营业，支票变不成现金，口袋空空的常玉没法宴请朋友，只好在玛素催促下给那张大画拍下照片，再把画给侯谢送到“阿拉构”。这下皆大欢喜，侯谢很高兴这么快就拿到了画，玛素也乐得眼前清净，免得一看见画便想起 KIKI 风骚嚣张的样子。唯有常玉有些怏怏不乐，好在这也促使他拍了作品照片，可以早些寄给邵洵美在杂志上发表。

常玉好不容易盼到工作日，一起床便跑到银行将支票兑换成现金，接着便挨个邀请朋友晚上去蒙帕纳斯地区最好的饭馆用餐，他叫了王季冈、郭有守、梁宗岱几人，生怕不够热闹，还特意叮嘱朋友们再带朋友赴宴。近两年诸多老友渐次离开巴黎，聊得来的徐志摩和邵洵美都回国成家，徐悲鸿为筹款第二次去了新加坡，其间蒋碧薇发现有了身孕，便与徐悲鸿相继回国，天狗会的活动也随着主要成员们的离开而日渐凋敝。如今常玉与他们仅偶有书信往来，还常因路途遥远、局势动荡而散失，令常玉颇感寂寥。

傍晚时分，朋友们如约而至，梁宗岱携了他新结识的法国女友，郭有守带了一位中国青年同来。梁宗岱的新女友是一位美丽的法国姑娘，据说两人是在著名的诗歌俱乐部“黑猫洞”因诗结缘，一见钟情。大家对这传奇故事有所耳闻，本来就好奇得很，如今终于见到本人，一时间注意力都在他俩身上。郭有守嚷嚷着让梁宗岱正式介绍一下，一向热情奔放的梁宗岱居然红了脸，紧紧握着女友的手向大家介绍说：“这是 Vera，我给她取了中文名白薇，我们是诗友。请诸位多关照。”在座几人笑嘲道：“原来你们只是诗友啊，那我们是不是有机会追一追啊？”慌得梁宗岱面红耳赤地补充：“也是女朋友，女朋友。”白薇姑娘倒是落落大方地用生硬的中文向大家问好。

一阵哄闹过后，郭有守赶紧拉过身边的青年，向大家介绍说：“这位是庞薰琹，字虞铉。薰琹是江苏常熟人，是悲鸿兄和碧薇嫂的同乡。民国十四年他到巴黎学画，当时悲鸿兄去了新加坡，后来他就找到碧薇嫂帮忙介绍到叙利恩研究所。碧薇嫂临回国前托我关照薰琹，如今我也要回去了，正好借今天老常你请客的机会把薰琹转托给你吧。”

郭有守话音未落，便被常玉急急打断：“怎么，子杰，你也要离开巴黎了？老谢先走了，这回又是你，以后我跟谁斗嘴去。”

还没等郭有守开口，梁宗岱抢着替他回答：“人家子杰回国去做大官，堂堂国民政府教育部高官，跟你这境外刁民斗嘴，成何体统。”

“哪里哪里，只是区区小科长，糊口而已。宗岱仗着自己是大诗人就信口开河。说正经事，薰琹，我正式给你介绍今天的东道——常玉先生，法文名 Sanyu。他可是真正的大画家，跟悲鸿兄不相上下，尤其在法国颇有名气，最著名的秋季沙龙已经参加过好几回了。薰琹，你可要好好向常兄请教。老常，我看过薰琹的画，很有才华，是可造之材。”

庞薰琹起身恭恭敬敬向郭有守和常玉鞠了一躬：“谢子杰兄引荐，子杰兄过奖了。久闻常兄大名，今日终于有幸得见，小弟有不少美术方面的问题要向常兄请教。”

常玉见他面相周正，又如此谦逊有礼，心中颇有好感，微笑着说：“咱们不用搞那些繁文缛节，叫我 Sanyu 好了，朋友都这样称呼。我应该比你年长，就叫你薰琹了。欢迎一起探讨美术问题，悲鸿兄和志摩兄都不在巴黎了，还真想找人聊聊这些。”

郭有守插嘴道：“薰琹，跟老常你不用客气，你看他现在彬彬有

庞薰琹肖像照

礼的，那是跟你才刚认识，等熟了你看吧，眼睛毒，嘴巴更毒，损人不吐骨头。你不是知道天狗会选会长的原则吗？两任屁精中的极品都是他挖掘出来的，尤其是第二任姓韩的家伙，极崇洋媚外的那个，因为总在圣米歇尔大街上自以为器宇轩昂，实则搔首弄姿地来回拉生意，袖子里总塞块粉手帕，Sanyu 就送人个雅号‘粉公鸡’。”

常玉一脸无辜地说：“难道不像吗？你得承认我有眼光吧，‘粉公鸡’确实比他前任‘赵屁王’更胜一筹，真是青出于蓝。”

满桌人笑得前仰后合，梁宗岱还殷勤地给白薇翻译，白薇也笑得花枝乱颤。

郭有守又说：“老常今天请我们来这么高档的餐馆吃饭，是有什么大好事？秋季沙龙真请你去当评委了？”

常玉掩不住自得地说：“嘿嘿，也差不多，最近碰到一位很有影响力的收藏家，很欣赏我的作品，刚出大价钱买了一批我的画。今天请各位好友来一起高兴高兴！”

“Santé！（法语“健康”之意，是法语中最常用的敬酒词，意为祝大家健康。）”朋友们共同举杯庆祝常玉的成功，觥筹交错间宾主尽欢。庞薰琹还约好第二天去常玉的工作室拜访。

散席后结账时，常玉才发现这顿酒饭居然花费近千法郎，刚得的画款竟花去了四分之一。可他丝毫不觉得心疼，反而觉得畅快极了，有什么比美食、美酒朋友齐聚一堂更高兴的事呢？千金散尽还复来，他现在对自己赚钱养家的能力信心十足。

· 为他人解惑，自己又该当如何

常玉带着得意的微醺沉沉入梦，第二天被一阵敲门声惊醒，他睁眼一看已近晌午时分，叫声“不好”，居然忘了庞薰琹要来拜访，赶紧跳起来随便抓套衣裤穿上，便跑去开门。

庞薰琹进门后立即对工作室的宽敞明亮赞不绝口，对于一位画家而言这里的确很理想。房间面积很大，挑空很高，采光非常好，工作室的一角有一架铁质旋转楼梯，通向一个小阁楼，被常玉当作卧室。可令庞薰琹颇为意外的是常玉的工作室和他所见过的任何画家工作室都不一样，没有成堆的颜料、画布，也没有多少作品，只在工作室的一角堆放着一大摞素描纸，旁边一口旧皮箱，此外几个旧画架靠着一面墙排列，上面摆着空白或未完成的小幅油画布。除此之外几乎别无他物。庞薰琹提出想看看常玉的作品，常玉指着墙角那摞纸说道：“请便，都在那边了。”庞薰琹认认真真地逐一看常玉多年积累的素描和速写，绝大多数都是人像及人体。庞薰琹出身书香门第，有一定书法修为，幼年学画也是从传统花鸟入手，因此他一眼便看出常玉有深厚的传统书画功底，而常玉将中国书画笔法运用于西画当中更是令他大为赞叹。常玉见庞薰琹一语中的，知道他是个真正的内行，特地翻出自己学西画前画的一些花鸟给庞薰琹看。庞薰琹初看觉得常玉早期的小写意花鸟跟后来的人体素描简直判若两人，但细一想他那人物形体的不似之似以及线条飘逸的韵味，不正是和写意花鸟一脉相承。庞薰琹看完意犹未尽，他还想看看常玉的油画。

常玉说：“你来得不巧，新画的那幅大画已经被买主拿走了，这几幅都还没完成。让我想想，对了，这儿还有幅小的，幸亏上次藏家来的时候没找到，不然这会儿也不在了。”说着从通向阁楼的铁楼梯后面掏出一幅小画，上面已经积了些灰尘和蜘蛛网，显然画的主人没有把它当回事。常玉又不知从哪掏出块破布，掸了掸画上的灰网递给庞薰琹。

这是幅水上风景，灰蓝色的天空与黑色的河流相接，一只白色小船漂在水中央，用色和构图都极为简单，船的一些细节用黑色的线条表现，依然是那种富有书法韵律的线条，但不像是画笔画的，似乎是用尖利的工具直接在白色颜料上划出来的，露出黑色的底子。

庞薰琹由衷赞道：“常兄，我今日真是不虚此行，看了您的画大受启发，咱们中国传统的笔墨线条真是高级。尤其是您的油画，简单却有格调。还能再给我看几幅吗？”

“嘿嘿，没有了。”

“那您怎么不画呢？”

“薰琹老弟，不瞒你说，我那批画卖出去之前，真快穷途末路了，连炒菜的油都买不起，哪有钱来买油画材料。这下手头有钱了，接下来我要大干一场。”

“可是我不明白，您的作品已经多次在秋季沙龙上展出了，怎么会……”

庞薰琹后半句没说出口，但常玉很清楚他的言下之意——作品多次在秋季沙龙展出了，不就意味着已经是成功艺术家了，怎么还会落魄至此？常玉苦笑一下，心中暗道，艺术上的成功和商业上的成功并不能画等号，不然怎么会有凡·高的悲剧呢？再者也因为自己不喜当下欧洲艺术市场的赤裸，错失不少机会，况且在人才济济的巴黎，想出人头地哪有那么容易。常玉又担心这些话一股脑儿说出来，对初入艺坛的庞薰琹太过打击，因此避重就轻地说：“参加沙龙展也不代表什么，我不过就是在几块布上画了又涂，涂了又画。”

庞薰琹听了，一时不知如何作答，沉默片刻他问向常玉：“常兄，我今天来还有一个重要目的，就是向您讨教一下我未来学业的规划。您是成功的前辈，请给小弟指点迷津。”

“哎呀呀，成功可绝不敢当，你也看到我这落魄样，哪里敢给别人指路，那岂不误人子弟。”

常玉一听到这种事关个人未来前途命运的话题，便本能地躲避，并不是他吝于提携后辈，恰是因为他深知此事责任重大，不愿随意对他人的未来指手画脚。

“常兄不要过谦，我之前零星听说些您学画的经历，如今亲眼看了您的画，也见识了您的言谈眼界，至少在我眼中您是成功的。我初来巴黎时慕悲鸿兄之名，想步他后尘，也在朱利安画院学几年，再设法考入巴黎高等美术学院进修。刚开始我对这条路坚定不移，觉得这才是艺术的正道，可如今我在朱利安已两年多了，却越来越迷茫。其实朱利安设置的那些课程，我早都修完了，不到一年素描石膏像这部分我就合格了，允许我对着真人模特画人体，没多久又允许我画油画人体，可我画来画去竟开始觉得无聊，因为每一步都有标准有程式，甚至用的颜色都有严格的规定。所有人画得都差不多，我稍微加入些个人的、主观的东西，就被那些老师斥责，认为不守规矩。我不明白，难道艺术不是自由的表达吗？如果处处受限还叫艺术吗？我还要继续考巴黎高等美术学院吗？是不是进了更高学府就自由了呢？”

常玉见他说得恳切，略一沉吟道：

“既然薰琹老弟这样信任，我就说说我的真心话。虽然我还没看过你的画，但就凭你对艺术的理解，完全没有必要继续在朱利安学画了，更不必费力去考巴黎高等美术学院。高等艺术学院也不会给你更多自由的空间，无非就是重复一遍在朱利安的训练，只是技术更精湛罢了。你不是说朱利安的石膏和人体素描课程你都通过考核了吗，说明你已经具备足够的造型能力，根本没有必要一味去死抠技法。”

见常玉忽然认真起来，且言辞如此犀利，庞薰琹略有些惊讶。

“常兄说得是，如此说来巴黎高等美院真的没必要考了，那不是我想要的方向。可是我接下来如何能再提高呢？”

“关键是找到自己的艺术语言，确立个人风格。要做到这点，首先你得多看，你要见识足够多不同的东西，才能知道自己想要什么。”

“常兄，您真是说到了我心里，我自己也模模糊糊感到了这一点，可是别说开创自己的风格，就连确定自己的喜好都挺难的。我目前倒是有个粗略的方向，也不知可行不可行。我从小就喜欢色彩，每年初夏我都盼着家里晒衣服，因为我叔祖母用现在话讲很有审美眼光，她的那些旧衣服纹饰和色彩的搭配非常美观，是我装饰艺术的启蒙老师。我这次来巴黎恰好又赶上十二年一次的巴黎博览会，真是让我大开眼界，也再次激起了我对装饰艺术的热情。可我又有点担心，因为在咱们中国装饰艺术地位不高，搞工艺美术的总是被视为工匠，我怕被人另眼相看。”

“薰琹，我觉得你有些多虑。你自己也说，艺术最重要的不就是表达的自由吗？只要你确定了目标，只管按照自己的心意往前走，别人没权利说三道四。你现在首要的就是多见识不同风格、类型的艺术，才能确定自己的方向。但是朱利安和美术学院给不了你这些，你该到蒙帕纳斯来找找灵感，尤其是大茅屋画室，我的西画启蒙地。这里空气自由，你能见到形形色色的画和它们有趣的作者。”

“我迫不及待想去大茅屋看看了。您什么时候去？能带我一起开开眼吗？”

“我前几天画了张大人体，结结实实过了眼瘾跟手瘾，这两天画花调剂一下。等下周吧，等我的瘾头再犯了，咱们一起去大茅屋。”

“好的常兄，我正好这几天去把朱利安那边的画具都拿回来，彻底告别了。”

庞薰琹看了眼常玉正在画的那幅花卉，画已经完成了大半，大致的效果基本出来了。这可以算作一件写生作品，窗边的条案上摆着一只形态优雅的月白色瓷瓶，里面插着三枝花色洁白的海芋，中间最高的一朵已经盛开，其余两枝正含苞待放。瓶花及其背景本身的颜色和构图已十分单纯，常玉在画中又做了更极致的简化提纯。他摒弃了花叶的绿和条案浑浊的深棕色，直接归入黑白灰的色调。灰白的墙面被常玉主观处理成淡淡的粉红色，纯净而温暖，白色窗帘露出一角，与粉墙形成纵向的色块分割。中心部分则用灰色略粗的线条勾勒海芋花冠和花瓶的轮廓，中间的白色依然是简单的平涂处理。花的茎直接用线条表现，然而却丝毫不显单薄，因为线条的形态和颜色深浅变化十分丰富，简单一笔竟呈现出花茎的阴阳向背，完全展现出植物柔韧挺拔、生机盎然的状态。庞薰琹再次对常玉的不守常规感到惊讶，因为就他目前所见过的所有西方艺术作品，从文艺复兴到而今的现代主义绘画，从没有任何一个人像常玉这样把油画的基本技法完全弃之不顾，即便是已在巴黎颇有名气、以线描著称的日本画家藤田嗣治，也依然没有像常玉这样“胆大妄为”，常玉究竟施的什么魔法?

常玉见庞薰琹围着这件未完成的油画来回绕圈，便问：“薰琹老弟，你似乎对这件作品有些想法，不妨直说。”

“常兄，您的油画技法，包括刚才在油彩上刮刻风景画，都是我前所未见的，然而效果如此生动不俗，您是怎么研究出来的呢？”

“嗐，原来你在琢磨这个，实话跟你讲，古典油画那套条条框框我

白瓶内之海芋　常玉
纤维板油画 | 54cm×32cm | 1929 年

根本不懂，我就是拿油画颜料当水墨在画而已。但是这油彩毕竟和水墨性质完全不同，也是失败了好多回才逐渐掌握了，到现在也是边画边试。不过油彩就这点好，大不了盖掉或者刮掉重来，哈哈。”

庞薰琹恍然大悟，再看便一目了然，勾画海芋和花瓶那几笔神来之笔应该是用画刷蘸了很少的黑颜料，在白底色将干未干时一挥而就的。黑白两色油彩在行笔过程中相混合，形成了丰富的深浅变化和枯笔一般的效果。这些不正是写意花鸟的技法。

“妙啊！但常兄暂放下人体，开始画花卉，难道就是因为想在油画上做写意的实验？”

“有一部分原因，因为花鸟我比较熟悉，植物茎叶的形态很美，特别适宜用线条表现。而且我最近有个新发现，嘿嘿，你看花像不像女人那里，尤其是这海芋。”

庞薰琹以前从未想到过这点，经常玉这么一说，越看那花越像女性阴部的形状，毕竟还是未经婚娶的青年，臊得满脸通红。

“嘿嘿，花本来就是植物的生殖器嘛，开花就是为了招引那些蜂啊蝶啊进到花朵里面，帮它们完成繁衍的使命，这是天性、本能。人其实也是一样，但没几个人敢像花一样坦坦荡荡表达自己的欲望，总是遮遮掩掩，搞得好像什么见不得人的事情。不过对我来说，多画画花也好，至少没人觉得花败坏道德，也没人会去吃花的醋。哈哈，明明它们的欲望更露骨、更赤裸裸。”

常玉说着说着又进入自己的世界中，旁若无人地把内心隐秘吐露出来，搞得庞薰琹有些莫名其妙，见常玉沉溺于情绪，便不再打扰，识趣地告辞。

常玉心中感谢薰琹的得体，他知道自己的思绪似乎常常不受大脑的控制，一些想法、心情，不知不觉便在眼前形成画面，随即天马行空随意枝蔓，像是心中长出一棵藤蔓，又仿佛春蚕吐丝，慢慢将自己遮挡、隐藏，最终严严实实地包裹起来，形成一层保护外壳，同时也与世界隔了一层。以往他总是在独处的时候神游天外，然而随着年龄渐增，他在家人和比较信任的友人面前也经常溜号。常玉担心再这样下去没有人能够理解自己，也曾尝试过控制自己的思维，然而对他而言真的太难，很快他便释然了，人在这个世界终究是孤独的。

· 挥金如土

接下来几天，常玉一反常态地勤奋创作，因为侯谢再次造访工作室，对那幅即将收尾的海芋十分期待，并且还特地叮嘱常玉多画几幅花卉题材的作品，他预判会有许多人喜欢。于是受到鼓舞的常玉不仅完成了那幅海芋，还开始了一幅全新的创作，画的是一束有玻璃罩的婚礼花饰。其间他还抽空跑了趟邮局，给邵洵美寄去了 KIKI 裸像的照片。

连续画了一个多礼拜的花卉，常玉终于心痒难耐，想画模特过过眼瘾和手瘾，于是约上庞薰琹去大茅屋写生。进入大茅屋的画室，坐在熟悉的位置，常玉有种回家的感觉，不停有相熟的朋友跟他打招呼，问他最近怎么没来。待常玉在后排坐定，又有不少认识他的学员围在四周观摩他作画，对他比对老师还要尊敬。坐在一旁的庞薰琹见了这阵势，心中暗自羡慕，常玉十几分钟一张的创作速度也让他佩服。

当天的模特并不理想，常玉便开始画周围的同学，常玉并不是规规矩矩地写生，无论男女老少，他都将那人画成裸体女性，唯有姿势会借鉴一下画作的对象。庞薰琹觉得非常有意思，很想向常玉要几张这样的速写回去学习，可惜根本轮不到他。所有速写都在刚刚画好墨痕还未干时，便被围观的学员要走了，尤其是那些速写的“模特”，不仅对自己被画成裸女毫无意见，还抢画抢得最积极。看着常玉将作品毫不吝惜地送人，庞薰琹急得直跺脚，一方面为自己连一张画也要不到而遗憾，另一方面实在是为常玉的“任性挥霍”感到可惜。

“常兄为何毫不珍惜自己的作品？把这么好的画随手送人。说得庸俗点，你的速写如今已经有收藏家用真金白银来买，你把画送给这些不相干的人，简直跟当街撒钱一样。”

“薰琹老弟，想开点啦，天生我材必有用，千金散尽还复来，哈哈。画商买我的速写，区区三千法郎就拿走几十张，而且是我多年攒下的精品。当时我见钱眼开，几千法郎以为是笔大钱，其实平摊到每张画上才几十块，而且现在法郎贬值得厉害，几十法郎连袋米都换不来，简直像个笑话，所以说千万不要相信画商。这些朋友跟我一起在大茅屋画画也很久了，说起来都是同窗之谊，而且他们是真的喜欢我的画，欣赏我认可我，此刻便是我的知音，人生遇到知己乃最大幸事，发自内心的喜爱比几十法郎可珍贵多了。”

庞薰琹平日也自认不轻易为金钱所动，但见常玉如此“挥金如土”，唯艺术至上，不由得心生敬意。

常玉话虽如此，其实内心还是对侯谢颇为期待，他期待凭侯谢的人脉和在艺术界的影响力，让自己声名远播，成就大名。侯谢也算不负所托，将那幅以 KIKI 为模特的《花毯上的裸女》推荐至巴黎一个重要美术展览，而且时常光顾常玉的工作室，几乎每次都会买一些作品。在成就感的激励下，常玉空前勤奋起来，几乎每周都能完成两三幅新油画以及数十幅速写。同时在绘画题材和技法上，常玉也在不断进行新的探索和尝试，继人物、动物、花卉之后，他又把目光对准水果、器皿等静物，这些平淡无奇的题材经过常玉的画笔变成了独一无二的杰作。

玛素也感到他们的小家庭未来可期，终于下决心把儿子尚接回家中共同生活，性格温和的常玉与继子相处融洽，六岁的尚十分喜爱这个从不说教还会画画的黑头发叔叔，也喜欢家里的猫猫狗狗们。这段时间常玉事业蒸蒸日上，家庭和谐美满，是他人生中一段幸福的时光。

但经济的压力依然存在，在失去家族稳定支援后，常玉卖画所得并不足以支撑整个家庭的花销。常玉的作品虽好，却并不是所有人都能欣赏，尤其是对东方艺术缺乏了解的欧洲人，并不能理解那些线条的精妙，也无法感知到看似平淡的画面背后汹涌的情感力量，只会质疑画得过于简单，侯谢在向藏家客户推荐时困难重重。常玉和侯谢不得不绞尽脑汁想办法解决经济问题。

· 和画商的蜜月期

这天侯谢又来到常玉的工作室，他们最近的往来十分频繁，都将对方视为知己。常玉给侯谢看自己刚刚完成的两幅画，都是以水果为主的静物画。前一阵尚过生日，常玉给尚买了他期盼许久的飞机模型以及好多在冬天难得一见的高档水果，把刚拿到手的画款花去一半，玛素见状既感动于常玉对继子的关爱，又嗔怪他不加节制地乱花钱。这个贤惠的女人把品相饱满的水果挑出来摆出好看的造型，让常玉对着这些鲜活的模特作画，任凭儿子在旁边咽口水。好在常玉笔法简练，没有让尚等得太久。但尚已经迫不及待，眼看 Sanyu 最后一笔落下，就迫不及待地拿起桃子咬了一大口。

常玉给侯谢看的两幅画的内容差不多，都是装在一只白瓷高脚果盘中的一大串葡萄和苹果、桃子等水果。其中横向构图的那幅尺寸较小，但颜色更丰富，粉红的水蜜桃、深绿的鳄梨和紫黑的葡萄在白盘的

水果盘　常玉
布面油画｜36cm×44cm ｜ 20 世纪 30 年代

映衬下色泽亮丽。另一件竖幅的，盘内水果似乎更多，但除了葡萄外都只用浅咖色的粗线勾出轮廓，没有画出水果的颜色。

侯谢指指较小的那幅：“我更喜欢这一幅鲜美的色彩。另外一幅为什么这样处理？感觉像是没画完，这又体现了你的什么新理论，Sanyu？”

上一次侯谢对常玉的一幅连头部都被省略掉的女裸体提出疑问，常玉辩称自己是受巴黎世博会上新艺术运动的建筑启发，简化再简化才符合现代精神，把一向自诩眼光独到的侯谢说得心悦诚服。

“亨利，我就喜欢你的敏锐和直接，一般人都不好意思承认自己喜欢那些看起来更漂亮的画，好像这样就俗了似的，倒装得对那些单调枯燥的东西感兴趣。对这种人我肯定会告诉他，是的没错，这就是我的新实践，单纯的颜色更现代更高雅。但是对你，我的老伙计，我告诉你没涂色是因为，还没等画完，尚就把我的模特都吃光了，而且关键是我的颜料也用光了。正好颜料盒的白色里混了点棕色，我又调了点紫，觉得颜色挺雅致，就这样画出来了，你得承认效果很不错，的确是高雅。”

侯谢挑挑眉：“我就喜欢你的坦白，虽然你有时候很混蛋。好吧，这两幅画我要了。这一幅尽管比较大，但因为缺颜色，不容易销售出去，就跟另一幅一样，算 500 法郎吧。一共 1000。”

说着掏出支票夹飞快地签好，塞到常玉手中。常玉将支票塞进衣兜，无奈地看着侯谢说：“好吧，你又赚了老狐狸，你明知道这是幅好画。咱们来玩飞镖吧，100 一局，给我赢回来的机会。”

侯谢二话不说，挽起袖子就跟常玉对着墙上的小镖靶投掷起来。侯谢其实蛮喜欢跟常玉厮混，玩飞镖、逛花街、吃饭喝酒、聊天，常玉个性随和，又特别风趣会玩，是个非常好的玩伴，如果不时不时地开口借钱，打赌时能让让自己就更好了，侯谢暗想。

果然，两个多小时之后，十局飞镖结束，侯谢只赢了三局，按照约定该付常玉 400 法郎。其实几百法郎对于侯谢本不算什么，但是一想到自己刚才厚着脸皮好不容易在画款上占了点便宜，这会儿就要连本带利还回去，心有不甘。他浅蓝色的眼珠转了转，双手插兜，故作深沉地对常玉说：“Sanyu，我觉得你的社交活动太少了，作为艺术家不应该只闷在画室里，你要出去跟人交际，尤其是那些有影响力的人。周末我带你去斯泰因小姐的沙龙，所有年轻的画家、作家，但凡想在现代艺术史、文学史上留下一笔的，都对格特鲁德的客厅趋之若鹜，仿佛去过就镀了层金似的。我认识格特鲁德二十多年了，我有任意出入的特权。周六晚上我来接你，穿正式点，带着你的速写本。我会隆重把你介绍给斯泰因小姐，相信我，小伙子，这会是你成功的开端。”

常玉嬉皮笑脸地说：“好啊，去贵妇人开的沙龙去见识见识也不错。先把 400 法郎拿来，我买几件像样的衣服。”

“不不不，那样就太过了，干净整洁就够了。格特鲁德本人非常朴素，千万别搞得太浮夸，容易弄巧成拙。我提醒你着装主要是希望你能重视这次会面，不要像在画室里一样邋遢。对了，周六毕加索也会在的，我跟他也是二十多年的老交情了，当初就是我把他引荐给斯泰因兄妹的，那时候他还在‘洗衣船’画画呢。他们俩第一次去毕加索的工作室就买了 800 多法郎的画，把他当时的女朋友费尔南多高兴坏了。格特鲁德也会喜欢你的画的，不但拿出钱来支持你，而且还会给你一些中肯的建议，她很有见地。”

常玉听到毕加索的名字眼睛亮了起来，他在大大小小的画廊、美术馆里见到过大量的毕加索作品，也看过很多报纸刊物上关于毕加索的文章和采访。毕加索多变的风格、无穷的创造力和超级旺盛的精力，都让常玉对这位西班牙艺术家充满钦佩与好奇，如今有机会能得见本尊，可一定要抓住。

侯谢看出了常玉的兴趣：“怎么样？我介绍你认识毕加索，这 400 算我的劳务费。”

“不久以后我也会成为重要的艺术家，我和毕加索这次会面将会载入史册。我知道你有记日记的好习惯，历史会感谢你的，老亨利，你未来的回忆录会成为重要的历史文献，这 400 法郎应该让出版社来掏。”

“为了 400 法郎你居然能说出这么大言不惭的话来，你们中国那句俗话怎么说的？有钱能使鬼推磨。你们的祖先真是太有智慧了。算了，这 400 法郎当我赞助你的材料费，赶快去买颜料，再买点新画布，别老用那些反复抹来抹去的旧抹布糊弄我了。上次卖给雨果夫人那幅郁金香，她跟我投诉说她小儿子在画背面看见女人裸体了，而且还着重突出了那个部位，搞得我难堪极了。她嚷嚷着要把画退掉，说我不该卖色情狂画的画。我用一幅更大的玫瑰把那幅郁金香换掉才堵住她的嘴，说起来你该补偿我 300 法郎差价。”

“嘿嘿，少来了，你一定是把郁金香拿回去重新装裱了，悄悄留起来自己欣赏。未来大艺术家的双面画，还是这么私密的题材，多么珍稀罕见。你一定偷笑了无数回，老狐狸。”

“少废话，快去买画材，我迫不及待想看伟大艺术家的新作了。周六见，带上你的速写本！”

星期六的晚上，侯谢如约来接常玉。常玉也没有令人失望，他穿了一身合体的西装，尽管有些穿着的痕迹，却能看出质地和做工都属上乘，而且维护得很好。侯谢赞许地点点头，发动车子驶向他们的目的地。

· 斯泰因小姐的沙龙——花园街 27 号

格特鲁德 · 斯泰因小姐的宅邸位于花园街（Rue Fleurus）27 号，这个著名的现代主义艺术沙龙原本是由她和哥哥莱奥 · 斯泰因共同拥有的，但莱奥 1914 年离开巴黎去了意大利佛罗伦萨定居，格特鲁德便成了花园街 27 号真正的也是唯一的主人。常玉之前也听说过格特鲁德 · 斯泰因的一些趣闻轶事，又因为她对前卫艺术家尤其是毕加索的大力支持，让常玉对这位沙龙女主人更加好奇。

“她有一个女伴，她们的关系是个公开的秘密，你不要觉得惊讶。”侯谢边开车边向常玉交代。

花园街27号沙龙主人格特鲁德·斯泰因的客厅

常玉半晌没有回应，侯谢追问道：“Sanyu，你在听吗？”

“哦，亨利，我的确很惊讶，幸亏你提前告诉我，否则我在现场很有可能表现不得体。你说的关系是我想的那种吗？就是两个女人……”

“是的，就是你想的那种，像情侣一样。斯泰因很前卫，你有空可以看看她写的东西。她几乎无条件地支持现代主义画家，一定会买你的作品的。”

“我希望她是真正喜欢我的作品才买。”

“不要在这点上较真了，Sanyu，想想你下个月的房租。”常玉和侯谢就这一点已经争论过数次，常玉对藏家是否真心喜欢作品的执着，让侯谢恨铁不成钢却总是说服不了他，但眼下囊中羞涩的现实让常玉不甘地默许了。

花园街 27 号的确不同凡响。如果不是事先知道，常玉可能不会想到这里是一个艺术沙龙，这更像是他常光顾的咖啡馆和博物馆展厅以及艺术家工作室的混合体。这里没有通常沙龙必备的繁复的水晶吊灯、豪华硕大的真皮沙发、丝绒刺绣靠垫和羊毛地毯，与之相反，这个挑空极高的大房间里的一切似乎都是遵循着简洁实用的原则布置的，线条简洁且舒适的布艺沙发和靠背椅，朴实的木质地板，灯具简化到极致，只有一个从天花板上垂吊下来的灯泡，房间里几乎没有任何纯粹装饰性的摆设。但这并不意味着这个房间因缺乏装饰而显得寒酸简陋，这里最好的装饰就是绘画，大大小小的画作挂满房间的四壁，从墙裙往上一直到天花板，足有上百幅，令人目不暇接。精彩的画面和极简的画框在一定程度上弥补了布局上的拥挤，有不少画甚至没有装外框，就那样直接挂在墙上，常玉觉得这样也不错。另外还有一样不可或缺且难以复制的装饰，就是这里的氛围。氛围这种东西看不见摸不到，大概主要由气味和声音组成，然而又不全是。房间里聚集的二十多位客人也是这种氛围的重要构成部分，不同于多数沙龙严格的着装要求，斯泰因的客人们衣着各具特色，衣冠楚楚有之，整洁朴素有之，穿着怪异、寒酸的也不乏其人，但所有人看起来都很自在。来宾们有些坐在沙发或椅子上，有些端着酒杯在房间里穿梭，有些站在画前欣赏，基本上都在说话。时髦的、前卫的、优雅的、学术的法语词汇从一张张嘴中说出，带着世界各地的口音，人人都在抒发、谈论和表达，空气中充溢着语言和观点，还有烟草、咖啡、酒和食物的味道。毫无疑问，整个屋子人气最高的地方便是那张硕大的餐台——这里靠近壁炉，十分温暖，最关键的是，桌上摆满了可口的食品和饮料。三明治、热狗、火腿、小蛋糕，像屋子里其他东西一样，斯泰因客厅里的食物没有花哨的样式和摆盘，不是为了点缀或炫耀，而是为了让人吃饱。

常玉趁着侯谢四处寻找女主人的工夫，打量起墙上的画作。在上百幅绘画中找出值得细细品鉴的佳作可不是件容易的事，尤其是斯泰因家的墙壁，这些画整体品质不错，单独看哪一幅都可圈可点，常玉要像一个老练的淘金者迅速在砂砾中分辨出金子。扫视之后常玉的视线锁定了其中几幅，一幅坐姿的女人像，一幅视觉效果很奇特的花卉静物，一幅立体主义风格的风景画，一幅拿着花篮的裸体少女，还有一幅非常精彩的女人肖像。这幅肖像很妙，画中的人物是一位面部线条颇为硬朗，眼神坚定的女性，她穿着浅色衬衣和朴素的深色外套，并非国色天香的美人，却深深吸引了常玉的眼光。

画家以非凡的洞察力发掘出模特毫不造作的高贵气度，以高超的技法展现出她睿智的神态，看得出对人物的塑造十分用心，但却没有墨守古典油画的造型成规。画家观察模特的方式很明显受到塞尚的影响，即塞尚所谓的“视角转换”技术，像是将不同视角的观察所得融合在同一画面之中，因此造成了人物形象的简化和变形——画中女性的面部体块分明，虽然是四分之三侧面像，但两只眼睛都像是从正面看去的那样，而没有遵循透视原则，由鼻子将面部分割成两个彼此独立的块面，颇有立体主义的味道。常玉正饶有兴味地研究画家对人物施展的变形魔法，听到侯谢在身后叫他，忙转过身，一眼瞥到站在侯谢身边的女人，却把自己吓了一跳，恍惚间以为那幅肖像活了，瞬间反应过来，这便是沙龙的主人格特鲁德·斯泰因。对比之下常玉更加确信这是一幅极为出色的肖像，完全画出了这位身材矮壮、目光犀利的女性的神韵。的确如侯谢所说，斯泰因的穿着朴实无华，甚至可以用寒酸来形容。她身上这条黑色裙装虽然质地不错，可样式比二十多年前肖像画上的那件还要落伍，出现在客轮的末等舱或者法国乡下的田舍里倒是毫不违和。但一想到她满墙的现代主义佳作，常玉不禁对这位沙龙女主人肃然起敬，她一定是把买衣服的钱都用来支持作家和艺术家了。

“Sanyu，这就是大名鼎鼎的斯泰因女士，一位风格前卫、富有才华的作家，现代主义艺术的重要支持者，见解独到、语言犀利的评论家。格特鲁德，这是我刚刚给你介绍的中国画家 Sanyu，他很有才华，你一

作家、收藏家格特鲁德·斯泰因坐在毕加索为她画的肖像前

定要看看他的画，我断言他前途无量。”

“哦，得了吧，亨利，别给我扣高帽子。我会好好看他的画，我相信你的判断，毕竟是你带我去了巴勃罗的画室，那时候他刚来巴黎，还在那个吱吱嘎嘎的‘洗衣船’里。不过在那之前我就买过他的画了，就挂在‘我’旁边，咱们的眼光都不错。你好，年轻人，我猜你已经见过我了。”

“斯泰因女士，久仰！是的，在见您本人之前，我已经通过这幅精彩的肖像一睹您的风采了。您的画像和旁边这幅拿着花篮的女孩，都是出自毕加索先生之手吗？”

“没错，都是巴勃罗的画。我的肖像是1905年开始画的，为了这幅画，我在他面前摆姿势不下 100 次，他自己修改的次数更多，前后整整花了一年。他说这是他有史以来画得最严谨的一幅画，我百分之百相信。”

“毕加索先生的确画出了您的神韵，他对眼睛的处理我尤其欣赏，像是远古神祇的面具，显得睿智还有些神秘。而且我认为这幅画是具有开创意义的，立体主义的那种空间错位已经初露端倪。”

“分析得非常到位，Sanyu 先生，看来您的确艺术品位出众，让我对您的作品更加期待了。”

“您现在就可以看看。”侯谢插言道。

“别着急，亨利，有的是时间。我还想听听 Sanyu 对其他藏品的看法，这里有哪些作品让您觉得印象深刻吗？”

“太多了，可以说您的藏品每一件都堪称佳作，其中有几件，我个人非常感兴趣，正想跟您交流一下。就从右上方那幅女人像开始吧，就是坐在红色单人沙发上穿蓝色衣裙的女人。人物造型毫不精巧，甚至可以说是笨拙，但具有很强的内在力量，非常神奇，这位艺术家的重点似乎并不在于将人物塑造得如何精彩传神，而是想通过这幅画表达自己对于造型、对于绘画的理念。他在画里处处制造矛盾，又绞尽脑汁去一一化解，冷暖颜色的对比——蓝裙子上的暖黄色反光，红沙发的深蓝色阴影……还有他塑造形象的方式，他对光线和颜色的处理似乎是印象派的方式，但是造型非常扎实严谨，对脸的塑造方式其实跟您那幅肖像很相似，都是把头部作为一整个几何体来处理，而不那么强调五官的特点和细节。如果我没猜错的话，这应该是塞尚的画吧？”

“完全正确，这正是塞尚的作品，画的是他妻子。这幅画在这儿也有十几年了，就是莱奥去佛罗伦萨那年买的，塞尚是我哥哥的至爱，他走的时候带了几幅塞尚和雷诺阿的，本来想把这幅也带走，但最后还是留给我了。虽然我们对艺术的看法有分歧，但他一直对我不错。还有吗？”

“还有左边那件带花的静物，像是用画片贴在一起做成的，我觉得这幅画的手法和视觉效果非常奇妙。这应该也是件立体主义的作品吧？”

“没错，这是胡安·格里斯（Juan Gris）的画，他跟巴勃罗一样，来自西班牙，他是立体主义最忠实的实践者。这种创作方法叫作拼贴，典型的立体主义手法，你没见过吗？”

“原来是胡安·格里斯，我之前见过他其他的作品，这一幅跟我见过的差别比较大，而且比那些都好，拼贴和绘画的部分浑然一体，这也是我不敢肯定这是拼贴画的原因。请您再给我介绍一下毕加索先生另外那幅画吧，那是哪一年画的？”

“你是说《提篮花的女孩》？那是我和莱奥在萨戈（Sagot）那儿买的，大概是1905年，那是我们认识和收藏巴勃罗的开始……”

·斯泰因小姐的沙龙——毕加索的建议

“哈，咱们为什么不让巴勃罗亲自介绍一下呢？嘿，巴勃罗，刚到吗？”

侯谢突然向门口的方向热情地打招呼，常玉忙转身看过去，见到了大名鼎鼎的巴勃罗·毕加索。常玉在报纸杂志上见过毕加索的照片，他特征鲜明的大眼睛和大鼻子让人过目难忘。除了没有想到毕加索的个子这样矮，常玉感觉他本人比照片上更加神采奕奕，尽管头发已经有些花白和稀疏，但眼神充满热情。常玉猜测这位中年画家的精神焕发也许和他身边光彩照人的女伴有关。这位金发女郎身材丰满高挑，但看她的面容和纯真的神情就知道，她非常年轻，应该不超过二十岁。常玉记得报道上说毕加索的妻子是一位俄罗斯芭蕾舞演员，但这位姑娘既不像俄罗斯人也不像舞者，关键是她太年轻了。

“好久不见，老朋友们！”毕加索用西班牙口音浓重的法语向斯泰因和侯谢打着招呼。

“是呀，好久不见，巴勃罗，自从签约了新画廊你来得更少了，想见你这大画家一面越来越难。幸好你身边的仍然是华特小姐，我们还认得出来。”斯泰因的语气失落中带点讽刺，“华特小姐，您如果想喝水可以到小客厅那边去找爱丽丝，太太和女孩们都在那儿。”

“去吧，玛丽，爱丽丝会把你招待好的。”毕加索极其温柔地对他的小女朋友说。常玉推测爱丽丝就是斯泰因的那位女伴，他很好奇她长什么样。

玛丽柔顺地点点头，朝另外一个房间走去。常玉才意识到这间偌大的客厅，除了斯泰因以外，其余都是男性。

“巴勃罗，这是 Sanyu，一位来自中国的年轻画家，他很有潜力，而且对你推崇备至，我觉得你们应该认识一下。我希望你能作为一位艺术上的前辈给 Sanyu 一些建议。”侯谢不失时机地向毕加索介绍了常玉。

“毕加索先生，久仰久仰，很荣幸认识您。您进来之前，我正和斯泰因小姐谈论您的画。我的确有很多问题想要请教，希望不要耽误您太多时间。”

“尽管问，年轻人，看得出侯谢很看重你，我相信他的眼光。”

“首先我很好奇《提篮花的女孩》这幅画是哪一年画的？我发现这幅画和斯泰因小姐的肖像风格很不一样。”

“那幅画应该是1905年完成的，比这稍早一些的还有一幅《马戏演员之家与猴子》，都被斯泰因兄妹收藏了。之后没多久亨利就把莱奥和格特鲁德带到我的画室了，我们成了朋友。我发现格特鲁德有一张古典高贵的脸，像古代的日耳曼人或是弗留利人，而且她的气质非常特别，女性身躯里藏着男子气概，所以我决定为她画一幅肖像。这期间发生了一件对我而言非常重要的事情，有一天我在这儿碰到了亨利——另一位亨利，也是我们共同的好朋友亨利·马蒂斯，他拿了件宝物，让我获得了一个全新的方向。那是件非洲面具，这家伙还藏藏掖掖的，看得出他并不想让我看见，其实我早听说德兰在搞这些东西，但我一直没当回事。直到我看见马蒂斯的那件，倒不是说他那件有多好，而是我头一次亲眼见到非洲原始艺术的实物，我终于知道他们这帮野兽派的家伙为什么会画出那些东西了。我不满足，又去了民族志博物馆，感谢博物馆糟糕的管理，没有观众想在库房一样乱糟糟、发霉的展厅里参观，只有我在一堆狰狞的原始雕塑、面具中间孤零零地徘徊。据说这些东西都和巫术有关，我心里有点发毛，可是很奇怪，好像有种力量拽住我，让我没法离开，我在展厅里一直看啊看，我预感到有些事，很重要的事要发生。”

说到这儿，毕加索停顿下来，他的三位听众正听得入迷，侯谢不禁催促道：“别卖关子了，巴勃罗，发生了什么事？”

毕加索得意地笑了，他就是想达到这种效果。

“所以您开始在斯泰因小姐的肖像上进行新画法的实验？比如两只眼睛都不遵循透视法？”常玉小心翼翼地猜测。

“答对了年轻人，你的眼光不错，看来你的确懂绘画。”

“哦，难怪我觉得我的脸像埃及法老的棺材彩绘，不过我很喜欢它，我会一直收藏直到我死，我死后希望它可以进博物馆。”

“会如你所愿的，格特鲁德。巴勃罗的代表作一定会进博物馆。尊敬的女士们、先生们，我们是否可以留出一些时间给这位年轻人呢？他带了一些速写，有兴趣看看吗？”侯谢不忘见缝插针地推销常玉。

“当然当然。”

常玉有些不好意思，他很不习惯这样高调地宣传自己，因此只带了很少的几张，是临出门时从桌上随手抓的。

毕加索和斯泰因起初只是出于礼貌，一张张翻看常玉的画，看过一两张之后，他们的态度不约而同地严肃起来。

毕加索赞赏地说道：“亨利老朋友，你果然没有夸大其词，Sanyu的确很有天赋。我喜欢你画的女人，去除了一切不必要的修饰，呈现了最纯粹、原始的状态。我尤其喜欢你的线条，棒极了，非常飘逸、优雅。我以前没有见过这种用笔方式，这是来自你们中国绘画的传统吗？”

“可以这样理解，或者更确切一点说是来自书法，在中国汉字的书写也是一种艺术，重要性甚至在绘画之上。谈中国传统绘画离不开书法，我们讲‘书画同源’，意思是书法和绘画的原理和源头是一致的。书法正是线的艺术，抽象的极致。”

“中国的艺术真是奥妙无穷，我一定要找机会多了解一下。你很幸运，年轻人，你的祖先给你留下了宝贵的遗产，而且你抓住了，我认为你已经找到了自己的方向，和你自己的出处紧密相连。有的画家终其一生苦苦追寻，而你年纪轻轻便已经很明确了，这非常好，接下来就是要不断练习、巩固，让这风格成为你的标志，无人可替代的标志。”

“非常感谢您的建议，毕加索先生，我会坚持这种风格的，至少短时间内不会厌倦。但我非常好奇也非常佩服的一点是，您自己的画风却如此丰富多变，就拿斯泰因小姐的藏品来说，《提篮花的女孩》、斯泰因的肖像，还有 1908 年之后的那些画，创作时间相隔不久，便分属不同的风格阶段，尤其是立体主义时期的作品，简直和之前判若两人。关键是每一次风格的转变都能成功，甚至开创一股潮流，这是如何做到的呢？”

毕加索狡猾地挤挤眼：“这都是女人的功劳啊，我的朋友，秘诀就是要找到你的缪斯女神，不同的缪斯给你不同的灵感。你应该能明白，看你的画就知道，你是懂女人的。”

常玉知道毕加索是在插科打诨，回避深入回答这个问题。但这涉及艺术家创作的核心，面对一个初次见面的同行，毕加索有所保留完全可以理解。而且他丰富的情史常玉也有所耳闻，因此这个答案只能说不完整，却不能说不真实。

“还真是这样，想当初我刚认识你的时候，你才跟费尔南多好上没多久，正是最甜蜜的时候，于是你不再用那些惨兮兮的蓝色填满画布，画里面出现了暖洋洋的玫瑰色，看上去愉快多了！后来认识了艾娃，你搞出了一些拼贴画，可怜的姑娘，年纪轻轻得了肺结核去世了。再后面就是奥尔嘉，你开始研究用古典的风格来体现她身为芭蕾舞演员的优雅。现在是玛丽，期待你在这位新缪斯的启发下搞出些新名堂。”侯谢对毕加索的创作和私生活都如数家珍，常玉更加确信毕加索所言不虚。

“玛丽，我温柔娴静的小天使，给了我无限的柔情和灵感，我已经构思了不少新作品，以玛丽为模特的，等着瞧吧。”

“好期待你的新作，可惜现在的价格对我来说已经很贵了，我不确定能否付得起。”斯泰因颇为懊恼地说。

“你可以考虑一下 Sanyu 的画，明日之星，现在只需几百法郎就能买到，想想吧，以现在美元对法郎的汇率，多么划算。我还想听听你对 Sanyu 的作品有何高见。”侯谢见缝插针地推销了起来。

“嗯，我想我会买一两张的。但恕我直言，我并不是非常喜欢这些速写，这些女人的体态过于夸张，有讨好男性观众的嫌疑。另外这些画完全由线条构成，是否过于装饰化、过于简单了？更像是随手的涂鸦而不是严肃的作品，也许你在画布上的油画作品会打消我的疑惑。不过无论如何我会买一些，表达我对现代主义艺术的支持，也是对老朋友的支持。”

常玉听了心里非常不是滋味，虽然斯泰因是一位值得尊敬的藏家，但她并不欣赏自己的画，尤其是她言下之意买作品只是冲着侯谢的面子，更让常玉感到刺痛，自己似乎成了一个等待施舍的可怜虫。他极力克制自己的情绪，尽量彬彬有礼地说：“斯泰因小姐，您如果不喜欢我的画可以不买，不必勉强，我……”

“好了 Sanyu，斯泰因小姐想要收藏你的作品，她有自己的标准，并非依循个人喜好。”侯谢急急打断常玉。“我们已经讨论过了。”他不容置疑地做了个停止的手势，常玉不再说话，看着斯泰因从一叠速写里随意挑选了两张，感到有些失望，对斯泰因和她的沙龙，对侯谢，更是对自己。

“我去小客厅看看女眷们，你们也一起去打个招呼吧。”斯泰因说。

几个人跟着她一起朝小客厅走去。

这里其实是一间书房，客人多的时候便承担起客厅的作用。也许是因为女眷都集中在这儿，香水脂粉的味道和首饰绸缎华丽的光影，让此处比外面客厅的氛围更接近寻常意义的沙龙一些。

“爱丽丝，来见见朋友们。”斯泰因朝里面喊道。一个身材瘦小的妇人朝他们走来，她肤色较深，鼻子很尖而且有些鹰钩，因此显得有些严厉。这就是爱丽丝·托克拉斯（Alice B.Toklas），斯泰因的同性爱人，常玉因好奇而对她进行了各种想象。开始常玉以为她也许非常高大和男性化，后来看到斯泰因本身便有一些男性的特征，常玉又猜测爱丽丝大概是个非常妩媚的女人。总之他把自己异性恋的经验套用在了两个女性的关系当中，然而真实的爱丽丝和常玉想象的完全不同，她和斯泰因的关系，她们的互动，也不是常玉想象的那样。

“晚上好，侯谢先生，毕加索先生。”爱丽丝有一副十分悦耳的嗓音。

斯泰因也把常玉介绍给了爱丽丝，她礼貌地向他打了个招呼，便又转回去招待那些女客们。爱丽丝显然是一位周到的女主人，她照顾到每一位客人的感受，在和另外两位女客聊天的时候，她会适时地向着坐在一旁倾听的玛丽说几句话，不让她受冷落。

“嘿，Sanyu，有兴趣再聊聊吗？”

“求之不得，毕加索先生。”

“我注意到，刚才侯谢让斯泰因买你的作品，你似乎有些不高兴。我没见过有人卖出作品会不高兴，斯泰因是一位很不错的收藏家，在我刚到巴黎的头几年对我帮助非常大。你是觉得她财力不够雄厚吗？担心她不能给你有力的支持？”

“不不，您误会了，先生。我没有那么势利眼，恰恰相反，如果一个人发自内心地欣赏我的画，我愿意分文不取地送给他。我不痛快的原因就是，斯泰因小姐并不喜欢我的画，她买画感觉像是对我的一种施舍。”

毕加索用好奇探究的眼神看着常玉：“你很有意思年轻人，你身上有很多迷人的矛盾。作为一位艺术家你的自尊和坚持值得敬佩，但作为一个无依无靠、想在巴黎出人头地的年轻人，我还是建议你适当调整你的原则。”

“您说得没错，先生，我也明白，但我有时就是无法克制，这是我的问题。不过如果我无意出人头地，那么是否就可以更多保留我自己的天性呢？”

“也许吧，可是如果你不想干出一番事业，为什么要来巴黎？”

“只是想找到一个公平、宽容的地方生活，同时可以学习艺术，见识最前卫的艺术。”

“听起来你找对地方了，但也不尽然，巴黎也有她残酷的一面，这是一个弱肉强食的名利场。”

“哪又不是呢？”

“即使不要大富大贵，你至少需要生活。”

“我的家人可以给我一定支持，而且我还留了一手，我在计划一个项目，我觉得准能成功。这事跟画画毫无关系，只是为了赚钱。我把艺术看作圣地，不想跟钱扯上关系。我宁可想其他点子弄到钱，保留我随心所欲画画的自由。”

“想法不错，同时你是个幸运的人。咱们来谈点轻松的话题吧，咱们都感兴趣的，作为艺术家，作为男人。”

“女人吗？这是个好话题。我喜欢女人，喜欢她们的身体，我就是因为这个才来学画的。”

“从你的作品能看出来你的激情所在，但我觉得你还是没有完全打开自己。你的模特你仅仅画她们吗？这不够，至少对我来说不够。如果你光是画一个女人，那她就只是模特而已，你要爱上她，得到她，才能真正把她变成你的缪斯。”

“哈，以前我差不多是这么做的。但是现在我结婚了。”

“哦，原来你是个道德模范。你妻子是你的缪斯吗？”

“坦率地讲有段时间曾经是，但是您大概能够理解，想要长久保持对一个女人的激情太难了。我必须更换模特，而且忍不住去幻想她们。”

“你在压抑你自己，那会很痛苦，会妨碍你。某种程度上，好的艺术家是同一类人，我们是同类，我能感觉到。你应该充分释放。”

“Sanyu 可是模范丈夫，我每次喊他去但尼门的小青楼找乐子，他都扭扭捏捏的。他以前应该不是这样，他曾经说过，‘英国女人是用脚走路的，美国女人是用腿走的，真正的巴黎女人是用下身走的’。你能想象吗？说出过这种名言的家伙，结了婚之后就只忠于一个女人了。”侯谢加入了常玉和毕加索的谈话。

“哈！伙计，真是高见！”

“KIKI 那个放荡小妖精也很喜欢 Sanyu，他把她画得美极了，既传神又有升华。那张画我自己收藏了，任谁出多少钱也绝不卖，除非我死，有机会你一定要去我那儿看看，巴勃罗，绝对是一张杰作。KIKI 说她就喜欢 Sanyu 一脸严肃假正经的德性，看了就忍不住去挑逗他。”

“就是蒙帕纳斯那个 KIKI？跟莫迪里阿尼好过的那个？可惜我只见过她一些照片，没见过本人，否则我一定要画她，真是个尤物，天生就适合当模特。”

“哦，这位小姐我可领教过，实话实说，她的教养，嗯，就像她衣服的布料一样少得可怜。巴勃罗，你要是找她当模特，一定记得让她进门之前先洗脚，她来我这儿从来不穿鞋。”斯泰因在评论 KIKI 时毫不掩饰她的刻薄。

“不过不得不承认，她的确有些才气，她的画虽然没什么基础但是想法很大胆，去年居然还出版了一本自传，叫《爱情是这个样子的》，就是把她跟那些画家、诗人的艳史罗列了一遍，照我看应该叫《滥情是这个样子的》。海明威居然答应给她作序，还说她‘对蒙帕纳斯的主宰，远远胜过维多利亚女王对维多利亚时代的主宰’。海明威是个很睿智的青年，写作很有力量，不知 KIKI 给他灌了什么迷汤……”

斯泰因逐渐把话题转移到她推崇的年轻美国作家欧内斯特·海明威身上，常玉自顾坐在沙发的角落神游天外，开始想自己的心事。他并不完全认同毕加索的话，难道一个画家为了画好画要跟他所有的模特上床？但不可否认艺术家对创作对象强烈的激情至关重要，如果不是这样何来创作冲动，常玉最近的确觉得自己有些枯竭，他的头脑似乎被无形的枷锁束缚了。以前他在全情投入创作时，脑子就像燃烧的锅炉，创作灵感如同沸腾的水滴，不停翻涌蒸腾出来。产生灵感所需的燃料就是那些眼睛所看到的、身体所感受到的美好事物。可现在他需要新的燃料，却不敢主动去添加，因为他隐隐担心炉火烧得太旺，会毁掉周围一些不够耐热、不够牢固的东西，比如婚姻，比如稳定的生活。可看看毕加索，艺术和金钱，妻子和情人，他样样都有，事事得心应手，他是怎么做到的？或许就应该像他那样，尽情去释放自己的天性，不顾一切地燃烧，哪管野火燎原。

侯谢刚结束了一轮热烈的社交聊天，端着酒杯来到常玉身边。

“怎么样，我没吹牛吧，来斯泰因的沙龙你绝对不虚此行，斯泰因和巴勃罗都很赏识你，你应该经常来，一定会结识到对你有帮助的人的。”

“确实名不虚传，可以获得整个巴黎文化界的小道消息。可你也知道我，我受不了带着很强的目的性跟人交往，即便是我很欣赏的人也不行，毕加索也不行。而且我还没学会如何优雅地说出一大套废话，这种寒暄太累了，我宁可你逼着我两天画出一张大画。”

侯谢知道这应该都是常玉的真实想法，他真不知该责备常玉不求上进，还是该赞赏他的坦诚，因此他只能无奈地摇摇头。

“Sanyu，我认为你在创作方面的天分大概并不比毕加索差多少，但你完全没有经营自己的意识和才能，你如果在这方面能有毕加索的十分之一，也早就不是现在这个样子。”

“现在这个样子才是我呀，独一无二的 Sanyu，否则不就成了相似程度百分之十的毕加索仿制品，你觉得哪个更好呢？”

“从商业的角度来说仿制品说不定更好。算了，咱们走吧，看来这里不适合你，也许这个世界就不适合你，大艺术家。”

第十二章　艺术道阻且长

· 开辟新业务

尽管侯谢在努力向欧洲的藏家推荐常玉的画作，但欧洲人普遍对东方艺术缺乏了解，并不能理解常玉画中线条的精妙，也无法感知到看似平淡的画面背后汹涌的情感力量，只会质疑画得过于简单，因此常玉的作品销路一般，卖画所得并不足以支撑整个家庭的花销。雪上加霜的是，常俊民的丝织生意每况愈下，再无力继续支持常玉，常玉和侯谢不得不绞尽脑汁想办法解决经济问题。

一天侯谢兴冲冲地来到常玉工作室，一进门便兴奋地说："Sanyu，告诉你一个好消息，有位很有身份的客户想请人给他的夫人画像，预付 50 法郎给你买画布颜料，画完另付 500 法郎酬劳。"常玉听了也觉得满可以接受，便欣然答应了。次日午后侯谢专程开着他的雷诺车载常玉来到乔治五世饭店，那对据说是瑞典显赫贵族的阿道夫 · 冯 · 彼得古斯伯爵夫妇来巴黎期间在此下榻。

在极为奢华的顶级套房里，常玉见到了肥胖傲慢的阿道夫 · 冯 · 彼得古斯伯爵和他美丽的夫人阿黛尔，再次印证了他赖汉娶花枝的理论。幸亏绘画对象令人赏心悦目，伯爵夫人面容姣好、身材匀称，穿一件与她身份相比十分朴素的深色连衣裙，却仍掩不住她高贵的气质。

“阿黛尔，亲爱的，你应该穿那件 Callot Soeurs（卡洛特姊妹）定制的礼服，你穿那条刺绣裙子真是美极了，还有我刚送你的那串红宝石珍珠项链，那种级别的珍珠据说现在十万块也买不到了。”

常玉眼见侯爵夫人不易察觉地皱了皱眉：“亲爱的伯爵，谢谢您的提醒，我还是更喜欢这条裙子，它让我感到舒服和自在，相信这位画家先生也有同感。”

“Sanyu，伯爵夫人请叫我 Sanyu，我非常同意您的意见，越是简单的服饰越能突出人本身的美，我希望能画出您最真实的样子。”

侯谢见常玉在权贵面前依然不卑不亢、举止得体，十分高兴，赶紧把仍在嘟嘟囔囔表示不满的伯爵拉到阳台，跟他聊巴黎新开的高端餐馆和最新的潮流，总算转移了伯爵的注意力，给常玉留出了创作的空间。

常玉没有要求伯爵夫人专门摆出端庄的姿势，而且请她找到最舒服自然的状态，于是伯爵夫人坐在单人沙发上，捧起之前就在看的一本书读起来。常玉认为这正是对的感觉，很快便忘我创作起来，他的速度一向很快，不到两个小时时间，这幅肖像画便基本完成了。伯爵夫人看了十分满意，她正跟常玉讨论作品柔和的色调，彼得古斯伯爵昂着头、背着手，一副君临天下的派头走了过来，他仅瞥了画一眼竟勃然大怒：“这画的是什么东西？简直胡涂乱抹！阿黛尔的手怎么会这么大？腿怎么能像大象一样粗？把堂堂伯爵夫人画得跟粗俗的村妇一样，成何体统！赶紧给我改！”

常玉从没见过如此傲慢无礼的人，他感觉自己受到莫大的侮辱，血向脸上、头上涌去，幸亏侯谢眼疾手快，见常玉头上青筋暴起，赶紧按住他握笔的手，否则这会儿伯爵雪白的丝衬衫和房间里华贵的地毯恐怕都已经溅满了颜料。这时伯爵夫人开口了："阿道夫，亲爱的，消消气，这又不是要挂在城堡的祖先肖像，只不过是个消遣。那种中规中矩的画像我见得多了，反而喜欢这位 Sanyu 先生的风格，你看他把我的肤色画得多美。"

侯谢也赶紧补充："伯爵先生，这就是 Sanyu 代表性的风格，也许和您欣赏的类型有所差距，但不能否认的确是独树一帜，对吧？而且咱们在约定之前，我给伯爵夫人看过 Sanyu 的作品，夫人对他的风格是认可的，我们才接受了您的委托。"

伯爵也意识到自己刚才的失态，伸手捻了捻他肥胖下巴上稀疏的胡子，顺坡下驴地说："哼，这种水平，我儿子也能画。好吧，我的美人，既然你喜欢，我就不说什么了。"说着用手指关节轻佻地抚过夫人的脸蛋，一脸得意地看向常玉，仿佛在宣告这个女人是他的私人财产。

侯谢陪着伯爵去了套间，常玉转头见伯爵夫人竟已泪流满面，他最见不得美人落泪，赶紧掏出手帕递给梨花带雨的阿黛尔夫人。他从见到这对夫妻的第一眼便能感觉到二人之间巨大的鸿沟，如今更是对阿黛尔的伤心屈辱感同身受，一腔怒火早化成了怜香惜玉的柔情，他没有马上出言安慰，只是默默在一旁陪伴。等到阿黛尔渐渐平静，常玉走上前夸张地施礼道：

"尊贵的夫人，您这是怎么了？是因为我把您画得太丑而痛哭流涕吗？"

阿黛尔看着常玉滑稽的样子不禁破涕为笑，她恢复了优雅的风度，对常玉说："正是如此，你可知罪？"

"鄙人惹尊贵的妇人生气落泪，罪该万死，请问我如何能弥补我的罪过？"

“罚你再画一幅。”

这正中常玉下怀，他请伯爵夫人另换姿势，掏出素描纸和水笔，即刻便完成了一幅精妙的速写。阿黛尔看着两幅画心情好了很多，伯爵来看时还附在他耳边说了些话，伯爵似乎被哄得很高兴，根本没有看画，便掏出支票簿大笔一挥，撕下签好的支票轻慢地塞给常玉，便旁若无人地搂抱起阿黛尔。常玉瞥见支票的金额是600法郎，而伯爵一副洋洋自得的嘴脸，仿佛用100法郎便买下了那幅精彩的速写外加画家的尊严。再看阿黛尔脸上仿佛吞了苍蝇的神情，常玉愈发感到痛苦，艺术被轻贱，美好的女性被折辱，而自己看着这一切发生在眼前却无能为力。

这次画像赚了600法郎，可过程令常玉痛苦万分，他再也不想接这样的订单，可又实在需要钱，于是便和侯谢约法三章：第一，委托画像要先付钱；第二，他作画的过程中不允许观看；第三，画好之后不接受这样那样的意见，请直接把画拿走，如果不满意作品可以留下，当然钱是不退的。这听起来近乎霸王条款，只有极少数真正喜爱常玉绘画的人才能接受这些苛刻的条件，生意的冷清可想而知，侯谢也嫌从中斡旋费心费力，这项业务没多久便不了了之。

· 探索新材料

可是生活的难题摆在眼前，常玉还要继续开拓赚钱之道，刚好庞薰琹刚谋到一份家具厂的兼职，也推荐常玉去试试。这份差事是和庞薰琹同住一家旅店的漆画家范年介绍的，范年漆画技艺娴熟，平日在一家专做“中国家具”的厂子上班。巴黎这些所谓的中国家具厂和许多中餐馆一样，用一些突出东方异国情调但工艺上偷工减料的漆器家具满足欧洲人的猎奇心理，真正的中国家庭绝不会使用这样的家具。范师傅工作的这家厂也是如此，那些只在表面刷上薄薄几层或黑或红漆料的木质家具做工十分粗糙，全靠画工在上面绘制花卉、仕女等传统纹饰唬唬洋人。报酬虽微薄，但常玉还蛮耐得住性子，他喜欢找回幼年临摹画谱时心无杂念的状态。而且他还通过这份兼职得了个意外之喜，发现了一种效果独特的绘画材料。家具厂有些样式不中不西的大衣柜、梳妆台上面都装着大镜子，这些镜子也都布满了彩绘，这种设计灵感来自 18 世纪在法国大受欢迎的中国外销镜子画，被认为是典型的中国风元素，实际上镜画的历史源头恰恰是文艺复兴时期的玻璃彩绘圣像画。因为玻璃表面光滑不易着色，常玉试着画了几次，雇主要求的均匀精细完全达不到，却意外地发现油漆在镜面上产生的斑驳笔痕正是自己梦寐以求的。于是他大胆地用油画颜料管换了漆，在镜子上搞起创作，利用玻璃坚硬的质地将刮、刻这些非常规的绘画手段发挥到极致。常玉的镜面画多为十几厘米见方的小幅作品，题材以水果静物和猫、狗、马等动物为主，镜子闪烁的反光从颜料的稀薄处和刻划的线条透出，让简单的画面丰富起来。镜子上的实验也促进了其他材质上的技法突破，他在木板和画布上都尝试涂满油彩后再用尖利物刻划出轮廓，都呈现出很不错的效果。

常玉觉得时机成熟，便邀请侯谢来工作室看画。他非常重视这次机会，因为侯谢已经有一段时间没有买他的作品了，按侯谢的话说，现有的几种风格类型已经饱和，常玉想用全新的创作引起他的兴趣。正午时分，侯谢如约而至，常玉亲自下厨做了那道让徐志摩念念不忘的蘑菇面，又配上他拿手的口水鸡，还特地模仿西式面条那样装盘，点缀了新鲜的罗勒叶和辣椒片，色香味俱全，令人食指大动。一向注重保持身材的侯谢连吃了两大盘面条，被口水鸡辣得大口喝着冰水仍欲罢不能。

酒足饭饱后两人心情都很不错，常玉向侯谢逐一展示自己的新作，分别画了桃子和梨的两幅镜面油画，一幅布面油画，一幅木板油画，题材都是瓶花。不出所料，侯谢果然对每幅画都爱不释手，尤其是镜面画让他瞪大了眼睛惊呼：“Sanyu，你简直是个魔术师！居然想到在镜面上画，这么简单的随手涂涂画画，居然能产生这样丰富的视觉效果。这几枚桃子简直像少女一样迷人。还有刚才的午餐，感觉像是你拍拍手凭空变出来的。你的中国魔法让我着迷。”

“那么您愿意为我的魔法付多少钱？”常玉给自己鼓了几次劲，终于提起付款的问题。

“500 一幅怎么样？”侯谢老练地出价。其实常玉心中理想的价位是 800 法郎，可是他原本羞于谈钱，主动提起画款已是他的极限，讨价还价相当于揭了他的脸皮。常玉嘴唇刚嗫嚅了几下，侯谢抢先讲起来：“虽然你画得的确非常精彩，但是你知道的，你现在名气还没有打开，你的画很难卖出去。我个人收藏的话数量已经很多了，我不是亿万富翁也不是慈善家，不可能无休止这样下去，Sanyu 请你理解。我相信金子总会发光，让我们都耐心等一等。而且 Sanyu，我的朋友，你对藏家的态度是不是可以缓和一些？”

常玉没有说什么，他不喜欢与人争辩冲突，实际上心中对侯谢的不满又增加了几分，常玉理想中的经纪人就像教会或帝王统治时期的艺术赞助人，或类似中国古代供养画家的士绅、官员，不仅收藏画家的作品，还无私地支持画家创作，保障他们的生活。然而侯谢对经纪人和画家关系的理解与常玉截然不同，也代表着当时欧美艺术市场领域比较普遍的观点，他们默认艺术经纪人只负责拓展客户、销售作品，经纪人没有义务供养画家的日常开销，二者之间仅是合作关系。边界清晰的商业世界与中国人情社会的行事逻辑冲突激烈，认知的错位，让双方的合作从一开始便埋下了误解的根苗。

三个梨子　常玉
镜面油画 | 9.5cm×13cm | 20 世纪 30 年代

五个桃子　常玉
镜面油画 | 9.5cm×13cm | 20 世纪 30 年代

· 美术论争

一日，庞薰琹又来常玉的工作室拜访，正好赶上常玉在陪继子尚玩一种球类游戏，工作室本来就为数不多的家当被集中堆在一角，正中间立着一道球网，常玉和尚分别握着球拍站在两头。庞薰琹对运动一窍不通，只见两人玩得十分投入，六岁的尚居然也打得有模有样，和常玉你来我往打了十几个回合。常玉觉得让朋友久等失礼，待一回合结束，便对尚说：“嘿，小伙子，你打得越来越好了，我已经不是你的对手了，我有点累了，咱们休息一下如何？等庞叔叔和我说完事情，咱们再继续好吗？”

“不好，不好，还差两个球我就赢了，你怕输才想跑。”

“哈哈，这都被你看出来了，我服输可以吗？如果你今天准我的假，明天陪你连玩三局。”

“真的吗？Sanyu，你可要说话算话！”

“我有哪次骗过你吗，小伙子？咱们击掌为誓。我还要给你一个惊喜，你去楼梯后面找找看。”

尚飞快地冲到通向阁楼的旋转楼梯后翻找起来，随即便兴奋地尖叫起来：“哇！手枪，玩具店里的那把，我跟妈妈要了一百次她也不给我买。Sanyu 最好了！”

“好小伙子，去玩吧。平时就藏在我这儿，不要让妈妈知道，这是咱们男人之间的秘密。”

尚拿着玩具枪兴高采烈地跑了出去。常玉对着庞薰琹笑笑：“婚姻的代价。薰琹来得正好，正有事想跟你聊聊。你听说了吗？国内艺术界刚发生了一场大讨论，论争双方都是我的熟人，话题也很有意思。”

“你就别卖关子了老常，我在巴黎没几个熟人，跟家里也很少通音讯，哪里知道国内艺术界的新闻。”

常玉从堆在墙角的画稿里抽出几本杂志递给庞薰琹，几本杂志都是民国十八年（1929）出版的《美展》，有第五、第六、第八期。庞薰琹略翻了翻，杂志印制颇精美，中间还有铜版彩图。

“这都是洵美给我寄来的，今年四月份上海办了第一届全国美术展览会，据说前前后后筹备了六年呢，对国内美术界来说确实是件大好事。《美展》杂志是志摩主编的，报道有关美展的活动，刊登作品，发表相关的论文，而且居然是三日刊，这家伙干起活来不要命。你重点看我折了痕的那几篇文章，几个老朋友在刊物上打起笔墨官司，实在有趣。”

“是四月份的事，那不是和咱们中华留法艺术协会成立前后脚？成立仪式那天好像听季芳兄说起过。”

“正是呢，海粟这么个活跃分子要不是因为那时在法国，一准也会加入他们的笔战的。”

“季芳兄可真是个名副其实的社会活动家，来巴黎这么短时间居然还牵头张罗事情，咱们在巴黎这么久也没想起组织一下。”

“是啊，不联络真不知道，在法国学画、搞艺术创作的中国人还真是很多，不光巴黎，里昂也不少，跟汪亚尘聊了几句，觉得还蛮投缘，可惜他只是短居巴黎，过不久就要回国了。”

“中华留法艺术协会里有个叫张弦的会员你有印象吗？他对常兄可是相当敬佩，一直想与你攀谈几句，结果成立会那天你早早跑掉，座谈会也没参加。他抓住我聊了很久，跟我们有些理念不谋而合。”

“是浙江人吧？似乎有点印象，海粟好像颇赏识他。”

“常兄记得不错，我们回国以后如果都在上海，倒可以一起做点事情。”

“那是后话，你还是先看看二徐的笔战吧。”

庞薰琹先翻开第五期常玉做了标记的那页，赫然印着大字标题《惑》，作者是徐悲鸿，文章很短，庞薰琹快速浏览了一下，发现徐悲鸿在文中痛斥马奈、塞尚、马蒂斯等现代派艺术家，批判马奈平庸、塞尚浮浅、马蒂斯粗劣，呼吁中国画家们万不可偏信盲从。庞薰琹心中暗忖，久闻悲鸿兄大名，艺术成就也的确斐然，想不到理念这样保守。他又翻开第六期，这里做标记处是徐志摩写的《我也‘惑’》，是为塞尚等现代主义艺术家辩护的驳斥文章。还有一期《美展》特刊，里面刊登了徐悲鸿针对徐志摩观点再次强调自己意见的《惑之不解》。这两篇文章都比较长，庞薰琹只能粗略翻翻。

常玉迫不及待地问：“你觉得如何？”

薰琹觉得仅凭一篇文章不好轻易下结论，尤其对前辈妄加评论似乎不妥，便迟疑着未开口。

“嘿嘿，你不说我也能猜出你的意思，咱们两个趣味还是比较接近的，你也觉得悲鸿兄太保守了吧？我是完全赞同志摩的，他是懂画的，完全懂得现代派绘画的妙处。”

“悲鸿兄何以对现代派这样深恶痛绝？他当真觉得塞尚的研究和马蒂斯的自由表达一文不值吗？”

“老徐我还是有点了解的，一是他个人大概的确不喜欢马奈、塞尚一路显得平面、粗糙的风格，另外他对现代主义极力反对，其根本在于那些变形、那些自由与他主张的写实相冲突，他是想把写实当成治疗中国画衰败的药方。他尊崇的恩师达仰，是典型的学院派写实，老徐最看重的就是扎实的写实功底，他觉得只有写实才能彻底扭转中国画那些腐朽的程式。”

“悲鸿兄的主张如果真是这样，我倒有些赞同他了。咱们中国传统绘画首先教学那一套就不行，无论山水花鸟都一律从临摹画稿、画谱入手，陈陈相因，毫无生动可言，我小时候学画就这样过来的，深有体会。”

“我当然不否认中国绘画在某些方面的确需要改变和进步，但我觉得它有很多宝贵的东西，用笔的韵律，极度的简洁概括，极度的主观表现，这些都是独一无二、不可替代的。其实西方人已经意识到中国、日本这些东方艺术的价值，你我欣赏的现代主义绘画，和中国画尤其是文人画的一些理念不谋而合。崇尚造型准确、塑造三维空间的写实绘画和表达主观感受的表现性绘画，只有风格分野，其实没有高下之分，都有各自存在的价值，用任何单一的标准去评判所有的艺术创作，我觉得都未免狭隘。”

庞薰琹听了若有所思，不一会儿由衷赞叹道：“没想到常兄对艺术见地如此之高，我以前从未这样想过，今日听常兄一讲，觉得大有道理。”

· 画商的条件

常玉忽然想起什么："薰琹，你是不是有事找我？被我闲扯岔开了。"

"常兄，我最近碰到一个，我不知道应不应该算作机会，想请你帮我把把关。圣米歇尔大街那边最近新开了家咖啡馆，环境挺不错，没人打扰，我最近常去画画。大上个礼拜在那儿，一个留小胡子的法国人看上我的画，挑了一小幅钢笔画，给了我 700 法郎。后来他又去咖啡馆找过我几次，没再买画，但总送我礼物，不是礼帽就是皮鞋，都是高档货。我无功不受禄，问他要干吗，他说自己是个什么贵族，先是夸了我一大通，说我有三大优势——画有自己的风格，又是中国人，巴黎还没有有名的中国画家，再就是很年轻。但要在巴黎做个名画家，我还缺两个条件——大画室和漂亮的汽车，这些东西他能帮我实现。"

常玉忍不住插嘴道："这人是不是自称巴隆安茹？个子不高，一脸精明相？"

"正是，正是。"

"他就是个画商，不知道哪弄的男爵头衔，到处招摇撞骗。以前他也找过我，我原来的画室就在圣米歇尔街上，他常在那边晃。要我说这个人……我还是别先入为主，说说他给你开的什么条件。"

"每个月给我 2000 法郎，每年夏天去海滨度假两个月，一应费用他全包，我听着真的有点动心，度不度假的倒无所谓，每月两千我就能在巴黎立足，安稳画画了。"

"还得看看你要用什么交换，画商可不是慈善家。"

“我每个月要给他两幅油画和五十张毛笔速写；我所有销售作品必须经他的手。这头两条我觉得倒还合理，唯独第三条，我有点难以接受。”

“他是不是要限定你的风格？”

“没错，他说这十年内如果我想改变画风，必须要跟他商量，得他同意才行。”

“哼！这种唯利是图的小人，又故技重施。就凭这一点，你就会失去创作的自由，这对画家来说是最要命的。所以我还是那句话，千万不要上画商的当！侯谢算是对艺术家比较尊重的，很少对我的创作指手画脚，这也是我跟他保持合作的原因，但他把我的画价压得那么低，总想占我的便宜。”

“嗯，常兄教诲的是，我本来也觉得不妥，这样就更下定了决心。对了，常兄，我看家里来信说国内越来越不太平，你家里情况如何？给你的供给有没有受影响？”

“别提了，基本上彻底断了炊，别说钱，连音讯都断了几个月。下回范年那儿再有活，你也叫上我。”

“Sanyu，我不太明白，你为什么宁可画漆画，拿着那么低的工资还要听人指挥，也不愿意卖你自己的画呢？明明有很多人争着要你的作品。”

“在家具上画漆画只是做工，出力拿钱。画我自己的画就不一样了，那才是我真正要表达要追求的东西。有些人自以为用几个臭钱就可以对我的画指手画脚，我宁可出劳力挣钱，也不要被他们的钱买走我表达的自由。而且我最近想到一个新的挣钱之道。”说到这儿常玉眯起眼睛抑制不住得意之情。

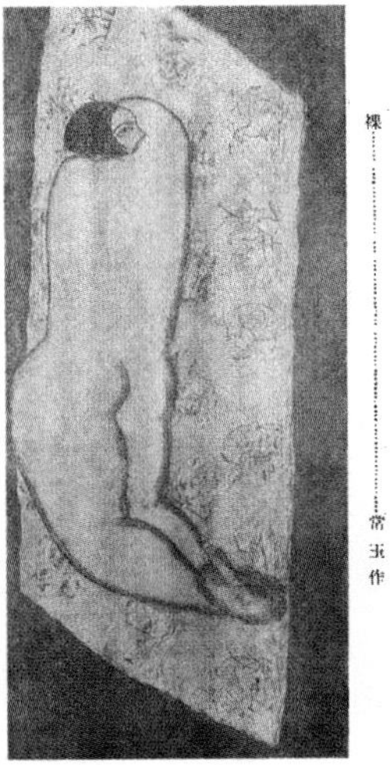

1929年《新月》第1期第12页刊登了常玉的《裸》，即KIKI肖像

“真的吗，常兄？快说说是什么门道，你发达了可得拉兄弟一把。”

常玉向着屋子一挥手。

“看吧，这就是未来的财富源泉，如果能顺利推广，我就可以完全不用为钱发愁，纯粹把画画当成我的热爱。”

庞薰琹朝屋里东看西看不得要领：“常兄，我没明白，你指的生财之道在哪里？”

“就是刚才你进门的时候我跟尚在做的球类运动啊，这项运动大有前途！”

“你们不是在打羽毛球吗？原来大名鼎鼎的羽毛球是常兄您发明的，佩服佩服！”

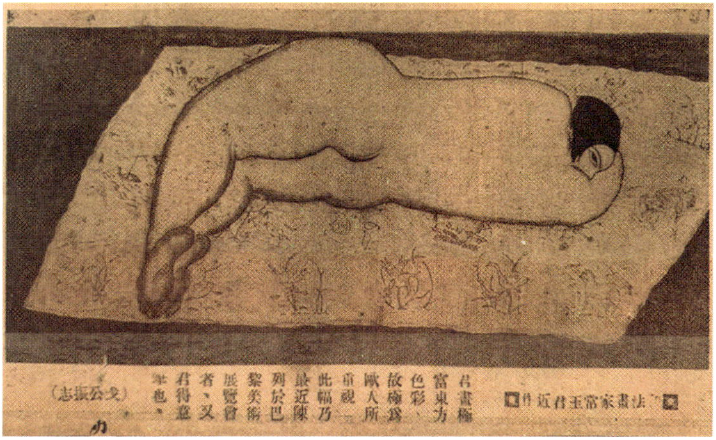

1929 年《上海画报》第 505 期也刊登了 KIKI 肖像，著名新闻人戈公振题志：“留法画家常玉君近作，君画极富东方色彩，故极为欧人所重视，此幅乃最近陈列于巴黎美术展览会者，又君得意笔也。”

“哎呀，薰琹老弟，你可真是个体育盲啊，羽毛球都已经发明出来多少年了，羽毛球发明的时候我还没出生呢，现在早已经风行全球了。我这个是一种结合了网球、乒乓球、羽毛球三者特点和优势的崭新的球类运动，我叫它乒乓网球。你知道我很喜欢打网球，可打网球需要很大的空间，必须要去专门的场地，这对于现在的我来说就很奢侈，相信许多人跟我一样希望能随时随地打网球，但又嫌场地花费贵、距离远。我发明的乒乓网球能完美解决这些问题，乒乓球你知道吧？乒乓球的发明其实就是因为人们不想受天气和场地的限制，把网球搬进了室内，用短拍子在桌子上打。但我觉得乒乓球作为网球的替代品是不合格的，两人围着个小桌子打那么小的球，怎么过瘾嘛。我就折中了一下，我采用的球，大小介于乒乓球和网球之间，弹力比网球小，球拍也是改良过的，以同样力度击球，球的运动半径比网球小得多，这样就不需要那么大的空间了，你看，我这一百平米出头的工作室都可以做乒乓网球的场地。而且网球体力消耗大，对身体素质、力量要求都比较高，对老人和儿童来说门槛有点高。我这乒乓网球场地小、球弹跳力度小，是一项适合所有人的运动，年纪小的孩子可以从乒乓网球入手，等体力达到了再练习网球，反正两者规则是一致的，技术动作也差不多。”

常玉讲起他的体育发明滔滔不绝，庞薰琹这个门外汉听得云里雾里，心不在焉地翻着邵洵美从国内寄来的杂志，随口附和：“常兄不但艺术上颇有造诣，没想到体育上也这么有研究，佩服佩服。常兄，这不是你的大作吗？登在这本叫《新月》的杂志上了。这就是侯谢第一次从你这儿买走的那幅画吗？国内美术界都注意到你了，影响力已经跨过大西洋了。”

“过奖过奖，都是朋友捧场。这《新月》是徐志摩、闻一多、梁实秋等主办的文学杂志，实际上现在是邵洵美在出资。他和新闻界的朋友戈公振还把我的画推荐给了《上海画报》，在今年九月刊登了。”

“哦，看到了，在这里，还有戈公振写的说明文字：‘留法画家常玉君近作，君画极富东方色彩，故极为欧人所重视，此幅乃最近陈列于巴黎美术展览会者，又君得意笔也。’评价很中肯。祝贺常兄！”

“咱们去喝一杯吧，老弟！祝我早日发财！”

“我来请！感谢常兄多次为我指点迷津！”

· 艰难的求助信

一支钢笔在稿纸上不甚流畅地书写着，每一笔都要停顿，每个字母都很凝滞。

亲爱的侯谢，

你能否好心……

常玉将好不容易写出了几个字的稿纸一把扯掉，狠狠揉成一团扔在一边。写字桌周围散落了三四个这样的废纸团，桌上旧罐头瓶改造成的烟灰缸里堆满了烟蒂。常玉苦闷地抱住头，空白的稿纸在灯光下发出刺眼的白光，像是嘲笑他的无能，他闭上眼想逃离眼前的一切，可脑海里却自动播放起那些更加不堪回忆的画面。玛素从双眼喷火怒不可遏到歇斯底里苦苦相逼，到最后的麻木绝望，妻子一系列痛苦的表情自动复制成了成千上万个，像万花筒一样在常玉脑中闪动。那是去年年末，常玉已长达半年之久没有收到家里一丝音讯，作品的销售仍未有明显起色，乒乓网球的推广也没有实质性的进展，眼看圣诞将至，常玉想让玛素和尚过一个体面点的节日，至少壁炉里要有柴火，盘子里能有些像样的食物。他把自己稍微值点钱的行头都送去了当铺，换来的钱少得可怜，而且眼见到期也无钱赎回，大衣、手表都在其次，相机可是他创作必不可少的辅助工具。无奈之下，常玉不得已打开了妻子的首饰盒，妻子俭朴乃至寒酸的行头让常玉羞愧万分，首饰盒几乎是空的。他本想把那串他送给妻子作为新婚礼物的翡翠项链送去典当以解燃眉之急，但那天恰好被她戴去参加婚礼了，盒子的角落里躺着一只小小的金十字架，常玉顾不得多想，抓起十字架项链便跑去了当铺，赎回了相机钱加 200 法郎。他盘算着节日后再请侯谢来工作室买几幅镜子画，他相信侯谢会买，他上次说过的。有了钱他便神不知鬼不觉再把项链赎回来，这一切不会让玛素知道。不料还没等假期过完，事情便败露了。新年家庭聚会，玛素想要戴那条小十字架项链，常玉无奈便说出实情，没想到项链是玛素母亲所赠，常玉未经允许便拿去典当，着实触碰了玛素的底线。在玛素以离婚相逼之下，常玉终于走出了在他看来接近丧失尊严的一步，去找侯谢借钱。他已不记得自己是如何走到“阿拉构”的，更不愿回忆自己那燥热的面孔、溃不成句的话语和颤抖的手，幸好侯谢听说了他的困难，十分爽快地借给他 300 法郎，他接过钱，甚至顾不上好好道谢，便如蒙大赦地逃走了。

第一次开了头，第二次、第三次便顺溜得多，开口越来越轻易，借钱似乎也没什么可丢脸的嘛，又不是不还，常玉时常这样麻痹自己。直到那一次，侯谢几天前刚买了几幅画，常玉一时高兴又广邀朋友喝酒庆祝，又给玛素和尚买新衣服，完全忘了过几天该续交房租。房东于佩尔先生本是个好脾气的法国老头，但之前已经数次宽限常玉拖欠租金，这次终于对这个不知计划挥霍成性的年轻人忍无可忍，堵在门口勒令常玉即日搬走，玛素好话说尽，老房东才松口让他们三天内补齐。常玉自然又厚着脸皮去找侯谢借钱，侯谢这次却不再那么痛快地掏钱了，他直截了当地问："Sanyu，我前两天刚在你那里买了画，画款当场就给了你，你为什么不用这笔钱付房租呢？"他灰蓝色的眼睛直直看向常玉，那狐疑中带有一丝轻蔑的眼神深深刺痛了常玉，他真想赌气一走了之，可房租在等着付，残酷的现实石头一样横亘在那里堵住他的退路，他只能硬着头皮继续站在侯谢面前，等着对方终于掏出支票夹。

常玉开始痛恨自己，恨自己的软弱、缺乏自制，恨自己才华有限，没能创造出足够养家的财富。常玉对侯谢的态度变得更加复杂而微妙，一方面离不开侯谢经济上的支持，同时也感念他的知遇之恩；另一方面又笃定侯谢在定价上占了自己的便宜，把自己如今不如意的状态归咎于侯谢的算计与不作为。

然而眼下买画材急需用钱，心中再抱怨，依然免不了要低声下气地向人家借钱。一想到侯谢的眼神，常玉打定主意这次不去当面受折磨，用寄信的方式做个缓冲，可没想到写信也那么难，手中的钢笔似乎重达千钧，他不想去卖惨博取同情，可他的处境就是如此糟糕，最终他咬咬牙如是写道：

1930 年 5 月 15 日，马勒哥夫

卢梭街 1 号

亲爱的侯谢：

家里一点消息都没有，我很担心，或许战争切断了通信，但我相信不久就可以跟他们联络上。昨天我又捎了信回去，希望他们能尽快寄钱给我。离家万里，我没有其他的办法，只能做到这样了。不知道你能不能好心借我500法郎？我得生活，但身上剩不到10法郎。希望你不介意。今天杜乐丽沙龙的阿诺先生向我邀画，要我创作一些巨幅作品。模特、画布、颜料等都得花钱。先谢谢你的帮忙。

祝好

常玉

侯谢很快便回了信：

亲爱的Sanyu：

首先祝贺你受邀参加杜乐丽沙龙，希望你的画能在展览上大卖。

随信附500法郎支票，希望能帮助你渡过难关，但这是最后一次以这种形式帮你了。实话实说，你频繁向我借钱令我十分困扰，总让我怀疑自己是否亏欠你什么。但是朋友，我们之间是非常清晰的代理合作关系，每次买你的画我几乎都是当场付款，咱们两不相欠对吗？

希望这次你能尽快以现金偿还，不要再用作品抵债，抱歉我实在不需要那么多同一类型的作品。

侯谢

常玉感觉到侯谢信中语气的冷漠，开始意识到不应该过分依赖一个藏家或经纪人，他迫切希望开拓新的收入渠道，也在想办法拓展新的人脉资源。

第十三章　莫愁前路无知己

· 音乐家约翰

1930 年的杜乐丽沙龙上展出了常玉三幅油画，这次他不用玛素要求主动出席了开幕式，“项链事件”过后常玉“听话”了一些。在开幕式现场，沙龙展负责人阿诺先生带来一位衣着得体的年轻人，热情地介绍给常玉。

“Sanyu，这位是来自荷兰的约翰 · 弗兰科（Johan Franco）先生，刚刚慷慨解囊买了那幅《裸女》。他非常欣赏你的艺术，一定要见见画家本人。你们慢慢聊，我还要去招呼那边的客人，每次开幕都忙得要命，抱歉失陪了。”

约翰 · 弗兰科非常年轻，玳瑁眼镜后的目光十分真诚，他冲常玉露出灿烂的微笑：“Sanyu 先生，我太喜欢您的画了，尤其是那幅《裸女》，那流畅的线条，让我怎么形容呢，简直比勃拉姆斯的交响乐还要和谐美妙。原谅我只会用音乐来打比方，职业习惯使然。能再多讲讲您的画吗？”

常玉觉得这比喻很令人受用，对这位礼貌又真诚的青年印象不坏，更何况他刚花了一千多法郎买了自己一件作品，这对断粮多日的常玉来说简直是雪中送炭，他对这位来自荷兰的知己格外和颜悦色起来。

“你好约翰，叫我 Sanyu 好了。谈到绘画我并没有多么高深的理论，我不太擅长用语言表达，一切都在我的画里。”

“您说得太好了，我深有同感，我刚开始作曲时总是忍不住炫耀技巧，生怕别人不知道我的才能，但是随着阅历的增长我感到有时简单的反而是高级的，同时也是很难的。我现在努力在创作中做减法，努力去除那些炫技的矫饰的东西，但是真的太艰难了，我真羡慕您的天才，一下子就能抓住创作的本质。”

“过奖了，其实也没有你说的那样高深和玄妙，我所做的不过是用心去感受，然后把我心里的东西画出来。”

“Sanyu 先生，我对您创作的过程非常感兴趣，冒昧问一下，我能否择日去您的工作室拜访呢？”

常玉有些迟疑，最近他正在工作室鼓捣版画，还需要在技术上进行实验，用的工具也有点上不得台面，因此实在不想让人看到。但这位搞音乐的弗兰科先生说得如此恳切，人生难得遇知音，而且转念一想，他是个大外行，即便去了也看不出什么门道，便点头应允了。约翰十分兴奋，迫不及待地约在第二天下午，便离开了沙龙。

·《陶潜诗集》的插图

约翰走后，常玉也急忙回到工作室，毕竟藏家要来做客，总得拾掇

1930 年勒马盖出版社出版的《陶潜诗集》封面及常玉所作的三幅铜版画插图

一下以示尊重。其实工作室并不难收拾整齐，因为自从婚后搬进这里，住处和工作室合一，玛素便不能容忍常玉懒散和爱囤积古怪东西的习惯，总是定期把他积攒的破烂一股脑儿丢掉，所以现在的问题并非物品杂乱，而是太过空旷。常玉把地面尘土打扫一下，将仅剩的几幅小油画挂在墙上，尽管最近与侯谢的合作关系冷却下来，大部分画作还是留在侯谢那里代售。工作室内的大桌案略显凌乱，上面堆放着创作版画所用的各种材料和工具，以及几张试印出来、效果尚佳的画。常玉有意保留了桌案的原状，因为这样显出他正处于工作状态，也显得工作室更充实一些。

正在创作当中的这套版画本不在他计划之内，而是梁宗岱给介绍的一件委托活计。据满怀激情的梁诗人自己说，寒假里闲来无事翻译了陶渊明的几首诗，他尝试将译稿寄给法国大作家罗曼·罗兰，竟收到对方的热情回信，称赞梁宗岱的法文智识，并被陶诗的单纯美感打动。紧接着便有出版社与梁诗人接洽诗集出版事宜，这家勒马盖出版社（Éditions Lemarget）在书籍的装帧上颇为考究，想为这部《陶潜诗集》配几张插图，梁宗岱担心外国的画家表现不出陶诗的神韵，便向出版社推荐了老友常玉。其实常玉并没有系统学习过版画技法，之前只尝试过尺幅很小的木版画，但出版社许诺的稿酬颇丰，他毫不犹豫地答应了。

出版社预先支付了一些定金，可常玉转手就把大部分送到当铺赎回了那台数不清当了多少次的相机。揣着剩下的几十法郎，常玉去了趟画材店，发现之前不太关注的版画材料相当昂贵，他手上的那点钱连买一块小小的铜板都不够，更别说成套的刻针和刻刀了。简直是打劫！常玉心里把商家痛骂一顿，扭头便去食品店赌气似的把钱花了个精光。

出版社的定金换回了珍贵的相机和全家的一顿饕餮大餐，还附带玛素一个漫不经心的吻——她已经不再过问常玉的收支情况，以免徒增烦恼。好在尚心无旁骛地享受了美食，只要有人得到了真正的快乐，常玉便觉得钱花对了地方。然而出版社的约稿却因没有材料无法进行下去，下月的房租还没有着落，换做旁人多半会急得团团转，常玉却债多不愁，依然每日优哉游哉读闲书、逛马路、改进乒乓网球。约定的一个月交稿期已到，出版社来信催稿，迟迟未见常玉回复，编辑只好请本书作者兼介绍人梁宗岱出面探问究竟。

梁诗人上门探访，只见工作室空空如也，常玉正在一张破纸上信手涂写着什么。梁宗岱对常玉的无计划也略有耳闻，见此情形料定常玉无法交差，心下暗暗叫苦，只能尽量委婉地提醒常玉抓紧交稿，不料常玉不慌不忙把自己正涂着的那张破纸移到他眼前，梁宗岱立刻转忧为喜。破纸上赫然是一幅写意山水，近景坡渚之上几株垂柳俯仰错落，一水相隔的对岸亦有几株柳树遥相呼应，远山层峦耸翠，虽只截取一角，却意韵深远。性情外放的梁宗岱喜不自禁地夸道：“插图这事拜托给常兄真是找对人了，我原来只知道常兄你有些传统书画的底子，真没想到造诣如此之深。这边角构图有些南宋院体画的遗韵，用笔又更加松弛，得文人笔墨之趣，逸笔草草、平淡天真，和陶诗真是相得益彰。”诗人这番颇具专业性的夸赞夸到了常玉心坎里，他颇为得意地提示这位知音：“宗岱，你没看出这树有何特殊之处？”

“树？嗯，这几棵柳树姿态洒脱恣肆，自有一番风骨。哎呀，柳树！是了，常兄这是在暗合‘五柳先生’之别号呀，真是匠心独运！”

“这只是幅小稿，正式在铜板上刻出来会更加考究。其余几幅还要结合陶潜那几首名作的诗意来构思。”

“听你这么一说我更期待了。不过出版社想知道大概什么时候能够交稿，现在已经比预计拖延了一个多月。”

常玉见火候酝酿得差不多了，便慢悠悠地回答：“宗岱，你也看到我的确是用心在画了，可现在物价飞涨，尤其是画材更是物以稀为贵。实话实说，出版社预支的稿费已经见底了，你能否帮我和出版社谈谈，追加一些预算，给我买几块蚀刻版画用的铜板和刻刀。”

梁宗岱出书心切，一口应承下来，回去便和出版社反映了常玉的需求。事已至此，出版社可不希望之前的投入变成沉没成本，只得尽量满足常玉的要求，但由于专业的铜版刻刀价格昂贵，超出了预算，因此只提供了铜板。刻刀的问题令常玉颇为头疼，幸运的是他很快就找到了解决的办法。庞薰琹曾介绍一位中国修脚技师给常玉认识，此人技术精湛，连红磨坊的当红名角密斯登格特都是他的忠实客户。常玉再次去修脚时发现，技师使用的修脚刀无论大小和形状都很适合用来创作铜版画，于是便要了一把淘汰下来的旧刀。回到画室常玉便赶紧试用，竟颇为称手。

常玉心情振奋，一鼓作气完成了两幅。其中一幅是把之前梁宗岱见过的“五柳”画稿誊到了铜板上，第二幅他索性跳过纸上起稿的步骤，直接在铜板上以刀代笔进行创作。常玉非常欣赏陶渊明高洁旷远、不流时俗的思想，以及他诗文的平淡天真，《归去来兮辞》是表现诗人脱离仕途回归田园的宣言，是他思想的集中体现，文辞也真挚优美，常玉的第二幅插图便以《归去来兮辞》为灵感进行创作。通篇读来常玉最喜爱“景翳翳以将入，抚孤松而盘桓”一句，每读至此，夕阳美丽的余晖之下，诗人依傍着苍翠的古松，盘桓于山野之中不舍离去的孤独身影便浮现于常玉心头，他要在画中重现这挥之不去的影像。这幅画采用类似南宋院体山水常用的边角构图，但是截取了山水更小的局部，画面左侧的山只剩窄窄的山脚，连点题的松树也仅仅是在画面的右下角露出树冠，于是原本在山水画中作为点缀的点景人物便分外突出，因为这正是文中辞官归田，向往田园生活的主人公。此外画中似乎还有一个隐含的主角，是那条主人公所在的山路，这条路沿着左侧的山脚蜿蜒伸展，在画面三分之二处向右转折，一直通向松树的位置，形成一个倾斜的L形，将画面进行了对角分割。常玉将山路的边缘画得格外曲折，那些婉转变化的线条弥补了画面的简单，也让这条路和路上的旅人愈发凸显，似乎在暗示诗人那曲折却坚定的心路历程。

· 跨越文化的知音

约翰 · 弗兰科到访时，常玉正在创作第三幅插图。这一次他决定以陶渊明最广为流传的《桃花源记》为主题，因为想要进行一次更加大胆的构图实验，常玉没有贸然在铜板上下刀，而是先通过纸稿进行构思。常玉试印出的前两幅画稿和这幅创作当中的草稿，令来自荷兰的年轻作曲家大为倾倒。弗兰科此前从未见过地道的文人山水画，他以为中国传统绘画都和外销到欧洲的花鸟壁纸一样鲜艳，如今看到常玉寥寥数笔然而意境悠远的画感到十分震惊和激动。

“Sanyu 先生，您简直是个魔术师，如果不是亲眼所见，我不会相信这样简单的几根线条能成为一幅绝妙的画作，比如您正在画着的这一幅，您没有画出任何一朵花，画面也没有一点点颜色，然而我看到了一片盛开的花海和清澈的溪水，鲜艳的色彩和潺潺流水声自动在我脑中浮现，如果我没有猜错，您画的应该是一处仙境。”

“完全正确，我的朋友！这是中国晋代著名的诗人、文学家陶渊明写的著名的隐居故事《桃花源记》，写一位渔夫偶然来到一片远离尘世、伊甸园般美好的地方，此地的入口是一片美丽的桃花林，就在溪水的尽头，生活在这里的人淳朴而知足，他们的祖先在几百年前为躲避战乱来到此处，之后便与世隔绝，因此外面世界的朝代更迭、人心败坏都没有对他们造成影响。几天后渔夫离开了桃花源，等他想要再去的时候，便再也找不到来时的路了。”

“上帝啊，这真是一个迷人的故事。”

“这也是一个古老的故事，距今已有一千五百多年历史了。我画的正是进入桃花源的神秘入口，一个桃花掩映的山洞。”

“我想你的画完美地呈现了这个故事的意境，我真想读一读这位诗人的作品，可惜我看不懂中文。”

“你可以读懂法文吧？一位年轻的中国诗人把陶渊明最重要的几首诗文翻译成了法文，很快就要出版。你看到的这一组画，正是我为这

常玉与荷兰音乐家约翰·弗兰科的合影｜约 1930 年

部诗集作的插图。等诗集出版后我可以给你寄一本。”

“那太感谢了，我迫不及待地想读。您知道我也是一名创作者，需

马上英雄　常玉
纸本油画裱于木板｜44.5cm×38cm｜20 世纪 30 年代

要从各处汲取灵感，我预感能够从陶渊明的诗中获取许多灵感。您现在画在纸上的这一幅，之后也要变成版画是吗？我之前见过一些版画的制作，这是您的雕版刀吗？似乎跟我原来见过的不太一样。”

“啊，这个，咳咳，这是我们中国特有的刻刀。来看看我其他的作品怎么样。”常玉悄悄将那把旧修脚刀塞到了一叠素描纸下面。

常玉给弗兰科展示了为数不多的几件作品，两幅花卉静物，其中一幅像他的一些镜面油画一样，结合了划、刻的技法。余下几幅都和马有关，因为前阵子常玉看了场马戏表演，人与马配合的演出令他十分着迷，便画了几幅这类题材的画。其中有尺幅比较大的群马，也有单独的姿态各异的马，还有一幅一位几乎裸体的女演员站在马背上表演杂技。

弗兰科对每一幅都大加赞赏，尤其是人在马背上的那件。这幅画的画法与用色都体现了常玉这一阶段创作的典型特征，人物和马没有用线条直接勾勒出轮廓线，而是依靠不同区域的色彩差别形成自然的边界，因此形体轮廓格外柔美。用色几乎仅限于黑、白、粉三色，女演员的皮肤是常玉最喜欢的玫瑰花瓣一般白中透粉的颜色，只有头发和脚上穿的靴子是黑色的，与粉白的皮肤对比鲜明却不突兀，靴子形成的黑色块也让女演员的姿势更加醒目，她正以右腿金鸡独立在马背上，左臂扳着左腿将脚高高举过头顶，形成一个“朝天蹬”的姿势。马是黑白花色的，地板呈现淡淡的奶油黄色，身后大面积的背景色是柔和的淡橘粉色。弗兰科非常喜欢这幅画柔和雅致的色彩和人物戏剧化的姿势，他十分好奇又有些害羞地问常玉：“Sanyu，巴黎的马戏表演都是这样几乎裸体的吗？”

“当然不是，先生，如果那样的话这里真是天堂，这些演员穿得比餐厅女招待还齐全呢。但我有一个特异功能，我的眼睛会透视，而且专对美人有效。只要被我的眼睛盯上，无论她是躺着还是坐着，走着

燕子与花篮　常玉
布面油画 | 50cm×61cm | 20 世纪 30 年代

还是站着，身上别管多少层衣服，在我这里统统变成透明的。”

“嘿嘿，那这幅画里为什么还穿着短裤，您的透视眼失灵了吗？”

“当然不是，我是有意保留一丝神秘，若隐若现才是人体美的至高境界，你看她的姿势，如果不保留些衣服，她那私密的部位岂不一览无余，还有什么意思？而且如果那样的话，还怎么把画卖给你这种正人君子呢？嘿嘿。”

弗兰科被逗得哈哈大笑，对常玉的敬佩又增添了喜爱，觉得常玉正是他想象中至情至性的艺术家。弗兰科还特别喜欢一幅花卉静物，这幅画中花卉所占面积很大，常玉采用一种刮擦的技法，使一簇簇向外探出的繁花与枝叶产生一种毛茸茸、极为繁茂的质感，显得更加生机勃发，花卉和花篮大都是白色的，在黑色背景的衬托下竟像是在熠熠发光，仿佛烟花在黑夜中绽放。更妙的是，白色花束的右上方一只灰黑色的燕子正飞向一朵开在白花中央的粉红色花，这两处神来之笔令这幅色彩与内容极其简单的画变得灵动而丰富。

弗兰科礼貌地问了这两幅画的价格，便立即掏出钱夹想要买下，不料却发现自己这趟旅行的盘缠所剩无几，因为前几天在沙龙上收藏那幅《裸女》本已是计划之外，如果再买下这两幅画，他很可能连阿姆斯特丹都回不去。

“Sanyu 先生，真是不好意思，我这趟出门并没有打算收藏艺术品，所以没有带足够的钱，您可否允许我先付一部分定金，等我到家后立即将余款寄来。如果您不放心，我可以先不把画拿走，等您收到钱，再把画寄给我，运输的费用也是由我承担。”

常玉见弗兰科是真的非常喜爱自己的作品，不觉心头一热，一股豪情冲上天灵盖，把赊账买画布和颜料的欠款抛到九霄云外。“把你现在能拿得出的钱给我就好，画你尽管拿去。千金易得，知己难求。如果你真的喜欢我的画，就把它挂在家里每天看一看，哪怕不给钱我也觉得高兴，这对我来说比买画只为附庸风雅或等着作品升值要好得多。”

弗兰科闻言，深为常玉浪漫、理想主义的艺术家性格所打动，十分郑重地道谢，问了常玉的详细地址，再三保证一定会尽快将余款补齐。之后他们又闲聊了一会儿艺术话题，常玉发现这个年轻人不仅有很高的音乐造诣，对雕塑和绘画也有很深入的认识，然而他非常谦逊，对比自己年长几岁的常玉极为敬重。两人相谈甚欢，很快便开始直呼对方的姓名，仿佛认识多年的老朋友。

· 理想的新经纪人

聊到艺术家和经纪人的关系时，常玉又忍不住把包括侯谢在内的画商批判了一通，说他们是靠吸艺术家的血发家的吸血鬼。弗兰科认真地听常玉说着，等常玉终于发完了牢骚，弗兰科略有些迟疑地开口说道："Sanyu，我冒昧地问您，愿不愿意让我代理您的作品？实话实说，在遇见您之前我从来没动过这样的念头，虽然我有一定的条件，您知道我母亲也是位艺术家，我从小就看她在画布上涂涂抹抹。我舅舅大卫是位十分热心的收藏家，不过他并没收藏多少我母亲的画。爱丽丝舅母也热衷收藏，他们甚至计划建自己的美术馆。我母亲家族的一个表亲是文森特·威廉·凡·高。"

"文森特·凡·高？那位生前寂寂无名，这几年突然名声大噪的凡·高？是你的表亲？"

"别激动别激动，是文森特·威廉·凡·高，有个中间名威廉。不过跟凡·高的血缘非常近，他是凡·高的亲侄子，提奥的儿子。还有我的继母也是一位艺术家。我说这些就是想告诉你，我在荷兰有一定的资源，我非常想为你做点事情。你的画这样好，却很少有人知道，也许你只是缺少宣传，我不希望再发生凡·高那样令人遗憾的事情。虽然我不是专业的画商，但至少我可以想办法在荷兰为你举办展览，尽我所能让更多人看到你的画。不知我是否有这样的荣幸。"

"你太慷慨了，约翰，我很高兴，不仅是因为你愿意帮我举办展览，宣传我的艺术，我主要是为遇到你这样的知音而高兴。我真要好好感谢一下阿诺老头，是他把你这样的天使介绍给我。关于展览我全听你的安排，能分到多少钱我也不在乎，我没把你当作经纪人，咱们是朋友，不过如果有人真的喜欢我的画，并掏钱把它们买走我会非常开心。你还得给我点时间，我需要准备展览的作品，原来的画大部分都在侯谢那儿，而且我也的确想搞点新玩意。”

“不用着急，按照你的节奏慢慢画，只希望我不要让你太失望就好。”

“放轻松，约翰，我相信你。”

“Sanyu，你是一位真正的艺术家，我没见过哪个人有你这样纯粹的态度。你从不担心自己的生活吗？如果你在经济上陷入困境，你会不会想要改变自己的艺术风格，让作品更容易被人接受？”

“绝对不会，但我可能会放弃绘画。”

见弗兰科一脸错愕，常玉解释道：“艺术是我心中的圣地，我宁可再不踏足，也不能容忍圣地被世俗侵染，我们中国有句谚语叫作‘宁为玉碎，不为瓦全’。不过实话告诉你吧，即使我的画卖不掉我也不怕，我有其他生财之道，就像护城河一样，能够保护我心中圣地的纯净。来吧朋友，来看看我的护城河。”

说着常玉给弗兰科指了指他空旷的工作室地面上画出的白色矩形线框，这个矩形大概 9 米半长、6 米宽，和一块壁球场地的尺寸接近。一条白线连接相对较长的两边中点，将矩形平分为两半，使得这个线框似乎更加符合某种球类运动的场地特征。“所以，你打算在工作室内建个球场然后出租吗？”弗兰科小心翼翼地猜测，因为他实在想不出这几条白线如何能凭空变出财富。

“不不，这是我的一项发明，一种全新的运动——‘乒乓网球’。我打算在全世界范围推广，相信我，这绝对是一项伟大的发明。在公寓里就能玩的网球，既能让人获得网球运动的快乐，又无需专程跑到网球场，不受天气影响，不受空间的局限。场地小，好上手，广大网球爱好者、初学者的福音。”常玉像个自我陶醉的推销员一样滔滔不绝，跟平日敏锐寡言的样子判若两人，令刚认识不久的弗兰科感到很迷惑，更觉得这位来自古老中国的艺术家神秘迷人。然而作为一个理性务实的人，弗兰科在运用自己所知不多的经济常识和缜密的逻辑思维分析常玉津津乐道的未来事业。

“嗯，这运动听起来真的很棒，但是 Sanyu，冒昧地问一句，你打算如何通过这项运动来赚钱呢？”弗兰科谨慎地问道。

常玉用一种难以置信的眼光看着弗兰科，仿佛他是在对“下雨地面会湿”这样理所当然的真理发出疑问。

“呃，教人打球、卖东西，怎么都行吧。发明了一项伟大运动的人怎么可能会赚不到钱？如果一个什么东西全世界都有名了，难道不会有成千上万的人争先恐后地掏钱去买吗？同样的，一项运动如果出名了，一定会有无数人想要学会去赶赶时髦吧？一旦乒乓网球风靡全球，难道那些有钱人不会举着大把的钞票来找我这个‘乒乓网球之父’学习吗？那我光是培训费都赚到手软啊，还能顺便认识不少找我学球的美女让我画一画，搞不好连模特费都省了。我再设计几款球衣和球鞋，找个厂子批量生产出来，还有球拍、球网，随便哪一项不都能赚得盆满钵满。说不定‘乒乓网球’有朝一日会变成奥运会项目，他们会聘请我做顾问、做裁判，奥运会裁判啊，薪水一定高得不得了，又是一大笔钱。”

看常玉仿佛白日做梦一样做着事业规划，弗兰科沉默了，他估计这位大艺术家从未仔细思考过如何把一项发明转化为金钱，哪怕他的确在这项发明上投入了极大的创造力和激情。这到底是个天才还是白痴？常玉带着一脸真诚夸夸其谈的样子，不禁让弗兰科想起自己五岁的侄子讲他在花园捉到小精灵。常玉以为的金点子不过是一个对商业一窍不通的理想主义者的天真幻想，然而这种孩子般的天真，深深打动了弗兰科。也许常玉就是一个保持着赤子之心的天才，无论在艺术上还是运动上，或任何他真正感兴趣的领域都有无限的才华，然而对如何挣钱这个问题的认识水平恐怕还不如……弗兰科极不情愿地想，恐怕还不如凡·高。那么就让我做他的提奥，做他的护城河吧，共同守护这片艺术圣土。尽管才第二次见面，弗兰科已暗暗下了这样的决心。

“嗯，乒乓网球是一项很棒的运动，如果运作得当应该可以赚钱。不过 Sanyu，我建议你无论打算怎么推广、营销，第一步先去为你的发明申请专利，否则任何人都能使用你的想法而不需要付钱。而你申请了专利之后，你就是专利权所有者，权益受到法律的保护，之后如果乒乓网球真的成为全球流行的运动，你单靠卖专利就会有一大笔钱。”

“你说得对，约翰，我应该先申请专利，我怎么没想到呢。总之相信我，乒乓网球带来的收入足以让我过上富裕的生活，不用为了讨好什么人去改变我的风格，我们中国俗话讲得好，‘君子爱财，取之有道’。至于我的画，我只负责创造，之后就全权交给你了，咱们一定会成功的。”常玉虽然不擅长精打细算和理性分析，但他总能靠敏锐的直觉分辨出真正值得信赖的人，而且他自认为运气不错，他遇到的人中愿意帮助他的人不少。

常玉的笑容是那样开怀而无挂碍，那种全盘托付的信任让弗兰科再次被触动，感动的结果就是他差点把回荷兰的路费全奉献给艺术。弗兰科借口实在是太喜欢常玉为陶渊明诗集创作的插图，迫切想要买下那几张试印的版画，常玉自然一如既往大方地表示把这几幅送给弗兰科，但弗兰科硬是冒着回不到家的风险，挤出 300 法郎作为画款，常玉只好学着他接触过的版画家那样，在版画右下角空白处签上名字和版数，好令这几张实验品显得更加正式一些。

弗兰科带着巴黎之行意外收获的珍贵收藏品和友谊回到阿姆斯特丹，他如约结清尾款，甚至还多付了百分之二十，唯恐他缺乏经济头脑的天才朋友在兑换外汇时吃亏。几个月后弗兰科收到了寄自巴黎的邮件，是勒马盖出版社新出版的《陶潜诗集》，附一封常玉写的短信。诗集很薄，但采用非常精美的硬皮装帧，可见出版社对这本书的重视。常玉创作的版画插图被安排在相应的文章附近，与陶渊明优美淡然的文辞相得益彰。常玉在信中告诉弗兰科，出版社和书的译者对他的插图都非常满意，书的印量虽不大，但非常受那些追求品质的读者以及专业藏书家的喜爱，在出版业及文学艺术界都获得了很高的口碑，甚至有一家德国的出版社专程来访，希望能给这几幅插图出一册单行本。法国的波拿巴出版社也向常玉抛来橄榄枝，想邀请常玉举办一场展览，目前暂定以素描作品为主。常玉的文字很含蓄克制，然而字里行间都洋溢着掩不住的开心热情，他与人初识时温和寡言又略有些羞涩的神情和聊起艺术时兴奋发亮的眼神仿佛跃然纸上。弗兰科真心为好友感到高兴，他也正在积极推进常玉在荷兰的展览，位于著名古城哈勒姆的德柏画廊已经表现出对常玉作品的浓厚兴趣，弗兰科打算回信的时候告诉常玉。

· 海内存知己

其实常玉的作品在业内颇受认可，只是销售情况不甚理想。近一两年来常玉与国内尤其是上海文艺界的联系愈发密切，几位艺坛活跃分子徐志摩、邵洵美、庞薰琹，都是常玉的至交好友，他们在上海艺术界的话语权，无形中扩大了常玉在上海的影响。邵洵美简直将常玉奉为自己的艺术导师，作为《狮吼》《金屋月刊》《新月》等文艺刊物的主编、出版人，邵洵美在这些完全由自己掌握的强有力的平台上，不遗余力地赞美和宣传常玉，不仅经常在这些刊物上刊登常玉的画作，还亲自撰文进行阐释推介。在《近代艺术界中的宝贝》一文中邵洵美写道：

我们这世界是要求肉的，我们要求跃动的线条，活的线条……国人只知道惊叹；这一半虽是观众少见多怪，但他每一条线条的灵活，也的确能使人们的心跟着一同急跳起来。……使我们看了顿时觉得触到了肉的热气，知道这里面有的是生命，有的是力，是活的 Rodin（罗丹）的雕刻。……看他的结构！他的线条！他的光暗！他的力！他的肉！他的生命！简单里的复杂！复杂里的简单！……

邵洵美不愧是常玉的知己，对常玉堪称一绝的线条的赏析切中肯綮，令许多原本对欣赏常玉作品不得要领的国人开始接受他的现代绘画风格。

继徐志摩、邵洵美、庞薰琹之后，来巴黎游历访学的中国青年学子接踵而至，其中有不少常玉的旧相识。1929 年，刘海粟受国民政府大学院委托，赴欧洲各国考察研究西方艺术。在欧洲期间，这位艺术活动家依然非常活跃，如饥似渴地参观各地博物馆，大量临摹西方名画，并应用新学到的技法创作新画。同时他也积极参加当地主流艺术展，1929 年油画旧作《前门》入选巴黎秋季沙龙，1931 年应德国法兰克福中国学院的邀请，举办《中国绘画上的六法论》主题讲座，并在海德堡与法兰克福举办画展。

刘海粟在巴黎期间曾与常玉碰过几次面，多数是充当徐志摩的信使。志摩对几年前游欧的经历十分怀念，想念巴黎的朋友们，尤其关心常玉的近况，在与刘海粟的通信中时常提及。徐志摩于 1929 年 4 月的一封信中写道：

多谢多谢，你们海外欢畅中不忘向隅的故人。看你们署名的凌乱，想见醉态与欢畅，怎叫我在万里外不深深的艳羡！巴黎是有意味不是？人情的美最令相思无已。常玉家尤其是有德有美。马姑做的面条又好吃，我恨不得伸长了一张嘴到巴黎去和你们共同享福。老谢想已在途，到时期一度畅叙，可惜洵美丁忧了，否则他的兴致也一定不浅。海粟，你到了欧洲，到了巴黎，方觉得到了家。不是我想，你一定悔不早行。巴黎的风光更有那处的可比？我也早晚只想再长翅膀，得往外飞腾。上海生活折得死人，怎么也忍耐不下去！……我与悲鸿打架一文，或可引起留法艺术诸君辩论兴味。……你们巴黎团体中能为我虚设一位否？秋风起时，志摩或者又翩然飞到与诸公痛饮畅叙，共醉巴黎。

常玉看了徐志摩生动亲切的文字，如见其面，眼前浮现出诗人的妙语连珠和总是微笑的脸庞，当年徐志摩在家中吃过玛素做的蘑菇面一脸满足，自己与玛素言笑晏晏的情景历历在目。至于信中提到的徐志摩与徐悲鸿的笔战，更是当年艺坛首件大事，常玉何止知道，当年刊登“二徐”论战文章的《美展》期刊他悉数读过，对其来龙去脉一清二楚，还和庞薰琹讨论过，他常玉虽远在异国，国内的艺坛动向和好友们的情况却也是关心的，他特嘱刘海粟在回信中转达对志摩的关切。

7 月的一封信中，徐志摩再次提到他和徐悲鸿对塞尚的不同态度，并提到梁宗岱翻译的《陶潜诗集》，称“梁宗岱兄常来函，称与兄甚莫逆，时相过从。此君学行皆超逸，且用功，前途甚大。其所译梵乐利诗，印书事颇成问题”。彼时徐志摩还不知道梁宗岱已经解决了出版印刷的问题，并请常玉创作书中插图，否则定会替常玉高兴一番。

刘海粟也并非单纯替徐志摩和常玉传递消息，他也把常玉这里当成情报交换站，每次都带来一大堆关于西方艺术的问题和国内传来的新闻，可每次又都来去匆匆，竹筒倒豆子般扔下那些问题和资讯，椅子都还没有坐热就忙忙离开。大忙人每次到访几乎都会给常玉留下点后遗症，倒也不是反感他来，只是慢性子的常玉单是看着他那不停张翕的嘴唇、飞快变化的手势和忙忙碌碌的身影就觉得头晕眼花。常玉想到一个两全其美的妙招，把密切关注上海画坛动向的庞薰琹介绍给了刘海粟，两人果然各取所需，有薰琹应付海粟这个情报专家，常玉乐得落个清闲，后来薰琹回国，刘海粟忙着准备德国的画展，也难得再来找常玉。

相比之下王济远的到访就让常玉舒服多了，王济远也是近年活跃于上海画坛的西画家，1926 年常玉回沪参加邵洵美婚礼期间与他结识，王济远也曾在日本留学，二人又都推崇现代主义艺术，因此十分投契。1930 年 8 月王济远赴欧游学，来到巴黎自然首先要去看望常玉，多年不见的老友在异国相聚心情格外激动，聊了许多国内外画坛的近况。常玉没想到王济远对自己在法国的动向居然了若指掌，原来是庞薰琹前一年回国后带着刘海粟的推荐函去拜访创办了艺苑绘画研究所的王济远，常玉是二者共同认识的人，且备受庞薰琹推崇，自然成了初识的两人迅速拉近距离的话题。王济远还代庞薰琹问起《陶潜诗集》的插图，薰琹回国前听常玉说起过此事，认为是常玉展示才华的好机会，因此对后来的进展十分关注。聊完了常玉的近况，王济远也不无得意地跟老朋友讲了讲自己这几年的成绩，从常玉上次离沪迄今，王济远多次举办个人展览，并出版了油画和水彩作品集，此外还积极推动西画在中国的传播发展，创立艺苑绘画研究所，组织研究所成员画展，热情提携后辈。除了不像刘海粟一样忙忙叨叨夸夸其谈，王济远也俨然一个艺术界的社会活动家。常玉深知自己散淡成性，一想到组织活动要承担的责任和琐事便头疼不已，只能对这些能力超群的朋友献上敬意和祝福，还是逍遥自在做自己的散仙好了。

王济远特地向常玉提到一位名叫潘玉良的留法女艺术家，她 1921 年至 1925 年期间都在法国学习美术，尤其是 1923—1925 年间就读于巴黎国立高等美术学校，且和徐悲鸿一样师从法国学院派领军人物达仰，二人是正宗的同门。王济远以为常玉与潘玉良熟识，没想到常玉本就对美术学院体系缺乏热情，那几年正是他在巴黎四处游荡探索的阶段，更无暇关注其他留学生的动向，而潘玉良行事又十分低调，曾近在咫尺的两位艺术家竟毫无交集。潘玉良身世颇为传奇，幼年时因家贫被卖入青楼，后被进步人士潘赞化所救，因无处安置，便嫁与潘做妾。潘玉良颇有绘画天赋，在潘赞化支持下，先是跟上海一位颇有名气的老画师洪野习画，后考入上海美专，成为王济远的学生，在校表现优异。1921 年赴法留学，先后在里昂国立美术专科学校和巴黎国立高等美术学校学习，毕业后又考入意大利罗马国立美术学院，多次入选意大利国家美术展，还曾获意大利国际美术展览会金奖。1928 年潘玉良回国后，王济远为她主持举办了“潘玉良留欧回国画展”，在业内引起不小的反响。常玉听说了潘玉良的传奇经历，又看了王济远带来的期刊上潘玉良的自画像及其他作品，见这位女画家虽不算花容月貌，却也端正秀丽，高高的颧骨和偏长的脸型颇具特色，有种知性成熟的美感，再看潘玉良所画的女人体尤其精彩，常玉立时便来了兴趣，与王济远就潘玉良的绘画技法和中西合璧的风格热烈讨论了一番。之后常玉又翻到潘玉良的肖像照片，刚开始差点没认出来，跟她的自画像两相对比相差甚远，女画家用画笔对自己的容貌进行了精心修饰和美化，塑造了一个理想中的自我。照片中的高颧骨和长脸形绝对货真价实，再加上眼镜，让潘玉良活脱像一位严肃的教导主任，把常玉那点绮丽的想象驱散得无影无踪，只留下对女画家卓越的才华和与命运不屈斗争的敬佩，王济远再次兴致勃勃谈起潘玉良的画，常玉便感到索然无味了。王济远也知道朋友“以貌取人”的特点，转而说起自己和庞薰琹创立艺术社团的打算，还有意邀请常玉参与社团的创办。常玉一味推说巴黎、上海相距太远联系不便，又自谦能力不足，其实只是他头疼和不甚相熟的人打交道，更懒于承担那些联络组织之类的事务，且毫无开宗立派一呼百应的野心和欲望。王济远见常玉满脸不情愿，知道他闲云野鹤惯了，便也不好强求，只得作罢。

· 志摩的画像

转过年来初春时节，刘海粟再次来访，又带来一封徐志摩的信。徐志摩写道“……常玉今何在？陈雪屏带回一幅‘宇宙大腿’，正始拜

徐志摩画像　常玉
纸本墨水｜1930 年

领珍异也。见为道念，洵美以收金屋，现办《图画时报》，兼治印刷，将来规模不小。”信的落款时间是 2 月 9 日，恰好接近腊月小年。听闻志摩已收到那幅画，常玉心里一块石头落了地。徐志摩对常玉画的“宇宙大腿”女人体垂涎已久，早在当年游历巴黎期间便多次向常玉求画，常玉许诺赠他一幅女人体和一幅马，志摩归国后三番五次托人催问，听说常玉刚完成一幅人体新作，生怕又被其他人捷足先登，赶紧四处托人打听近期有谁从巴黎回国，几经辗转听说在美国哥伦比亚大学学习心理学的陈雪屏毕业归国，途中取道法国，便千方百计联系上，拜托陈雪屏帮忙将心心念念的常玉画作带回国内。徐志摩对“宇宙大腿”的渴望总算如愿以偿，如今又在信里问起常玉许给他的那幅马画。常玉苦笑一下，无论是人体、动物还是花卉，这些他喜欢的题材画起来驾轻就熟，情之所至，笔下有如神助，一幅油画一两天便可完成，可如今他实在提不起画马的兴致。对常玉来说，马不仅仅是一种普通的动物，更是寄托了他个人情感和文化根脉的重要意象。常玉本就很喜欢马，马充满力量又不失优雅的体态，如风般的速度和自由，忠贞坚毅的品格，以及马在中国传统文化中的美好寓意都令常玉着迷。马与常玉还有很多更加个体化的联系，首先父亲便擅长画马，每当常玉画马，都有种子承父业的自豪感，尽管父子二人都不擅表达，但常玉却通过这样一种方式与父亲进行情感交流。在认识玛素之后，常玉看马更多了一丝浪漫的温情，玛素的名字与马谐音，常玉画马时总是将玛素温柔而坚定的神情赋予笔下的马。可最近常玉和玛素总因生活琐事争吵不断，他渐渐体会到“贫贱夫妻百事哀”的悲凉，哪里还有画马的心情。然而志摩这幅画已经拖欠了太久，此番专程来信托刘海粟询问，常玉实在不好意思再拖延。常玉再次拿起志摩的书信一读再读，思量该如何圆满解决此事，又看到信中提到邵洵美，忽然想起自己曾为洵美画过一幅肖像，洵美对这幅画爱不释手，何不为志摩也画一幅肖像呢，对他来说应该比任何题材都更有纪念意义，要知道常玉可是极少为男性创作肖像的。

主意既定，常玉迅速在自己储存着丰富图像的脑中搜索着徐志摩的形象，当年志摩初次来工作室拜访时好奇又率真的神情，听常玉谈论人体时的一脸神往，在枫丹白露森林里面对赤裸的人体模特面红耳赤的窘态，在常玉家中小聚时的欢笑和妙语连珠……与志摩相关的一幕幕回忆犹如电影画面般浮现在常玉眼前。待刘海粟走后，常玉急忙掏出水笔和画纸，将自己心目中的徐志摩形象诉诸笔端。因常玉对好友情感深厚，事先又已经打好腹稿，徐志摩的肖像速写一挥而就，寥寥数笔便勾勒出徐志摩宽阔的额头、硕大高挺的鼻子和饱满方正的下巴，而且有意舍弃了徐志摩标志性的圆片眼镜，充分体现出画家的自信。与早年邵洵美的肖像相比，这幅画的用笔愈加老辣凝练，人物造型也更具主观色彩与表现性，将徐志摩意气风发的神态刻画得入木三分。常玉对着画端详片刻，满意地在画面右下角签上自己独创的印章式签名，并写下“志摩”二字。

作品已经完成，常玉希望早点送到志摩手中，他自然首先想到

“信使”刘海粟，可海粟最近接受了德国法兰克福中国学院的邀请，正在筹备讲座和展览，近期并无回国打算，倒是王济远七月便打算回上海，于是常玉便将徐志摩的肖像郑重托付给济远。王济远见到徐志摩这幅肖像连声称赞，认为这种逸笔草草却兼得神似的风格，上承文人墨戏精神，开启了常玉个人新的绘画境界。王济远保证一定将画妥善带回上海，亲自交到徐志摩手中。常玉也算是了却一桩心事，对好友有个交代，他热切期盼徐志摩收到画后的反馈，想知道他怎样看待自己的新画风。

第四部分　江河日下

第十四章　婚姻危机

· 爱会在现实中褪色

也许世上万物皆此消彼长，常玉的作品屡获巴黎和上海艺术界的认可与青睐，频频收到合作邀约，与约翰 · 弗兰科的友谊也带给他更多信心与快乐。然而另一方面，家中亲人们仍音讯全无，令他十分牵挂，更不用说再给他经济上的支持了。和侯谢的关系也越发冷却，两人除了绘画交易发生时必要的联系以及最基本的客套，早已不复之前的密切。种种因素综合起来，导致常玉虽在业内小有名气，经济状况却毫无起色。而最令常玉难过的是，他似乎正与玛素渐行渐远。

一段感情的开始与结束似乎都很难找到一个明确的节点，不知从何时起，常玉感到两个人的情感交流好像越来越少了，如果共处同一空间，不说话还好，然而只要开口说话，尤其是涉及钱的问题，必定说不上几句就要吵起来。常玉以前屡试不爽的转移注意力加甜言蜜语的战术已经失效了，玛素的话变得像刀子一样尖刻，一点一点刮掉一个丈夫的自尊，常玉只能以沉默回应。

“ 你这个月卖画了吗？”

“……”

“又是一张都没卖是吧？那我们的房租怎么办？难道下个月我们要露宿街头了吗？哼哼，这倒是挺如你的愿，像个流浪汉一样每天在米歇尔大街上闲逛，跟咖啡馆里那几个荡妇眉来眼去，看看她们谁能带你回家。”

“……”

“什么？这个月你卖了一幅画？那为什么不去交房租？你把钱都花哪去了？让我猜猜，是玛德琳还是薇拉，反正跑不了那几个肥婆，她们做模特不容易，难道我去给人打字、冲咖啡、分报纸就容易吗？她们不是躺着就是坐着。”

“……”

“什么？你好久都没雇模特了？你用卖画的钱就换回了这么个破瓦罐子？别再说什么很美、给我惊喜这些鬼话！你有钱去买这种毫无用处的破烂玩意，还不如去雇模特，至少画出画来还有卖出去的可能。Sanyu，我算看透你了，你就是个游手好闲的懒汉，还端着艺术家的臭架子！结婚前我真是瞎了眼！天啊，我真是个苦命的女人，为什么我遇到的都是这些混账东西。”

和这种怨妇模式相对应的，是另一种截然相反但也许更糟糕的情况，就是玛素自己生闷气，长时间一言不发，甚至阻止尚和常玉交流，用轻蔑和漠然来惩罚常玉的无能。常玉感觉玛素逐渐失去了她的温柔、宽容和对新事物的好奇，就像精美的银器在潮湿恶劣的环境中逐渐氧化，闪亮的光芒逐渐变得黯淡。然而他自己又何尝不是在残酷的现实当中逐渐损耗呢，同行和观众们高度的评价给予他对艺术创作的自信并不充足，在大哥的丝厂收益低迷之时，他才不得不承认，自己的底气原来主要来自家庭的经济支持，单靠自己的艺术创作，尚不足以在巴黎谋得一席之地。他虽然对金钱交易不屑一顾，然而这却是其艺术才能重要的衡量标准。一直不见起色的销售情况和长期的经济困窘，令常玉变得敏感，自尊心格外脆弱，尤其是在自己最在意的家人面前。常玉一方面深受儒家思想影响，认为君子就应该有齐家治国的担当，另一方面又对家庭责任的束缚深感无力。玛素的责难让常玉感到难以忍受，虽然他仍然不会和玛素大吵大嚷，但他长久的沉默让玛素愈发失望。之前曾令玛素深深着迷的艺术家式的潇洒不羁，如今在她眼里变成了不负责任，浪漫多情成了拈花惹草，高洁不世俗成了穷酸迂腐。玫瑰色滤镜褪下，常玉成了一个妻子眼中浑身缺点的丈夫，现实的样貌让两个人都难以接受。

· 一场艳遇

不断累积的矛盾终有爆发的时刻，一天玛素再次因为常玉给模特多付了小费而发怒，当着尚的面常玉十分难堪，他气得夺门而出，以避免对玛素恶语相向。常玉心烦意乱地来到罗童德咖啡馆，两杯廉价威士忌下肚，烦恼果然消了一半，周围的人看起来也顺眼多了。“你在压抑你自己，那会很痛苦，会妨碍你……你应该充分释放。”斯泰因沙龙上毕加索的声音又冒了出来。是啊，为了婚姻、家庭，我错过了太多，是时候结束了吧？

“怎么？大艺术家，你也来借酒消愁吗？”

一副烟雾一样沙哑撩人的嗓音在常玉耳畔响起，不知什么时候KIKI像只猫一样悄无声息地坐在了常玉身边的椅子上。此刻她慵懒地斜倚在靠背上，右臂前伸，手有一搭无一搭地拨弄着酒杯，左手搭着椅背，夹着支烟雾袅袅的女士香烟，正放肆地看向常玉，显然已经喝了不少。

“是啊，我在发愁到哪再去找你这么迷人的模特。那么你呢？女王陛下！”

美人嫣然一笑，心情显然也好了不少。

“去给你当模特之前，侯谢说你对女人很有一套，我还不信，我说你看起来有点害羞，像个小男孩。没想到在你工作室，你差点用眼睛把我生吞活剥了，要不是你老婆回去得早，还不知道会发生什么事。”

KIKI 说着挑逗地向常玉喷了口烟，烟雾在咖啡馆昏暗的灯光照耀下升腾缭绕，她魅惑的眼神和微张的红唇在烟化成的薄纱后若隐若现，常玉心头一动。

“你们亚洲男人都这样吗？表面看起来害羞、老实，像个正人君子，其实私底下……嘻嘻。那个日本男人别看个子小，还挺有味道的，而且出手很大方。要不是我当时恋着那个波兰混蛋，说不定和他也能发展一下。”常玉眼前浮现出藤田嗣治那标志性的瓜皮发型、圆眼镜和小胡子，雄性动物的胜负心瞬间被激起。

“不用遗憾，你眼前就有一个，想试试吗？”这便宜的威士忌果真有些上头，常玉发现不知怎么自己的手就触到了 KIKI 白腻的脖子，正在用食指和中指的关节在她的喉咙和下巴之间上下摩挲，就像在爱抚一只猫。之后他便失去了连贯的记忆，等意识再次回归已是天光大亮。常玉在一个小旅馆房间醒来，床上地上一片凌乱，他费了好半天工夫才从说不清颜色的床单被褥间找全了自己的衣服。常玉揉着像是要炸开的太阳穴走到浴室，想看看自己火辣辣作痛的脖子是怎么回事，发现布满可疑斑点的梳妆镜上用口红写着：绣花枕头，我要是玛素也不会要你。

常玉用手碰碰脖子左侧草莓大小的一片红印，火烧火燎地疼。这样回去可怎么向玛素交代，事到如今可能也没必要再费心编造理由了。常玉朝镜子无奈地笑笑，不知是该得意、遗憾、愧疚还是心存侥幸。他有理由感到得意，这可是 KIKI，蒙帕纳斯的女王，看看她石榴裙下的一串名字，哪个不是响当当——已经作了古的意大利才子莫迪里阿尼，把女人画得花一样美丽并因此深受太太小姐们喜爱的波兰画家莫依斯 · 基斯林，先锋摄影师、达达主义创始人、俄罗斯犹太移民曼 · 雷，还有来自白俄罗斯的表现主义绘画怪才柴姆 · 苏丁。能跟 KIKI 上床，不仅仅是一场艳遇，更像是对才华和魅力的认证。就凭这一点，满应该得意，可谁想到酒精又害得自己终究没能成事，反招来美人的嘲笑。看来半梦半醒间他喊过玛素的名字，真是多情多烦恼，如今他并没有实质性出轨，是不是还有挽回的余地呢？

· 分手前的剖白

常玉带着一个粗暴的吻痕和满肚子复杂心事回到住处，一进门便看到工作室一片狼藉，显然玛素已经知道了，蒙帕纳斯的旅馆藏不住秘密。常玉准备迎接一场狂风骤雨，他还没想好如何应对，却没想到见到了异常平静的玛素。她脸色异常苍白，连平日玫瑰花一样的嘴唇也失去了颜色，没有表情的脸庞像一尊白色大理石雕塑，美丽却冰冷。常玉想起六年前那个夜晚，同样心绪烦乱地离家又返回，面对同样哭泣过后苍白的面孔，但那时玛素美丽的眼睛里饱含柔情和热望，如今眼里只有决绝。当初那个浪漫多情的女孩变成如今这样现实凉薄的妇人，难道是我的错吗？常玉感到心疼和愧疚，同时还有一股十分古怪的想要拿起画笔的欲望，这样冷若冰霜的玛素有另一种美吸引着他，令他产生一种久违的冲动。常玉下意识地想要抱住玛素，却被她躲开，只触到她冰凉的手。

“我们离婚吧。”短短一句话从她苍白的嘴唇中吐出，声音很轻却很果决，像她的眼神和双手一样冰冷。

常玉却置若罔闻，他一把抱起玛素，她的身体也那么冰冷僵硬，但常玉有信心让她重新温暖起来。这一次他爱得格外投入，被 KIKI 挑起欲火和玛素不同以往的冷美人形象带来的新鲜感，让他热血沸腾，他要让眼前这个冷淡、毫无反应的女人热情起来，通过取悦她、驾驭她、征服她，来把握现实的世界，就像对自己的画作一样完全掌控。玛素果然对他的爱抚有了反应，身体越来越柔软，从抗拒逐渐开始迎合，似乎也很享受这场激烈的性爱，高潮来临的那一刻常玉觉得他头脑的锅炉沸腾了，灵感像蒸汽一样源源不断地涌出，他的身心都得到了极大满足，完全进入一种迷醉的状态，完全无暇去关注伴侣的状态。他正在脑中勾勒一个既妖冶又冷艳的女人形象，真想立即跑到画布前将她画出来。忽然他听到了低低的啜泣，常玉随意地搂过玛素，嬉笑着说：“别激动宝贝，你也觉得我刚才的表现太出色了吧？不用大惊小怪，我保证以后每次都让你这么满意。”没想到玛素挣脱他的怀抱，哭得更厉害了。常玉有些莫名其妙，刚才不是都好了吗？怎么后反劲，女人真是些迷人又奇怪的生物。玛素努力使自己平静下来，尽管语气颤抖却很坚定地对常玉说：“Sanyu，我们离婚吧。”常玉有点懵，他通过玛素刚才的反应，信心十足地认为自己完美地化解了这场危机，以为自己的魅力再次征服了玛素，她一定会像以前一样原谅他，继续包容他，却没有想到玛素仍然坚持离婚。

“为什么，Ma？就是因为我跟 KIKI 开房了吗？原谅我吧，我昨晚喝多了，酒后乱性。况且我真的喝多了，根本没有跟她做成什么，并不能算是出轨呀。”

玛素一脸悲愤地闭上眼睛，眼泪顺着面颊不断滚落。“Sanyu，事到如今你怎么还是不明白？不管你们昨天有没有什么实质性的动作，你对她动了情，已经是对我们感情的背叛。你们都已经开房了，还不算出轨吗？难道你们是去旅店聊艺术的吗？”

“Ma，对不起，是我错了，我有的时候真的管不住自己。再给我一次机会吧，我会努力改……”

“怎么改？你能做到不到处去搜寻美人吗？能不雇模特吗？能不再用那种生吞活剥一样的眼神看女人吗？能不再画女人体了吗？”

当然不能！常玉差点脱口而出，幸好及时咬住了嘴唇。欣赏美人再把她们画出来，这是他的使命，玛素提的这些要求，简直招招致命。常玉正冥思苦想如何应对，没想到玛素并没有指望他的回答，自顾说下去：

“不，你做不到。况且如果没有这些，你还是你吗？如果你真的舍弃掉这些东西，恐怕第一个受不了的人会是我，我会痛恨自己亲手毁掉了最独特最宝贵的天赋与才华，我本想通过你的天才摆脱自己的平庸，现在我明白这样的想法是多么天真甚至危险。小时候我总是渴望传奇的人生，长大一些我意识到自己并没有特殊的才能，于是我幻想通过爱一个天才，跟一个天才捆绑在一起，让他的传奇和荣耀的光环也照耀在我身上。为此我走过弯路，但我那时足够年轻，没有一蹶不振，没有断绝这种期待，后来我遇见了你。刚开始跟你在一起时，我非常快乐，庆幸自己没有放弃对浪漫的渴望。如果没有你，我不会结识那么多有趣的朋友，不可能那样深刻地体验到艺术的魅力，我一度以为自己过上了理想的生活。但现在我动摇了，也许是因为我不再年轻，变得现实了，也可能从一开始我就错了，才华和传奇是不能共享的。太阳并没有把他的光和热分给月亮，月亮无法发光，她只是反射太阳的光芒，而且她还要忍受太阳的灼伤，并不是所有女人都能成为天才身边的‘月亮’。我原来以为我可以，现在才知道高估了自己的承受能力。我只是一个平凡的女人，安稳的家庭，一个普通的、爱我的丈夫，才是我需要的。而你呢，你需要的是总能给你新鲜刺激的灵感缪斯，我无法满足你，我也无法容忍你不断在其他女人身上寻求灵感，我没有那么大度，因为我爱你，爱情是独占的。你作画时看向模特的灼热眼神和你对那些女性的美妙之处的称赞，都让我像着了火一样地嫉妒。”

“Ma，你知道的，仔细观察模特，敏锐地把握住模特的特征，都是作为一名画家的职业需要。我在那样做时，完全是出于艺术家的专业视角。”常玉好不容易找到可以为自己辩白的一点，迫不及待地说。

“同时包含男人的原始的眼光，你不能否认。我熟悉那种眼神，我们刚开始交往的时候，你总是用那种眼神看着我，结婚之后你就很少那样看我了，而且你也很少再让我当模特了。”

常玉不得不承认女人对感情的敏锐嗅觉，但他并不想承认。

“怎么会呢，那张你穿着碎花裙子坐着看书的，还有你穿红色上衣戴黑帽子的半身像，不都是画的你吗？你还告诉我很喜欢。还有那几年画的马和猫，其实都是以你为原型的，这你是知道的。Ma，是你给了我灵感。”

“我说的不是那种画，你明白的，我当然非常喜欢你画的动物、花卉和那些穿着衣服的人物，其实你画的任何东西我都喜欢。但是女人体有不同的意义，你在人体画上投入了最大的激情，你画得最精彩的就是那些让你产生强烈欲望的女人，可惜我并不是，连其中之一都不是。”

“不不，Ma，我承认我在创作的时候的确非常激动，但那都是一时的，而且那些女人都仅仅只是绘画的模特而已，她们在我眼里都差不多，只是一些美丽的肉体。而你不同，你是独一无二的，你在我眼里是圣洁的、美好的，像圣母一样美，我觉得把你仅仅当成欲望的对象是一种亵渎。”

“Sanyu，我并不是怪你，我只是不能理解为什么你可以把爱和性分得那么清楚，对我而言爱是一个整体，灵魂和肉体是统一的。而我认为应该分开的另外两样东西——感情和事业，但你却是纠缠在一起的。你对其他女人的欣赏、爱慕，对我而言是极大的伤害，然而这既是你的天性，也是你职业的需要，我似乎不应该去干涉，简直无所适从。我也曾试图说服自己，你和那些模特只是逢场作戏，这幅画画完，模特对你就失去魅力了。但我真的做不到那样理智，我无法忍受你在别的女人那里分心，我想要全部的你，无论身体还是心灵。”

常玉之前从未听到过玛素这样深情的倾诉与剖白，他意识到原来玛素比自己所知道的更懂他，也更爱他。但他深知自己无法做到为了她而彻底改变，他无法为了专一爱一个女人而放弃欣赏其他女人。常玉讨厌选择，为什么要非此即彼呢？为什么男女间的感情一定要这样独占而排他呢？常玉的情感就如同他的画，总是温柔的，淡然的，并不炽烈，恣意而自由，不受任何束缚。常玉不想伤害玛素，但他更不愿意说违心的话哄骗她，至于说了实话会给这段感情带来怎样的后果，就交给玛素决定吧。

“Ma，听你这样说我真感动，真幸运我能遇到你这样一位爱我而且懂我的伴侣，尤其是我并没有什么钱，你仍然没有离开我，我感激你对我的爱和信任。如果我对其他女人的欣赏和爱慕伤害到了你，我非常抱歉，我也很心疼，我其实不想伤你的心，但我无法控制自己。对不起，你说的那些，我真的做不到。我想天性难违，如果不让我看女人画女人，就像禁止狼狩猎，让野马舍弃草原，也许还活着，但完全被剥夺了生命的乐趣。我想告诉你，我仍然很爱你，也想继续和你一起生活，我就在这里，离开还是留下，你来决定，我完全尊重你的选择。”

玛素仿佛很疲惫地闭上眼，过了一会儿才重新望向常玉。

“果然是这样，非常 Sanyu 的回答，我应该想到的。你总是这样，看似把决定的权力交给对方，其实根本就是在逃避，逃避选择产生的后果，逃避决定应承担的责任。我真不明白，你画画的时候难道不是也面临着许多选择吗？选择哪个模特？画她什么姿势？画素描还是油画？用红色还是粉色？为什么你总能快速而坚定地做出选择？为什么艺术上的问题你总能处理得得心应手？可生活里的事无论大小，对你来说为什么都那么难呢？晚饭吃什么，你工作室里哪些东西可以丢掉，要不要换一个更大的工作室，甚至要不要继续这段婚姻，你都等着别人替你决定，难道世界上除了画画就没有值得你花心思去考虑去争取的事吗？”

常玉习惯性地以沉默面对玛素的控诉，他在心中默默地想，玛素的确很了解自己，生活中的多数事务对他而言是那样枯燥又琐碎，而且还有那么多的规矩和标准，如果没能妥善处理，便会面临众人的指责甚至道德的审判。为什么不能像画画那样随心所欲，从材料到尺寸，从构图到色彩，从技法到风格，全部由创作者决定，画成什么样也不会伤害到别人，不满意大不了重新来过。

“也许你本来就不适合婚姻、家庭这些世俗的东西，不应该用世俗的道德标准来衡量你。虽然离婚会让我很痛苦，但那是一时的，如果咱们继续这样相处下去，迟早会变成对双方的折磨，不如趁现在体面分手，还能保留一点美好的回忆。”玛素说。

常玉承认玛素的决定十分明智，现在离婚也许对两人都有好处。于是 1931 年 7 月 4 日，一个平淡的星期六，常玉和玛素去巴黎市政厅办理了离婚手续，从法律的角度给这段短暂的婚姻画上了句号。整个过程十分平静，玛素没有流泪。

· 终点与起点

婚姻关系远比法律文书复杂得多，离婚手续办完后，玛素并不能立即搬离常玉的工作室，她花了一段时间寻找新的住处，之后便以最快的速度收拾自己和尚的物品，似乎对这段感情再无留恋。常玉其实很想问问玛素新找的住处在哪里，是否有足够的钱付房租，可他看看空瘪的钱包，始终没好意思开口。玛素忙碌的时候，他也不便上前帮忙，只能在一旁闷头画画。这期间他们相敬如宾，甚至偶尔会一起带尚去公园，一度让常玉产生一种他们还可以继续生活的错觉，可他明白，目前的平静氛围只是因为玛素不再将他视为丈夫，她对他的问题和缺点已经不关心了。常玉并不太擅长缜密安排和长远规划，他乐观地认为，失去玛素的照料，他的日常生活可能会艰难一些，他也会想念玛素的陪伴，但他将重获单身的自由，再也无需为赤裸裸地凝视模特以及从不同女人身上寻求灵感而愧疚，一想到这点，分手造成的难过和失落便减少了许多。

目前来看，离婚这件事似乎只对七岁的尚造成了一些困扰，开始他以为他们只是要搬新家，他很舍不得常玉在工作室里给他搭的吊床，还有乒乓网球的场地。直到离开的那天，尚看着母亲指挥工人将行李搬上卡车，而常玉仍在画画，并没有一起搬走的意思。尚不解地问：“妈妈，我们是要搬新家了吗？为什么 Sanyu 不跟我们一块儿？我要 Sanyu 也一起去。”玛素想要回答儿子的问题，眼圈却先红了起来，哽咽得说不出话。常玉只好蹲下身耐心地对尚说：“妈妈要和你搬去一个很好的地方，只有最温柔的妈妈和最勇敢的小伙子可以住在那里，我就不行，但我偶尔会去看望你们的。”

“真的吗？那儿有直升机和坦克模型吗？”

“会有的，如果没有，我会送给你。你要用这些武器好好保护妈妈哟。”

“那奶牛先生呢？我可以带它一块儿走吗？”

奶牛先生是常玉和玛素收养了多年的猫，尽管又懒又胖，但不妨碍尚在所有家里养的猫狗中最喜欢它。可玛素新找的公寓十分狭小，实在不适于喂养任何宠物，玛素早已告诉常玉她不会带走任何一只猫狗。

“那要问妈妈同不同意。”常玉用探寻的眼光望向玛素，只见她摇了摇头。

“恐怕不行小伙子，你们那里什么都好，只是不适合小猫咪生活，欢迎你随时回来看它。别伤心，我有礼物送给你，稍等一下。”

常玉反身进屋拿出一叠画纸，把最上面一张拿给尚看。

“是奶牛先生！”孩子发出一声惊喜的赞叹。这是一张用毛笔画的速写，画了团在藤椅上呼呼大睡的奶牛先生，常玉仅用几根黑色的线条便生动刻画出猫咪憨态可掬的睡姿。尚睁大眼睛，凝神静气地看着这幅画。

“奶牛先生好像在呼吸。”尚用极小的声音说道，好像生怕惊扰了画中奶牛先生的美梦，孩子小心翼翼地伸出一只手，轻轻触摸了一下画中的猫咪，随即他松了口气，对常玉展开灿烂的笑容。

“我还以为它摸起来会是毛茸茸的，因为实在太像了。这幅画是送给我的吗？”

“当然了小伙子，虽然奶牛先生不能跟你去新的家，但这幅画可以时刻陪着你。还有这些，都是送给你和妈妈的。”常玉把一叠画纸都交给尚，孩子接过画开心地跑向妈妈，献宝一样举给玛素看。“妈妈，你看妈妈，这些都是 Sanyu 送给我的，好漂亮的画，以前求他好几次他才肯送我一张，这次一下子给了这么多。等 Sanyu 出名了，我是不是就发大财了？我要买好多好多汽车模型和气弹枪。”

“妈妈你看，这是奶牛先生，这是花花，还有雪球呢，哇，咱们家所有的猫咪和狗狗都画出来了。咦，这不是你吗，妈妈？”

玛素看到了夹杂在一众宠物肖像集里的几张女人画像，都是毛笔画的速写，标志性的凝练线条出自常玉之手无疑，然而画中的人物形象却并非典型的常玉式性感女郎。这几张画中的女人并非裸体，也没有任何慵懒诱惑的姿态，而是穿着样式朴实的衣服，坐在椅子上看书，或蹲在地上用抹布擦地，无论休闲还是劳作，看起来都那样怡然自适。最为神奇的是，这几幅画中的女人虽然与常玉笔下其他女人一样，并没有精心刻画的五官及其他标志性的个人特征，但只要是认识玛素的人，第一眼看过去就会认出画中人就是她。这些画中的人物形象体现出鲜明的个性特征，而不像常玉大多数人体绘画那样，着重于呈现抽象化的女性魅力，如果没有长期对绘画对象的关注和揣摩，是绝无可能寥寥数笔便如此传神的。

一直在努力克制的玛素，在看到这些饱含情感的绘画时再次心潮翻涌。她知道常玉是爱自己的，只是他对爱的定义和玛素以及多数人的不同。玛素以为常玉送画是在释放挽留的信号，她心中隐隐升起了一个蕴藏着希望的小气泡。如果他开口，我就留下。玛素暗自下定决心，然而常玉却并没有这样的打算，他是一个如此被动的人，对玛素和尚的温情，并不足以令他产生挽回婚姻的冲动。他见玛素一直在望着自己，以为她想聊聊这几幅画，便走到玛素跟前，似乎有些不好意思地说：“猫咪们都是我这几天画的，时间太仓促了，否则我会画得更精细些，再涂上一些颜色。你的画像有几张是这几天刚画的，更多的是之前早就画好的，基本上一年有两张，都是趁你不注意时画下来的，就像偷拍，抓到的都是你最放松自然的样子。你上次说我很少画你，我想告诉你，不是这样的。”

“所以呢？”玛素等不及想听到常玉的下一句，她想当然地以为，那一定会是“留下吧”或者“别离开我”。

“虽然分开了，但我依然关心你们。照顾好尚和你自己。”常玉温柔地拥抱了玛素一下。

就这样？他甚至没有问问他们新搬的住址，玛素仿佛听到心里的小气泡啪的一声破掉了，尽管他们共同经历了一段超过五年的浪漫关系，玛素此时意识到，自己并不完全了解常玉。

最后一箱行李被搬上了卡车，常玉目送玛素带着尚乘车远去。除了墙壁上的涂鸦和卧室里碎花图案的床单，工作室里几乎看不到玛素和孩子生活过的痕迹。一段婚姻就这样结束了？常玉并非一个冷血动物，对于这段曾经甜蜜的短暂婚姻，他感到惋惜，尤其对无辜的玛素受到的伤害感到抱歉。就像玛素说的那样，他并不适合婚姻，那么分开也好，也许这段感情的终点会成为他们两人下一段人生的起点，至少目前在常玉看来，是他通向艺术自由的起点。

第十五章　新旧交替的阶段

· 旧的不去新的不来

1930 年夏天经历了借钱事件之后，常玉和侯谢的关系逐渐冷却。侯谢处尚存有常玉的数十幅作品，然而常玉觉得他并没有用心帮自己销售作品。常玉听说侯谢开始代理几位新的艺术家，其中有位日本画家，名叫海老原喜之助，同样是东方面孔，和常玉有些近似的、偏于写意的绘画风格，很明显侯谢是想用海老原喜之助取常玉而代之。人的心理就是如此奇妙，虽然常玉和侯谢的合作关系是开放式的，常玉可以委托更多画商帮他卖画，也可以自己结交收藏家，侯谢自然也有代理更多艺术家的自由，然而常玉在听说侯谢向藏家们殷勤推荐海老原喜之助的作品时，心里还是有些不是滋味，仿佛得知行将分手的情人另觅新欢，尽管并不会十分难过，却感到嫉妒与不甘，为自己不是抢先一步找到新情人的一方而恼恨。尤其是在听说侯谢成功向一位大藏家卖出一件海老原喜之助的大画时，常玉变得愤怒，因为这已经严重影响到自己的权益，这位活跃的经纪人一直在推广其他艺术家，让常玉的作品如被雪藏。

恰好这期间，弗兰科出现了，尽管弗兰科并非职业的艺术品经纪人，但常玉并不介意这一点，对他而言最重要的是尊重、理解和欣赏，在这方面弗兰科堪称完美，在他心目中常玉是一位才华无与伦比的、真正的艺术家。有了弗兰科这样一位理想的“新情人”，常玉的心里好受多了，于是他专门找到侯谢，要求他把自己还没卖掉的作品全部归还，理由是他的新经纪人邀请自己在荷兰举办展览。尽管这时展览的事八字还没一撇，常玉却语气笃定且带着掩不住的得意神色，觉得自己漂亮地扳回一局，就像那些闹别扭的情侣，总是通过新的追求者引起对方的嫉妒和重视。侯谢果然被常玉得意的语气刺激到了，其实他明明没有更多精力帮助常玉进行推广，也没有理由扣留作品，但却设置一些小小的障碍，让常玉无法轻松顺利地取回作品，常玉察觉到他的不友善，语言变得更加尖刻，两人不欢而散。但后来常玉去侯谢的“阿拉构”取作品时，侯谢并没有加以为难，还同常玉商议收藏其中的一部分，当然是以比较低的价格。侯谢是个理智精明的商人，并不想因一时意气，跟一位极具才华和潜力的艺术家彻底闹掰。常玉手头正紧，又见侯谢说得恳切，便顺水推舟留下了一批作品，共三十多幅油画和一百多张速写。至此侯谢已经收藏了常玉一百幅油画和六百幅素描，含括了常玉的大部分创作，尽管常玉清高、任性、不肯妥协，是一个令人头疼的合作者，但是侯谢不得不承认，他的画令人难以抗拒。

许多业内人士也会同意侯谢对常玉作品的看法，从他日渐频繁的艺术活动上有所体现——波拿巴出版社的素描展正稳步推进，弗兰科极力促成的荷兰哈勒姆的展览也差不多定了。事业上的成就感，冲淡了离婚带来的挫败与孤独，虽然常玉也会怀念与玛素初识和蜜月期间的美好时光，但绝不至于令他以泪洗面或借酒浇愁。在一些孤枕难眠的深夜，常玉会为美好事物的脆弱易逝和人无法摆脱的孤独宿命而感到怅然，但这样的时刻并不多。巴黎永远不缺少为艺术光环而倾倒的姑娘，在她们眼里，成为艺术家的情人是进入艺术界大门最便捷的通道，像常玉这样事业小有成就的艺术家，更是不乏主动投怀送抱的缪斯。那年夏天，常玉与玛素已经决定离婚，只待择日去市政府办理手续，玛素已经从工作室搬走，常玉脱离了妻子的管束和道德的负罪感，着实痛痛快快放纵了一番。

· 老主顾与新缪斯

七月一个炎热的上午，侯谢来蒙帕纳斯办事，正好路过常玉的工作室，他心血来潮想去看看常玉最近的作品。以前来往密切时，他们偶尔不打招呼就到对方的工作室去，而不会每次都正式预约。但这次侯谢刚按过门铃便有些后悔，因为他听见门内常玉懒洋洋地应门，才想起此时常玉可能还没有起床，作为关系不再亲密的朋友，他此举实在有些唐突。过了几分钟，门开了，常玉边系着衬衫上的扣子，边努力睁开惺忪的睡眼。他并没有对“前经纪人”的突然到访表示出惊讶，仍是一副波澜不惊的表情。

“是你呀，亨利。进来吧，抱歉，屋里有点乱。”

恐怕不只有点。侯谢小心翼翼地避开地上的空酒瓶和一大团破布，来到散落着空盘子和食物残渣的桌边，刚想在那把唯一完好的椅子上坐下，却发现椅背上搭着几件女士衣物，包括一条蕾丝的吊袜带。侯谢皱皱眉，只好坐在旁边的矮凳上。平心而论，这屋里的物品其实不算多，尤其是画作，以工作室的标准看简直少得可怜，但居然能呈现这种飓风过境般的凌乱效果。不过画架上一幅尚未完成的新作则像是一颗宝石，在这混沌的砂砾堆中闪闪发亮，深深吸引了侯谢的目光。画面中一个浅棕肤色的裸女，背向观众侧卧在一块富有东方情调的花毯上，花毯的图案侯谢再熟悉不过，正是常玉给 KIKI 画像中铺在 KIKI 身下的那一块，在这幅画中映衬着棕色女人同样极具异域风情。侯谢还从没在常玉的画中见过深肤色的女人，画家大概也有意突出模特皮肤美丽的色泽和光滑的质感，在画中罕见地用多处高光进行提亮，也显得裸女的身体曲线更加夸张饱满。模特着地的一条胳膊前伸，极其纤细的腰身稍稍扭动，浑圆的臀部微微向上撅起，姿态十分撩人。侯谢纵然久经风月，依然看得面红耳赤。

“新作很不错啊，很大胆的尝试。线条似乎更有力度了，这体态和姿势会不会有些过火？”

“我这画可写实得很，毫不夸张，就是我眼睛看到的样子，你见了露皮塔就会知道的。”常玉边说，边努力捋顺他那蓬乱的头发。侯谢撇撇嘴表示不以为然。

“又来了，你那眼睛跟别人可不一样，长着锥子，长着X光。我就不信哪有人能长得这么大的屁股，还有这么细的腰……”

侯谢话还没说完，便戛然止住了，因为一具他认为不可能真实存在的躯体正出现在眼前。一个棕色皮肤的女人走到椅子边拿衣服，她只穿着一条薄薄的白色衬裙，裙子柔软的面料轻轻裹住她曲线毕露的身体，隐隐透出裙下闪着光的深色皮肤，丰满的胸部和臀部几乎要把布料撑破，看得人心惊肉跳，女人倒是大大方方不急不缓地走回楼上房间。比例夸张的腰部和臀部随着她的动作轻轻摆动，像是熟透的苹果悬在纤细的枝头。侯谢好不容易克制住自己，不再用目光尾随女人上楼，却见常玉正似笑非笑地看着他。

“好吧，你赢了，你没乱说，也没乱画，你如实记录。可是老天，你在哪找的这么个尤物？她总不会穿着这样的裙子上街吧。你是怎么发现这副宝藏身材的？我都没顾得上看她的脸。”

“的确不必看脸，如果我光盯着女人的脸，恐怕就发现不了那么多美人了。而且露皮塔也不只是有个大屁股，关键是她有风情。风情，你懂吗？女人的风情就像火的焰心、珠宝的光泽。没有风情，脸和身材再漂亮也不过是个木头美人。风情是无形的，所以有的人就视而不见，我不过是先人一步发现那些有风情的美人，再把她们的风情转化成能感受到的美，画在纸上让人看到。而那些人看了我的画之后再回过头去看真人，重新发现了她们的美丽，就会像你一样惊掉下巴。”

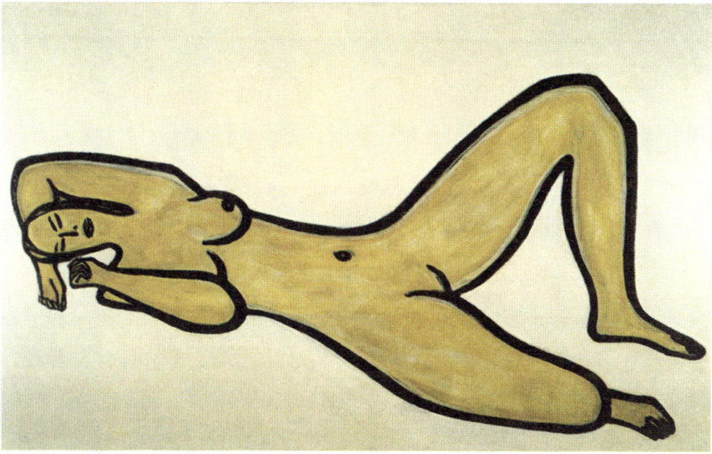

仰卧裸女　常玉
纤维板油画 | 124cm×197.5cm | 20 世纪 50 年代 /20 世纪 60 年代

“嗯，的确很不错，我想我认识的一些藏家会喜欢的，如果你接下来继续画一批露皮塔这样的黑美人，我有信心卖出去。”

侯谢在常玉新风格的尝试中嗅到一丝商机，但他很在意常玉这种新的风格能持续多久，想要如何发展。因为对许多收藏家来说，艺术家过往的艺术履历以及未来的创作方向，都是非常重要的，关系到他们收藏到的作品是否有长期持有的价值，他们不希望艺术家的创作一成不变，但风格转变得过于突然及频繁也不是藏家们愿意见到的情况。有些强势的画商和收藏家，会对艺术家的创作进行一定程度的干预，而这是常玉最不能接受的，于是他的语气变得不那么友好了。

“这我可说不准，得看下一个缪斯什么时候出现，长得什么样。假如明天遇见一个让我惊为天人的亚洲美人，我就改画长腰线黄皮肤的女人了。艺术就是艺术，灵感之神的降临千载难逢，我可不会为了多卖几张画，就没完没了地重复，你应该也会赞同吧，亨利？”

之前侯谢觉得常玉的裸女素描过于单调，曾不客气地说他“没完没了地重复”，如今常玉将这句话原封送回。侯谢听出话里的讥讽，不觉皱了皱眉，双手环抱在胸前。常玉大概也意识到自己的语气过分尖刻，马上拍了拍侯谢的胳膊说：“好了亨利，今天我们不要那么一本正经地谈生意，谈艺术了。说点轻松的话题，像老朋友那样聊聊天。你来得正好，昨天邻居送我一条鱼，我烧一烧，咱们下酒。”

见常玉主动表示友好，侯谢便也顺水推舟，放下了戒备的神情。这时露皮塔款步走下楼梯，和令人惊艳的身材相比，她的面孔着实有些普通，但她独特的衣着打扮又给她增加了别样的风情，她穿了件颇有民族特色的条纹长袍，但配色不同于传统非洲服饰的艳丽，而是黑白相间的宽条纹加上少量灰色和粉色细条纹，鲜明又雅致且适合她的肤色。袍子略宽松，面料十分柔软，露皮塔曲线突出的身材在袍下若隐若现，不像只穿紧身衬裙时那样一目了然，反而更加撩拨得人心里痒痒的。露皮塔不疾不徐地向门口走去，显然打算离开，从侯谢身边经过时矜持地点点头，显出良好的教养。常玉丝毫没有表示出挽留的意思，甚至没有走到门口送别，露皮塔正欲开门，像是想起什么事情，转过身冲着常玉问道：“明天还需要我来吗？”常玉轻松地笑笑：“都行，你想来就来，我的大门永远为你敞开。”显然这不是露皮塔想要的答案，她神情有些黯淡，转身便要走，常玉疾走几步过去，按住她开门的手，嬉皮笑脸地说：“来吧，美人，你的画像才画了一半，我需要你。”露皮塔这才露出笑脸，开开心心地离开了。

“让模特保持好心情也很重要，不然她的身体不舒展，漂亮的线条都展现不出来。”

常玉一本正经地向侯谢解释，仿佛要证明他刚才的行为不是浪荡子在敷衍一夜风流之后的女孩，而是一位艺术家严肃地思考如何从技术层面让他的水果静物保持新鲜。

“真有你的，我还没见过哪个花花公子哄女人哄得这么轻松，就算毕加索也得赔上老脸去，怪不得KIKI说你在巴黎的模特圈子很有名气。而且居然还把追女人说得这么义正词严。”

“朋友，我真的一切为了艺术。况且我得到灵感，创作出好画，热爱艺术的姑娘们得到为艺术献身的机会，在我的画里永垂不朽，这不是皆大欢喜嘛。如果你非要说我就是借艺术之名追女人，我也不否认，我就是因为对女人的好奇才入的这一行。跟女士调情、交往难道不是一种艺术？”

“好好，大艺术家，你说得没错。你最近居然敢明目张胆搞你的‘交往艺术’，难道是你的Ma突然想通了？”侯谢促狭地问。

“我看我还是先去搞搞烹饪艺术，咱们吃饱了再聊这些。”

常玉再次用他高超的厨艺征服了侯谢，一条比目鱼被他一分两半，一半按照中餐做法烧成了麻辣鱼，另一半则奶油香煎，做成地道的法式风味，侯谢边吃边赞不绝口。在美食和酒的催化下，常玉跟侯谢都放松下来，侯谢再次挑起话头：“说说吧，你是色胆包天了，还是找到了什么对付你妻子的新办法？居然敢让模特留宿。”

“我离婚了，彻底自由了。”常玉轻描淡写地回答。

一向镇定自若的侯谢一时语塞，他没料到这个回答，因为常玉夫妇一直给人感情极好的印象，而且常玉提起这件事的语气似乎真的很轻松，上次说买不到以前常用的颜料时都比现在显得遗憾。

“也好，这下你真的自由了，可以自由地去找你的缪斯们获取灵感了，应该祝贺你。”两个男人会心一笑，碰了下杯，不谈生意时的氛围果然更好。

“像你这样的艺术家的确该找一个更宽容的女人，你看奥尔嘉就对毕加索睁一眼闭一眼。”

“不，不是她的错。是我不适合结婚，以后我不会和任何女人结婚了，对我对她们都有好处。新的缪斯随时都有可能降临，我是认真的，说不定是只猫，或一束花，一只鸟，什么都有可能，现在没有什么能限制我。”

“我很高兴看到你信心满满的样子，我都想继续做你的经纪人了。”常玉的新作和他状态的改变的确令侯谢看到一些新的可能，又把话题带向了敏感的边缘，果然触碰了常玉的警报。

“如果你能每年给我举办一次个人展览，并在报纸期刊上帮我进行推广的话，我很愿意让你继续代理作品。”常玉的回答客气中带着自矜，他看出侯谢并没有太多诚意，因此这个回答既是试探也可以作为拒绝。

果然侯谢仅是一时冲动，尽管他确实欣赏常玉的才华，然而常玉过强的个性和糟糕的财务状况，都令侯谢觉得难以合作，权衡之下侯谢决定还是不要再接这个烫手山芋。

“抱歉，Sanyu，让你失望了，我的确没有那么大的能力，达不到你的要求，那么我还是只做你的藏家和朋友好了。”

其实以侯谢在巴黎艺术界的影响和他的财力，并非没有实力推广常玉，他这样说一方面是出于圆滑世故，但也并非没有为对方保留体面的善意。

可作为一位正处于事业上升期的年轻画家，常玉并不领情，他认为自己理所应当得到画商全部的精力和关照。他觉得跟弗兰科相比，侯谢只是一个想要从他身上榨取利润的老滑头，于是语气夸张地说："哦，我真遗憾，你再也不能帮我卖画了。"唯恐侯谢听不出其中的讥讽。

侯谢拿出长者的宽容一笑了之，让这次聚餐仍保持在友好的氛围里结束。待侯谢走出工作室大门的一刻，双方都松了口气。其实并非侯谢推托，此时经济大萧条的阴翳已从股市崩盘的华尔街纽约证券交易所悄悄蔓延到法国，生意人侯谢已敏锐地感觉到风雨欲来，可一向对经济极其迟钝的常玉怎会想到，这场在未来几年将席卷整个西方世界的经济危机，此时已经对他产生了影响。

· 艺术是相通的

十月的一天，常玉正在工作室挑选作品，波拿巴出版社的画展即将开幕，负责人觉得之前挑选的大部分作品几乎都是女人体，题材稍微有些单一，便请常玉再提供一些人体之外的作品，好让展览更加丰富，同时可以将几张过于露骨的裸体画替换掉。常玉正在两幅马之间犹豫不决，被突然到访的邮递员打断。原来是弗兰科从荷兰寄来的包裹，里面是一张唱片和一封信。常玉好奇地将唱片放上唱机，扬声器里传来悠扬的乐曲，是一首以钢琴、提琴为主的轻音乐，乐曲旋律平静舒缓，令人仿佛置身美丽的春日田园。乐曲继续播放，常玉听到一种新的乐器加入进来，应该是一种弦乐，音色空灵旷远，赋予这首乐曲优雅的古意和几许东方韵味。常玉觉得这弦乐的声音莫名有些熟悉，仿佛来自非常遥远的记忆。又听了一会儿，常玉恍然大悟，这明明是古琴的声音，可他又有些不敢相信，弗兰科是一位年轻的西洋乐作曲家，怎么可能会在他的曲子中加入中国特有的弦乐呢？常玉连忙拆开信笺想在其中找到答案，只见弗兰科在信中写道：

亲爱的 Sanyu：

最近一切都好吧？随信寄来的是我最新完成的一首曲子，灵感就来自你送给我的《陶潜诗集》，我想将其命名为《桃花源》。非常感谢你把这样一位来自古老中国的神奇的诗人介绍给我，他的语言是如此优美，意境如此高远，尽管经过层层转译——由原文的古代汉语转译为法语，而我又是非法语母语的读者——依然不影响这些诗文的美妙。我想应该是你的画弥补了语言转译造成的损失，你用绘画这种无国界的语言，让我领略了陶潜诗文的绝妙意境。我一边阅读文字，一边欣赏着你的画，思路泉涌，很快就完成了这首乐曲的创作。我自己对这首曲子非常满意，迫不及待想要跟你分享，也想听听你的意见，于是专门刻录了一张小样，等到唱片正式发行的时候，我会在封面鸣谢你对该曲目的巨大贡献。

还有一个好消息要告诉你，德柏画廊已经同意举办你的个展，展期大概安排在明年 10 月。你只管专心准备作品，其他的事情就交给我。我非常期待你的作品能在我的祖国展出，希望让我国的同胞看到真正优秀的中国现代艺术创作，否则他们总以为那些粗劣的花鸟画壁纸就是中国绘画的全部。

你上次提到波拿巴出版社的素描展进展可顺利？真可惜 10 月中下旬我都有演出，无法赶到巴黎参加开幕式，遥祝你展览成功。

PS：也许你已经听出来了，我在《桃花源》中加入了古琴的声音。为了找到合适的琴和专业的演奏者，我可谓大费周章，但从结果来看这是值得的，希望你也能喜欢。

祝你及家人安好！

你的挚友 约翰·弗兰科

“哈，我果然没有听错。”常玉欣喜地想，一方面为自己听觉的敏锐而感到得意，另一方面为好友对中国文化的痴迷和领悟而感动，这才是最适合自己的艺术经纪人。他即刻掏出纸笔给约翰回信：

亲爱的约翰：

我刚收到你为《陶潜诗集》所谱的曲，迫不及待地听了，又迫不及待地给你回信。我虽然不是音乐家，但仍能听出其中妙处。我非常喜欢这些曲子，我感觉到曲中充满了温馨，而旋律又是那么优美。在欣赏的过程中我听出了古琴，但还有点不敢相信，因为我知道这种古老的乐器在西方国家鲜有人知，没有想到你对中国古代文化有如此深入的理解，在西洋乐曲中巧妙地加入古琴的演奏，难以想象你是如何做到的。

波拿巴出版社的展览进展很顺利，展期定在10月24日至11月3日，希望你演出结束后还来得及到巴黎看看，里面有一些作品是新创作的，你之前没有见过。如果你来了一定要告诉我，我带你去蒙帕纳斯新开的中国馆子，粤菜和川菜都做得很地道。

PS：我现在恢复单身了，感觉还不坏，我将拥有更多的创作空间和自由，我迫不及待想要大干一场，为荷兰的展览创作一些令人惊叹的作品。

祝你一切顺利！

你的挚友 Sanyu

· 成功的希望

10月24日，常玉的素描展在波拿巴出版社如期举行，在业内获得不错的反响，一家名为凡奥杰的画廊找到常玉，表达了合作的意愿，他们想展出常玉的油画，一方面与这次素描展拉开距离，另一方面其实不便明说，油画可以比素描定价更高，从而获得更多收益。常玉现在逐渐接受了画廊这种更为直接的商业模式，只要不对他的创作指手画脚，便都可以合作。常玉将凡奥杰画廊的邀约作为一个好消息，在写信时分享给了约翰·弗兰科，同时也不无得意地透露给波拿巴素描展期间不计前嫌专程来参观展览的侯谢。

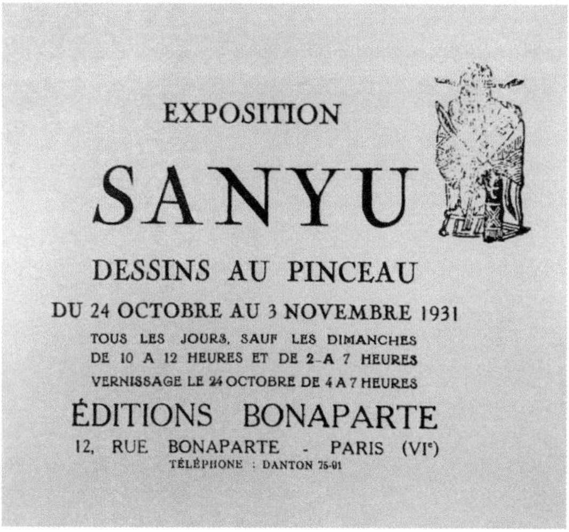

1931 年 10 月 24 日，波拿巴出版社举办的常玉素描展海报

侯谢不仅参观了展览，在几天后又去了常玉的工作室，常玉为筹备荷兰的展览创作了一些新作，画的内容仍是女人体、动物及花卉几类，动物画的比重较大，线条较之前更有力度。侯谢十分喜爱其中几幅老虎和马的绘画，便向常玉询价，常玉本是为新展览而画，并不是很想让侯谢先收藏，便有意将价格抬高，以为这样就能让侯谢知难而退。常玉总喜欢以自己来揣度他人，他自己对别人的拒绝是那样敏感，然而他忘了侯谢是一个目标明确、志在必得的人，他们唯有在审美上有些共同语言。侯谢见常玉坐地抬价，也不急不恼："Sanyu，无论我们是否继续合作关系，我都要说你是我见过最有才华的画家之一，而且你还在不断地带来惊喜。你新画的这几幅老虎我非常喜欢，我本来就喜欢这种大型猛兽，而你把老虎那种凶猛与优雅并存的特征充分地表现出来，并且用的是如此简洁的方式，我想只有真正的天才能做到这一点。还有这幅《群马》，跟你之前马题材的作品相比很有突破，马的比例缩小了一些，这样显得马群所在的空间更开阔，让人产生无尽的遐想。我可以这样理解吧？"

侯谢以极为诚恳的语气表达自己对常玉新作的喜爱和赞赏，常玉果然十分受用，语气松动了不少，侯谢见机趁热打铁。

“你看这样如何？除了这幅《虎》和《群马》，我还要这幅大的黑美人，这是露皮塔吧？她还是你的模特？”

“早换了，现在是朵拉，肤色浅一些，不过你看到的这幅是露皮塔。”

“太好了，再加上那幅花篮，一共四幅画，我付你2万法郎。而且我保证，今后你的作品，我绝不会用来倒卖赚钱，我会永久地收藏，直到我死。”

2万法郎！常玉有些激动，这在他看来是笔巨款，可是他还没察觉到，最近法国境内开始了新一轮的通货膨胀，法郎在大幅贬值，侯谢开出的价码并不比常玉之前的画价高出很多，而平均到每一幅画上，可比常玉刚才的报价低了不少。常玉对数字本就不太敏感，况且侯谢还承诺了“永久收藏”。永久收藏，意味着永不变现，意味着完全的认可和真正的热爱，这比钱更能打动常玉。于是在情感和金钱的双重冲击下，常玉晕陶陶地答应了侯谢开出的条件。

侯谢心满意足地离开了常玉的工作室，这对他来说是相当划算的交易，虽然他认为常玉是个糟糕的合作者，不愿意继续代理，但他从不否认常玉是个天才的艺术家，自己喜爱他的作品远甚于对利益得失的计较。不赚钱就不赚钱，谁会为了那点钱卖掉真正喜欢的作品呢？让人想起自己踏足艺术收藏的初心才是真正的好作品的意义吧。

常玉也心满意足地握着2万法郎的支票坐在画室唯一的好椅子上，畅想着怎样最痛快地用掉这笔钱。先去La Maison Rose（玫瑰屋咖啡餐厅）喝上两杯，喜欢去那儿的小妞质量不错，朵拉就是在那儿认识的。

听说拉丁区南面开了家新馆子，地道的传统法餐，得去吃一次，如果认识了新的姑娘，正好可以带着一起去。嗯，还要去和平大街做身新衣服，用新款的灰格子牙签呢。再给尚买辆玩具坦克，如果玛素肯接受的话，该死，都不知道他们住在哪里，还是算了吧。对了，这次一定要先交房租，再稍微存一些，理智一点，千万别一下子全花光了，常玉暗暗告诫自己。

出于对年轻租客的爱护，好心的于佩尔先生仍维持着之前的房租，不过他提醒常玉下个月就会涨百分之三十，在这物价飞涨的时期，这已经算是仁至义尽。可一向对价格迟钝的常玉不以为意，甚至连劳特尔多的咖啡价格翻了一倍他都没有发觉，直到他在那间老牌服装店选完面料、量完尺寸，开始确认价格的时候，常玉才惊讶地发现，这 2 万法郎巨款所剩无几，已经不够他定做一身体面的新装，更别提将盈余存起来了。幸好料子还没从布匹上剪裁下来，常玉这时完全可以转身离开，并不会对店铺造成损失，可他实在不想让那位一直为他殷勤服务的老裁缝师傅失望，这样的年景谁都不好过，老裁缝花白的头发和弓起的后背让他更加不忍辜负。于是常玉只做了一条长裤，将支出节省大半。

· 不甚体面的重逢

御寒的外套依然没有着落，常玉想了想便直奔巴士底集市，那里的衣服款式也都是仿照百货商场里面的名牌成衣，价格却便宜得多。价格低廉的粗羊毛和优质的美丽诺羊毛织成的毛衫，在不懂行的人看来并没有那么大的差别，粗糙和细腻的反差，只有穿的人才知道。常玉却是穿过好衣服的人，市集里卖的这些廉价货真的很难再看入眼。他转来转去仍两手空空，正打算再去跳蚤市场碰碰运气，却听到一个熟悉的声音。

“劳驾，请把那套男孩穿的格子外套拿给我看看。”礼貌的用词和温柔的嗓音在这个嘈杂的市场里显得格格不入。常玉循声望去，果然看到了玛素。几个月不见，她似乎憔悴了不少，身上的衣服整洁得体，但显然有些旧了，常玉认出来，这还是前年他刚卖了一幅画之后，秋天陪玛素逛春天百货商店时为她买的。常玉头一次后悔，之前手头宽裕的时候不应该去胡吃海塞，还不如都给玛素买衣服和鞋子，这样的话至少她现在仍然能打扮得漂漂亮亮的。

“来买东西？”常玉主动招呼。

玛素见到常玉颇感意外，但很快镇定下来。

“天快冷了，给尚买件外套。”

她的语气听不出任何感情，但常玉听来却有些刺耳，因为他忽然想到，他们还在一起时，玛素很少开口向他要钱，他要送比较昂贵的礼物时，她也经常拒绝，唯有给尚买东西玛素总是欢迎的，而且她宁可自己省吃俭用，尚的吃穿用度从不含糊。常玉印象里，玛素总是把尚打扮得十分得体，如今玛素开始在集市上给尚买衣服，可见母子两人最近多么拮据。尽管眼前这个略显憔悴的女人在法律上已经与自己毫无关系，但常玉记得她曾经给予他的信任和爱，记得他们一起度过的美好时光，常玉真心希望玛素在离开他之后能过得更好，现在看到她处境糟糕，而且一定程度上是他造成的，常玉无法坐视不管。于是他掏出口袋里剩下的所有钱，不由分说塞到玛素手里。

“给尚买件像样的衣服，别让孩子受委屈。”

玛素推开常玉的手，冷冷地说：“咱们已经没有关系了，尚也不是你的儿子，你没有义务给我钱。”

“这不是义务，是情感，尚是个好孩子，你是个好女人，你们应该过更好的生活。抱歉钱不多，解决不了什么大问题，但至少够买件好衣服，我只有这么多了。”

不料常玉自认为坦诚的话语却似乎激怒了玛素，她冲常玉嚷道：“你现在假惺惺给几个买衣服的钱，我已经不需要了。从你那儿搬走时，我连房租都是借的，你真有那份好心，怎么都没想起来帮我一个子儿？收起你那点可怜的钱吧，看看你自己过的什么日子，还不是也来这下等市场买衣服。等你成了百万富翁再来可怜我们吧！”

“别生气，Ma……不，应该叫你哈祖尼耶小姐。别生气，也别怪我，我那个时候真的没有钱，我连你们住哪儿都不敢问，因为我真的一个子儿也掏不出来。现在好不容易有了一点，在我这儿也留不住，正好给你拿去，我算弥补了一些，心里好过一点。”

“Sanyu，你还是那么自私、懒散，简直无可救药！你以为给我这一点钱就能弥补之前所有的亏欠了？你从来只顾眼前痛快，从不考虑别人和长远的计划。你全部的钱都给了我，自己明天喝西北风吗？还想让我替你操心，为你感到内疚吗？你但凡有点算计，也不至于过得这么糟，咱们也不至于走到今天这一步。”

“Ma，我的确做得不够好，我不指望你原谅我，但别拿孩子赌气，给尚买点好衣服，买点好吃的。不用担心我，你看，我留了 1000 法郎，够这周的饭钱。再过几天兴许又有人买我的画，波拿巴出版社的展览反响很好，虽然出版社不卖画，但很多人直接找到我询问，还有画廊主动找我合作，这都是好兆头。约翰帮我联系的荷兰画廊已经定了十月给我做展览，我正在努力地准备作品，我预感这次肯定能卖出去不少。”

常玉一脸憧憬，滔滔不绝地和玛素分享着近期的成绩，似乎忘了她已不再是自己的妻子。

“听到你发展得不错我替你高兴，但已经跟我没有关系了。我还有事，先走啦，祝你好运。”玛素面上虽依然冷冷的，但语气缓和不少。

“稍等一下。”常玉转身在隔壁卖熟食的货摊上买了最好的火腿和香肠，称了满满两大袋递给玛素。

“这是我给尚买的，他最爱吃肉。告诉他我很想他，工作室随时欢迎他去玩。再见！保重！”

常玉不等玛素拒绝，转身便走。他没有回头，无论玛素生气地扔掉他买的东西，还是又在默默流泪，都是他不想见到的。常玉暗下决心，在成为一个成功的、不愁销路的艺术家后再见玛素才好，而他隐隐觉得，成功似乎指日可待。

第十六章　似有一线希望

· 接连噩耗与一点佳音

转眼公历新年已过，常玉没有等来凡奥杰画廊关于展览的新消息，噩耗却接踵而至。先是接到王济远来信，惊闻徐志摩于民国二十年，即 1931 年 11 月 19 日因飞机失事罹难。济远的信中满纸悔意，说自己辜负了朋友的嘱托，此前一直在忙两个画展，以及和庞薰琹二人合作画室的事情，上海又地域广阔，因此与志摩一直未能碰面，总觉得来日方长，最终也未能将常玉给志摩画的肖像交到他手上。

读罢济远的信，常玉掩信唏嘘，去年春天还收到志摩的亲笔来信，文辞那样生动，令人见字如面，然而天妒英才，志摩竟如此英年早逝，去世前也未见到那幅画像，常玉也无缘听到老朋友对自己作品妙语连珠的点评了。常玉难得地反思自己，虽然年纪尚轻，但万不可认为自己还有大把时间可以浪费，生逢这乱世，谁又能保证能平安活到寿终正寝呢？人生苦短，世事无常，万不可浪费在不喜欢不情愿的事情上。

没过几日，常玉接到了一封久违的家书，从信封上布满的水渍、污渍还有折痕，便可推想这封信是如何经历周折才终于寄到常玉手中。常玉查看了一下信封上寄出地的邮戳，发现该信去年十月便从南充寄出了。他迫不及待展信阅读，却看到令他痛心不已的消息——大哥常俊民已于去年五月因肝病去世，享年67岁。家信由四哥执笔，他在信中告诉常玉，大哥毕生心血经营的德合丝厂在大地震后复苏的日本制丝业的猛烈冲击下生意一落千丈，自民国十八年来已连年亏损。大哥去世后其独子常霁兰无力继续经营丝厂，常家几兄弟经过商议，决定将丝厂转卖给他们的表兄弟乔纪六，转让所得平均分给几兄弟和侄子，大概两万银元。听起来似乎数量可观，实际上由于战乱，国内通货膨胀之严重不亚于法国，这些钱折算成美元不过几千块。即便这一点遗产，常玉也无法马上回国领取，亦不能回去悼念大哥，因为四哥在信中说日军在辽宁沈阳发动军事事变，目前东北已经沦陷，国内政局越发动荡，建议常玉待局势稳定时再做打算。

四哥在信中未曾提及大哥在临去世这几年如何经营丝厂，常玉仍可想象出，以大哥勤勉厚道的性格，即便再艰难也会咬牙坚持经营，断然不会申请破产，把工人们像丧家之犬一般遣散。几十上百号工人要吃饭，几十台机器要运转，要不断进生丝原料，要成功把加工好的绸缎卖出去……千头万绪无不需要大哥亲自来操心过问，大哥为了丝厂可谓倾尽心血，想他离世前几年，眼睁睁看着自己一手创办的企业盛极而衰，无论他怎样努力也无力回天，他该有多么心痛。常玉虽不通医理，却也知道肝主疏泄，而大哥常年操劳，却劳而无功看不到希望，这些烦恼郁结于肝，最终成为无法治愈的绝症。常玉不由得回忆起最后一次见到大哥的情景，还是1926年为与玛素的婚事回家那次，那时大哥虽年过花甲却壮心不已。那正是德合丝厂最风光的时候，刚刚扩建的崭新厂房，国外进口的先进纺织机器，朝气蓬勃的青年工人。常玉还记得大哥那时踌躇满志的模样，仅仅五六年光景，竟天人永隔，祖国亦山河破碎。四哥在家信结尾处写道：

> 廷果，长兄于弥留之际曾多次念你乳名，迁延不肯咽气，似是在等你。老七同他讲，廷果身在法国，远隔重洋，即便知你病危，即刻返乡，也要月余，莫要再等。长兄闻言，又欲说话，可惜已无力发出

声音，我们极力分辨，他反复说的似乎是“菊花样”几个字。长兄说完便瞑目了，可我们几人都不解其为何意，特随信询问六弟可解长兄之意，若他有未了之遗愿，我等当设法完成。

常玉看到此处不禁泪如雨下，他回忆起当年在新修的厂房前，大哥重提自己儿时答应设计绸缎花样的戏言，大哥明明说得郑重，自己却以为是玩笑，而且当时自视甚高，也未把设计纹样这类工匠之计放在眼里，于是胡乱敷衍过去。没承想大哥对自己的事情从来都是当真的，也许自己的设计未必会真正投入生产，但对于大哥来说，看到最疼爱的弟弟能够学以致用，没有辜负兄长的栽培和厚望，一定会倍感欣慰。常玉想着自己已过而立之年，却身无长物一贫如洗，毫不能为大哥和家族分忧，只如寄生虫般一味依靠家人供养，大哥难得有所要求，竟未曾重视，如今空留遗恨。泪眼蒙眬中，信上文字一片模糊，唯“菊花样”几字触目惊心。

常玉抹去脸上泪水，来到画架前，架上是一幅刚刚画了轮廓的女性人体，常玉用刮刀将原有的画面狠狠刮去，也不重新做底，就着之前粉白的底色，直接在斑驳的油画布上挥洒起来。一会儿工夫，一束洁白的菊花便在画布上绽放开来，花束之下用最简洁的白色线条勾勒出花瓶，常玉用了比平常更为厚重的颜料，将这束白菊画得格外生机勃勃。常玉本就偏爱菊花，不仅因为中国传统文化赋予菊花的高洁品格，常玉现在想来，极有可能是大哥对菊花的喜爱在童年时已潜移默化地影响了自己。常玉还记得自己初来法国的某年 11 月 1 日，他偶然路过蒙帕纳斯公墓，发现那天的墓地格外热闹，许多法国人阖家前来祭拜先人，人人都在墓前献上一束菊花。原来 11 月 1 日是法国的传统节日诸圣瞻礼节，有点类似中国的清明节，菊花是该节日必不可少的祭拜之物。常玉当时看着那一束束美丽的菊花，对它们在法国只能供奉于坟墓前的处境，感到万分惋惜。回到画室常玉仍思潮翻涌，恰好那时他在尝试镜面绘画，于是在一块预备作画的小镜子中间位置薄涂一层白

白菊　常玉
纤维板油画｜81cm×65.5cm｜20世纪30年代

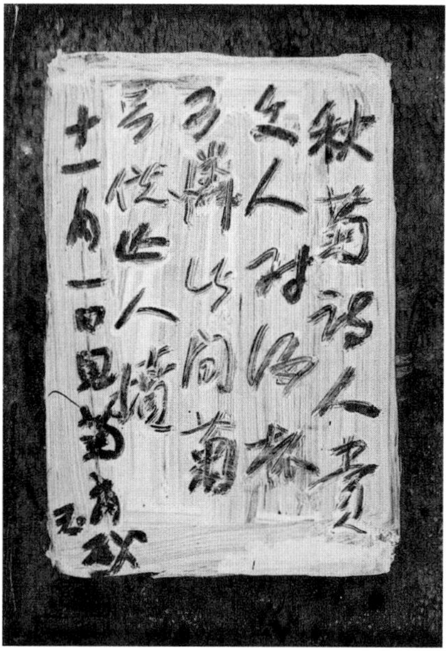

秋菊诗　常玉
镜面油画｜17.5cm×12.5cm

色油彩作为底色，随即趁油彩未干，用一支刷头较硬的画笔题写了一首自创的《秋菊诗》：“秋菊诗人赏，文人对酒杯。可怜此间菊，只供作人坟。——十一月一日见菊有感。”就这样，常玉完成了一件亦书亦画、十分独特的作品。而现在常玉正通过画一幅菊花来表达对大哥深深的悼念之情，同时也是在追思大哥如菊花般质朴高尚的品格。

常玉又忍不住提笔向好友约翰倾诉自己对大哥的哀思，他写道：“我和全家人同感哀伤。他帮助了我们全家，用一颗善良的心对待我们。我想全世界找不到几个像他这样的人。我感到相当难过，很不幸的，他这么早就离我们而去。”

一月接近尾声的时候，终于有些姗姗来迟的好消息，给常玉带来一丝安慰。常玉参加了当年的独立沙龙，他的画引起了《VU》杂志的注意，杂志编辑联系到常玉，说要出一期专刊报道独立沙龙，想要刊登常玉的参展作品《群马》，特来获取作者对于出版的同意。《VU》杂志眼光独到，在法国艺术界颇有影响，发表的都是画坛的新锐作品，通过《VU》杂志知名度大增的作者不乏先例。常玉迫不及待将这个好消息写信分享给弗兰科，事业上的小小进展暂时缓解了他失去至亲的痛苦。

第204期《VU》杂志于2月如期出刊，常玉的《群马》作为“独立沙龙”专题报道的配图之一，与其他几幅展览中的重要作品一同刊登。又过了不久，常玉收到了巴黎艺术出版社寄来的样书，原来该出版社出版的《当代艺术家生平辞典1910—1930（第三册）》将常玉收录其中。书里这样介绍道：常玉是1900年10月14日出生于四川的中国画家。他以水墨笔法创作的素描及油画作品曾分别于秋季沙龙和杜乐丽展出。他曾替梵乐希序言之《陶潜诗集》绘制插图。

1932年2月19日，《VU》杂志刊登常玉的《群马》

尽管出版社搞错了他的出生年份，但常玉仍很高兴。要知道这套丛书选录的大多是艺术成就颇丰的成功艺术家，常玉看到巴勃罗·毕加索、亨利·马蒂斯等大名赫然在列，而自己的名字就在这些艺术偶像旁边，仿佛预示着成功在即。常玉感到胸中涌动着一股热流，这种心怀希望的感觉，鼓舞着他在接下来的几个月保持创作的激情。

· 在荷兰初战告捷

约翰·弗兰科顶着夏末的暑热来到巴黎，当他看到常玉为哈勒姆德柏画廊的展览准备的画作时非常激动，乃至于一幅画尚未卖出，经纪人本人便率先购买了一幅。这是一幅人体画，名曰《绿毯子上四裸女》，是黑美人系列中的一幅，现在的模特肤色已经比较浅，接近棕黄色，饱满的肉体被深绿色的毯子衬得金灿灿的，像一枚枚成熟芳香的果实，充满异国情调。

常玉和弗兰科从筹备展览之初便达成共识，这是常玉的画作第一次在荷兰展出，要尽量展现他创作的全貌，不仅在题材上含括了常玉绘画最主要的三大主题——裸女、花卉和动物，在媒材种类上也尽可能丰富，油画、水彩、素描和版画都有准备。

弗兰科对展览信心十足，摩拳擦掌准备大卖一番。他热情洋溢地为展览撰写了简介：

> 当常玉画得越多而对事物的体验越深，他便越发现那蕴含在其民族血统里的特殊性。所以他的近作里仅有少数的欧洲影响，而接近完全中国化。他知道如何以最精简的方法，勾画出事物中的精髓及幽默感。他的画除了曾数次于巴黎展出外，尚未在其他地方展览过，我们

希望这首次展览能获得荷兰人的喜爱。

展览于10月初开幕，常玉专程去荷兰哈勒姆出席了自己首次法国以外个展的开幕式。到了现场，常玉看到展览空间虽然不大，但显然经过十分精心的布置，常玉对弗兰科的用心颇为感动。德柏画廊的主人是一对和蔼的老夫妇，他们是弗兰科家族的朋友，画廊主要经营的是荷兰本土画家创作的偏装饰性的作品，答应为常玉办展主要是出于对弗兰科家族的友谊，并没有引起轰动或销售作品的野心，因此任由约翰折腾。约翰使出浑身解数，从布展到展览宣传无不亲力亲为，甚至自掏腰包邀请远在阿姆斯特丹的亲友前来捧场，只为使展览人气更旺，不辜负好友常玉的艺术才华。

绿毯子上四裸女　常玉
纤维板油画｜100cm×122cm｜20世纪50年代

OCTOBER 1932 BULLETIN 131

EXPOSITIE
YU SANYU

VAN 1 TOT 31 OCTOBER

J. H. DE BOIS
HAARLEM

FINE PRINTS
PICTURES
BOOKS

NIEUWE PRENTUITGAVEN HERFST 1932
FRANSCHE EN HOLLANDSCHE KUNST
KUNSTANTIQUARIAAT

SANYU.

Yu Sanyu werd geboren te Szechwan (China) 14 October 1901. Zijn vader, zelf schilder, gaf hem de eerste teeken- en schilderlessen toen Sanyu twaalf jaar oud was. Later heeft hij zich zelf verder bekwaamd, en geen andere leermeesters gehad. Na een verblijf van twee jaar in Japan kwam hij met een vrij wel Europeesche werkwijze in 1921 naar Parijs, waar hij met onderbreking van een reis naar zijn vaderland en een tweejarig verblijf te Berlijn, tot op heden woont.
Naar gelang Sanyu werkte en dieper op de dingen inging vond hij zijn raseigenaardigheden als nieuwe waarheden terug. Zijn tegenwoordig werk is dus weer volkomen Chineesch met een geringen Europeeschen invloed.
Op de meeste toeschouwers maakt zijn werk eerst een naieven en bij lang en vaak beschouwen pas een zeer oprecht-serieusen indruk. Hij weet n.l. met ontstellend weinig middelen de essentie en dikwijls de humor der dingen uit te beelden. Zijn figuren zijn niet statisch maar samengedrongen beweging.
Buiten Parijs, waar hij bij enkele gelegenheden exposeerde, is zijn werk nog niet in het openbaar vertoond. Wij hopen dat de eerste kennismaking den Nederlanders sympathiek zal zijn.

JOHAN FRANCO.

Amsterdam, 15-9-'32.

SCHILDERIJEN DOOR SANYU.

1. **Paarden. Triptiek uit 1931.**
   Eigendom v. d. Heer A. Kouwert, A'dam.
2. **Tijger.** 1930.
   Eigendom v. d. Heer D. Goldschmidt, Leiden.
3. **Liggend naakt op groen tapijt.** 1929.
   Eigendom v. d. Heer J. H. G. Franco, A'dam.
4. **Kat.** 1931.
5. **Naakt op grijs tapijt met vogels.** 1932.
6. **Mand met bloemen.** 1932.

Benevens een dertigtal geaquarelleerde teekeningen en graphiek.

1932 年 10 月，位于荷兰哈勒姆的德柏画廊举办常玉展览，这是常玉在荷兰的首次展览，约翰 · 弗兰科为其撰写展览目录

经过约翰的不懈努力，展览最初几天观展人数的确不少，尤其是对于这样一家低调的小画廊来说。但是除了约翰特别邀约的亲友倾力捧场之外，很少有观众流露出购买意愿，甚至没人询价。荷兰是拥有深厚艺术传统的国家，17 世纪的油画大师伦勃朗和以维米尔为代表的荷兰小画派，都是荷兰为西方艺术史贡献的精彩华章。而荷兰观众的艺术趣味也许深受他们悠久的具象写实绘画传统影响，他们的眼睛习惯了精确的造型、细腻的笔触、饱满的构图和丰富的细节，因此在面对常玉简约、空灵的画面时感到无所适从。况且在目前整个欧洲的经济都不景气的情况下，没有多少人会为毫无实际用途的艺术品买单。约翰为此颇为失望，反倒是艺术家本人很想得开，常玉一直在安慰约翰，感谢他为展览所做的一切，还饶有兴致地让约翰带着他去见识一下荷兰赫赫有名的红灯区。

常玉在荷兰游玩了几日后便回到巴黎。他充分信任约翰，对展览的销售情况毫不担心，觉得自己为这次展览付出不少努力，于是便给自己安排了一段全然放松的假期，每日徜徉在巴黎街头和咖啡馆、植物园和动物园，致力于发现新的缪斯和其他各种美的事物。如果碰到能够激起他灵感的美人，常玉便落落大方地上前搭讪，其姿态之洒脱自然，

言辞之高雅别致，比几年前向徐志摩面授机宜时更不可同日而语。很少有女性能拒绝来自神秘东方的画家 Sanyu 的邀请，他的赞美那样真诚，他随手勾画的线条那么迷人，被这个知名的鉴别美人的大师看中，既是对自己美貌的认证，又能在青春年华留下出自名家之手的画像，哪一个女孩能抗拒呢？况且跟常玉在一块儿从不会感到无趣，喝咖啡、逛动物园、参观博物馆、在二手商店淘宝，兴致好的时候，他还会教姑娘画画或打乒乓网球，只要常玉愿意，有趣的想法和点子便层出不穷。

愉快的假期让常玉几乎忘了荷兰的展览，好在他忠实的朋友、经纪人弗兰科一直毫不松懈地关注着。展期临近结束之际，弗兰科来信与常玉分享展览的后续情况。弗兰科在信中高兴地告诉常玉，他的作品获得了荷兰知名的艺术评论家恩 · 霍斯乔的赞许，霍斯乔在 10 月 22 日的《哈勒姆日报》上发表专文，约翰摘引了其中一段：“观赏常玉画作而不受感动的人，可说是毫无情趣，他的画作布局淡雅而高贵，色彩运用细致，形成一种令人难以抗拒的气质。这位年轻的中国画家常玉，一方面传承了祖先所赋予的艺术特质，另一方面又从欧洲思想中获得了一些新的灵感。”此外，一家位于阿姆斯特丹的画廊也对常玉的作品表现出兴趣，有意与常玉合作展览。

得到当地专业人士的认可令常玉十分高兴，但如果他是一个理性的人，就会注意到展览的销售情况并不乐观。约翰在信中十分客观地列出了此次展览的业绩：来自阿姆斯特丹的却华斯先生收藏了一件三拼的《马》，莱顿的高斯密先生收藏了一幅《老虎》——这两位买家都是约翰关系极好的朋友，而且两笔交易都是在常玉还未离开荷兰时便确定了的。还有几幅尺寸很小的版画和素描作品也被收藏了，但那收益实在微不足道。当然售出的油画作品还包括一幅很大的《绿毯子上四裸女》，可买主正是亲爱的策展人本人约翰 · 弗兰科。总的来说，在常玉离开荷兰后一直到展览结束，荷兰观众们并没有再买常玉任何一幅油画。

约翰对这样的销售成绩心有不甘，他坚信自己朋友的才华应该获得更多肯定，同时对这位朋友毫无经济头脑忧心忡忡，以至于年纪轻轻的约翰便在遗嘱中专门写道：“我无条件地遗赠给 1901 年出生于（中国）四川，现居于巴黎的常玉先生，每三个月一笔五百法郎的年金。”而常玉对此还毫不知情，只是沉浸在获得评论家称赞的喜悦当中，眼前像是蒙上了胜利滤镜一般，认为自己的展览大获全胜，对惨淡的销售情况和约翰信中流露的担忧视而不见。从某种意义上讲常玉是如此幸运，他从不为物质匮乏所苦恼，也很少为遥远的不确定的未来担忧，身边总有爱他、关心他的人。

· 中国的先锋艺术社团

对物质和名望极低的欲求，使得常玉能够在自己恬淡宁静的小世界中安然度日，仿佛置身于此时动荡不堪的世界之外。20 世纪 30 年代的世界画坛与政治局势一样波诡云谲，新的艺术运动、潮流、画派纷繁林立，你方唱罢我登场。十几年前，刚一出现便备受争议的野兽派、立体主义等前卫流派，如今已被广泛接纳，成为新的主流，对于更新涌现的艺术潮流而言，它们成了奠基石或批判的标靶。曾轮番登上艺术史舞台的有：以激进的宣言和动感的画面夺人眼球的未来主义，追求非再现的极简的视觉形象的至上主义、新造型主义、包豪斯艺术，对一切逻辑、秩序进行颠覆嘲讽的达达主义，深受弗洛伊德思想启发、关注无意识的超现实主义等。层出不穷的新潮流令人眼花缭乱、无所适从，一些艺术家为了作品的销路，什么流行便画什么，永远在潮流后面气喘吁吁地模仿追逐，而常玉却从来不为所动，即便知音难寻，他宁可在那由单纯的线条和色彩构成的小世界里聊以自娱。

西方艺术界的汹涌波涛，也波及了遥远的东方。徐悲鸿、庞薰琹等留洋画家归国，给沉寂的中国画坛带来些许清新的空气。而这些在法国或日本接受了新潮艺术理念的留洋画家，反观国内画坛愈发觉得陈腐与不堪忍受。于是以庞薰琹为首的年轻西画家积极联络同好，组织画会、社团，以期通过展览等活动，将新的艺术理念传播开来。王济远曾向常玉提起过他和庞薰琹发起的社团动议，这一设想几经波折如今终于落到实处，庞薰琹在一封长信中，详尽地向常玉讲述了画社成立及办展经过。

1931 年夏天，倪贻德从武汉来到上海，在上海美专任教。倪贻德曾留学日本，他与常玉虽素未谋面却神交已久，二人因共同参加 1927 年中华艺术大学之“美术联合展览会”而产生交集，倪贻德十分欣赏常玉的绘画，还在自己为展览撰写的评论文章中大赞常玉的线条有毕加索的趣味。倪贻德的艺术理念和振兴画坛的使命感与庞薰琹一拍即合，两人开始起草章程，征募会员。同年 9 月，社团在上海梅园酒楼举行首次会务会议，到会的有庞薰琹、陈澄波、周多、曾志良、倪贻德五人。本次决议为社团定名“决澜社”，英文译名为“Storm & Stress Society”，寓意要像风暴一般在死寂的中国画坛掀起狂澜。“决澜社”会员们本计划于 1932 年 1 月在上海举办首届画展，却没料到刚刚发生的“九一八”事变令举国哗然，人心纷乱，展览计划延后至 4 月。1931 年底，庞薰琹和王济远商定，租下吕班路和麦赛尔蒂罗路 90 号转角处的二楼作为画室，用以招收学生，其实也是“决澜社”会员活动与开会的根据地。1932 年 1 月 6 日，“决澜社”举行了第二次会务会议，这次队伍壮大了许多，除第一次参会的五人之外，还增加了王济远等六名新成员。这次会议修改了“决澜社”简章，讨论了第一次展览事宜，并选出庞薰琹、王济远、倪贻德三人为常务理事。结果由于 1 月 28 日日军侵沪，4 月中举行画展之议案又成为泡影。4 月，在麦赛尔蒂罗路 90 号，即济远和薰琹的画室，“决澜社”举行了第三次会务会议，商定将展览日期延至 10 月中，并起草了《决澜社宣言》，宣言由倪贻德执笔，庞薰琹读后虽觉得表达得并不完全透彻，但基本同意其大致的思想，况且他自己也未能完全想清楚中国绘画的未来发展方向和“决澜社”明确的使命。于是宣言便安排在倪贻德任主编的《艺术旬刊》第一卷第五期发表，其出版时间大致与展览同时。1932 年 10 月 10 日，“决澜社”在中华学艺社举行了第一届画展，展出社员和社外画家作品共 50 余件。“决澜社”的展览及宣言在上海乃至全国都引起了轰动。

写到此处，薰琹难掩兴奋之情，忍不住逐一引用各大媒体对“决澜社”首展的报道、赞誉。1932 年 10 月 10 日开展当日，《申报》称赞道：“（此次展览）作品质量之精，为国内艺坛所创见，有倾向于新古典者，有受野兽群之影响者，有表现东方情调者，有憧憬于超现实的精神者。”

《申报》于次日继续报道：“新兴艺术团体决澜社第一次画展，已于昨日在本埠金神父路爱麦虞限路中华学艺社开幕，会场展出作品量虽然不多，惟精妙绝伦，充满新鲜空气，为国内艺坛所仅见，观众踊跃。”

庞薰琹将刊登了《决澜社宣言》的《艺术旬刊》随信附上，常玉看到了倪贻德所撰写的激情洋溢的宣言：

> 环绕我们的空气太沉寂了，平凡与庸俗包围了我们的四周。无数低能者的蠢动，无数浅薄者的叫嚣。
>
> 我们往古创造的天才到那里去了？我们往古光荣的历史到那里去了？我们现代整个的艺术界只是衰颓和病弱。
>
> 我们再不能安于这样妥协的环境中。
>
> 我们再不能任其奄奄一息以待毙。
>
> 让我们起来吧！用了狂飙一般的激情，铁一般的理智，来创造我们色、线、形交错的世界吧！
>
> 我们承认绘画决不是自然的模仿，也不是死板的形骸的反复，我们要用全生命来赤裸裸地表现我们泼刺的精神。
>
> 我们以为绘画决不是宗教的奴隶，也不是文学的说明，我们要自

由地、综合地构成纯造型的世界。

我们厌恶一切旧的形式、旧的色彩，厌恶一切平凡的低级的技巧，我们要用新的技法来表现新时代的精神。

二十世纪以来，欧洲的艺坛实现新兴的气象：野兽群的叫喊，立体派的变形、Dadaism（达达主义）的猛烈、超现实主义的憧憬……

二十世纪的中国艺坛，也应当现出一种新兴的气象了。

让我们起来吧！用了狂飙一般的激情、铁一般的理智，来创造我们色、线、形交错的世界吧！

常玉觉得“决澜社”的宣言的确如庞薰琹所言，并未讲清楚“决澜社”的理念和努力方向，并不成熟，但能勇于打破国内文艺界僵化的现状，搅动那近乎凝固的空气，已是十分可贵的举动。看到好友薰琹和济远、张弦组织的艺术社团及展览终于落实且备受关注，常玉由衷为他们感到高兴。

庞薰琹在信中力邀常玉加入“决澜社”成为会员，常玉一看到“社团”“组织”“会员”等字眼，便不由得联想到开会、参加活动、遵守规章这一系列麻烦事，本能地想要拒绝。可是薰琹的邀请是那样热情和真诚，他料到常玉不喜俗务约束，身在巴黎也不可能参加“决澜社”的会员活动，所以常玉可免去社团内一切杂务，也无需到场参加活动，如同一名“名誉会员”，若有兴趣可寄作品参加展览。

好友盛情难却，常玉便只好恭敬不如从命，还纳闷薰琹何以死乞白赖非要自己这个远在异国帮不上忙的人入会，他完全没有想到庞薰琹、倪贻德、王济远、张弦这几位决澜社的中坚力量，他们对现代主义艺术的认同和对绘画形式美感的重视，都或多或少受了常玉的影响。而且常玉的作品也正是《决澜社宣言》未能述尽的理念的绝好注解。说到底，常玉竟是“决澜社”得以产生的不可或缺的元素，也是决澜社艺术理念的绝佳代言，而他本人却浑然不觉。

第十七章　巴黎中国美术展

· 巴黎中国美展缘起

常玉给自己放的“假期”未能持续太久，因为约翰告诉他阿姆斯特丹的凡莱画廊已经确定要做他的个展，展期就定在 1933 年的 5 月。于是常玉不得不抓紧为新展览准备作品，正忙得不亦乐乎，偏又来了难以推辞的新任务——协助老友徐悲鸿在巴黎办展。

此次展览并非徐悲鸿个人作品展，而是徐悲鸿受里昂中法大学委托，计划在巴黎举办大型的中国美术展览会。徐悲鸿自 1927 年归国后，便一直致力于美术教育和文化建设事业，他不辞辛苦四处讲学授业，不遗余力推广自己所推崇的写实主义艺术理念以及写实的造型训练方法，深受蔡元培、李石曾等主管文化的政府要员器重。近几年以徐悲鸿为代表的中国文化艺术界有识之士看到，中国在国际舞台上的声音日渐微弱，尤其是现代中国的文化艺术几乎不为外人所知，不禁深感忧虑。与之相对的是，自古受中国文化影响的日本，因近代以来国力渐强，并且重视对外文化宣传，频频活跃于国际舞台，俨然成了东方文化的代表，这令徐悲鸿尤其难以接受，因此他一直在思考如何在海外推广中国艺术，而且重点是现代的中国艺术。

有这样想法的并不只有徐悲鸿一人，刘海粟在欧洲游览考察过程中，对中国现代艺术在欧洲的默默无闻亦感触颇深。刘海粟头脑活络，在海外举办中国现代美术展览这一动议其实是他率先提出的，而且在欧洲期间便开始与法国、德国的一些博物馆商洽展览事宜，1931 年甫一回国便在《申报》上发表《刘海粟归国后报告教育部书》，提出对于推广发展中国现代美术的多项建议，并获得蔡元培一如既往的支持，可惜时值“九一八”日本侵华事件爆发，项目一度搁置，时隔数月，拟在柏林普鲁士美术院举办的展览终于在 1932 年春季正式提上日程并获准立项。

徐悲鸿本也被委任为该展览筹备委员会五位常委之一，他觉得这与自己的想法不谋而合，是一件利在千秋的好事，在筹备工作进行之初十分积极，还举荐齐白石担任筹备委员。可经过几次会议，徐悲鸿感到项目进展十分缓慢，尤其是涉及经费的问题时，政府各方相互推诿拉锯，令人看不到希望。于是徐悲鸿当机立断，决定另起炉灶，自行筹措资金组织中国美术欧洲巡展，首站自然选在他留学八年积累了丰厚人脉的巴黎，这一计划获得了李石曾及中法大学的支持，筹备工作如火如荼地展开了。在徐悲鸿的多方努力下，巴黎中国画展的确进展神速，1932 年 8 月他与李石曾商定此事，并确定以法国国立近代外国美术博物院宣得堡姆作为展览场地，次年 1 月便基本完成了作品征集等一系列庞杂工作，由徐悲鸿本人亲自携部分近古及现代作品前往巴黎准备展出。

· 悲鸿夫妇来访

三月的一天，天气正好，常玉刚吃完一顿丰盛的早午餐，正坐在窗前发呆，享受着巴黎初春的阳光，一阵敲门声突然打断了他的白日梦。

开门一看大为惊喜，原来是阔别已久的徐悲鸿、蒋碧薇夫妇来访，与他们同来的还有一名与徐悲鸿年龄相仿的华人男子，常玉看着有些眼熟，却想不起在哪儿见过。常玉急忙将三人让进屋里，心里庆幸好在前不久心血来潮刚打扫过一次。

宾主落座后，徐悲鸿简单介绍了展览的筹划经过并说明来意，宣得堡姆美术馆的展览预计 5 月 10 日开幕，时间紧迫，各方面工作都需人手，想请常玉协助做一些筹备工作。徐悲鸿介绍那位同来的男子是里昂中法大学驻法事务处的负责人刘厚，是徐悲鸿夫妇初到法国便结识的老朋友，曾与徐悲鸿、李石曾等人共同发起宗旨为提倡科学与艺术、研究真善美的“三学社”。刘大悲曾在巴黎大学攻读理科博士，偶尔也参加在法的留学生聚会，难怪常玉会见他眼熟。此次巴黎中国美术展意向确定后，刘大悲便被李石曾委任为在法筹展的全权代理，在徐悲鸿夫妇抵达之前已经做了许多铺垫工作。再一叙乡梓，发现刘大悲与常玉还是四川老乡。聊了一小会儿，刘大悲称还要去办理作品入关手续，便匆匆告辞。

屋内只剩常玉和徐悲鸿夫妇，面对老友，常玉更加自在，立刻将外套脱掉，露出里面满是油彩的旧衬衣。蒋碧薇也不再端着淑女贵妇的端庄仪态，在工作室里四处走动参观。之前光顾着讲些客套话，常玉这才有空端详起六年未见的老友。蒋碧薇变化不大，虽已成为两个孩子的母亲，但皮肤滋润、面色白皙，一看便是养尊处优保养得宜，只是不知为何看起来心事重重。再看徐悲鸿，则明显沧桑了许多，比回国之前添了不少皱纹和白发。然而他的确成绩斐然，归国仅六七年，已历任中华艺术大学、南国艺术学院、南京国立中央大学的教授、院长，还身兼数个艺术协会委员、会长，并亲自参与多个艺术院校、艺术团体的创办，是国内极有影响力的艺术教育家、社会活动家。同时他在艺术创作上依旧勤奋，画出了《田横五百士》《九方皋》等巨作，并多次举办个人展览，已是蜚声海内外的大画家。常玉看着这位仅比自己年长几岁的同行，又想起十余年前自己刚决定在大茅屋学画时，徐悲鸿对自己那番苦口婆心的劝阻，虽然常玉坚持了自己的想法，没有听从徐悲鸿的意见，但仍感念于悲鸿兄的真诚，因为他对自己宣扬的理念坚信不疑，并身体力行。因此常玉对徐悲鸿如今所取得的成就毫无嫉妒之情，这是他凭借自己的天资和勤奋取得的，实至名归。常玉甚至也并不羡慕，因为那是徐悲鸿的人生和选择，而他早已作出了自己的选择，去过属于常玉的独一无二的人生。

徐悲鸿见常玉盯着自己半晌不发一言，感到莫名其妙，忍不住问：“常兄怎么光盯着我看？是不是几年不见觉得我苍老得厉害？你看我这头发，花白了一半。”

“悲鸿兄的确添了些风霜，可绝不至于称老啊，反而更有成熟魅力了。听说前阵子在布鲁塞尔举办了个人展览，十分成功，现在又策划了如此盛大的展览，可喜可贺。感觉悲鸿兄已大有中国画坛领袖之风范了。”

“常兄惯会说笑，我无意做什么领袖、盟主，只想踏踏实实做点事情。比京（即比利时首都布鲁塞尔）的个人展览全赖老谢鼎力相助，他现在在驻比利时使馆任职，你知道吧？”

“我和次彭兄久未联系了，几年前听说他回国发展便再无音讯，没想到这么快就回了欧洲，下次见面要恭喜他了。悲鸿兄一向有鸿鹄之志，非我等燕雀可以理解。我只关心实惠的，悲鸿兄这次策划的巴黎展，算是中国现代艺术在欧洲举办的首个大型展览吧？实属创举啊，政府应该大力支持才对，该有专项拨款的吧？”

常玉此番打探存了些私心，想着若项目经费充足，徐悲鸿就不好白找自己帮忙，多少能挣些辛苦钱，手头宽裕一些。没想到他这一问，却好像触到了蒋碧薇某根敏感神经，她原本在看常玉挂在墙上的新作，这时突然转过头来恨恨道：“哼，还大力支持？辛辛苦苦忙活半天，政府的拨款没见一个大子儿，倒搭进去不少。我们的旅费都是自掏腰包，连部分征集作品的钱都是我们先垫付的，房契都押给银行了。当初答应得信誓旦旦，号称极端赞成，一个劲催悲鸿启动工作，一到该落实款项的关节，人家老先生跑到巴黎无法联系，等我们千里迢迢到了巴黎，老先生倒回国了，留了张字条让我们去找顾公使筹钱，结果人家公使夫妇压根不知有此事，搞得我们像是觍着脸来打抽丰的叫花子。这就是你封的画坛领袖信任的大革命家、社会活动家干出来的事，要我说就是骗子诓傻子。”

蒋碧薇的抱怨像决了堤的洪水般滔滔不绝，可见怨气积蓄已久。徐悲鸿脸红一阵白一阵，却未出言反驳，只能低声劝蒋碧薇别说了。蒋碧薇终于发泄完不满住了口，徐悲鸿才辩解几句。

“煜瀛先生（即李石曾）做大事不拘小节，前期确定场地、展期都多亏他与法方接洽。不过他这次处理得实在不妥，好在顾公使有担当，否则我们真是无计可施。”

常玉一时有些摸不着头脑，过了一会儿才从他们夫妇二人的对话中隐约拼凑出事情的来龙去脉，巴黎中国美术展筹备过程并不像表面看去的那样顺利。李石曾的确十分支持徐悲鸿赴欧办展的倡议，但在经费等关键环节并未妥善交接。尤其是蒋碧薇说的顾公使一节，李石曾见了刚到巴黎的徐氏夫妇一面便匆匆回国，大笔经费尚未给付，只在信中交代徐悲鸿、刘大悲等人，展览会后续事宜找驻法大使顾维钧接洽，预计经费覆盖不足之处的款项也请顾公使设法，然而实际上却并未与公使沟通清楚，公使甚至对此事一无所知，令徐、刘等人极为尴尬，展览计划险些中断。幸亏徐氏夫妇写信向时任教育次长的钱昌照求助，教育部拨寄了一笔费用，各项工作才得以继续。李石曾如此行事的确有些草率，难怪蒋碧薇牢骚满腹。

常玉觉得蒋的不满情绪不仅针对李石曾，有很大程度是因徐悲鸿而起。而且他还感觉到徐蒋两人的关系似乎发生了些微妙的变化，似乎已不复当初的亲密。此次二人携手来巴黎办展，徐悲鸿作为功成名就的大画家、社会活动家主持大局，蒋碧薇则发挥自己社交方面的优势尽其所能帮衬，表面看仍是琴瑟相和的一对恩爱夫妻，常玉却觉得两人更像是事业上的搭档，那种爱人间的感情已荡然无存。

常玉的直觉不一会儿便得到了验证，一直在工作室四处打量的蒋碧薇向她的搭档徐悲鸿使了个眼色，徐不易察觉地点点头。蒋碧薇便开口向常玉说道：“Sanyu，你这新画室真是宽敞明亮，可见事业、生活都发展得不错吧。我们过几天想宴请几位外国朋友，都是徐先生十分欣赏的艺术家，可我们现在的住所实在局促，请客人毫无排场，能否借你画室一用？”

常玉早思忖悲鸿兄拜托协助展览事宜，自己作为老友责无旁贷，可一想到有关画展那些对接、清点、运输、布展等杂务，他就头疼不已，现在徐氏夫妇商借画室，此事对常玉来说无需费力，只出借地方便可，也算为展览做了贡献，说不定还能混几顿美餐，常玉连忙应允：“没问题，不但画室出借，我还出个人头，碧薇嫂若不嫌弃，不才还自荐担任主厨。”

“那真是求之不得，谁不知道你大美食家的盛名，可惜轻易不出手，咱们同在巴黎多年，我们如今才有这口福。”

徐悲鸿见常玉答应得如此痛快十分高兴，蒋碧薇客套道：“我们来此讨扰，不知尊夫人可有意见，听说是位法国贵族小姐，这次终于可以一睹风姿了。”

“恐怕要让碧薇嫂失望了，夫人已成前妻了，我现在又和以前一样，一人吃饱全家不饿了。不过好消息是，工作室我全权说了算。”

蒋碧薇显然十分意外，但反应敏捷的她马上便收起自己的惊讶，得体地安慰常玉：“像你们这样没有子女牵绊，离婚倒也清爽。你这么年轻有才华，不愁再找一位贤妻。”

“我这样逍遥自在得很，可以随心所欲谈恋爱，何必受婚姻拘束？”

常玉说完立刻觉得当着一对夫妻的面这样说似乎不大妥当，没想到他一向认为古板的徐悲鸿马上赞同道：“还是常兄活得通透！大丈夫只患功名不立，何患无妻？”

常玉见蒋碧薇面露不悦，连忙打圆场：“悲鸿兄可是站着说话不腰疼，你已经有了碧薇嫂，自然不愁。我要是也娶到这样的贤妻，甘愿被拘在婚姻里呢。”

当年留学时，徐蒋小夫妻也难免拌嘴闹别扭，如果常玉这样插科打诨，蒋碧薇早忍不住笑了，可这次她竟颇为幽怨地说：“偏有人不知道珍惜。家庭再美满，妻子再贤惠，也敌不过红颜一笑。”

常玉一时不知如何回应，便望向徐悲鸿，却见这位仁兄似乎突然对画架上刚刚完成的一幅花卉产生了兴趣。

“这是我最近画的一幅，悲鸿兄多指教。”为了缓解尴尬的场面，常玉只好硬着头皮讲起客套话。

“老徐，你为什么不邀请 Sanyu 参展？你东拼西凑来的那些作品，还不如 Sanyu 画的呢。”最后还是蒋碧薇率先打破僵局，她的话虽是向着常玉，可不知为什么听着怪不舒服。

“你不知原委不要瞎出主意，法方提了明确的要求，要‘未受欧化和东洋化为标准之现代中国画’。Sanyu 的画虽好，却不符合要求，我身为组织者也不能以公谋私。”

“徐教授开始跟我打官腔了，我还不知道其中底细。要不是我从中作梗，只怕那姓孙的丫头也进了展览名单了，一个学生习作还是油画，哪里就比 Sanyu 更符合标准了？”

“你别胡说，我何时让韵君参展了。现在名单里这七十余位现代画家，都是公开征集或委员们推荐的，我徐某人坦坦荡荡，谁也无可指摘。”

“算了吧，Sanyu 也不是外人，不用讲那些场面话。所谓的公开征集作品，除了几位名家是真金白银征购的，余下的还不都是画界的朋友投赠，还有你之前的收藏。颜文樑、汪亚尘两位委员推荐的自然也都是他们的好友。其实这本来也无可厚非，能弄成说明你在圈子里的确举足轻重，才能一呼百应啊。”

常玉赶紧附和道：“碧薇嫂说得对，在这么短的时间弄到几百件作品，组织起这样大型的展览，除了悲鸿兄，任谁也没法完成。从熟悉的画家当中征集作品也有合理之处，法国沙龙也是第一年混了脸熟以后，后面再参加便容易了。不过悲鸿兄不必专为我开后门，千万别为此落人话柄。”

常玉这话倒是发自肺腑，因为他的确没有很强烈的参展愿望。一来，这次展览挑选的作品风格都偏于传统，感觉自己的作品放进去有些格格不入。二来，常玉毕竟在巴黎发展多年，已受到法国美术业内认可，参加这种大规模的群展对于提升他的知名度并无明显帮助。徐悲鸿张张嘴，刚想说些什么，却又被蒋碧薇抢先。

“他呀，总是这么迂腐书呆子气。要我说，不但应该请你参展，现在在巴黎的美术留学生都该纳入进来。只有让人家参与，他们才能自发宣传，展览的人气就上去了。总共这么一点经费，只能想办法多发动些人了。你看那姓刘的，就是脑筋活络，拉着国家的大旗，使着国家拨的经费，哪像咱们，连房子都押出去办展览。”

“少在我面前提他，没干什么实事，就凭花言巧语哄了政府几万大洋，有这么些钱，只要不是个傻子，谁都可以办展。你也不看看他们的效率，幸亏我另起炉灶，咱们展览都快开幕了，他们还在起草章程。而且要不是他之前在德萨丸先生那里拆烂污，又屡次爽约，人家法方不会对中国的项目如此戒备，煜瀛先生和大悲不知多费了多少周折才谈妥了宣得堡姆的场地。”

“关键是人家就有本事从政府那里弄到钱，公家的事当然不必那样急。你偏要争这中国艺术欧洲首次展览的名头，书生意气。别的不说，你到底同不同意 Sanyu 参展？”

“嗯，常兄在法国已是知名的画家，参加我们的展览可以为其增色，当然欢迎，我看这幅花卉新作就很适合。”徐悲鸿明显有些敷衍，但也算是明确邀请，常玉只得顺水推舟表示感谢。

这夫妻俩的确没有把常玉当成外人，他们的对话虽然半遮半掩，但仍透露出大量的信息，只是常玉并不是那种喜欢挖人隐私和搬弄是非的小人，他只猜测二人口中“姓孙的丫头”“韵君”似乎是徐悲鸿的一位女学生，她也许就是夫妇二人关系变质的缘由吧，成功的男性周围大概都不乏年轻女孩的倾慕，更何况相貌堂堂正值壮年的徐悲鸿。而那位刘某人大概指的是刘海粟，他和徐悲鸿年纪、经历接近，在画界的声望也旗鼓相当，两人艺术理念又相左，不免暗含较量之意，常玉对此略有耳闻。虽然常玉并不完全赞同徐悲鸿唯写实独尊的理念，但他为人正直不乏真诚，刘海粟则夸夸其谈，显得有些油滑，因此从个人感情角度，常玉更倾向于徐悲鸿，他也愿意看到悲鸿兄费尽心血组织的展览取得成功。

常玉回想起当年徐悲鸿作为一名小有成就的青年画家意气风发的模样，对比今日所见徐悲鸿的疲惫沧桑，忍不住设想，假使当初自己听从了悲鸿兄的劝导，沿着像他一样的前辈蹚出来的发展道路，考取法国高等美术院校，回国觅一美术院校教职，混混国内的文化艺术圈子，即便成就、声望不能与悲鸿兄比肩，大概也可以生活无忧、受人尊敬，比现在要“成功”得多。可无论艺术境界还是社会地位，想要向上一步岂有容易的，必要付出许多超乎寻常的努力，尤其是后者，恐怕少不了同行间的倾轧角力，其中得失，值得与否，恐怕只有当事人清楚。常玉无端又想起那年徐悲鸿租住的毗邻凯旋门的工作室，外人都羡慕核心地段的繁华，亲自登上那一百多级楼梯便别有体会，而日日居住其中的人不知又感受如何。

· 晚宴风波

没过几日，徐悲鸿夫妇回请常玉去他们在巴黎的住所小聚，他们租住的画室位于十五区，距离常玉的画室有几公里，好在坐地铁可达。这是一座小公寓楼，徐氏夫妇住在二楼，房间的确很小，接待常玉这一位客人都略显局促。

他们约定次日晚上在常玉的画室宴请朋友。主要的客人是两位外国艺术家，意大利画家查侬先生和波兰雕塑家米格米贡女士，另外请了画家黄逸梵女士作陪。黄女士是徐氏夫妇在南京时结识的旧友，没想到这次到巴黎又碰巧和她租住在同一栋楼里，他乡遇故知，自然是要一并邀请。

蒋碧薇交给常玉 200 法郎作为采买原料的经费，这些钱用来宴请宾主六人实在有些捉襟见肘，幸亏是自己烹饪，否则恐怕连最普通的餐馆都消费不起。常玉略有些失望，原本他预计人均费用在 50 法郎左右，那就可以制备龙虾、鹅肝等高档食材，他可以尽情施展厨艺，自己也能借机饱餐一顿。可考虑到徐悲鸿把资金都用在展览上，夫妇在巴黎每周的伙食费也只有 400 多法郎，这些钱已是他们尽力从牙缝中省出来的，常玉决定发挥自己的才干帮他们筹备一桌体面的宴席，已经在脑中考虑菜式的搭配。蒋碧薇和常玉约好第二天上午九点准时到他的画室，两人一同去市场采购食材，再回画室处理准备，徐悲鸿中午过来和他们一起用午餐，晚上共同接待客人。

常玉整个晚上都在斟酌晚宴的菜式，想到得意处竟翻出纸笔，把设想中的菜肴画出来，还饶有兴致地设色，然后在旁边将菜的配料、做法一一记录，如同菜谱一样详尽。也许是想得太兴奋，第二天常玉不待闹钟响便自己醒了，一看表才六点多，这对于他来说是破天荒的绝早。

常玉索性起身，不等蒋碧薇来，独自去市场先采买了一番。常玉从来没在如此早的时间逛过农贸市场，这次一去颇为惊喜。清晨的市场简直是一座食材的宝库，让常玉这样乐于烹饪美食的人流连忘返。常玉买到了极新鲜的比目鱼，让小贩给收拾利索，只留鱼排。还买了一只肥嫩的阉鸡，以及各种新鲜蔬果。本想再买蜗牛，小贩说新捕的得再过几个小时才能送到，常玉打算先回去处理买到的材料。

回到画室，常玉便开始处理食材，腌鱼斩鸡，洗瓜切菜，忙得不亦乐乎。等蒋碧薇到画室时，鸡已炖在锅里了。在备菜的过程中，常玉发现有些配菜和调料还没买齐，再加上他心心念念的蜗牛，于是他拉上蒋碧薇又去了一趟市场。

菜市场琳琅满目的商品，热闹欢快的氛围，让蒋碧薇也颇受感染，她东摸摸西看看，脸上露出笑容，渐渐恢复了常玉印象中的开朗大方。二人走走逛逛，不觉已临近正午时分，200 法郎经费也花得见底。因徐悲鸿要去画室一起用午饭，常玉赶紧拉着意犹未尽的蒋碧薇往回赶。

回到画室幸好还没到十二点，常玉和蒋碧薇边准备午饭边等徐悲鸿。还没等到徐悲鸿，却迎来一位不速之客，在圣西尔军校学习军事的龙绳祖。这位龙先生来头不小，其父是人称“云南王”的滇系军阀龙云，之前和常玉在留学生聚会中有过一面之缘。龙二公子此番来访自然不是冲着只有点头之交的常玉，而是为大画家徐悲鸿而来。龙二公子和徐氏夫妇颇为熟识，此番听说悲鸿兄携中国艺术来法发扬国光，自然要来拜贺一番。常玉把午饭准备得差不多，也出来陪蒋碧薇和龙绳祖聊天，三人边谈笑边等徐悲鸿。

哪知等到一点多，仍不见徐悲鸿踪影，几个人估计他大概临时有事被绊住了。作为东道女主人的蒋碧薇不好意思让客人饿着肚子空等，三人便一起吃了午饭。到了两点多见徐悲鸿仍无音讯，龙绳祖还有其他事情，便先行告辞了。常玉和蒋碧薇继续准备晚宴，到了六点多，常玉见几样需花工夫的大菜已大功告成，餐桌也已布置停当，只剩摆盘之类的零散工作，便体恤地让蒋碧薇先去梳妆准备迎客。

傍晚七点是与客人们约定好的时间，查依先生、米格米贡女士及黄逸梵女士都如约而至，可东道主徐悲鸿仍未现身，亦无口讯传来。常玉将装点精美的冷盘陆续端上餐桌，见蒋碧薇虽在陪客人聊天，却心不在焉、坐立不安，知道她在担心徐悲鸿，但常玉也爱莫能助，只能招呼客人先用些餐前小食，自己继续回后厨待命，只等徐悲鸿一到即刻开席。

常玉正捧着本《随园食单》闲看，蒋碧薇急匆匆跑到厨房央他到前面替她陪陪客人，应付一阵，她则趁这时机坐计程车回住所，看看徐悲鸿是否因忙于展览忘了晚上的宴会。常玉一想，以徐悲鸿的性格也并非没有可能，便叮嘱蒋碧薇注意安全，自己换了件干净衬衫来到客厅。

查依和米格米贡两位外国艺术家正拉着黄逸梵聊得火热，见常玉来了，黄女士赶紧把他让到中间，自己坐到一边，明显松了口气。常玉马上便理解了她这么做的原因，查依和米格米贡分别来自意大利和波兰，讲的都是半吊子法语，还一个劲聊艺术聊国际形势。浓重的口音和深刻的话题，搞得常玉疲惫不堪，简直像参加了一场考试。他赶紧向黄逸梵求助，幸亏黄女士还会一点意大利语，且善于交际，两个人勉强将场面应付下来。后来谈到绘画和雕塑艺术的异同，两位外国艺术家谈得投机，常玉和黄逸梵终于得闲，两人用中文谈起家常。黄女士容貌美丽，却不是传统意义上华夏美人的长相，她肤色较深，发色却不黑，高鼻深目、一抹薄唇，若不是一双三寸金莲，常被人疑心是来自东南亚的佳丽。黄女士出身及经历也不普通，她原名黄素琼，祖父黄翼升是清末长江七省水师提督，曾做过李鸿章的副手，在任期间战功显赫。素琼嫁给清末名臣张佩纶之子张志沂，婚后无法忍受丈夫赌钱、吸大烟、逛窑子等种种恶习，在已育有一儿一女之后，毅然离开在外人看来富贵美满的家庭，留学海外追求自我，并将名字改为充满浪漫色彩的逸梵。来巴黎前，黄逸梵已与丈夫离婚，与夫家彻底决裂，只是放心不下年仅十二三岁的一双儿女。但黄逸梵自顾不暇，她唯一能为女儿做的，就是让她上学接受教育，并将她的名字从张煐改为张爱玲，期待女儿也能摆脱家庭的不良影响，成为一位洋派、见过世面的女性。常玉对于女性在当时中国社会的处境虽不能完全感同身受，但同为“离经叛道”之人，他对黄女士的勇气深表钦佩。

将近一个小时后，蒋碧薇风尘仆仆地回来了，焦急和歉意都写在脸上，显然没有找到徐悲鸿。但此时已快到九点钟，比约定的晚餐时间迟了将近两小时，常玉那道奶油焗蜗牛已反复加热了两回，他与蒋碧薇商量后赶紧招呼客人落座开席。女主人蒋碧薇一直心神不宁，客人们自然也食不甘味，倒是常玉这位主厨吃得颇为投入。一是他午饭只吃了一点，忙碌一下午早就饿了。二来他于烹饪兴趣愈发浓厚，想仔细品尝每道菜的口味，以便日后改进提升。第三，常玉心里隐约觉得徐悲鸿无端缺席应该不是意外，凭徐在海外多年的生活经验，足以应付一般的突发情况，巴黎的治安也不差，而联系到徐蒋夫妻二人之间的那种冷淡隔膜，常玉猜也许是徐故意与妻子闹别扭。但他没敢把自己的推测告诉蒋碧薇，他担心这种想法不仅不会安慰到蒋碧薇，反而会带给她更大的伤害。

晚上十点多，晚宴草草收场。常玉决定送蒋碧薇和黄逸梵回她们住的地方，顺便看看徐悲鸿的情况，查依先生也坚持与他们同行，于是几人先把米格米贡女士送回家，便一同前往。到了徐悲鸿租住的小楼，一行人直奔二楼，敲门还是毫无动静。已经这样晚了，徐悲鸿还能去哪里？而且唯一一把钥匙在徐悲鸿手里，他如不回来，蒋碧薇的住宿也成问题。常玉怀疑自己猜错了，不由得也担心起徐悲鸿来。几个人在走廊里面面相觑，还要面对过往住户怀疑的目光，场面十分尴尬。查依先生见自己留在此处也没什么帮助，便告辞离开。黄逸梵累得实在撑不住，回四楼自己房间休息了，走时告诉蒋碧薇，如果徐悲鸿一直未归，可以去和她同住。见蒋碧薇焦急得不知所措，常玉提出陪她去警察局探问消息，却仍一无所获。临近午夜，常玉若赶不上末班地铁便无法回家，他将蒋碧薇送至四楼黄逸梵的房间安顿好，回到画室倒头便睡。

也许是因为担心徐悲鸿，常玉一早便醒了，饭也没顾上吃便直奔徐悲鸿画室。房门仍然关着，悄然无声，常玉试着敲了下门，没想到门竟开了条缝，他急忙用力一推，却见蒋碧薇正坐在椅子上怒气冲冲地瞪着对面沙发上的一个男人，常玉定睛一看，正是徐悲鸿。这位让他们担心了一夜的仁兄此刻毫发无损地坐在那里，只是头发蓬乱、脸色极其难看，大概也没有睡好。常玉惊讶极了，问道：“这到底是怎么一回事啊？”

蒋碧薇一指徐悲鸿，气呼呼地说：“你问他好了。”

徐悲鸿铁着脸，仍是一言不发。蒋碧薇强忍怒气，站起身来将怀里抱着的一件女式大衣抛到徐悲鸿脸上，一字一顿地说：“这是黄女士好心借我御寒的，请你替我还给她，至于她要问起昨天的事，也请你向她说明。”

常玉这时已反应过来，看这情形果然被自己猜着了，却不知徐悲鸿因何理由做出如此不理智的行为。他见蒋碧薇怒火正盛，赶紧将徐悲鸿拉出房门。常玉作为两人共同的朋友，本想缓和一下二人的关系，便向徐悲鸿说了蒋碧薇许多好话，讲她昨晚如何担心他的安危，又夸她如何举止得体、处事大方。不料他发现徐悲鸿对自己也十分冷淡，而且越称赞蒋碧薇，徐的脸色便越差，这股无名怨气竟像是冲他常玉而来，于是他便不再多言。

过了半晌，徐悲鸿突然没头没脑地说："常兄抱歉，这次您恐怕不能参展了。"常玉没转过弯来，听后一愣。徐悲鸿也发觉自己有些唐突，又解释道："此次展览参展人数众多，宣得堡姆展厅空间有限，为确保展出效果，必须裁撤部分作品。我们从国内征集的作品，千里迢迢带来所费不赀，而且国内参展的画家都极为看重这次展览机会，我实在难以平衡，只好从自己人入手，忍痛舍去常兄的画作，还望常兄海涵。"

常玉本就没想要凑这次中国现代艺术大展的热闹，徐悲鸿随意选中的那幅花卉是他为荷兰的第二次个展准备的，他正因缺少作品感到难办，如今正好顺水推舟不用参展了。可是徐悲鸿异样的神色还是令常玉感到疑惑，他突然想到，这次所谓的展览机会其实是蒋碧薇帮自己争取来的。那日徐氏夫妇拜访画室，蒋碧薇因此事与徐悲鸿据理力争的情景历历在目，常玉知道蒋并不见得多么想帮自己，而是以此为由与徐悲鸿争夺家庭里的话语权而已，但是一个与妻子关系不睦的丈夫恐怕就不会这样考虑了。电光石火之间，常玉大概猜到了徐悲鸿对自己态度转变的原因，但他知道这种事情若解释便越描越黑，便只能假装什么都不知道，自己问心无愧便好。

· 中国美展大获成功

随着大展临近，徐氏夫妇愈发忙碌起来，这段不愉快的插曲无人提及，仿佛没有发生过。徐悲鸿对于此次展览的确是倾尽全力，不仅装裱、拍摄不惜工本，还投入重金打广告进行宣传。光是巴黎最繁华地段的广告旗杆便租了 20 根，每月租金高达 4000 法郎，各重要路段还张贴了大幅海报，林林总总加起来花费数万法郎。宣传效果的确立竿见影，一时间中国现代艺术大展的广告颇有铺天盖地之势，成了街头巷尾热议的话题。

5 月 10 日下午 3 点，巴黎中国美术展在法国国立近代外国美术博物院举行了隆重的开幕仪式。中国驻法领事馆顾维钧公使及夫人，领事馆总领事、参事、秘书一行，法国外交部长朋古、教育部长特蒙齐、美术次长饱腊埃，以及法国各大博物馆馆长、美术评论家、媒体记者、艺术家、中国留法学生等各界人士三千余人参加了开幕式，公使夫人黄蕙兰女士为展览揭幕，该展可谓风头无两。

常玉也出席了开幕式，之前布展他躲懒没有参与，这次正好顺便看展。法国国立近代外国美术博物院分为上下两层，中国美术展使用了美术馆二层的全部展厅，按照年代分部陈列，从左至右依次为极古画、近古画和当代画。当代画即是徐悲鸿和颜文樑、汪亚尘等人征集来的七十多位在世画家的作品，陈列在右侧三大间展厅，由于数量众多，将展厅墙面占得满满当当，展出效果的确一般，看来徐悲鸿说的也的确是实情，常玉对于未能参展便更不觉得遗憾了。常玉看到画展的整体风格还是偏向传统，这大概与法方的要求有关，除了黄宾虹、萧谦中、高奇峰等大名家，以及汪亚尘、刘海粟、林风眠等留洋艺术家，他对多数画家都闻所未闻。这主要是由于常玉久居海外，对国内画坛有些陌生，其实这些参展画家中有不少已经崭露头角，但也有少数靠人情关系滥竽充数者。常玉大致看了看，参展作品中不乏佳构，其中齐白石和张大千的画都令常玉印象深刻。前者所画题材极为家常，香菇白菜蜻蜓蚱蜢皆可入画，但无不鲜活生动，体现出深厚的笔墨功夫。后者则博采古代众家之长，古意十足又能自出机杼。

近古画是清中后期的作品，距离当时时代较近，一共十几件，集中陈列在中间一个单独的展厅，作为古今美术的过渡。常玉注意到里面除了禹之鼎、沈南蘋、任伯年等近代名家笔墨外，徐悲鸿的父亲徐达章画作也赫然在列。平心而论，徐达章的画艺与成就并不能与几位名家比肩，但常玉理解徐悲鸿对父亲的敬意和孝心。他不禁想起自己的父亲，父亲的画艺并不比徐达章逊色，只是没有一个像徐悲鸿那样争气的儿子。常玉从未因自己没有参展而失落，此刻却因父亲产生了愧疚之情。

常玉真正感兴趣的是时间跨度从唐至明末的极古画，这部分作品是由法方筹借的，一部分来自卢浮宫和吉美博物馆的馆藏，还有法国、比利时两国顶级收藏家的私人藏品，如著名华裔古董商卢芹斋收藏的12片宋代壁画，著名汉学家伯希和从中国获得的11幅敦煌绘画，以及比利时大收藏家Stoclet（史托克莱）珍藏的唐画《狂醉图》等。种种平日难得一见的珍品因这次展览汇聚一堂，常玉借机大饱眼福。没有法方人员的场合下，徐悲鸿对于众多中国珍贵文物流落海外表示愤慨与惋惜，但常玉却觉得似乎不必如此，以中国当下动荡的局势，落后的文物保护技术和条件，这些文物如在国内很可能损毁甚至遗失，在海外的大博物馆和藏家手中未尝不是一个较好的归宿，他安慰徐悲鸿说，有朝一日国力强大，再设法让海外中国文物回家不迟。

由于是中国现代艺术首次在法国集中亮相，巴黎中国美术展大获成功。原定展出一个月，后应观众强烈要求延期两次，共展出45天，光是门票收入便超过10万法郎。每本售价10法郎的展览图录也极受欢迎，先后加印了3次，常玉还是自掏腰包买的。图录上常玉的大名和作品信息仍然在列，却没有图版，他也懒得去追究个中原委。法国的媒体也对展览颇为关注，大小报道约有数十篇，在刘大悲等组织者口中便数量翻倍，成了在国内公开宣传的“二百余篇”，而徐悲鸿在《在全欧宣传中国美术之经过》一文中宣称有“三百几十篇”，进而又称“为数八千万张左右”，实在是敝帚自珍夸大其词。后来该展又巡展至意大利米兰和俄罗斯莫斯科，所到之处皆广受赞誉，与刘海粟组织的中德展平分秋色，国内国外大出风头。不过巴黎中国美术展成就再高，也终究是别人的热闹，常玉还有自己的事业要忙。

第十八章　成功之路并不唯一

· 荷兰第二次展览

1933 年 5 月 13 日，中国现代美术展开幕后第三天，常玉在荷兰的第二次个人展览也如期开幕了。这次呈现的画作以花卉居多，着重体现了刮、刻等手法在画面上形成的微妙效果。可惜荷兰的评论界和观众们并不买账，相较于去年在荷兰的首次展览所收获的评论家的高度赞扬，这一次的评价并不完全是正面的了。一位荷兰艺评家对常玉的展览发表评论：“常玉尝试用油彩来创作某种效果，但或许以铅笔或毛笔更能直接达成此效果，他以中国书法家般敏锐的手在厚厚的油彩中刮出了花篮或群马的线条，但却看不出来他何以需要仰赖油彩来完成的创作意图。”

对于这样的质疑，约翰很想撰文回应，常玉却不屑于去争辩。每一种绘画材质自有其不可替代的视觉效果和特质，油彩厚重、色域广泛，可以反复覆盖、刮擦，形成丰富的色彩和肌理效果，他选择油彩作为创作材料正是看重这一点，就是想让灵动的书法线条与油彩厚重的质感相互碰撞。看来这种碰撞产生的火花并非每个人都能看到和欣赏，常玉认为那些感受不到的人自然也不是他理想的藏家，无需费心解释，约翰也只好作罢。

1933 年 5 月，荷兰阿姆斯特丹的凡莱画廊举办常玉展览

约翰在作品销售上的努力也未见显著成效，他将身边所有亲友都当作潜在藏家推销个遍，甚至连远在比利时爱好收藏的舅舅大卫·范·伦坡也不放过，可亲友们出于人情的购买终非长久之计。比如大卫舅舅，他的确收藏了几幅画，可明显感觉是在照顾外甥。而且大卫舅舅似乎偏爱“特殊”的作品，常玉为数不多的几件双面画都被范·伦坡先生收入囊中。一幅《椅子上的猫》，另一面是以独特的划刻技法绘制的《双裸女》。另有一幅《椅子上的北京狗》，另一面是一幅未完成的多人群像。通过这几件作品并不能看出他有多欣赏常玉的艺术，似乎仅是因为花同样的钱买到了两幅画。

凡莱画廊见销售业绩不佳，并不想继续做常玉的展览，但架不住约翰的软磨硬泡，他不甘心好友的绝妙作品被国人忽略，硬抢下画廊翌年 4 月到 5 月的档期，跟画廊立下军令状，如业绩再无起色便终止合作。画廊主与弗兰科家族亦是世交，便勉强答应，约翰知道常玉桀骜的性情，便只字未提画廊的态度，只哄他说画廊愿意再次尝试。其实常玉何尝不明白画商逐利的本质，但他见好友为推广自己的画作如此卖力，便也期待新展览能获得更多认可，希望自己的艺术事业能在荷兰打开新的局面。

常玉跟约翰对于新展上的作品花了不少心思，他们有意增大版画的比例，约翰认为荷兰普通家庭购买艺术品装饰家居十分普遍，版画的价格较低，符合他们的消费习惯。约翰还专门挑选了一幅他认为最能体现常玉艺术特色的作品，印制在展览海报上。这是一幅版画，尺寸虽小，画面十分精致，纯色背景上，以至简的用笔勾勒出一只卧姿的梅花鹿，那线条极为流畅且富有张力，将梅花鹿修长扭转的脖颈、健硕的躯体和四蹄甚至神态都表现得鲜活非凡，画中的鹿仿佛正用那双无辜的眼睛与观众对视，那双伶俐的耳朵仿佛在灵巧地抖动。

然而令约翰大失所望的是，这次精心策划的展览仍未能获得荷兰的观众和艺术界认可，也许因为是常玉在荷兰的第三次展览，评论家们

1934 年，常玉在凡莱画廊举办第二次展览

失去了最初的新鲜感，并未有耐心进一步深入了解常玉的艺术，更多的质疑声扑面而来，不止一个荷兰本土的评论家认为常玉的画“太装饰及太平面化了”。本就不懂欣赏这种东方写意风格的荷兰民众也受到这些论调的影响，这次展览销售情况的惨淡可想而知。

凡莱画廊的画廊主委婉地向常玉建议，画一些构图和色彩更为复杂的作品，尤其是画一些奇花异鸟，因为 19 世纪中国广东地区生产的外销画曾大量出口欧洲，其中花鸟题材的外销墙纸颇受欢迎。也的确有画廊的客户表示，有些喜欢常玉的画作，如果画面能够更加丰富，他们便会收藏。画廊主的话还未讲完，便被约翰打断，这个平时温文尔雅的青年音乐家此刻有些愤怒，他断然否定了这个建议，认为将那些批量生产的装饰品与常玉创作的高雅艺术相提并论，简直是对艺术家的侮辱。若不是看在对方与家族的世交关系，约翰差点当场翻脸。

“荷兰的艺术观念太落后了，观众也毫无审美眼光，我为这些毫无口味还自以为是的家伙感到羞耻。Sanyu，他们不配欣赏你的作品。”约翰深为好友不平，怒斥荷兰的观众和评论界有眼无珠。

“没关系我的朋友，别烦恼，总会找到欣赏我的画的人的，也许我就像凡 · 高一样，太过于先进了，也许我们再等五十年，大家就跟上我的步伐了。所以你多留一些我的画吧，到时候你会成为百万富翁的。”常玉笑着安慰约翰，实际上在荷兰的多次尝试均不成功，他也不免有些失落，但他仍对自己的艺术抱有信心，绝不愿刻意去迎合观众的喜好而改变风格。然而现实生活不允许常玉继续做艺术家不食人间烟火的梦，吃饭、租房、雇模特、买画材，无一不需要钱。约翰很为常玉担忧，常玉却云淡风轻地告诉他，自己已谋了份好差事。

· 一份好差事

很快约翰便知道，常玉的新工作是在中餐馆打零工，月薪不到一千法郎。约翰对于常玉这样富有才华的艺术家去餐馆打工深为惋惜，可常玉自己却觉得没什么大不了，还安慰约翰说，条条大路通罗马，说不定自己绘画未能出名，却在餐饮行业取得成功，再说还有他的秘密武器乒乓网球呢。

常玉工作的金福居原本是他手头宽裕时经常光顾的餐馆，熟门熟路，又离住处不远。金福居主打川菜，老板人称老冯，是个中年胖子，也是四川人，和常玉能攀上同乡。老冯为人精明，但不势利，常玉这个昔日潇洒大方的主顾，如今要来当他的员工，他对常玉依然尊敬有加，绝没半句风凉话。其实老冯生意算盘打得精刮响，他的主厨老闹着跳槽，老冯知道常玉擅长烹饪之道，又有艺术家天马行空的创意，想鼓动常玉顶了主厨的坑。老冯愿意付每月五千法郎工资，这在行内也算得上高薪，可常玉丝毫不为所动，宁可每天在饭口最忙的几个小时来店里打杂，点单、传菜、端茶倒水，甚至去后厨切墩刷碗，领那每月区区一千法郎，因为这样时间灵活，还有不少工夫可以画画、喝咖啡、看美人。老冯如意算盘落空好不失望，更头疼的是常玉是个很难管理的员工，动辄随意请假，理由无奇不有，雨太大来不了，风太大不想出门，天气太好也可以成为不上班的理由，因为他要外出写生，唯有冬天来得勤快，因为餐馆里的暖气供得足。即使在常玉上班的时间，老冯也不省心，常玉明明去点单，本子上却记下了漂亮女客人的电话，还常常只顾和美女客人调情，将其他客人晾在一边。老冯接到无数次针对常玉的投诉，来自那些被他忽略同时又被女伴冷落的愤怒的男性客人。

老冯真恨不得一气将这个不着调的家伙开除，可又舍不得常玉带来的好处。常玉每碰到他认为长相入画的客人——当然以美女居多——便主动搭讪，征得同意后便以对方为模特画一幅肖像，通常还会把画送给对方。常玉总能以极简的用笔准确捕捉人物内心状态，常令观者惊讶不已，于是有不少人慕名前来，给餐馆带来许多生意。而且常玉对餐馆每个人都给予同样的尊重，从老板、主厨到干粗活的学徒都一视同仁，谈吐又诙谐风趣，因此在餐馆同事中人缘极佳，他开小差跑去和美女聊天时，总有人替他掩护，或帮他完成工作。老冯见生意日渐兴隆，也没耽误干活，索性便睁一只眼闭一只眼，由着常玉摸鱼。

老冯没有想到自己这样迁就常玉，这个家伙居然说要去海外发大财，头也不回地说走就走了。原来常玉虽在餐馆领着微薄的薪水，却并没有放弃用乒乓网球事业赚大钱的梦想，他一直在画画和打工之余寻找推广乒乓网球的机会，他之前的网球教练和球友也积极想办法向法国政府的文体部门推荐该项运动。1936 年初，常玉得知第十一届奥林匹克运动会将在德国柏林举行，他认为是个天大的好机会。奥运会是国际性的体育盛事，其间全世界的顶尖运动员和体育爱好者都会聚集在柏林，网球虽不是奥运比赛项目，但仍有机会结识各国主管体育部门的官员和德国当地的网球运动员。常玉开始筹备柏林之行，他首先要赶在 8 月奥运会开幕前攒够这趟旅行的开销，于是便开始空前勤快地来餐馆上班，老冯还没乐呵几天，常玉很快凑够了旅费，临行前将位于卢额道的大工作室退掉，找了个小仓库将为数不多的作品和家当寄存，跟老冯打个招呼便直奔柏林。

· 柏林奥运会

奥运前夕的柏林，洋溢着一派欣欣向荣的喜悦，德国人民为国家终于在新领袖的领导下在一战废墟上得以重建而扬眉吐气。十几年后的故地重游，令常玉深感物是人非，上一次来柏林还是 20 年代初，彼时德国刚经历战败，街景市容还算整洁，但柏林居民个个神色凝重，饱受战败创伤。而当年同游柏林的伙伴们正值青春年华，悲鸿夫妇尚且恩爱甜蜜，自己还是无忧无虑的单身汉，整日跟老谢、禹珊兄没大没小开着玩笑，并不能理解德国人忍辱含垢的沉痛。如今柏林的建筑依旧恢宏壮丽，而常玉与朋友们都已到了应当承担家庭和社会责任的年龄，不复少年时的轻盈快乐——徐悲鸿遭遇婚姻危机，好在事业如日中天。老谢从驻比利时使馆卸任后，回国担任政府要职。孙佩苍归国后仍回东北，亦被委以重任，据说做过东北大学的教授，还曾出任过国际联合会教育青年专家委员会的东方委员。常玉自己婚姻失败，艺术事业发展并不顺利，此次专程来柏林，在无人引荐的情况下推广乒乓网球，亦是前路渺茫。当下祖国又遭日寇侵略，国力日渐衰微，常玉身在异国，真正体会到天涯沦落人的渺小凄凉。

常玉借住在老谢介绍的一位曾先生家中，他也是留学生，住处在北柏林，房间较为宽绰，可容常玉暂居。在柏林期间，常玉每日穿梭于各网球俱乐部，卖力向俱乐部经理们推荐乒乓网球这项新运动，然而收效甚微。究其原因，首先是常玉对德国网球发展情况了解并不充分，网球在德国虽也是一项较为普及的运动，但国民度和竞赛水准与英、法等网球强国仍有很大差距，而且就德国各城市而言，港口城市汉堡才是真正的网球重镇，柏林的俱乐部无论数量还是质量都略逊一筹。其次，多数德国人性格严谨，面对陌生事物十分谨慎，许多网球俱乐部的经理都对常玉的乒乓网球感兴趣，但一涉及专利费用、购买运动装备以及改建场地等资金投入，他们便踌躇不前。尽管如此，常玉却对乒乓网球事业莫名怀有极大信心，他在给弗兰科的信中信心满满地写道：“乒乓网球是我的未来，我确信必能从中挣得到钱，那时候我就可以真正随心所欲地画画了。”

奔忙了一段时间，常玉终于取得了一些进展，汉斯网球俱乐部因本身有一块闲置的空地，大小正适合做乒乓网球场地，经理施耐德先生勉强答应尝试，条件是常玉每周去俱乐部为感兴趣的会员进行一次无偿培训，留下几副球拍供人免费试用。另一个收获是，一位俱乐部会员与常玉颇为投缘，他有体育事业部的熟人，帮常玉弄到了开幕式的入场观礼券，让他得以在现场观看柏林奥运开幕式的盛况。

奥运会开幕当天，常玉跟数万名观众一同入场。专为本届奥运会修建的柏林奥林匹克体育场由大理石和花岗岩建造，号称能容纳十万观众，这座宏伟壮观的建筑昭示了德意志民族国家重新崛起的雄心。开幕式上的表演以及火炬传递仪式也是本届奥运会的首创，各国运动员代表团入场前，数千名着装统一的儿童涌入赛场，井然有序地在草坪上组成奥运五环图案，同时无数只和平鸽冲天飞起，与孩子们鲜艳的服饰和湛蓝的天空交相辉映，场内人数众多的德国观众激动得起立行礼，那热闹景象的确令人印象深刻。身在现场，连一向与人群疏离的常玉都难免受到那种狂热气氛的感染，万众一心的集体力量让人很有安全感，令人不由自主想要加入其中，像一滴水融入大海，在集体中人不必独立思考，不必独自行动，不必面对个人决策带来的风险。然而常玉举目四望，发现无论是运动员队伍还是观众席，都难以见到黑人的身影。再仔细观察，在场的德国观众们大多是金发碧眼高鼻的长相，而常玉在法国经常见到的那些深色头发大鼻子的犹太人却不见踪影。常玉不禁想到在德国期间偶尔听说的“种族纯洁法”，再细看这些观众们应该就是所谓的典型“雅利安人种”，在这样举国欢庆的运动盛会期间，那些数量庞大的犹太人都去哪了？难道他们被剥夺了参与公共事务的权利，不允许露面，成了隐形人吗？在看不见的地方他们又会被如何对待？常玉虽然在政治方面嗅觉一向很不灵敏，但他也能感觉到“种族纯洁法”这种以种族划分等级的政策的邪恶，他回想起多年前上海街头那势利的巡警殴打拉黄包车的穷苦同胞却对洋大人奴颜婢膝的嘴脸。常玉突然警醒起来，眼前这欢庆的景象仿佛被阴云笼罩，在宣扬团结、平等的奥林匹克精神之下是否掩藏着不为人知的罪恶？常玉迅速离开了运动场，不再观看这虚假的表演。

· 网球男爵的认可

常玉甚至不想继续在德国久留，可是考虑到已经投入的成本和在汉斯网球俱乐部取得的进展，现在放弃岂不是半途而废，他只得告诫自己再坚持一段时间。终于在奥运赛事都已经结束之后，常玉迎来了他的好运。

这天常玉又去汉斯俱乐部免费教学，原本未抱特别的期待，毕竟之前每次遇到的会员多数是一些老年人，偶尔有想让孩子接触网球的家长。没想到这次施耐德先生高兴地告诉他，网球名将戈特弗里德·冯·克拉姆（Gottfried Freiherr Von Gramm）偶然来汉斯俱乐部打球，看到了乒乓网球，表示出很大兴趣，想约常玉下周见面。克拉姆是贵族后裔，运动成绩出色，刚刚获得了当年法国网球公开赛的冠军，人称网球男爵，在德国体育界很有影响。常玉激动极了，到了约定的日子，他专门穿上自己最正式的衣服前去赴约。

出乎常玉意料的是，克拉姆先生十分年轻，是一位金发的英俊男士，他身着网球服，一身考究的白色法兰绒套装穿在他身上是那样妥帖得体，衬得他气度不凡，如果说硬要从他完美的外表上找出一点突兀之处，那就是他在夏天还戴着手套，而且只有右手一只。

“您就是 Sanyu 先生？不得不说我非常喜欢您的乒乓网球，一项天才的发明。”克拉姆向常玉走来，离得还远便热情地向常玉伸出那只戴着手套的右手。

“您好，冯·克拉姆先生，感谢您的夸奖，认识您很荣幸。”常玉强迫自己不去看克拉姆与他相握的右手，尽量专心地注视克拉姆笑容灿烂的脸，他的牙齿可真白。

“叫我葛菲尔德，朋友们都这样叫。你一定有点好奇我的手，小时候有一次喂马被它咬掉了食指，没什么大不了的。咱们第一次见，我还是不摘下手套吓你了。”

“您能取得这样的运动成绩更加令人敬佩了，一定付出了更多的努力。”

“不，拥有更多资源和天赋，我承认自己得天独厚。”克拉姆微笑着说，常玉立刻对这位出身贵族的网球名手产生了好感。

“我羡慕您的天赋，更欣赏您的坦诚，坦诚是一项非常优秀的品质，我一直这么认为。”

“很高兴你这样想，朋友，可并不是每个人都是这么认为的，比如我们国家队的领队。去年戴维斯杯，我参加了双打比赛，在争赛点的关键一球时，我躲避不够及时，对方打来的球碰到了我球拍的边缘，球速太快，外人很难察觉，但我能感觉到球拍的震动。我的搭档当然也不知道，好小伙子，他一记扣杀拿到了赛点。裁判当然也没看见球碰拍子的事，他判我们赢，队友们高兴极了，但我觉得这对对手不公平，不符合体育精神。我就找到裁判把事实原原本本说了，结果当然是眼看到手的奖杯成了别人的，队长气疯了，骂我蠢货，平时这家伙很巴结我，他还联合队友一起孤立我。看看，这就是诚实的代价，可是我不后悔，我的家人会以我为荣。”

“我也赞同你，欺骗换不来真正的幸福，如果不那样做内心会很煎熬，至少我们这样的人会的。坦诚就是忠于自己，忠于自己在我看来就是幸福，但这世上忠于自己总要付出代价，就是这样。”

“没想到你除了是发明家，还是位哲学家。还是请大发明家教教我乒乓网球的规则吧，我迫不及待想要试一试。”

于是常玉便将详细规则讲给克拉姆听，之后克拉姆兴致勃勃地跟常玉打了几局，两人各有输赢。克拉姆胜在职业运动员的专业技巧和优秀体能，常玉则因熟悉规则和装备而占有优势。亲自体验过之后，克拉姆对乒乓网球更加认可，他认为这项运动可以作为条件有限时网球的替代，也可以作为网球初学者的启蒙，很值得推广，他愿意利用自己在体坛的影响力帮助常玉。

克拉姆的肯定给了常玉极大信心，他心满意足地返回了巴黎。回来后头一件事便是寻找新的工作室，只要要求不高，在巴黎找个住处并不难。很快常玉便在维星古托斯路上找到了合适的地方，面积比原来要小很多，位置也更偏远些，但现在只有他自己了，工作室并不需要多大多好，价格低廉才是最重要的。

常玉似乎又回到了初到巴黎的生活状态，单身、自在、吃住从简，绘画与网球占据生活的绝大部分，当然还有隔三差五的艳遇。虽然乒乓网球事业并未获得实质性的进展，但克拉姆的口头承诺却令常玉心中充满希望，乒乓网球早晚会带来名望和财富成了支撑他度过艰苦时日的信念，有了这个保底，他画起画来仿佛都更有底气。常玉把克拉姆视为助自己乒乓网球事业成功的关键人物，因此十分关注与克拉姆有关的资讯，每次看到克拉姆在重要赛事上获胜的消息，常玉都分外高兴，仿佛乒乓网球风靡世界的可能性又增加一分。常玉有克拉姆的通信地址，但知道他忙于训练和比赛，又是公众人物，因此不愿总去打扰，倒是克拉姆记得这位极富创造力的朋友，圣诞节时主动给常玉寄来明信片，常玉欣喜若狂，将这小小的卡片珍藏起来，仿佛那是一张通往成功的门票。

常玉的画依然受到巴黎各大沙龙的认可，不断有作品入选展览，但却始终没有受到市场的垂青，他卖出去的画寥寥无几。克拉姆的运气也并不妙，1937 年的戴维斯杯，他原指望着拿下男单冠军，用优异成绩平息德国网球界对他去年将胜利拱手相让的怨气，可惜造化弄人，在第五场关键之战因一个小小失误，惜败美国名将顿 · 布奇。抛开竞赛，克拉姆与布奇本是多年老友，大度的克拉姆为朋友送上衷心的祝贺，谁知这个本可作为体坛佳话的事件，竟成为克拉姆的把柄，被暗暗记上了一笔黑账。可惜克拉姆跟常玉一样，都缺乏那根对政治敏锐的神经，他们对这次比赛失利的潜在后果毫无预见，更没有料到更多坏运气正在不远的将来等待着他们。

第十九章　战争时期的生活

· 再一次回到中国

生活在这战乱频仍的时代，没有任何人可以独善其身，即便常玉对政治、国际形势这些话题如何漠不关心甚至刻意屏蔽，却不过是自欺欺人，被日寇侵略陷入战火的祖国虽远隔重洋，但依然牵动着他的心。法国当局和媒体也都十分关注远东的战事，著名的《画报》周刊在中国至少派驻了三名记者，每一两个月即以 2 至 6 版的篇幅来报道中国局势，常玉时常翻阅《画报》，以便及时了解国内的情况，不过他大多是厚着脸皮去熟识的报刊亭蹭阅，图文并茂的《画报》每期售价 35 法郎，毕竟不能为了一本杂志饿上几天肚子。

1937 年 8 月常玉翻看《画报》时读到了令他震惊的消息。21 日这一期，《画报》以“远东战争”为题对“七七事变”做了大幅报道，同时刊登了几幅战争现场照片。其中一幅显示一队全副武装的日军正攻入天津城，照片前景中有两具尸体，看装扮应是中国平民。过于直接的视觉刺激令常玉一时回不过神。北平和天津居然已于一个月前便已陷落！在常玉的儿时记忆中，那是大人口中高贵、庄严、神秘的皇都，以及北方最重要的港口、工商业城市和金融商贸中心，这样的地方如今已陷入敌军铁蹄之下，让人无法相信也不忍相信。此时他才蓦然发觉，自己一直要逃离的祖国和家乡，正是他安然客居异国的定心丸，虽然他一心想要在巴黎闯出一番天地，但潜意识里他知道，如果有一天实在混不下去，他还有中国可以回去，可如今国家危难当头，他马上就要变成一个无家可归的天涯沦落人，常玉感到无以复加的悲愤、幻灭还有恐惧。

9月《画报》刊发了法国著名记者吕道维克·诺多（Ludovic Naudeau）的时局分析长文——《中日战争的不确定性》。诺多是法国的日本和俄罗斯问题专家，他为包括《画报》在内的多家法国媒体撰稿，其观点甚至可以对法国政界产生影响。诺多在文中先是客观分析了中日间战况，指出若以过往经验判断，中日军事力量悬殊，中国又缺乏统一，似乎败局已定。然而诺多笔锋一转，通过几个英国人在中国的真实见闻，发现了涌动在广大中国军民心中的强大力量，“眼前这个国家比历史上任何时候都显得更团结。人们第一次发现，民意正在中国凝聚”。这篇文章给了常玉莫大的慰藉，令他对抗战胜利重新燃起希望。

1937年12月，《画报》以蒋介石和夫人宋美龄的一张合影作为封面。蒋介石身着长衫，站立在南京总统府前，面容平静。图下法国记者配发的一行文字却语意双关：“日军包围南京，蒋介石元帅和夫人乘机离开，飞往未知的目的地。”

答案很快便揭晓了，国民政府将首都由南京迁至重庆，并发表告国民书，重申抗战到底的决心，然而南京失守后人民惨遭屠杀的骇人消息也同时传至欧洲。常玉的一颗心就随着变幻莫测的局势而跌宕起伏，终日惶惶不安，无法定下心来创作，生活更加困窘。幸好玛素仍念旧情，偶尔会来看望常玉，给他带一些食物，听他倾诉内心的苦闷。常玉靠着玛素的帮助，没有陷入绝境，等来了一封救命的家书。

三哥在信中说，如今国内战事虽紧张，但由于国民政府迁都重庆，整个西南地区成为抗战大后方，相对安全，肇庆距重庆不远，反而成了一处安居之所。三哥建议常玉不如趁战火暂未威胁到四川，回家乡一趟领取大哥留下的遗产。常玉将所有现金和银行账户里少得可怜的余额凑到一起，又向玛素借了一点，终于凑够了回国的路费，匆匆赶往家乡。

经过长达月余的海上颠簸，常玉再次踏上祖国的土地。他原本以为自己会看到一个饱受战火摧残、满目疮痍的上海，没想到外滩码头繁忙依旧，人群熙熙攘攘，货运川流不息，洋人和中国富人们依然衣着考究，只有劳工、小贩、乞丐们更加形容枯槁、破衣烂衫。常玉想买份《申报》看看当日新闻，报童说停刊了，向他推荐一份地方小报。常玉付了钱，粗略浏览，发现上面都是一些无关痛痒的花边新闻，还有大篇幅的电影广告，净是像《一夜风流》《少奶奶的扇子》这类好莱坞影片。单看这份报纸，上海仿佛一派歌舞升平，常玉一气之下真想将这粉饰太平的破烂玩意扔掉，他看着报童那黄瘦的小脸和补丁摞补丁的衣裤，又将报纸还给了孩子，至少他还能再卖一次，多挣几个小钱。街上匆匆赶路的行人，天真玩闹的孩童，鳞次栉比的商铺，上海似乎与十几年前常玉来参加邵洵美婚礼那时变化不大，依然是极尽繁华的国际都会风貌。然而不时列队走过的日本士兵，重要交通路口设置的带着铁刺的路障，都在提醒常玉，此地已不同往昔。常玉一刻也不想在此多停留，赶紧买了去重庆的车票，逃离了这座已被侵略者占领、充满假象的城市。

又经历一番路上周折，常玉终于回到了阔别已久的家乡。顺庆地处抗战大后方，暂时未受战火侵袭，然而当地居民虽多是穷苦百姓，很多人目不识丁，却深明大义，顺庆子弟出川抗战者源源不断，小城中充溢着同仇敌忾的义气，常玉在离家多年后再一次对家乡产生了新的认识。

家中祖宅已由大哥的独子常霁兰继承，因无力修缮而愈加衰败。堂屋斑驳的粉墙上，张挂了几代的中堂对联比常玉记忆中更破碎昏黄，唯一看起来有些新的意味的东西是一张大幅的装裱在玻璃框中的照片。

照片中的青年男女身着盛装，一脸幸福的笑容，女子是西洋面孔，深邃迷人的眼睛，高挺的鼻梁，浅浅的发色，美得像画片里的天使，昏暗的老屋仿佛都因她的存在被点亮了。看着自己和玛素当年的结婚照，常玉百感交集，伊人早已离他而去，她美丽的笑靥却留在了老宅，族中人仍当她是娶到家中的媳妇。当年大哥又是多么器重他这个六弟，收到常玉从法国寄来的相片后，专程去成都花重金给相片定做玻璃相框，挂在祖宅堂屋显眼位置，对常玉在异国成家立业深以为傲。想到未能在长兄离世前再见他一面，常玉心中更加酸涩，环顾屋内，想找一件与大哥有些关联的物品留作纪念。

他看遍屋内陈设，发现他能忆起的大哥生前常用之物，那些茶壶、茶盏、笔架、砚台，都已不知去向，那把造型朴素的红木椅固然是大哥生前专属的座椅，可大件家具无法带去法国。常玉忽然瞥见条案上覆着的长条丝织品似乎颇有年头，便挪开花瓶、帽筒等物端详。这是一件尺幅很大的织绣品，因年代久远，颜色已变得十分沉暗，有些部分发脆发硬，但仍可看出其织绣工艺之繁复精美，图案配色之华丽大气。绣片的主要图案是一株栽在盆中的菊花，不同于文人画中墨菊的清新淡雅，这幅织绣菊花被塑造得极为繁茂艳丽，十余朵硕大的菊花层层叠叠盛开在枝头，而且每一朵颜色各异，宝蓝、橘黄、殷红等高饱和度的色彩令人目不暇接，却被巧妙地统一在同一画面中，艳而不俗。虽是一株盆栽菊花，却因硕大的尺幅、顶天立地的构图，呈现出树的气象。菊花周围还有蝴蝶、蜻蜓、蜜蜂等昆虫穿梭飞舞，令画面更添热闹生趣。常玉边看边赞叹绣工的巧手和巧思，同时又涌起莫名的熟悉感。是了，常玉蓦然想起这幅绣片他小时候应该见过，想当年大哥经营丝厂十分用心，着意收集了许多精美的老绣片，作为资料研究织绣工艺和纹饰设计。当时这些绣片都被大哥小心地收藏在厂子库房单独的樟木柜里，偶尔取出欣赏把玩，看完后马上收起，生怕娇贵的丝织品受到阳光、潮气的侵害。幼时的常玉对这些箱子里的神秘宝贝十分好奇，经常吵着要大哥拿出来给他展示。这幅盆菊他依稀有些印象，但记忆中绣品的品相比现在要好很多，尺幅似乎也更为窄长，常玉仔细查看，果然发现绣片的天头地脚不知被谁割去了，连边缘都没有妥善处理，又经过多年磨损，毛边参差不齐。看着大哥当年珍重保存的精美绣片被这样随意损毁，常玉心如刀绞，他小心翼翼将绣片折起，装进自己的行李箱中，打算将这件不甚理想却聊胜于无的纪念品带回巴黎。

大哥留下的遗产被家族中人悉数折算成银元，分到常玉手上的有两万余元，这笔钱虽算不得巨款，但对于潦倒的常玉来说无异于雪中送炭，如果节制地花销可以支撑他在巴黎生活几年。处理好这些事务后，常玉不想继续停留，在家中他几乎成了客人，尤其是族中的子侄辈，对他极为陌生，却又带着在常玉看来不恰当的崇敬，似乎他出了国便成了什么了不得的人物，这让他十分不自在。常玉迅速买了近期的船票赶回巴黎，当他依次乘上马车、火车和邮轮，与家乡渐行渐远，常玉心中竟生出一丝莫名的眷恋，他不知这一去何时才能再踏上这片土地。

· 巴黎陷入战火

常玉怀揣两万多银元回到巴黎，感到自己又阔绰起来，花都的香风一吹，头脑晕陶陶的，仿佛又回到了刚刚留学时意气风发的岁月，把家人劝他存钱理财的叮嘱抛得一干二净。常玉先把之前在咖啡馆的赊账和向玛素借的路费还清，之后将巴黎那几家心心念念了很久的米其林餐厅痛痛快快吃了个遍，有时还带上玛素母子，经过几次相互帮扶，他同玛素现在已经能够像老朋友一样心平气和地相处。常玉又给维星古托斯路上的陋居添了一组外观简约实则用料奢华的床和沙发，这套家具着实价格不菲，可常玉觉得相当值得，尤其在他带着新结识的美女模特来到画室时，这两样家具的使用体验从未令人失望。

纸醉金迷的生活没有持续太久，并非常玉提高了觉悟，而是这样的消费方式让他的钱流失得比漏斗里的沙子还快。常玉回到巴黎还不到半年，大哥留下的这笔“巨额遗产”便被挥霍了近一半，还幸亏常玉当初听了三哥的劝，将银元兑换成美金存在银行，用时再兑成法郎，要是依着他自己早就一股脑儿都换成法郎，以法郎的贬值速度，恐怕都花不到现在。常玉看到存折上直线减少的数字，终于产生了一丝危机感，花钱的时候才略有收敛。

除了有限的节流，常玉也很希望能够开源，可他的画依然没能打开销路，而他原本寄予厚望的乒乓网球也失去了有力的推广渠道——常玉回到巴黎后才从网球圈子的朋友口中得知，戈特弗里德 · 冯 · 克拉姆 1938 年初在澳大利亚参赛时，公开发表了一些对德国政府的批评意见，在克拉姆自己看来这都是对祖国富有“建设性”的建议，可惜希特勒并不这么认为。回国之后克拉姆马上被盖世太保逮捕入狱，罪名是莫须有的“同性恋”。幸运的是克拉姆毕竟有贵族身份加持，而且有极高的国际知名度，瑞典国王古斯塔夫竭尽所能对其进行援救，克拉姆在监狱里待了五个月便重获自由。然而克拉姆自身尚且难保，不可能有余力去推广乒乓网球，常玉不愿让朋友为难，因此从未主动联系克拉姆。幸好在常玉和一些体育界朋友的不懈推广下，乒乓网球在法国有了一定接受度，常玉作为发明人，偶尔会被一些俱乐部邀请去教会员打球，多少有些收入。金福居的老冯也不计前嫌，仍接纳常玉偶尔来饭馆干些零活。常玉又让范年给介绍一些家具彩绘的活计，多管齐下，勉强没有坐吃山空，但偶尔犯起“眼瘾”，不得不花大价钱来请模特——今时不同往日，美人们的日子也不好过，没人再像以前那样为艺术奉献一切了——难免动用存款，存折上那点可怜的数字一直在悄悄缩水，但常玉仍乐观得很，他认为法国作为一战的战胜国，暂无兵燹之祸，经济正在逐年复苏，尤其是巴黎更是世界文化艺术的中心，作为身居于此的画家，也一定能分享到巴黎的荣光，走上光明坦途。

无常的命运很快就给常玉上了一课，还有数万名如同他一样天真的巴黎人。其实早在 1939 年秋天德国入侵波兰时，法国便进行了全国战争动员，进入备战状态，然而身在巴黎的人们仍沉浸在歌舞升平中，完全感受不到战争临近的危险。1940 年春夏之交，德军在西线发动闪电战，绕开法国人以为万无一失的马其诺防线，穿过法比边境直趋巴黎。法国当局见无力回天，开战仅一个多月便宣布投降。常玉好不容易逃离陷入战争的家乡，却没有想到他视为第二故乡的巴黎直接落入敌手，成为一座“不设防的城市”。

因法国政府主动投降的策略，德军较为温和地接管了巴黎，并未大肆破坏巴黎的文物古迹，但普通人的日常生活仍大受影响。面粉、黄油、肉类等最基本的食物被限制供应，比一战后用工业糖精替代方糖，马肉冒充牛肉，有过之而无不及。除食品外，烟草、煤炭和衣服等其他生活必需品也全部实行配给制，巴黎人在自己生活的城市沦为二等公民，许多原本生活优渥的巴黎人初次体会到饥饿和寒冷。人们难以忍受这前所未有的窘迫，千方百计寻找门路逃往国外，玛素便在此期间在家人的帮助下带着尚去了摩洛哥。常玉还知道很多原本定居于巴黎的艺术家都纷纷离开，像超现实主义的代表性人物西班牙画家约安 · 米罗、来自德国的马克斯 · 恩斯特，还有白俄罗斯人马克 · 夏加尔，很多人去了美国纽约，据说那里氛围更加自由开放，能给艺术家提供更多庇护。然而有能力离开的仍是少数人，更多人无处可逃，只能在此继续忍耐。

· 画材紧缺时如何继续创作

生活必备之物尚且难以保障，画布、颜料等画材更无从获取。对于常玉来说这些同样是生活的“必需品”，因为艺术创作不仅是他谋生的手段，更是他生活中不可或缺的部分，虽然他有时灵感不畅，一件新作可能要反复修改甚至停滞好久才能完成，可如果哪一天没有画上几笔，他便感到这一天是虚度了。

失去画材来源后，常玉先是在以前不甚满意的画作上重新覆盖，画上新作，再之后，他涂无可涂，只好另辟蹊径。常玉利用在家具厂工作之便，收集一些制作家具剩余的木板边角料，自己裁切成小尺寸的画板，画一些小幅木板油画。然而随着巴黎市民生活每况愈下，稍微有些价值的物件都被拿到黑市上售卖，换回一点食品或生活用品，家具厂对木料的管理愈发严格，常玉渐渐连碎木板也难以获得，因此他不得不寻觅新的材料。

家具厂生产一些廉价的简易家具时经常采用一种纤维板作为材料，这是一种采用木质纤维或其他植物素纤维为原料，加上胶黏剂压缩合成的板材，可作为木板的替代品，价格十分低廉。新生产的纤维板表面光滑平整，正好可用来作画，常玉经过实验确定，颜料在纤维板上面着色均匀，表现效果不逊于画布，他为自己发现了新材料感到十分得意。其实纤维板只是一种廉价的临时性材料，经年日久会弯曲变形，表面也可能皲裂甚至剥落，根本不符合艺术作品耐久的要求，然而常玉创作的主要动力是为自娱，不会专门去考虑藏家收藏保存作品的问题，况且他从不愿费脑筋考虑那样久远的事情，当下的愉悦是最珍贵的。

发现了这种好材料之后，常玉创作兴致大增，可他发现比材料更难得的竟然是模特。他之前认识的不少漂亮姑娘要么已经离开巴黎，要么便做了驻扎在巴黎的德国军人的情人，艰难时事之下每个人都要努力寻找生存之道。常玉无奈，只得暂时忍住眼瘾，转而去画他也很喜欢的花卉和动物，好在花花草草和动物们都还没有离开巴黎人的生活，而且不会向他讨要模特费。

这段时间常玉发现自己在创作时不再像前几年那样偏爱粉、白等单纯浪漫的颜色了，他开始在画面中加入深蓝、暗绿、红色等更加浓重复杂的色彩，勾勒轮廓的线条也变得粗重起来。于是在他的画中，一朵朵洁白的菊花、百合在深红或浓绿的背景中绽放，深蓝或深绿色的茎叶笔触粗重，几乎与背景融为一体，将花朵衬托得愈加轻盈，仿佛不是挺立在空气中，而是漂浮在血液或泥浆一样黏稠厚重的液体之上，幸而有耀眼的白色，利刃一样划破这种凝滞，极富劲道的线条画成的植物形态赋予画面生命的力量。

常玉这几年明显感到自己老了许多，看着镜中的自己已从翩翩少年变成了尽显疲态的中年人，他不禁抚镜自怜。这几年经历了太多事情，婚姻关系破裂、大哥离世、家道中落，绘画事业亦陷入低潮，第二故乡巴黎又遭战乱。年近不惑便饱尝人生失意，怎能不沧桑呢？常玉此时的心境正通过这一阶段绘画的用色和意境反映出来，不仅是花卉画，动物题材的绘画亦是如此。

常玉当年在柏林游玩期间，因经常去参观动物园发现了动物之美，他觉得每只动物都像人一样，有自己的个性与想法，他想将这些通过画面展现出来。因此在常玉早期的动物绘画中，无论猫、狗等家养宠物，还是马、鹿、豹等体形更大的动物，都位于画面的中心位置，占据绝对的篇幅比例，俨然一幅形神兼备的肖像画，只不过画的对象是动物而非人。如今常玉依然保持着去动物园观察动物的习惯，但感受却大为不同。他之前是以人类对其他众生的俯视角度来欣赏动物毛皮、体态的美丽，而现在随着阅历的增长，以及对战争暴行的亲历，常玉越来越感到人类的愚蠢和自以为是，在自然造物面前愈加谦卑。尤其是巴黎被占领后，常玉再次来到动物园，他原本是为这些被人类驯养、囚禁的动物感到惋惜，如今则是感同身受，那些身处战乱地区的人们犹如困兽无处可逃，而像他这样偏安一隅的人又能好到哪里呢？敌军占领的城市不正像这些动物栖身的圈、舍，看似是温馨的居所，实则是禁锢的囚笼，无论修葺得多么宽敞舒适，也无非是一种麻痹策略和对残酷真相的粉饰罢了。

常玉很想帮助这些动物，就像他希望有人也能帮帮自己。作为一个落魄的画家，常玉在现实中无能为力，幸好还有艺术，在他用艺术创造的世界里，他无所不能。于是在他新创作的画作中，动物在画面中的比例逐渐缩小，置身在一片灰蓝或米灰色的苍茫之中，这是常玉给予动物们的天地，尽管前路晦暗不明，但至少足够广阔，那些斑马、花豹、大象可以尽情奔跑，自由栖居。而且除了马匹偶尔成群结队，他画中那些更具野性的动物，如虎、豹、象、鹰，总是形单影只出现于画面中，自由、倔强而孤独，一如他想象的自己在这世界中存在的状态。

第二十章　在百货商店售卖艺术

· 意想不到的发现

尽管常玉可以用木板和纤维板代替画布，但却没有找到满意的油画颜料替代品，眼看一个个颜料管和瓶子纷纷见底，常玉又开始为获取画材而绞尽脑汁，他习惯性地去百货公司寻找灵感。这是自巴黎沦陷以来，常玉发展出来的一个新的“爱好”，因为他发现，德军对法国的严格管控和剥削，令许多像他一样的普通人在温饱线上苦苦挣扎，但巴黎的浮华和浪漫似乎未受影响，甚至有些行业更加繁荣了，比如高档餐馆和售卖奢侈品的百货公司，还有电影院和红磨坊那种纵情声色的娱乐场所。

餐馆的生意兴隆不难理解，毕竟民以食为天。在严格的管控下，餐馆也要应对诸多严苛的规定和物资短缺带来的困难，只有水、面条、萝卜和甜菜是允许大量提供的，而其他美味食物都需要凭票证供给。但精明的餐馆老板们仍想尽办法弄到肉类、奶油、咖啡和新鲜蔬果等奢侈的食材，服务于他们富有且忠实的老客户。老客户们不需要提供任何票证，便可以享用到一块藏在卷心菜下面的上好猪排，同时还有一升博若莱酒和一杯真正的咖啡。当然，想要享受到这一切需要花费几十美元——黑市上人们都喜欢用美金交易，因为可能仅仅过了吃顿饭的工夫，这顿大餐的价钱就从一千法郎涨到三千法郎。常玉时常庆幸自己能在老冯的餐馆谋得一份工作，收入虽不高，但在食物严重匮乏的法国，能够不挨饿已经十分幸运。

巴黎被德军占领后，百货公司的红火初时让常玉十分不解，他看着精心布置的橱窗中陈列的奢华的皮草、精美的餐具以及那些几乎没有实用功能、仅为炫耀的造型奇特的茶几沙发，疑惑在这战乱年月谁会去买这些华而不实的物件。常玉和多数男士一样，对逛商场并不热衷，之前和玛素在一起时，他总是找借口逃避陪同逛街的任务，而如今他带着好奇，走进春天百货和拉法耶特等高档百货公司想要一探究竟，却被里面的景象迷住了。

商场内商品的丰富和奢华程度比起二战前有过之而无不及，顾客虽不很多，但绝不算冷清，适中的客流量毫不拥挤，反而让购物环境更加宜人。重点是顾客都是些打扮精致光鲜的美人，她们闲适地漫步在宽敞的购物空间中，优雅地挑选商品、试穿衣服，高跟鞋叩在光洁的大理石地面或油光可鉴的柚木地板上，发出清脆的响声。柔和的灯光照得她们的珠宝更加璀璨，珠光宝气又将她们年轻美丽的面庞映衬得更加迷人。这些美人购物完毕便会跳上门口等候许久的汽车绝尘而去，那些为生计奔忙的人是没有机会看到她们的。常玉在这里遇见过他以前的模特，还碰见过红磨坊当红的名伶，他终于知道巴黎街头那些消失了的美人都去了哪里，也明白了百货公司这些昂贵精美的商品都要卖给谁。但常玉并不会愤世嫉俗地抱怨社会的不公，或指责这些美丽的女人们丧名辱节委身事敌，他觉得这些美人就像娇艳名贵的花卉，正应该有温室保护，假如任风雨摧残过早凋零，他反而会为美的陨灭而惋惜。况且不管什么时代，何种环境，总有人可以生活得很好，为什么不能是这些美丽的女人呢？现在常玉很开心自己终于找到一个可以免费过过眼瘾的方式。

· 猫眼女郎

一天常玉又来春天百货养眼，看到橱窗里陈列了几件小摆件，旁边专门放了标签，写明是某位艺术家的雕塑作品。该艺术家的简历写得天花乱坠，某某雕塑家协会名誉主席、某皇家艺术奖获得者等一长串头衔，还特意强调了他的贵族血统，然而常玉从未听说过艺术界有这么一号人物。这几件作品造型平庸、品位俗气，除了所用材料是货真价实的大理石之外，简直毫无可取之处，但却给了常玉一个启示，也许艺术品销售可以不局限于专业画廊，那么他的作品是否也可以在百货公司售卖呢？想到这种可能性，常玉有些兴奋，他赶紧来到商场里销售装饰品的柜台询问。

装饰品部的售货员是一位娇小的棕发女郎，她正忙着摆放货品，常玉注意到她不仅手脚麻利，而且似乎颇有眼光，那些平庸的小饰品经她组合摆放，都能将最好看的角度展现出来，看起来更有品位一些。

“希望我没有打搅到您，小姐，我想咨询一下橱窗里那几件小雕塑的价格。”

女郎听见有客人询价，急忙直起身，朝常玉露出一脸灿烂的笑容。这是位十分俏丽的姑娘，当然这家高档商场里的售货员个个都很漂亮。她长着一双碧绿的杏眼，笑起来弯弯的，尖翘小巧的鼻子旁洒着几点雀斑，让她的笑容看起来更加生动。

“戴帽子的企鹅是 2000 法郎，两只老鼠那件 3000 法郎。您真有眼光，这位艺术家的作品很受欢迎，本来有 6 件，刚过半个多月已经卖得差不多了，现在只剩下这两件，如果两件都要可以给您申请一点折扣。而且我告诉你的是本周的价格，下周肯定会涨价。”

“这种小雕塑在这儿卖得还不错？你们都卖过哪些艺术家的作品呢？绘画也卖吗？”

姑娘闻言，知道常玉并不是潜在的客人，还有可能是竞争对手派来的商业探子，立即收起了笑脸，露出戒备的神色，常玉发现她不笑的时候眼角略有些上挑，使她的神情像猫一般狡黠。

“别误会，我也是位艺术家，想看看我的作品有没有可能在这儿销售。虽然我不是什么爵士，也没有那么长串的头衔，不过我保证我的作品比橱窗里这几个强得多。我叫 Sanyu，一个即将出名的画家。请问小姐的芳名？有人告诉过你你的眼睛很迷人吗？而且非常特别。”

没有女孩不喜欢被人赞美，常玉深知这一点，屡试不爽。姑娘受了奉承，态度缓和不少，又见眼前这个自称艺术家的东方男人面容清秀、温和有礼，还带点成熟男人的沧桑，对常玉印象颇佳。

“艾娃·加瑞尔。很高兴认识您，Sanyu 先生。您的作品如果想要在这里售卖需要经理同意，您今天有带作品或资料来吗？他要看了才能判断。”

“作品吗？您马上就能看到。”常玉说着，掏出随身携带的水笔，从柜台上随意抓起一张裁得只剩一角的礼品包装纸，对着艾娃画了起来。片刻工夫，一张全身速写呈现在高级礼品部售货员艾娃·加瑞尔面前。按照常玉的一贯喜好，他每为人作肖像速写，无论对象是男是女，总是会画成裸体女人像，但今天事关未来生计，他便没有那样任性，但他也没有老老实实地画艾娃实际的服饰打扮，毕竟店员的制服并不会增添穿着者的魅力。根据常玉对女性的经验，长着猫一样眼睛的艾娃，应该是那种泼辣能干的类型，而人往往会对那些自己所缺乏的特质心生羡慕，并希望拥有。常玉决定赌一下运气，他在自己的画中将艾娃利落紧绷的盘发画成了自然散落的披肩发，并让她身着一件高贵简洁的抹胸礼服长裙，还戴了一副长度接近肘部的长手套，如此一来，百货店员艾娃被塑造成了一位秀颀优雅的淑女，连那双上挑的猫眼都显得温柔起来。从她的反应来看，常玉赌对了。

“这件作品如何，加瑞尔小姐？”

“很迷人，但是有些失真，这不像我。”

“我没兴趣复制那些一眼就能看到的现实，那是照相机干的事。发现被多数人忽略的美才是我的天职，在我看来您就是这个样子的。”

艾娃没说话，但看得出她很享受这巧妙的赞美，她将那幅肖像仔细折好，小心收在自己的钱包里。常玉又趁热打铁：“而且我看得出来，您有出色的审美，您一定不是普通的店员。经理应该很器重您，您的意见举足轻重，我猜得没错吧？关于合作能给我点建议吗？”

品位出众一向是艾娃姑娘引以为傲的资本，没想到这个陌生人一下子就看出来了，艾娃喜欢这种被识别出来的感觉，她决定帮助一下这个懂得自己的与众不同的男人。

“经理每周三、五和周日都在，通常周日心情最好。下次来的时候带着作品或者作品集，简历记得写漂亮点，他只在乎头衔。对了，你有雕塑作品吗？画在我们这里卖得不是很理想，毕竟大家真正想买画时首先会去画廊，但来这里挑选小摆件的人会发现，艺术家的小雕塑比那些俗气的工艺摆设更值得购买。”

不得不说常玉这次真的看准了人，伶俐的加瑞尔小姐的这段提示真是言简意赅。常玉和艾娃约好下周日来面见经理，他带着不虚此行的兴奋回到工作室。接下来要做的，就是在一星期多的时间内搞出一件雕塑了，此前他从来没有实践过这种艺术形式，但他有信心完成。

· 雕塑也没那么难

常玉并不是盲目自信，他想做雕塑也并非一时兴起，早在几年前他便考虑过将自己的绘画转化为立体形式的创作，但一直忙于钻研绘画以及玩乐而未及着手尝试。常玉接触雕塑的历史可追溯到儿时捏制的鸭子、猫、狗等泥偶，以及乡土地庙民间泥塑在他脑海中留下的深刻印象。因此他对雕塑的最初认识其实与绘画一样，是东方式的，而且极具民间色彩。来法后他通过参观博物馆大量接触西方古典雕塑，惊讶于东西方雕塑差异之巨大。且不论艺术风格，雕塑在西方艺术中具有很高的地位，著名的文艺复兴三杰中的米开朗基罗便因雕塑成为艺术史上里程碑式的人物。而在中国，雕塑甚至算不上一个独立的艺术门类，更遑论与书画比肩，历代雕塑创作者皆被视为匠人，没有资格在其作品上具名。常玉想到幼年时在家乡见过的那些鲜活生动的民间彩塑，深为匠师们被埋没的才华感到惋惜不平。在大茅屋学习期间，常玉出于好奇，曾多次去贾科梅蒂的教室观摩雕塑的创作过程，虽没有亲自上手，但对西方学院式雕塑制作的各个环节都了解了大概。于是常玉便打算借这次机会尝试一下雕塑这种迥异于绘画的创作形式，倘若真像那位长着猫眼的艾娃小姐所言，雕塑在商场礼品部如此受欢迎，说不定还能打开新的市场渠道。

常玉决定自己的第一件雕塑就是把之前在商场即兴画的艾娃肖像转化成立体作品，他从大茅屋的雕塑工作室搞来一桶雕塑泥，便立即开工了。

塑形对于常玉来说并不困难，因为以他的画作为底本，让这件女人全身像造型十分简单。椭圆形的头部下是线条圆润的脖颈和双肩，贴在躯干两侧并于身前相交握拢的双臂，再往下便是线条简洁的礼服长裙一通到底。常玉十分享受塑造的过程，因为在创作过程中，手和泥直接接触，感受材料的质感和硬度，看着细腻滑软的泥巴在手的劳作下

常玉工作室一角｜约 1949 年

逐渐显出女性躯体的形态，其成就感比绘画更为直接和强烈。而且泥这种创作材料让他倍感亲切，重新体验到儿时捏泥偶那种单纯的、出自本能的创造乐趣。最后他用细竹片精心塑造出女郎的五官，上挑的眼睛、挺翘的鼻子和小巧的嘴巴，都完美呈现出来。

然而如果要成为一件便于藏家收藏的现代雕塑作品，是不能用泥来做终极材料的，必须要将泥稿翻制成其他更为坚固的材料，常玉的首选是廉价、易得，且便于操作的石膏。博物馆和艺术学院普遍采用石膏复制古代经典雕塑，用于教学及研究，孙佩苍和邵洵美就曾购买过不少石膏复制品运回国内，这种材料大家普遍能够接受。青铜或大理石固然更加耐久，且质感极好，可材料成本也高，常玉哪有这个本钱，况且他还有一个特殊需求，是金属和石头难以实现的。常玉发现无论博物馆中陈列的古希腊罗马雕塑，文艺复兴以及之后的巴洛克艺术大师的经典之作，还是欧洲近现代的雕塑作品，基本都是单色的，正如18世纪著名美术史家温克尔曼所提出的审美标准“高贵的单纯，静穆的伟大”。而常玉却认为倘若能像绘画那样给雕塑也“随类赋彩”，就像中国那些生动的民间彩塑，岂不是更能增加雕塑的表现力。石膏完美符合常玉对材料的所有需求。

常玉从建材商店买回石膏粉，用当年在大茅屋学到的方式翻模制作。翻制雕塑是一个相对繁复的过程，而且要严格按照步骤和标准行事，不能像创作一样天马行空，这对常玉来说就显得尤其枯燥，此刻他感到雕塑创作并不像自己开始以为的那样简单直接了，他不禁怀念起绘画的灵活自由。

幸好常玉的雕塑造型简单，初次尝试便基本成功。常玉看着脱模而出的雕塑欣喜不已，转眼将翻制的繁琐抛在脑后。石膏雪白的底色，

工作室的斑马雕塑｜约 1949 年

俨然就是立体的画布，等待他继续创作。他细心将雕塑身上的瑕疵和接缝修补打磨光滑，接下来就是着色了，用什么来上色也是一个问题，专业的绘画颜料愈发稀缺，常玉只能另辟蹊径。他想到了自己在家具厂工作时经常接触的油漆，色彩丰富又防水耐久。待到家具厂排班的日子，常玉悄悄将自己的雕塑半成品带进厂房，先在一块碎石膏上点了一点油漆试验效果。在石膏洁白致密的基底上，油漆表现出优秀的显色性和附着性，常玉简直要为自己的天才叫好。

可以正式给雕塑上色了，常玉调制出一种漂亮的浅棕色，作为雕塑女郎的发色，然后用最小号画刷蘸取红色油漆为女郎涂上热情的红唇。上色完毕，常玉前后端详一下，感觉所有设色的部分都集中在头部，而且过于细节容易被忽略，整体显得十分平淡。常玉的目光落在女郎交叉的前臂上，他在画速写时便设计让模特佩戴一副长手套，可以给手套画上颜色，这里正是雕塑躯干的黄金分割点，恰当色彩的点缀会让雕塑更有韵律。常玉的眼睛依次扫过金黄、玫红、天蓝等鲜艳的颜色，挨个在脑子里预想了一下效果，似乎都太跳了，会抢走观众的注意力。应该选用沉稳一些的颜色，黑色放在这里太平庸，常玉的目光在五颜六色的油漆桶间搜寻，忽然眼前一亮，一抹深绿色落入他的视线。这种绿比墨绿稍浅，又比深绿多了一些灰度，颜色更加沉稳柔和，令人想到冬日白雪覆盖下的松枝，就是它了。常玉在雕塑的手套位置涂上了这种美丽的绿色，果然起到了画龙点睛的作用，达到了他心目中的效果，与他记忆中艾娃·加瑞尔鲜活的形象重叠在一起。

在做这件雕塑的过程中，常玉的眼前总浮现出艾娃·加瑞尔那猫一样的双眼，这当然无可厚非，因为这件雕塑就是以她为原型的。可不知为何，作品完成后常玉脑中仍不时闪现出艾娃的身影，其实她的相貌和身材并不是常玉通常喜欢的类型。常玉未及细想，初战告捷，他要趁热打铁着手做第二件雕塑，他打算以大型猫科动物为题材。

常玉用泥捏塑出一只老虎，造型风格依然与他的绘画一样稚拙，趴

戴绿手套的仕女　常玉
石膏油漆着色｜41cm×12.5cm×8cm｜20 世纪 40 年代

卧的姿势让老虎显得格外乖巧。常玉再次陶醉于艺术创作的愉悦中，在自己的艺术世界里，他是绝对的主宰，让万兽之王俯首称臣不在话下。这一次定稿后的翻制和上色更加熟练，常玉用黑色油漆简洁地画出老虎身上的条纹，并将底座涂成赭石色，将老虎的黑白花纹衬托得更加鲜明。

· 意外的合作伙伴

星期天常玉带着两件雕塑早早来到百货公司，破天荒比约定时间提前了十分钟，也许人在困境中会变得更加勤快，也许还有其他解释不清的原因。出于这些解释不清的原因，常玉专门在花店买了一枝鲜艳欲滴的玫瑰，这在即将入冬的寒冷天气里颇为奢侈。

艾娃似乎也十分重视今天的面谈，着意打扮了一番，发型和妆容都十分精致。

“加瑞尔小姐，您今天真美，就像这朵玫瑰。”常玉这次的赞美发自内心。

艾娃接过玫瑰低头嗅着，以掩饰她无法控制的娇羞，待她抬起头，脸上已恢复了平常精明的神情。

“谢谢您，Sanyu先生。这个季节的鲜花可是价格不菲，看来您很在意和我们的合作。无功不受禄，我先帮您看看简历和作品吧。”

常玉从未见过如此理性的女孩，他甚至对自己一直引以为傲的调情技巧产生了怀疑。不过她至少愿意帮我。常玉自我安慰着，同时从大袋子里将两件雕塑掏出，放在柜台上。

艾娃看到常玉的作品，先是一愣，不自觉皱了皱眉，然而随着观看角度的变换，艾娃微蹙的眉头舒展开来，脸上逐渐浮现出微笑。

“您的作品乍看上去过于简单，甚至是简陋，但奇妙的是越看越觉得可爱。应该可以在这里销售，至少我认为不错。”

“听到您这样说，我很高兴，您的意见就是最重要的。”

“这是用什么材料做的？”

“石膏。”

“材料廉价了点，如果是石头或金属就好了，那些有钱人喜欢真材实料。”

“我卖的是艺术。”

艾娃挑挑眉，未置可否。

“来吧，艺术家，让我看看您的简历。”

常玉掏出一张薄薄的纸片，上面只有几行手写的字。

艾娃的眉头又皱起来了。

“只有这些吗，Sanyu 先生？”

艾娃拈着纸边看边问。

“嗯嗯，从 1929 年开始您就已经入选秋季沙龙了，至今曾多次入选沙龙展，这点还不错。在巴黎和阿姆斯特丹都举办过个人展览，很好。请问您在哪学的绘画，如果是著名的艺术学院一定要写上，老布就看重这点。”

“恐怕我的学校不会让他满意，我是在大茅屋画室和巴黎街头，还有红磨坊学会画画的。”

艾娃显然没心思欣赏常玉的幽默，不停地提出问题。

“您有什么头衔吗？您难道从没加入任何艺术俱乐部、协会？”

“很遗憾，都没有。”常玉说这话一脸无所谓，完全看不出遗憾。

“那恐怕我也要对您说一声遗憾了，凭您现在这张纸条，是达不到老布的要求的。如果您真的想获得这个机会，那就听我的。”

“一切按您的吩咐。”

常玉向来反感别人对自己指手画脚，可奇怪的是，他却甘心接受艾娃霸道的指挥。

艾娃变魔术一样从柜台不知哪个角落抽出一张精美的信笺塞给常玉。

“那就请抓紧吧，老布还有大概十分钟过来，您需要做的事情不少。头一件，把您的简历重新誊写在这张信纸上，虽然不算完美，但至少让他觉得您做了精心准备，这对他来说很重要。”

常玉尽可能迅速同时又工整地抄写着自己的参展履历，庆幸它不是很长。

“加上一句，法国高级美术师协会名誉会员。放心写好了，这个协会是真实存在的，只要交入会费就能成为名誉会员，老布只看头衔。这是之前认识的艺术家告诉我的，他销售情况还不错，不过煤炭开始凭票供应后，他就回西班牙去了。”

尽管感觉荒谬，常玉还是照做了，他很好奇这个长着一对猫眼的售货员能给自己什么样的职业建议。

“让我看看。不行，内容还是不够丰富。你的作品在报纸或杂志上刊登过吗？你被媒体采访过吗？还有你的画被哪些大人物收藏过？或者你认不认识什么艺术圈的名人？著名画家、大收藏家之类的。总之你要在这张纸上把所有有助于抬高你的身份，所有有助于你卖画的优势全都体现出来。”

“我和亨利·马蒂斯是邻居，我曾经听过布德尔讲课，我还在斯泰因小姐的沙龙上和毕加索交谈过。怎么样？这些经历足以让我的简历闪闪发光吗？”常玉本是调侃的语气，没想到艾娃是极其认真的。

“毕加索！马蒂斯！这都是很有名的画家，你应该早想到这些。布德尔是安托万·布德尔吗？那位雕塑家。这个斯泰因是谁？”

“是的，安托万·布德尔，一位伟大的雕塑家，罗丹最出色的学生。格特鲁德·斯泰因是个从美国来的富有的女作家，她举办的沙龙很有名，塞尚、马蒂斯和毕加索都是她家的常客，还有那个现在很出名的美国作家海明威，他在巴黎那几年几乎长在她家。”常玉耐心地向艾娃介绍着，想看看她葫芦里究竟卖的什么药。艾娃听得有些入迷，这些文艺界的轶事仿佛对她有着无穷的吸引力，不过理智的她很快回到了正题。

“那你就这样写：Sanyu，著名雕塑家罗丹的杰出传人。著名画家巴勃罗·毕加索以及亨利·马蒂斯的密友。著名作家、文化名流格特

鲁德 · 斯泰因最欣赏的艺术家。”

常玉被艾娃的大胆吹嘘惊得目瞪口呆，同时也很意外这位年轻的女售货员居然有这样好的文笔。

“我读过高级商科学校，我的志向是成为一名艺术经纪人。”艾娃坦率地讲出自己的理想。

“您的确有这个潜质，加瑞尔小姐，您的商业才能和写作能力令人叹服。不过刚才那些是我随口胡诌的，除了跟毕加索的交谈，我的确在斯泰因小姐的客厅里跟他聊了很久。布德尔，我只在大茅屋见过他几面，马蒂斯我甚至都没见过。”

“没关系，我觉得这根本不影响，您的简历依然可以这样写。”常玉对艾娃的大言不惭莫名着迷，他从未见过这样自信大胆的女人。

“好了，简历就这样吧。老布快到了，咱俩最好看起来刚刚见面，谈的时候看我眼色行事。”

常玉好像加入了某个神秘游戏的小孩，兴奋地点头照做。

比约定时间略晚了十分钟，艾娃口中的部门经理老布终于踱着四方步出现了。他全名叫托特 · 德 · 布里萨克，艾娃说“德”是他私自加的，假装自己是贵族后裔，常玉相信艾娃的说法，因为这位德 · 布里萨克先生肥胖油腻，谈吐肤浅，毫无贵族气质。

在经理办公室里，老布盯着常玉的简历足足看了五分钟，不时煞有介事地提问。

“Sanyu 先生，这么说您的雕塑技巧是深得罗丹大师的真传咯？”

“没错，罗丹曾多次夸奖他的天赋。”常玉还没开口，艾娃便抢着替他回答，一边向常玉挤挤眼睛。

“嗯，很好，师出名门。”老布对艾娃的话毫不分辨，罗丹 1917 年去世时，常玉还是个连四川都没出过的毛头小子。

“您和毕加索关系很好吗？您有他的画吗？”

“暂时还没有，不过他说要给我画一幅肖像。”常玉倒是实话实说，毕加索一直对他东方人的面孔很感兴趣，但还没有兑现。

“法国高级美术师协会我知道，我认识不少艺术家朋友都是这个协会的会员，据说入会门槛很高，塞尚和雷诺阿都没能成为会员。”

这两位大师的确不是这个野鸡协会的会员，恐怕跪着求他们也不会加入的。常玉悄悄腹诽，强忍着才没笑出声来，这些连篇谎话估计都是艾娃日积月累灌输给老布的，谁让他不学无术又想假充内行呢，天知道艾娃这鬼女子都给这憨包灌了哪些迷汤。

在观看常玉作品的时候，老布显然并不能欣赏这两件仿佛儿童手工的雕塑所具有的稚拙本真的美感，但是又碍于常玉“罗丹传人”和“名誉会员”等显赫的头衔，并不敢直接质疑，只得故作深沉地围着两件雕塑绕圈，假装从各个角度观赏作品，恨不得把雕塑抬起来看看底座下面，不过常玉倒是的确在《戴绿手套的仕女》底面刻了自己的签名。

“您看这质朴独特的造型，Sanyu 先生将来自东方的神秘气息融入自己高超的雕塑技法中，在任何一个欧洲的雕塑作品中都不会看到如此精彩的融合。”艾娃已然进入角色，将老布当成了未来客户提前演练，常玉觉得她的介绍虽然略有夸张，但基本抓住了自己创作的要点，不禁对她愈发刮目相看。

在艾娃的协助下，常玉顺利地签下了和百货商店的合作，他也以此为借口邀请艾娃喝一杯表示感谢，其后的发展比起这次合作更加顺畅。

· 并非长久之计

之后的交往中，常玉逐渐了解到艾娃是来自法国南部的外省姑娘，女子中学商科毕业后，只能屈就在一间小店里卖杂货。闭塞的小城镇无法满足她的雄心壮志，在经历过一次短暂婚姻后，艾娃来到巴黎寻找发展机会。精明务实的她看准了售货员入行门槛不高，有机会接触富裕阶层的优势，很快便凭借自己的勤奋好学和不俗的品位成为了业务骨干，也为自己确定了下一阶段的目标——成为一名艺术经纪人。可是艾娃在百货公司能够接触到的所谓艺术家尽是些不学无术却夸夸其谈的家伙，常玉是她认识的第一位名副其实的艺术家，她惊讶于常玉的低调。

常玉和艾娃真正意义上合作起来，艾娃向客户推荐起常玉的作品更加起劲了。常玉以自己最快的速度又创作了三件雕塑作品以供销售。其中两件以他喜爱的马为题材，一匹仰天长嘶，另一匹低头饮水。还有一件老虎雕塑，做成前肢匍匐后肢弓起的姿态，仿佛在蓄势待发，扑向眼前的猎物。艾娃对这几件雕塑的姿态赞赏有加，对销售信心十足，于是常玉将这次的几件雕塑都翻制了多个版本，在素白的石膏胎上涂上不同的颜色，尝试通过不同的着色营造多样的视觉效果。他将那匹仰天嘶鸣的马中的一版，涂成了通体枣红色，仅四蹄、马尾和马鬃留白，还有一版四条腿留白，周身涂成黑色，他告诉艾娃这叫作“乌云盖雪”，艾娃兴高采烈将这个美丽的名字写在了商品标签上。

常玉和艾娃的合作初时十分顺利，在艾娃建议下，他作品定价在

2000 法郎左右，作为艺术品实在算得上物美价廉。销售所得常玉和百货公司各分一半，百货公司的分成有相当一部分是艾娃的奖金，而常玉还额外给她百分之十作为爱的奖励，因此艾娃动力十足。她发动自己职业生涯积累的全部资源，向所有相熟的老顾客推销常玉的雕塑，在第一个月便卖出了两件，一匹仰头的马和俯卧的老虎。最受欢迎的是一只俯卧姿势的花豹，豹子美丽的头枕在右前爪上，尾巴垂在身侧，看起来放松惬意，全然没有野兽的凶残，反而透出一丝妩媚。这是常玉某次看到小憩之后的艾娃获得的灵感，那一刻他看到这个清醒时极其精明现实的女人放松温柔的一面，不论人还是动物，在松弛和宁静的状态下都呈现出别样的美丽。

在艾娃的协助下，常玉连续几个月都从百货公司分得销售作品的款项，令他十分欣喜。钱是一方面，重要的是他人的认可令常玉感到切实的成就感。不仅如此，艾娃还通过一位熟人帮常玉在沙坑街租到一间宽敞舒适的工作室，因熟人的关系，价格与之前的陋室几乎持平，简直是天大的便宜。常玉近几年来一直饱受频繁搬家的颠沛之苦，这

花豹　常玉
石膏油漆着色｜10cm×39cm×12cm｜20 世纪 40 年代

下终于一劳永逸地解决，他看着艾娃精明果决的样子不禁想起“贤内助”几个字。

在百货公司的顺利开端让艾娃对未来充满信心，不断催常玉加快创作，摩拳擦掌准备大卖一番。然而却没有想到开头几个月的销售业绩竟是巅峰，后面便每况愈下。其实原因无他，艺术品并非生活中的必需品，在这样的非常时期，能够有闲钱和闲情购买、欣赏艺术品的顾客本就稀少。常玉的雕塑刚摆进橱窗时，客人们觉得新鲜而好奇，他们看惯了那些过于匠气的工艺礼品，这些稚拙如出自儿童之手的石膏像令他们耳目一新，禁不住艾娃的卖力推销，新老顾客们几乎都慷慨解囊。而艺术品并不像鲜花需要经常更换，除专业收藏家外，普通家庭至多买一两件装点居室，因此常玉的雕塑销售后续乏力也在情理之中。

但艾娃并不这样认为，她不能理解艺术品市场的特殊规律，仍然拿出自己当初销售服装日用品的干劲，以为靠着勤奋热情就能取得成功。更糟糕的是，她要让常玉也相信这一套逻辑，每天催促常玉像计件工人一样“生产”作品。其实和艾娃交往期间，常玉的创作密度基本可以媲美 30 年代初和侯谢合作时期，对于常玉来说已经是难得的勤奋。在艾娃的逼迫之下，常玉不得不考虑作品的销路，这是他此前从未操心过的事情，他甚至硬着头皮给许久未曾联系的前合伙人侯谢写信寄照片，推销自己的雕塑新作，虽措辞含蓄委婉，但对常玉而言已是极大的突破，可惜侯谢的回应并不热络。常玉同时也将自己的雕塑送至各艺术沙龙参展，均顺利入选，也获得许多同行的认可，然而在整个行业都不景气的年月，好评和赞美无法换算成真金白银。

老布那里对常玉作品的销售情况也不甚满意，与百货商店的合作陷入瓶颈。于是艾娃与常玉之间催促、唠叨、抱怨、争吵逐一登场，一切仿佛是与玛素离婚前那些情景的重演，只是没有了多年相濡以沫的感情基础，对彼此的厌倦来得更快也更少痛楚，常玉和艾娃都隐约意识到随着商业合作的破裂，他们的关系似乎也难以为继了。

· 战争结束了，感情和雕塑也告一段落

1944 年 6 月盟军成功登陆诺曼底，在西欧开辟了第二战场，使第二次世界大战的战略态势发生了根本性的变化。苏联部队在东线猛烈进攻，西线有盟军和法国内地军及抵抗力量里应外合，德军腹背受敌，节节溃败。同年 8 月法国抵抗力量在巴黎举行起义，戴高乐说服盟军的最高决策层对起义给予支援，盟军派出自由法国第二装甲师向巴黎进发。8 月 24 日，第二装甲师先头部队进入巴黎与德军交火。25 日，德军驻巴黎卫戍指挥官冯 · 肖尔蒂茨向盟军投降，并签署停火协议，巴黎光复。巴黎百姓欢天喜地走上街头，热烈庆祝解放。

经过四年至暗岁月，法国人民终于迎来了胜利的曙光，可常玉和艾娃的感情却因为失去了艰难时期的相互依赖而破裂。某个星期一的下午，艾娃敲响了常玉位于沙坑街的工作室大门。常玉对艾娃的突然到访颇感意外，此前他们已经有一段时间没有见面，常玉本来还有些庆幸，因为按照他以往的恋爱经验，这种双方无缘由的互不联系，一般被默认为自然分手，相对于在激烈争吵、冲突之后的决裂，或明确地提出分手，常玉更喜欢这样的结束方式，他以为只要不去挑明就没有人会受到伤害，殊不知这样的冷处理往往令那些曾与他有过一段情缘的女伴充满怨怼。但精明果决的艾娃是不会接受这种暧昧不明的，她凡事都要掌握主动，此番专程来访便是要给这段关系一个明明白白的结尾。

“Sanyu，咱们分手吧，我喜欢上别人了，其实咱们的感情早就冷了。”艾娃开门见山，把自己感情的分岔说得坦坦荡荡，反而令人无可指摘。常玉甚至对艾娃的干脆心生佩服，他一向欣赏这种果决，这是他身上没有的特质。

“ 也好，祝你幸福。”宽容温和一直是交往过的女孩们喜欢常玉的一点。

“你之前送我的这些作品，还给你。”

从相识之初艾娃便表现出对常玉作品的喜爱和理解，常玉也一直将她视为红颜知己，因此他经常将自己的作品送给艾娃，林林总总大概有十余件，既有雕塑也有绘画。艾娃移情别恋并未让常玉特别难过，但送还作品却令他感到某种情感上的背叛。

“这些都是礼物，你可以留着。还是说，你其实并不喜欢它们？”

“不，你别误会，我虽然不再爱你，但依然很喜欢你的作品。只是我要跟鲍勃回美国了，大件的东西没法带走。我留了两幅画，都是花卉。”

面对如此坦荡的艾娃，常玉不禁笑了。

“真奇怪，本来是很伤人的话，怎么从你嘴里说出来倒像是安慰我了。”

“因为你更在乎我对你作品的看法。”

“祝你去美国一切顺利。”面对如此通透的女子，常玉唯有送上祝福。法国光复后，不少法国女性与驻法盟军官兵交往，并随他们回到家乡。相比于英法这些欧洲国家，美国似乎是一个充满机会的新世界，成为许多人的选择。常玉真心相信，凭艾娃的聪明才智，到了那里一定会生活得很好。

艾娃走后，常玉才感到若有所失。和艾娃的交往，是婚姻结束后常玉第一段较为认真的感情，之前和模特们的关系大多松散而随意，正如缪斯与创作者的关系，美丽的女人们如同灵感一般乍现，照亮常玉的生活，在彼此身上获得快乐后又倏然而去。如今常玉更加确定维护一段长久而稳固的关系对自己来说是多么困难，艾娃没有错，她本身就是一个渴望出人头地的外省姑娘，她从未掩饰自己的功利与市侩，是自己不够清醒，被果决与野心这些新鲜陌生的特征吸引，也许还有部分利益的捆绑，误将短暂的迷恋当成可以持久的互补关系。这似乎是一段从一开始就并不纯粹的感情，就像常玉这几年为应付绘画材料短缺而进行的雕塑创作，他对此并不满意，因此他任由艾娃送还的作品堆在门边积满灰尘，一直没有去整理，甚至家里的雕塑也都被他蒙上了苫布，来了个眼不见为净。

解放后的巴黎很快便恢复了昔日的活力，各种物资开始恢复供应，常玉迫不及待购买了一批画材，打算振作起来，画一批新作。搬运画材时，门口堆放的雕塑十分碍事，常玉不得不进行整理。

拆开落满灰尘的包装物，十余件雕塑和几幅画重见天日，这算是那段感情的见证之物。令常玉感到意外的是，他原本不甚满意的这些雕塑，时隔数月后再看反倒觉得可圈可点，竟找回了刚刚创作完成时的那种喜悦。这些雕塑毫不精致，甚至也没有任何雕塑技法可言，但无一不是通过艺术家的双手直接塑造，直抵他本人和观者的内心，与他对自己满意的那些画作并无二致。而且此时再看它们，与艾娃相处的点滴又浮现眼前，隔着一段时光造成的帷幕，当初的激情、嫉妒、刺痛都不再尖锐，只留下淡淡的温馨的回忆。

以艾娃为创作灵感的雕塑处女作《戴绿手套的仕女》，艾娃曾流露过喜爱之情的“乌云盖雪”马雕塑，还有那尊曾颇受欢迎的花豹，更让常玉想起那个暖暖的下午，艾娃难得放松地躺在床上的情景，那正是创作这尊花豹的灵感来源。其实雕塑并不是常玉当时的首选，灵感来临时，他的第一反应是赶快画出来，对他而言，绘画是更加得心应手的创作形式。常玉还记得当时一时间没有找到合适的画布，情急之下翻出了一张不甚满意的旧作。那是一幅画在小块木板上的黑白双马，常玉清楚地记得是1930年画的，当初那匹白马的细节一直没有想到满意的处理方式，他便将这幅半成品搁置在一边了，如今看来这木板的背面画只豹子倒蛮合适。常玉找出硕果仅存的一点棕黄和赭石的油

白马、黑马 / 豹（双面画） 常玉
木板油画 ｜ 30.5cm×52.4cm ｜ 1930—1945 年

画颜料，凭借自己敏锐的色彩感觉，用最简省颜料的方式调配出理想的颜色。之后如同画大写意花鸟一般，笔笔到位、一气呵成，画出这只慵懒俯卧的花豹。因一笔即成无需反复覆盖，画面颜色十分轻薄，竟将油画画出了水彩般轻盈灵动的效果。若以解剖学标准衡量，豹的肢体结构或许不算严谨，但姿态舒展，神完气足，尤其是那犀利又妩媚的眼神，活脱脱与艾娃神似。常玉通过这幅画及时将脑中那转瞬即逝的灵光定格下来，后来又以雕塑的形式再次创作，成为他在百货商店售卖期间最受欢迎的一件作品。有时他不得不承认，大众其实是具备鉴赏艺术品的眼光的，即便他们并不喜欢这不甚精致的形象，却依然能感受到藏在形象里真挚的情感。

常玉担心多年后自己忘记了这些珍贵的片段，忙找出笔在木板上画花豹的那一面写下题记："此画经两个时代方成，起画在一九三十年，黑马画成白马未就全，成就在一九四五年。在这个时代我恋爱一少妇，因她而成此画，这幅画已属于她，后因绝离，此画仍为此。玉记。"

常玉不由得又将自己成年后的感情经历回顾了一番，他似乎从未因一段感情没能获得一个圆满结局而感到遗憾，因为他真正享受的是追求和相处的过程，无论甜蜜、悸动还是苦涩，抑或悲伤、痛苦，那些形形色色的美丽女性带给他的每一个片段，都是独一无二、不可替代的生命体验。其实创作不也是如此吗，无论素描、油画、版画还是雕塑，这些不同的创作媒介和技法就像漂亮女人一样各有千秋，即便是一再重复的题材，但换一种媒介，或只是布景、色调、光线、角度略有差别，甚至只是心境不同，那创作的体验也是千差万别。只有每一次都如第一次般全情投入、不计得失，才能真正感受到创作带来的幸福。

第五部分　不甘与挣扎

第二十一章　战后新中心

· 如何理解毕加索

1945 年的年初，《巴黎解放日报》的编辑忽然找到常玉，邀请他为报纸撰写一篇解读毕加索艺术的文章。原来毕加索在 1944 年 10 月加入了法国共产党，并在报纸上发表了正式声明，由于毕加索在国际上的巨大声名，一时间引起了广泛的关注，甚至远在中国的共产党人都为此欢欣鼓舞，法国媒体更是大张旗鼓地报道："与埃菲尔铁塔齐名的大画家毕加索宣布加入法国共产党！"巴黎的美术机构也闻风而动，迅速组织了一场毕加索个人展览。而此番《巴黎解放日报》约稿，是因为他们发现尽管毕加索成名已久，且在法国旅居多年，但法国民众并不能理解和欣赏他前卫多变的艺术风格，尤其是 20 世纪 30 年代之后杂糅立体主义、超现实主义等多种样式的新风格，更让普通观众不得其门而入，甚至许多艺术业内人士也未能理解毕加索在前卫艺术道路上苦心孤诣的探索，他们不明白他明明可以画得很好很美，却为何偏要创造出那些丑陋得离经叛道的形象，巴黎这次毕加索展览便遭遇了不少公众以及艺评人的反对声音。记者出于媒体的敏锐嗅觉，认为这会是一个引人关注的话题，希望撰稿人选既懂艺术，又熟悉毕加索。于是经多方推荐，记者辗转寻访到常玉。

自从多年前在斯泰因小姐的沙龙上结识毕加索，常玉对这位杰出的前辈由衷敬佩，毕加索也十分欣赏常玉的才华。但毕加索忙于创作、接受采访，常玉又颇清高，不愿总去打扰自己的名人朋友，因此二人实际的联系并不多，基本处于一种神交状态。常玉对老朋友十分关注，毕加索近年的重要消息他都有所耳闻。此番受邀为老朋友毕加索撰写文章，常玉欣然应允，因为他也早就看不惯有些评论家对毕加索大胆创新的冷嘲热讽以及不负责任的胡乱解读。

为了写好这篇文章，常玉下了不少功夫，仅是正在展出的毕加索作品展便专程去看了好几次，此外还系统研究了毕加索的创作脉络。常玉发现这次巴黎展览的内容其实非常精彩，展出了毕加索 20 世纪 30 年代后期至 20 世纪 40 年代的作品，且不说这些线条粗犷、色彩狂野、近乎抽象的画作与毕加索早期还十分具象的“蓝色时期”“粉红时期”“新古典时期”以及中期极具实验性的“原始时期”“立体主义时期”呈现出怎样的天壤之别，仅是 1930 年至今不足十年内，毕加索的作品风格都几经变化，这可真是一位精力旺盛、不断探索的伟大天才。常玉觉得这次巴黎展出的几幅女子肖像很能代表毕加索近几年的艺术成就。尽管画中女人们的面部经过高度的艺术抽象化处理已经面目全非，然而神奇的是，从她们菱形的眼睛、绿色或黄色的脸颊、错位的鼻子，却能够清楚地分辨出那是些不同的女人——确切地说主要是两个女人，其中一位是 17 岁便与毕加索相识的玛丽 · 特蕾莎，常玉曾在斯泰因沙龙见过，想当初玛丽作为模特兼情人，被事业有成的中年画家毕加索炫耀般携往各种场合，如今已经是十岁女孩的母亲，画中的她依然温柔美丽，却阻止不了大艺术家将他那过于旺盛的精力和爱欲洒向其他有魅力的女人。后来，毕加索结识了南斯拉夫摄影师兼画家朵拉 · 玛尔，一位极富个性和才华的女性，也是近几年毕加索画里的另一位女主角。朵拉和玛丽各有其美，她们迥异的个性在毕加索笔下跃然而出，朵拉聪慧狡黠，玛丽温和柔顺，毕加索将自己对两位女性充满欲望，强烈甚至残忍的爱意，转化成了杰出的艺术品，这正是他无可比拟的天才之处。常玉赞赏这些作品也是因为其表现情感的浓烈和直接，他庆幸自己只需就艺术论艺术，而无需对艺术家进行道德评判。

常玉如期完成了报纸的约稿，题目为《一个中国艺术家对于毕加索的省思》，《巴黎解放日报》于 1 月 19 日刊登了该文。常玉在文中深为毕加索不被理解而遗憾：“大部分的评论家都不了解他，总是以难懂的字眼，拐弯抹角地去解读他，以致毕氏的作品始终显得神秘难解。”他赞叹道，“毕加索的这些作品，是当代伟大的杰作。当中蕴藏的力量是无法估计的……我站在这些画作前凝视良久，不禁跌入梦中，神游物外。它们变得非常伟大，已非单纯的绘画而已。忽而幻化成一条如中国长城一样巨大的蟒蛇；忽而变成一只体积跟金字塔一样庞大的蚊子；或是挺拔山岳的运动员；一千只在深黑暗夜中的萤火虫……然而其作品中的形体变构只能说是他踏出的第一步。我们人类太老旧了，我们身体太脆弱了，我们生命太短促了。”

二战结束后，常玉的生活重回正轨，他仍是秋季沙龙、独立沙龙、杜乐丽沙龙等巴黎几大主流沙龙展览的常客。此外常玉还在巴黎妇女会举行了一次个展，展览收获了不少业内人士的赞誉，评论家皮耶·祖弗撰文称赞道：“这位艺术家的创作脱俗又不因循，巧妙地将东西方的优点融合于画作中。”媒体记者也注意到常玉艺术创作中独特的东方神韵，记者在对常玉进行采访时问道：“Sanyu 先生，请谈谈您为何要以这种东方式的简约的方式进行创作？这似乎挑战了许多观众的观看习惯，大家对那种充满了色彩和细节的欧洲绘画传统更为熟悉。而您又是怎样看待欧洲绘画的呢？”常玉略带调侃地答道：“欧洲绘画好比一席丰盛的菜肴，当中包含了很多烧烤、煎炸的食品以及各式肉类。我的作品则像是蔬菜、水果和沙拉，能帮助人们转换及改变欣赏绘画艺术的品位。”记者紧接着追问道：“据我所知，您在业内一直享有一定声誉，可是并未获得商业上的成功，您是否分析过其中原因？您会为了作品更受欢迎而做出一定改变吗？”问题相当不客气。常玉看着对面金发碧眼的年轻记者，也做出了犀利的回应：“我当然清楚我的画没有卖得很好的原因，一些人觉得我的画过于简单，尤其色彩比较单一。

可我认为，当代画家们总带点欺骗地以多种色彩作画。我不欺骗，故此我不被归纳为这些较为被人接受的画家之一。我不会单纯为了卖画就做出改变，去迎合观众。我创作的首要目的是娱悦自己，就像我们中国古代文人所说的‘聊以自娱耳’。我相信在不断努力达到自己理想境界的过程中，一定会遇到我的知音。”年轻的记者一脸困惑地耸耸肩，显然不能理解这种东方文人的思维方式，话锋一转，问起了关于画家个人爱好等轻松话题。常玉只好无奈地笑笑，继续配合作答，他对这种忽略和误解已经习惯了，这位记者的反应，很能代表巴黎观众，或者说整个西方世界的普遍态度，他们对中国和中国的艺术感兴趣，声称热爱东方文化，然而一旦发现现实与他们想象中的中国和东方不同，或需要深入讨论和了解时，他们便摆着手后退了，说到底只是一种居高临下的猎奇心理罢了。这次展览的影响仅限于此，与常玉之前的艺术活动一样，只是激起了一些小水花，没有掀起引人注目的波澜，待涟漪消散，一切重又归于平静。

· 长江后浪

四月的一天，巴黎春光和煦，常玉照例在画室附近的咖啡馆闲坐，边喝着咖啡边享受巴黎春日温暖的阳光。他看了会儿报纸，感到眼睛有些干涩，便摘下眼镜，眯起眼睛躺坐在椅子上打盹。眼镜是最近刚配的，常玉年轻时一向对自己敏锐的视力感到骄傲，可这几年感觉视力明显下降，看书报上的小字尤其力不从心，不得已配了眼镜，却不愿承认自己的老花眼，只说是远视。幸而看远处尚且清晰，百米之内的美人绝逃不出他那“贼眼”。

常玉正闭目养神，忽然感到照在脸上的阳光似乎变暗了，刚才明明晴空万里，难道阴天了？常玉一睁眼吓了一跳，两个陌生人赫然站在面前，正用探究的目光低头看向自己，感觉像医生正在查看昏迷不醒的病人，就是他们把那点珍贵的阳光挡得严严实实。见常玉睁开了眼，一个人影拍手笑道："醒咯醒咯！"是一个略有些沙哑的女声，讲的是中文，听起来似乎还带些四川口音。常玉许久未闻乡音，听来格外亲切，小憩被打扰的怒气立时烟消云散。他坐直身体定睛看了看眼前的两个人，是一对青年男女，都是亚洲面孔，个子不高。女青年的身材尤其娇小，一张圆脸和精致灵动的五官，再配上一头俏丽的大发卷，像个可爱的大洋娃娃，令人一见便心生欢喜。

常玉故意用家乡话问道："幺妹儿，你也是四川的？"

女孩笑眯眯地回说："没，我不是四川的，我贵州的。跟四川话有一点儿像。"她的嗓音虽不算清脆，但语调柔和、言语俏皮，别有一番魅力。

这时男青年在一旁插话："请问您就是常玉常先生吗？"

他倒是一口字正腔圆的北方官话。常玉这才把男青年仔细打量了一番，见他身量虽不高，但相貌周正，鼻直口阔，双眼炯炯有神，身姿也十分挺拔，整个人显得器宇轩昂。

"没错，正是本人，好久没人这么叫我了，听着居然有点耳生。您二位是？"

"我叫赵无极，这是我妻子谢景兰。我也是画画的，想来巴黎开阔一下眼界。在国内便久仰常先生大名，我们前天才到巴黎，今天特来拜访先生。"

"叫我 Sanyu 就行，不必叫先生，听起来好像在叫个老头子。我还没有那么老吧？"

赵无极和谢景兰出国前与儿子赵嘉陵的合影

独自生活的常玉常常忘了自己的年龄，有时是刻意为之，这样他就总觉得自己还很年轻，还充满无限可能。本来前半句话还说得理直气壮，可看着眼前这一对神采飞扬的年轻人，尤其是小谢那张光洁无瑕的娃娃脸，真是青春洋溢、风华正茂。常玉忽然意识到自己已经年近半百，是不折不扣的中年人了，说不定在这些年轻人眼里就是一个老头子。

谢景兰赶紧说："没得没得，绝对没得。您看起来比我们大不了几岁呢。"

这女娃子真是伶俐。常玉对谢景兰更添了几分好感，他邀请这对年轻夫妇落座，三人聊了起来。

交谈得知，赵无极生于北京一书香世家，其家族历史悠久，族谱可直溯北宋皇室燕王家族。赵无极的父亲及叔父都十分喜爱绘画，赵无极自幼耳濡目染，14 岁便考入国立杭州艺术专科学校。赵无极考入杭州艺专的 1935 年，时值该学校的鼎盛时期，留学法国的林风眠在蔡元培的大力推举支持下出任校长。师资阵容亦十分强大，西画系的吴大羽、蔡威廉，国画系的潘天寿、李苦禅，雕塑系的李金发、刘开渠，图案系的孙福熙、陶元庆，中文系的钟敬文、张天翼，皆为该领域理念先进、充满理想的中青年艺术家或学者。赵无极在杭州艺专攻读六年，1941 年作为优秀毕业生顺利留校任教，并举办首次个人画展。作为一位年刚弱冠的青年画家，赵无极成就如此卓著，已是多少同行羡慕的对象，然而他并不满足，一心渴望到艺术圣地巴黎见识原汁原味的现代艺术，再加上国内政局连年动荡，赵无极更坚定了出国留学的念头，终于在今春成行。赵无极在出国前的绘画主要受塞尚、马蒂斯和毕加索的影响，目前正在寻求更加个人化的方向，他与常玉的艺术品位接近，因此两人聊得颇为投机。

然而相比于赵无极，常玉更喜欢谢景兰，不仅因为她那张总是笑眯眯的娃娃脸和亲切的西南口音，还因为她过人的艺术才华。谢景兰出生于贵阳一个书香门第，幼时便展现出音乐方面的天赋，17 岁入读杭州艺专音乐系，与赵无极成为校友。其实他们二人早在几年前便由谢景兰的表姐介绍结识，可谓青梅竹马，赵无极毕业那年他们结为伉俪。甫一接触，常玉觉得谢景兰性情柔和，是典型的中国传统女性，而随着聊天的深入，常玉发现谢景兰其实对于艺术、人生等重大的问题都有自己独到的认识，很有主见，不会轻易受他人的影响。此次夫妻二人下决心抛去国内体面的工作，离开年幼的儿子，毅然来法追求艺术理想，谢景兰的坚持起到了很大的作用，赵无极在创作时也很重视她的意见。但谢景兰并不甘于做成功艺术家背后默默无闻的妻子，她亦有自己的艺术追求。谢景兰在艺专时曾学习花腔女高音，后来一次生病用错了药，损毁了嗓子，从此与声乐无缘。好在谢景兰心态豁达、艺术志趣广泛，她来巴黎打算学习作曲，对当下流行的电子乐尤其感兴趣，此外，她对绘画和雕塑等造型艺术，以及与音乐和造型艺术颇有关联的舞蹈都跃跃欲试。谢景兰认为各门类的艺术都是相通的，这一点和常玉不谋而合。

赵无极和谢景兰年纪轻轻却目标明确，来巴黎短短几个月，他们便与法国著名诗人亨利·米肖雷兹结为好友，谢景兰更在其推荐下跟随美籍法裔作曲家埃德加·瓦雷兹学习新潮的“电子音乐”作曲。赵无极则发现了自己艺术上的新“导师”——保罗·克利，受到克利的启发，尝试更为抽象的创作。更不得不佩服的是，赵无极来到巴黎短短数月，便游说中国驻法使馆帮自己宣传推广，他拉上在法国已有一定知名度的画家常玉、潘玉良和萧林召，攒成一个小型群展，最后由中国驻法使馆信息处作为主办，在圣乔治宫举办了名为“四个中国画家”的展览，虽然该展未能产生很大的影响力，但初来乍到便和常玉、潘玉良这样在法国耕耘数十年的艺术家共同展出，还是给了新人赵无极一个不错的起点。赵无极又迅速联系到愿意为他举办展览的当地画廊，开始筹备明年五月的个人画展。

说来惭愧，常玉和潘玉良当年来法留学时间十分接近，还都和徐悲鸿交情不错，常玉居然对这位才华出众的女同学毫无印象，直至若干年后才第一次从王济远口中听闻潘玉良大名。后来在一些留法同学会之类的场合见过几面，常玉也未特别留意其貌不扬的潘玉良，仅保持点头之交。直至赵无极组织这次联展，常玉才与潘玉良有深入交流，并真正仔细观看她的作品，常玉深为自己曾以貌取人感到赧颜。

再过两年常玉便到了知天命的年纪，相比于赵无极的目标明确和潘玉良的坚韧不拔，常玉对自己命运的方向却无从把握。也许从另一个角度来看，是他仍对未来某些不可预知的巨大成功有所期盼。比如画作突然被推重、赏识，成为名满天下的艺术家。再比如“乒乓网球”推广成功，从此日进斗金，不需再因金钱限制自己的创作和享受生活。

· 新的艺术中心

常玉在看报纸时偶然看到了“网球男爵”冯·克拉姆的消息，得知他目前人在纽约，常玉藏在心底的乒乓网球梦想重又燃起希望。他认为这则偶然看到的新闻是冥冥中的天意，是命运发送给他的信号，是时候振作起来重新出发了，趁着自己还不太老。

另一个促使常玉行动起来的因素，是常玉与老朋友王济远恢复了联系，他惊喜地发现王济远已赴美多年，目前正居住在纽约。听说常玉要来纽约推广乒乓网球，王济远十分赞成，他的住所也可供常玉暂时落脚。王济远还力劝常玉带一批画作来纽约尝试销售，他认为纽约是一个充满了机遇的大都会，其包容程度甚至胜过巴黎，他创办了“华美画学院”，教授中国传统绘画和书法，颇受外国人欢迎，说不定也会有不少人喜欢常玉的作品。

常玉得到朋友的鼓励，又解决了住宿这一大难题，顿觉十分振奋，当即开始准备纽约之行。他打包了多副乒乓网球的球具，又从自己的画作中精心挑选出近三十幅油画和十余幅纸本绘画，犹豫再三，又加上两件石膏雕塑。他将这些作品提前包好寄往纽约。常玉随身携带的行李少之又少，只有几件换洗衣物和一些个人常用的物品，甚至没有带毛笔和任何其他画具。因为常玉此行要全力推广乒乓网球，全然没有打算在纽约开始新的创作，大有不成功便成仁的决心。

从勒阿弗尔港到纽约的航程为七天，这对常玉来说不算什么，毕竟中法之间长达月余的旅程他已经历过多次。而且常玉发现从法国各地去往纽约的人相当多，不少都是携家带口连同大量的行李，显然是打算举家移民美国。同船的年轻人和孩子们都显得十分兴奋，相互交流着从先行一步的亲友那里听来的关于美国的种种传闻，多数与财富有关，仿佛美国是一个遍地黄金的神话王国。

航程最后一日的清早，晨光尚且熹微，常玉便被同舱旅客兴奋的喊声惊醒，那几个人全都挤在舱内小小的舷窗前，指着远处的什么东西大叫大嚷。常玉模模糊糊听见他们像是在喊“女神”，心中纳闷，难不成什么海上女神现身了？外国也有妈祖吗？舷窗前已挤得水泄不通，常玉索性披上外套出舱走上甲板。没想到甲板的前端也已经挤满了人，常玉好不容易找到一个视野开阔的位置，顺着人群手指的方向，他看到一番令人难忘的景象。波澜壮阔的海面上，一尊巨大的女神雕像巍峨耸立在人们面前，她头戴星芒状头冠，健壮的右臂高擎着一支火炬。清晨的海雾尚未散去，神像的基座被雾气所掩盖，而人们背后，一轮朝阳正冉冉升起，红色的霞光缓缓点燃火炬，点亮头冠，照亮女神端庄的面容，继而洒满她的全身，宛若真正的神祇降临海上。围观的人群爆发出一阵欢呼：“美国！美国！”年轻人们尤其激动，他们迫不及待登上这片新世界大展拳脚。看着一张张对未来充满憧憬的年轻面孔，常玉想起了当年奔赴巴黎的自己，近三十年的光阴倏然而过，如今再次踏上了充满期盼与希望的征途，与这些年轻的孩子们一起，自己也还正当年。思及此，常玉不禁也激动起来。

王济远专程到码头来接常玉，十几年不见，这位老友脸上明显有了岁月的痕迹，曾经圆胖的面孔如今略瘦了些，却整个呈现向下的趋势，仿佛那些饱满的肌肉、脂肪都被岁月熬干了，空留了皮肤缺少支撑，只能挂在那里。济远本就有些肿眼泡，如今眼袋和前凸的眼球越发突出，像是金鱼眼了，早些年那种让人一见便觉得喜气洋洋的神气也不见了。常玉猜测济远在纽约这些年过得并不得意，自己这次如能在乒乓网球的推广上取得成功，定要好好帮衬一下老友。

去往公寓的路上，常玉充分感受着这座新兴都市的气息。宽阔的马路上各式汽车往来穿梭，西装革履的行人步履匆匆，看起来比巴黎的街道要繁忙许多。马路两侧，高耸入云的摩天大楼鳞次栉比，这些由直线直角构成的现代化建筑赋予纽约这座城市简约、摩登的气质，与巴黎的浪漫、优雅、充满历史感截然不同。尽管常玉并不喜欢纽约这种略显急切粗鲁的暴发户气质，却不得不承认这座城市非凡的生机与活力。

王济远位于西57街的公寓并不宽敞，但位置十分便利，离著名的中央公园不远。济远就利用这个小小的公寓开班授课，以推广中国艺术为主要目的，故收费低廉，每日来找他学习中国绘画和书法的人络绎不绝。公寓里还陈列着一些济远的小幅水墨作品，写意花卉、山水小品之类，偶尔会有学员或访客喜爱其中国情调而买回去收藏，济远将常玉带到纽约的油画和纸本作品同自己的作品挂在一起，并热心向人推荐，希望帮常玉增加一些收入。无奈他公寓中往来的客人多是些学画打发时间的老人和培养兴趣的儿童，经济实力本就有限，能欣赏常玉绘画的也不多，所以那些画挂在墙上许久也乏人问津。

不过常玉并不在意，他此时全部心思都在乒乓网球的推广上。无奈他的英文实在有限，连问路都不够用，在这人生地不熟的庞大都市，根本无从入手。好在有济远的住处作为根据地，常玉暂时没有太多压力，可以先从容地熟悉纽约的环境。于是他每日如上班一样按时出门，漫无目的地在城中闲逛，初时主要围绕中央公园，后来范围逐渐扩大，遍及整个曼哈顿岛。常玉见识了号称“世界的十字路口”的时代广场，奢华店铺林立的第五大道，金融中心华尔街。再往后随着对城市熟悉程度的加深，常玉的胆子越来越大，还独自前往移民聚居的布鲁克林区，甚至治安混乱的皇后区，这些地方可不全是曼哈顿区那种寸土寸金的繁华之地，常玉见识到了纽约的另一面，哪怕再富裕的国家和城市，也总有阳光照耀不到的地方，贫困和暴力永远无法消除。

如此过了月余，常玉对纽约稍微熟悉了一些，逐渐熟练的英语也让他稍稍有了些信心，他鼓起勇气开始尝试在纽约推广乒乓网球。每日穿梭于纽约各网球俱乐部、网球场地之间，满怀希望地期待在这座人口众多、包容多元的城市，会有人喜欢上这项新运动。另一方面常玉还存着一些小心思，他此次来纽约其实很大程度是由于冯·克拉姆也在此地，可常玉从来羞于开口麻烦别人，尤其是交情并不深的友人，况且他并不清楚冯·克拉姆在纽约的行踪，只能暗暗希冀能够像在柏林那样，在网球俱乐部这类场所遇到这位热心的朋友。然而天不遂人愿，不知不觉常玉在纽约已经快三个月，眼看着中央公园的草坪从初秋的浓绿变成冬季的枯黄，新的一年即将到来，乒乓网球事业却毫无进展。纽约客们显然更加精明和现实，没有任何网球俱乐部的经营者愿意分出一块空间给常玉展示他的新运动。飞快流逝的不仅是时间，常玉为数不多的积蓄也快要消耗殆尽，虽然住在济远处免去了住宿的开销，但绝不好意思再蹭朋友的饭食，常玉一日三餐都要自己想办法解决。初到纽约仗着资金尚且充足，常玉去过不少有名的餐馆，尝遍各国美食，满足了口腹之欲，却榨瘪了钱包。后来常玉见乒乓网球推进艰难，还不知要继续在纽约坚持多久，只得精打细算起来，很多时候只在街头食摊买个热狗果腹。

济远对常玉一如既往地关心，知道朋友发展得并不顺利，常邀常玉一同用餐，并有意请常玉协助教学，可以分些收入给他。可济远越是关心，常玉便越觉愧疚，他觉得自己的借住给朋友添了许多麻烦，却无法给朋友任何回报，因为他十分抗拒和陌生人打交道，也缺乏教学的耐心。常玉对于在纽约推广乒乓网球仍抱有幻想，不甘心就此打道回府，济远也知道老朋友的脾气，转而更用心地向家中来客推荐常玉的作品。

· 一时技痒

又是徒劳无功的一天，常玉不记得自己这是第几次被拒绝了，他回到住处较早，济远正在教一位白人女性写书法。以往遇到类似情况，常玉总是远远躲在客厅或阳台，生怕打扰济远教学，济远倒是毫不介意，多次热情邀请常玉参与。这次也不例外，济远招呼常玉，并向女学员介绍他是来自巴黎的著名画家。这位名叫苏菲的女士扭过头冲常玉粲然一笑，他这才看清这白女人虽已到中年却颇有姿色，尤其是那凹凸有致的丰腴身材，正是常玉十分中意的类型。常玉想，要放在十年前，说什么也得说动这女子脱光了给自己画，现在已没了那股冲劲，而且这是好友济远的学生，贸然提这样过分的要求，恐怕有损好友的师道尊严，且看看就好。

常玉便坐在房间角落的一把椅子上，远远观摩济远现场教学，顺便也看看苏菲的丰臀秀腿，过过眼瘾。苏菲毫无使用毛笔的经验，也不太认识汉字，只把一个个方块字当成图形，照猫画虎地画出来。不过这反而使得她没有任何条条框框的束缚，笔画又粗又拙，倒真有些大写意的味道。而济远的范画自不必说，那自如的运笔和流畅的线条令人赏心悦目，令常玉忆起少年时跟随父亲与恩师学习书画时的场景。

常玉心头突然一动，他自己的创作倾向朴拙的意趣，也一直借鉴水墨写意的趣味和用笔，近几年他开始尝试用重色突出线条在画面中的作用，线条的笔触也更加粗重有力，尤其是人物画中人体的轮廓线，已经不是他早期油画中纤细柔婉、几乎与肉身融为一体的样貌。轮廓线的突出，使得常玉笔下的女人体具有更为坚实的质感，也更有力量，这也许与他随着阅历增长对女性的认识变化有关，尤其是见识了女性在战争时期的艰辛生活所展现出的坚韧品质后，常玉对女性的态度由爱慕、欲望逐渐增加了欣赏和敬意。不过常玉在画人体轮廓线时多数时候还是会选择与肉体相近而稍深的颜色，鲜少直接用黑色，画人体速写时倒是直接用过毛笔蘸墨水画，但线条都偏于细弱。今天见苏菲画出的粗黑笔画，竟觉得有种动人的力量，中国绘画自古讲“书画同源”“以书入画”，自己既然一直在用西画的材料体现东方韵味，何不再极致一些，就明明白白将人体的轮廓线当作书法作品，“书写”出来。

常玉找济远借了支大楷笔，也无需宣纸，就在自己带来的一沓纸本作品中翻出两张旧报纸，这本来是作为两张画之间的隔纸，防止洇墨用的。常玉喜欢在这些非常规的纸上画画，开始是偶然为之，在咖啡馆、街边看到极为入画的美人或灵感突然迸发时，手头没有带速写本，便随便抓起手边任何纸张，以最快速度记录下瞬间的灵感，久而久之发现这些餐巾纸、招贴海报上的画，常能出现一些意料之外的效果，它们的纹理、吸水性比常规的图画纸丰富许多。常玉尤其钟爱报纸，上面丰富的图文内容形成一种特别的基底，令他简约的绘画锦上添花。

苏菲见“来自巴黎的著名画家”要现场作画，忙将自己的习作丢在一边，凑到桌前观看。济远也笑眯眯站在一旁说：“多年未见常兄挥毫泼墨，今天真是难得，我可得好好欣赏。”这下不但笔墨齐备，连观众也就位了。只可惜没有模特，虽然眼前就有一位丰满美貌的缪斯，却不敢唐突。好在常玉有足够丰富的视觉储备，当年所见、所画的美人们的身姿已深深刻印在他头脑中，他的大脑就像一个大型素材库，每个美人的每个姿态都被存放在一个妥帖的位置，而常玉对这些素材就像收藏家对自己的藏品一样了若指掌，需要的时候便能准确调用，提取出来把玩欣赏。这要感谢他早年所画数以千计的人体速写，尽管他对学院派那套人体解剖教学颇为不屑，可他在无数次的练习实践当中，早已将人体，尤其是女人体的比例、结构了然在胸，否则也不会获得那吹牛时神乎其神的透视眼超能力。

常玉看着他的“模特”裹在紧身裙里丰硕健美的大腿，决定就画一个突出腿部的姿势，正好腿部也是人身上最长的肢体，有利于“书法式的线条”的发挥。常玉在脑中将从前画过的腿部姿态逐个过了一遍，回想起他曾在徐志摩面前盛赞过的美人薛托漾，他画过一系列薛托漾穿着黑色丝袜的纸上水彩画，这组画不仅人物极具神采、设色精美，尤为精彩之处在于对人体有别出心裁的观察角度——多幅画都将薛托漾那双秀色可餐的玉腿作为画面的中心，从小腿向上窥看裙底风光，是常玉自己的珍藏之作，这次还带来一幅穿蓝色丝袜高举双腿的画。现在看来有些过于露骨，尤其今天有女士在侧，颇为不雅。

常玉忆起薛托漾曾摆过一个别致的坐姿，她双膝弯曲席地而坐，右腿垂直于地面，左腿外侧则贴在地上，双腿之间呈一个直角，两脚交叠于身前，刚好挡住了私密部位。上半身直立，右肘支在右膝上，头部靠在右臂上，手自然垂下搭在脑后，姿态惬意慵懒。当时常玉嫌这个屈膝的坐姿不够舒展，他重点想要展示薛托漾那穿在黑色丝袜中的双腿行云流水般的线条，这当然是一个冠冕堂皇的理由，其实还有他一点小私心，在当年荷尔蒙丰沛的常玉看来，这个坐姿过于含蓄，因此便没有落在纸上。时隔多年，这个记忆中的小小碎片，忽然闪现在常玉脑海中，对于他现在想要进行的笔墨实验正是恰到好处。

常玉将报纸平铺在一张空案子上，在心中略一构思，用毛笔饱蘸浓墨，手起笔落，以金石书法般遒劲浓重的墨线依次勾勒出女性秀美的头，圆润的肩、臂膀、乳房，形态极简却神完气足，每一个部位都因极具张力的轮廓线显得格外饱满有力。尤其是那两条丰腴肉感的腿，几乎占满了画面中下部，使整个人体在画面中呈一个稳固的三角形。人体四周的留白也恰到好处，仿佛经过了精确的测量或提前打了草稿，令画面构图饱满却不至于局促。

常玉铺纸、蘸墨、落笔、成画，这一系列一气呵成的动作，看得苏菲目瞪口呆。“太神奇了，Sanyu 先生，您这简直就是魔法，我亲眼目睹您作画的全过程，却还是没搞清这个美丽的女人是怎么出现在这张报纸上的。是不是你们中国的画家都会魔法？我总觉得王老师也是在给我展示魔法，中国的艺术太神奇了。”王济远也情不自禁鼓起掌来：“没想到几年不见，常兄的画艺如此精进，笔墨功夫不减，境界又上了新台阶。这寥寥几笔竟颇有汉魏碑刻的风骨，我如果没记错的话，您当年是师从蜀中名士赵尧生先生吧？先生正是以碑帖相融的金石书风著称，看来常兄深得尊师真传啊。”“济远兄谬赞了，这几笔只学到先生皮毛，只是借画的造型遮了几分丑，姑且看得过去。”常玉并非故作谦虚，他对这幅新作的确不是百分百满意，感谢当年的童子功夫，线条的表现力还算及格，只是他着重想要表现的双腿似乎不够突出。常玉上下端详，认为头部的细节过于丰富，有些喧宾夺主，右腿的线条也过于圆胖，张力略显不足。常玉决定再画一张，将前面这些遗憾一一补足，他不想重复画同样的姿态，怎样才能巧妙地免于刻画人物五官，并且更加突出双腿呢？常玉再次调出脑中的人体图像库。

当年学画时，在熟练掌握了人体结构之后，常玉有一个阶段热衷于从一些“刁钻”的角度画模特，这也是受了罗丹的启发。这位活跃于19世纪末的雕塑大师由于创作的需要，曾画过大量的人体速写，角度都不同于一般画家的选择。通常画家在选择模特的姿势、角度时主要考虑构图、画面美感等因素，而罗丹作为雕塑家，需要对一个人体姿态做全方位的分析和研究，所以罗丹的速写手稿中常出现从人的头顶或脚底观察的视角。常玉在巴黎旧物市场淘宝时，曾收藏到罗丹的人体速写手稿。

常玉曾让模特在高台上平躺，自己则站在较低的位置，观察视线与模特身体几乎齐平，从模特的脚底看向头部，会看到人体呈现十分有趣的透视。身材丰满的模特在平躺时胸部仍十分突出，下巴和鼻孔也很有趣。可以说这是一个解构美感的角度，那些令人赞赏的美丽的人体特征，统统被遮蔽起来，再有魅力的身体和面孔，从这个角度看去都会有些奇怪甚至可笑。然而从现代主义绘画的角度来评判，这样非常规的探索则极具先锋性。

美人与美景，常玉自问所见甚多，他近几年的创作已不满足于单纯的审美体验，而开始尝试在这条极简线描的创作道路上走得更远，这于他是具有突破性的艺术实验，只不过常玉不擅理论总结，多遵从内心与本能行动。

此刻他全部心思都在如何设计人体的姿势上面，他决定保留双膝弯曲双腿呈九十度夹角的腿部姿势，将直立的上半身坐姿改为躺姿。这一次他采用横构图，直接从腿部画起。如山峰般耸立的右腿占据画面右侧半壁江山，平原大地般丰沃平坦的左腿盘踞画面下方，在这平原上方两座“丘陵”异峰突起，像两个馒头般浑圆挺立。两峰之间隐隐夹着另一座“山头”，上面有两块看似随意堆叠的“碎石”。几座“小山”的右后方又出现一座同样圆润但稍大的山丘，方寸之间竟有点层峦叠嶂的意思。若只看画面右侧这处细节颇为丰富的局部，很容易产生正在欣赏一幅写意山水的错觉，只有拉开距离，从整体着眼，方才醒悟这是一幅近乎抽象的人体绘画。左腿平原上那几座浑圆层叠的丘陵，原来是女人的双乳、头部以及枕在头后的左臂，中间山头上的两块碎石，也绝非随意堆叠，那是从下巴角度看去的两片丰满的双唇。搁笔后，常玉端详了一阵，对这次发挥较为满意，又向济远要来一支平时上色用的大白云，淡淡调了些藤黄颜料，信手涂在人体轮廓线内，也不求均匀，一些边缘还留有报纸本色，反而与灵动的线条更为相配。

这幅神奇的“人体山水”让苏菲彻底看呆了，她对着这幅只有日报大小的画翻来覆去地看，时而凑近到鼻子几乎要贴到画上，时而推远恨不得退出门外。济远也有些惊讶，一边欣赏着画作，一边连声说着：“常兄，士别三日，当刮目相待啊。”本来济远为了照顾苏菲，与常玉对话都尽量用英文，此时心情激动哪顾得上许多，连江苏口音都冒了出来。济远看了一会儿，又感叹道：“现在不少以先锋自诩的西方艺术家画一些意义不明的抽象画，甚至一些立体的作品，都号称是受到了中国书法的影响。说实话，看他们的作品我完全看不出和书法有什么联系，我觉得像常兄你这种画法才真正是把握住了书法的精髓，也是能够体现现代艺术精神的。”“济远兄，我这也是从你们的书法教学过程里获得了灵感，等乒乓网球事业走上正轨，我要沿着这个思路，好好潜心画一批画，要是成功了，还得好好感谢仁兄。”“咱们太远的不用提，你把这两幅画留给我，就是最好的谢礼了，哈哈。”王济远虽是以半开玩笑的口吻讲的，但他此前从未开口向常玉索画，可见这次是真的喜欢，常玉向来乐于和友人分享满意的画作，自然满口答应，赶忙在右下角郑重签上自创的标志性的“玉”字签名。之前一幅除了签名，还应济远的要求，钤上天官赐福的印章。

常玉和济远正待墨迹和印油都干透再将画收起，苏菲走来向常玉恳求道：“Sanyu 先生，我能收藏您这幅杰作吗？ 100 美金可以吗？真不好意思，我知道您的艺术是无价的，可我不是很有钱，100 美元是我能承受的最高价格了，我一定会好好珍藏这幅画的。我今天只带了 10 美金，不过您放心好了，我长期跟王先生学习书法，其余的钱我会分期支付，画款结清以前，画就先放在王先生这里。”苏菲听不懂中文，完全不知道刚才常玉已经将两幅画都赠予了王济远，她说得十分诚恳，边说边双手递上一卷钞票。常玉的英文还不过关，苏菲说的一大串话只听了个大概，不过通过她虔诚恭敬的神情和递过来的钱，常玉也把她的意思猜得八九不离十。常玉第一反应是推回苏菲的双手以示婉拒，不料却被济远截住。济远接过苏菲的钱塞到常玉手里，并请苏菲稍等片刻，不等常玉开口，济远抢先说道：“Sanyu，你该把画卖给她，100 美金不是小数目，足够你在纽约生活一年半载的。而且苏菲是真喜欢你的画，她是个家庭主妇，为了我这里每个月几块钱的学费还精打细算的，肯出 100 美金买你的画，不知是下了多大的决心。”

“我以为她只付 10 美元呢，”常玉闻言有些惊讶，随即又恢复了他凡事都嬉笑调侃的态度，“所以更不能卖给她了，这画不值那么多，不能坑人家，不然过后醒过味来，她家男人打上门来，我这和尚跑了，你这庙可跑不了。再说我已经答应送你了，白送的总不能嫌差吧，只能夸我画得好，嘿嘿。”

“跟你说正经的，我不能要，100 美金机会难得，你卖了吧。”济远见这人穷得每天啃热狗，此时机会送上门还只顾贫嘴，着实有些恨铁不成钢。

哪想常玉转向苏菲，直接用蹩脚的英文对她说：“这画不卖的，送给王先生了。你喜欢我的画，我高兴，也送给你一幅，那边墙上的，你随便挑。”

济远听见气得差点跳脚。苏菲也听懂了，她起先略有些失望，但看看墙上几幅速写也都十分精彩，又听说常玉要免费送她，高兴得不得了，当即选了一幅姿态优美流畅的坐姿裸女。苏菲把画小心翼翼折好装进包里后，感到有些过意不去，再次双手捧起被常玉退还的10美元，恭恭敬敬递到常玉面前说：“Sanyu先生，王先生告诉过我，中国古代的画家们十分纯粹，不屑于用自己的艺术去换钱，我觉得您就像古人一样高尚，是一位真正的艺术家。但是我怎么好意思白要您的画呢，虽然10美元对于这样一件天才杰作来说简直不足挂齿，但是代表了我的敬意，就当是洗笔的钱吧，王先生也讲过的。”

“润笔费，她的意思应该是润笔费。”济远向常玉解释。这次常玉不再推辞，苏菲的真诚打动了他，况且10美元虽然不多，至少未来几天可以改善一下伙食，不用再顿顿吃热狗了。

时间如流水，转眼已是1949年初。常玉的乒乓网球事业略有进展，曼哈顿地区一个很小的网球俱乐部的经理被常玉的执着打动，愿意试着向初学的会员推荐乒乓网球。这令常玉颇受鼓舞，他更加坚定了要在纽约发展乒乓网球事业的决心。但他不好意思再继续麻烦济远，于是便打算另寻住处。济远得知了常玉的想法，知道这位老友不愿亏欠人情，便也不再一味挽留，转而帮常玉想办法解决在纽约的住宿问题。

十分幸运的是，王济远不久便从一位朋友处得知，有位年轻的摄影师想去巴黎待一段时间，也在寻找合适的工作室，而他去巴黎期间，自己位于纽约东11街的寓所兼工作室可以暂时租给别人。这个需求跟常玉正好互补，两人可以交换使用工作室，省了不少麻烦。听到这个消息，常玉高兴极了，积聚多日的焦虑顿时一扫而空。

第二十二章　纽约生活

· 罗伯特和玛丽工作室

常玉举起手中写着地址的纸条，核对了一遍公寓的门牌。没有错，这里正是纽约东 11 街 53 号公寓，这就是计划去巴黎的摄影师罗伯特 · 弗兰克的工作室，或许也会成为他自己未来几个月在纽约的临时居所。常玉此次登门是为了在决定互换工作室前双方认识一下，毕竟住所和工作室是相当私密的地方，须得彼此了解信任的人才能放心交付。本来常玉是希望双方找一个咖啡馆见面，边喝边聊，济远却建议说，既然弗兰克的工作室距离不远，常玉不如直接登门拜访，认门、识人、相看地方一举多得，纽约人讲究高效。当时常玉觉得颇有道理，便约好时间如期到访。

弗兰克的工作室亦距中央公园不远，常玉一路寻来十分顺利，路过花店还顺便买了束百合，礼数十分周全。按响门铃前，常玉却忽然踌躇起来，因为这间公寓地理位置十分优越，在寸土寸金的纽约城中心一定租金不菲，相形之下自己工作室所在的沙坑街充其量算是近郊，屋内家具设施又颇为简陋，这样与人交换岂不是有占便宜的嫌疑。再看看自己，一个衣着简朴甚至有些寒酸的中年人，手里还捧着一束花，忐忑地站在别人家门口，仿佛一个注定失败的求爱者。一向自信的常玉，在摩登的纽约城中，想到即将“寄人篱下”的情境，竟怀疑起自己。可一想到未竟的乒乓网球事业，如果现在打退堂鼓岂不前功尽弃，必须在纽约继续坚持下去，而这所公寓就是自己在纽约继续坚持下去的必要保障。

常玉终于鼓足勇气按响了门铃，门内很快传来了回应的声音。“这就来，请稍等！”声音欢快而年轻。门开了，一位高个子的年轻人出现在常玉面前，他浓密的棕色头发在阳光的照耀下闪着金色的光芒，常玉恍然觉得那就像教堂壁画上天使的光环。

“嗨！我是罗伯特·弗兰克，您就是Sanyu吧？欢迎来到罗伯特和玛丽工作室！”年轻人带着一脸热情真挚的笑容向常玉问好，与此同时他已握住常玉的手用力摇晃起来，他的双手温暖而有力。而且罗伯特少年时期曾为一位法国摄影师做助手，练就了一口流利的法语，这让近期一直被自己蹩脚的英语困扰的常玉大感轻松。

“嗨！我就是玛丽，玛丽·洛克斯潘塞（Mary Lockspeiser）。欢迎你，Sanyu！哇！你真贴心，还带了这么美的花。”一个年轻的女声从罗伯特背后响起，接着从公寓门内闪出一个苗条的身影，一个带着和罗伯特同样灿烂笑容的姑娘走向常玉。不用介绍也知道，玛丽和罗伯特是一对幸福的情侣，很难想象他们刚刚开始交往。两人不仅神情相似，连动作都是那么默契，一左一右拥着常玉上楼，仿佛他是他们相识多年的老朋友，常玉心中的不安烟消云散。

一进屋是一间宽敞明亮的起居室，一面朝南且非常高大的窗户，给整个屋子带来温暖的阳光，窗外便是曼哈顿中心区繁华的街景。窗下放了一张小餐桌，看来主人也十分喜爱这个位置，常玉想，每天坐在这桌前，沐浴在阳光下用餐、发呆、看看光景，一定惬意极了。玛丽找来一只玻璃花瓶，将常玉带来的百合花插好放在餐桌上。阳光下，百合散发着幽香，嫩绿的花茎浸没在清亮的水中，在桌上形成迷人的光影。

常玉和罗伯特、玛丽都被这意料之外的美景吸引，一时间看入了迷，全忘了初次见面的主客之间的寒暄。罗伯特先回过神来，飞跑去他的摄影棚取来相机，常玉和玛丽默契地帮他调整花的角度，挪去桌上的杂物，协助罗伯特将这转瞬即逝的美定格成永恒。

罗伯特的工作室是一套三室一厅的公寓，在纽约的中心地带可谓豪宅，但作为住所兼工作室却并不算宽敞。三个房间稍大一点的是玛丽和罗伯特的卧室，罗伯特将一个稍小的房间改造成了摄影棚和暗房，因空间和设备有限，只能进行一些基础的拍摄及后期工作，但罗伯特十分满足。他此前曾供职于《时尚芭莎》杂志，然而工作不到半年便果断辞职，成了自由摄影师，对于杂志所提供的设备齐全的摄影棚和丰厚的薪水毫无留恋。最小那间用作两人的书房兼玛丽的工作室，玛丽是一名艺术学院的学生，她极其年轻，还不到二十岁，但很有想法，正在努力成为一名职业画家。面积最大的起居室，也就是他们摆放鲜花的地方，因光线充足深得罗伯特和玛丽的喜爱，兼做客厅和餐厅。

这套公寓其实十分适合常玉，其面积适中，采光充足，他一个人在此居住和画画足够用了。此时常玉却无心考虑创作，他看中的是公寓优越的地理位置，从此出发去各个位于豪华社区的网球俱乐部都比较方便。常玉向罗伯特简单介绍了自己工作室的情况，他略带愧疚地告诉罗伯特沙坑街属于巴黎的郊区，位置略显偏僻。没想到罗伯特十分满意，他正想找一个远离闹市却深入巴黎艺术家群体的地方，常玉的工作室正好满足他的需要。常玉和罗伯特两人对对方的工作室都很满意，觉得对方的为人也可以信任，当即决定实施互换工作室的计划。只是罗伯特去巴黎前还需要一个月的准备时间，可常玉却迫不及待想要搬离王济远的公寓。近来济远的学员日益增多，直到晚上家中人员往来不断，常玉起居多有不便，而且他听说济远的一位远亲近期也要来投奔，到时房间一定更加局促，搞得济远十分为难。

罗伯特见常玉面露难色忙问原因，常玉本不想给初识的朋友带来困扰，可又没有其他办法，犹豫再三还是如实相告。罗伯特和玛丽听了常玉的难处，热情邀请他提前搬来与他们同住，玛丽豪爽地表示常玉来了可以住她的工作室。“Sanyu，你快搬过来吧，我正好有理由霸占起居室，到时候我就把画具都搬到这，就在这个餐桌上画素描。”玛丽边说边用手比划着。罗伯特装作无奈地摊摊手：“你瞧，她已经蓄谋已久了，Sanyu，你就成全小玛丽吧。你提前来的这一个月正好作为过渡期，趁我们还没走可以带你熟悉周围的环境，这附近有很多不错的小咖啡馆和小餐馆，不过藏得很深，只有常客能找到。玛丽从小在布鲁克林长大，她可是个纽约通。”“我们还可以一起去大都会博物馆，对了还有动物园，你喜欢动物园吗，Sanyu？”常玉见两个年轻人说得恳切，看来是真的很欢迎他的到来，而且自己也的确别无他法，于是决定一试。

“好的玛丽，我们一起去动物园吧。”

· 旧作忆旧

常玉带着自己为数不多的行李和二十几张油画搬进了罗伯特和玛丽的公寓，玛丽果然信守诺言，将自己的“工作室”腾出来供常玉居住。常玉本想将打包好的画作原封不动塞进角落，可拗不过罗伯特和玛丽的强烈要求，他们都很好奇这位来自遥远的中国并且在法国已经小有名气的艺术家到底画了些什么。常玉只好在两双好奇的眼睛的注视下拆开包装将画一一取出，每展开一幅画，便会收到玛丽的一声惊叹，罗伯特的眼睛也会随之越睁越大，仿佛见到了奇迹，等到那两件马造型的石膏雕塑露出真容，玛丽激动得叫出了声。待所有的作品全部取出，大大小小的画板和画布摊放在地板上，从常玉的卧室一直延伸到起居室，竟占据了这套公寓的大半。

常玉的马雕塑摆放在摄影师罗伯特·弗兰克位于纽约的工作室｜罗伯特·弗兰克拍摄

罗伯特和玛丽小心地在画间穿行，仔仔细细地观看每一幅画。常玉带来纽约的将近三十幅油画，从30年代到最近几年的都有，是他从自己的收藏中选出的各个阶段颇具代表性的作品。其中包括部分花卉作品，有常规画法的彩色瓶花，也有在单色的颜料底色上用刻划的方式画出的盆菊。动物爱好者玛丽自然最喜欢那些动物题材的作品，对着十几幅画作看了又看。一幅黑白双马和猎豹的双面画尤其引起玛丽的兴趣，她了解到这幅创作时间跨越五年的画背后隐藏的那段无疾而终的爱情后，更是欲罢不能，对每幅画都刨根问底，想挖出更多创作背后的秘密。最令玛丽爱不释手的是两件马的雕塑，征得常玉同意后，她忙不迭将其中一件仰天长啸的马摆在了起居室的窗台上："这样每天吃饭和每次我画累了抬头望向窗外的时候，就都能看见它了。"玛丽拍拍手，对自己给雕塑找到的位置十分满意。

罗伯特最感兴趣的则是那为数不多的几幅人体画，本来常玉的画作中女人体占了相当大的比例，数量并不少，不过这也是他的作品中最受欢迎的题材，很多人体绘画都被收藏了，侯谢手上就有十分可观的一批，常玉并未存下很多。而这一次挑选寄往纽约的作品时，常玉也是存了些私心的，并没有舍得把珍藏的人体绘画带去太多，只在不同阶段和风格的画中每种挑了一两件。其中有两幅30年代画的躺卧的裸女，还是早期膨胀绵软的风格。40年代画的几件，线条逐渐清晰硬朗起来，颜色也更加深沉，从轻盈柔美变得坚实有力，人体的造型愈加趋于抽象的几何形态。其中一件《粉红裸女卧像》便呈现典型的简化风格。这是一个背面侧卧的女人体，常玉将模特绾着发髻的头部简化为一个葫芦形的黑色块，枕在头下的手臂与背部合二为一，形成一个近似矩形的体块，到了臀部则异峰突起，以显著的线条波动呈现女性的体态特征，女人弯曲的双腿也被合并为一体，整个人体被简化为一个粉红色块。神奇的是，抽象至此却依然保留了鲜活的生命力，也许是因为那变化微妙丰富的轮廓线，也许是那只搭在肩头的玉手和两只姿态娇俏

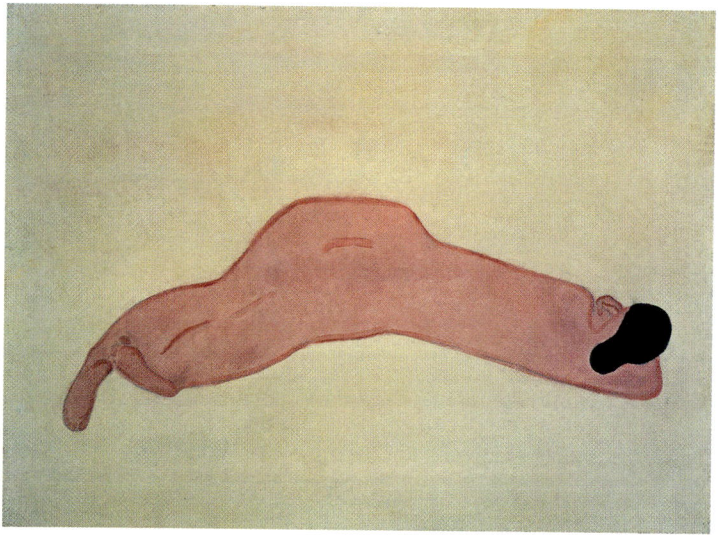

粉红裸女卧像　常玉
布面油画 | 65.5cm×92.5cm | 20世纪40年代

活泼的玉足，这两处对人体的细致描绘是画面的点睛之笔，令罗伯特啧啧称奇。还有一件十分特别的双人体画，画面极为简洁，基本由灰蓝、深棕、黑和白四个色块构成。仔细看去，那一黑一白两个色块竟是两具曲线鲜明、头脚相接、四肢纠缠在一起的女性身体，只是经过高度的简化变形处理，几乎成了两个抽象化的剪影。那灰蓝和深棕上浅下深拼合在一起的两个色块，则以最简约的方式表现出苍茫的天空和深沉的大地。人体曲线的变化丰富中和了地平线的平直单调，两个赤裸的人体袒露于无垠天地之间，令人感到无限开阔与自由，一黑一白的肤色和头尾相交的姿态似乎在呼应那蕴含着古老玄机的阴阳太极。

罗伯特将几张画翻来覆去地观看，尤其是《黑白双美》这一件，他神情极为严肃认真，仿佛要从那简单的线条和色彩中领悟出某些宇宙的奥妙。

“哦，Sanyu，你怎么能把人体画成这样？玛丽你看，这才是真正的艺术，所以我们一定要到巴黎去，只有巴黎才能培育出 Sanyu 这样的艺术家，只有巴黎才有真正的艺术，纽约就是个浮华的名利场，完全被金钱腐蚀了。”

“巴黎当然很好，可是纽约也没你说的那么差吧，毕竟你才来了一年多，现在这么说是不是有点为时过早？况且我喜欢这儿的餐馆和动物园。”罗伯特没有理会玛丽不满的嘟囔，继续以崇敬的语气对常玉说：“我觉得您画的人体已经超越了肉欲和感官的刺激，甚至超越了美的欣赏，这些画面里好像蕴含着一些真理，但是以非常含蓄迷人的方式讲述的，让人忍不住一看再看，引人深思。”

“不敢当，我也没有那么深刻啦，不过这几年确实一直在思考如何简化，不像年轻时那样全凭自己的喜好和那点冲动，一味只想表现出我心目当中女人的美。主要是我现在对自己和对女人的认识都很不同了，哈哈。”

黑白双美　常玉
木板油画｜37.5cm×45.5cm｜20 世纪 40 年代

“这正是我向往的境界，用简单基础的拍摄技巧拍简单朴素的对象。这也是我毫不后悔辞职的缘故。时尚行业，跟我的理想恰恰相反，无时无处不充斥着花哨、多余和矫饰。不弄出点奇怪的花样，不给模特摆出个反人类的姿势，不用点出人意料的打光，你就不是个充满创意的好摄影师。那些成功的时尚摄影师就是这么发达的，金主们要什么他们就给什么，思想、艺术都不重要，唯一重要的事情就是赚钱。模特本身也让人提不起精神，她们非常漂亮，完美的五官和面部轮廓，完美的身材，穿上华服，在镜头中完美无瑕。可是我感受不到真正的美，感受不到任何生命力，看看这幅照片吧，我把这模特拍得像个塑料假人，整个画面里只有这盆仙人掌的表现力最强，因为它是活的。天啊，我真是个糟糕的时尚摄影师，那个阶段的照片我自己都不想再看。”

罗伯特批评起时尚业简直停不下来，不过他的语气听起来并不在为自己是个“糟糕的时尚摄影师”而沮丧，相反还有些得意的味道。

常玉也很好奇这位摄影新锐的作品是什么样子，罗伯特递过来一本摄影集说：“先请您看看这个。”常玉翻了翻，这是罗伯特在《时尚芭莎》杂志工作时期拍摄的时装照。这些照片远不像他说的那样不堪，在构图、用光等技术方面甚至无懈可击，不过的确缺乏一种激动人心的东西，然而正是这点东西，如同灵魂，让艺术成其为艺术。又翻了几页，常玉发现罗伯特的静物摄影相当出色，在充分展示出那些用料奢华做工精湛的珠宝、箱包和鞋子的质感之外，这些照片还呈现出一种沉静深刻的氛围，使得原本作为奢侈品的拍摄对象犹如艺术品一样高雅，常玉隐约从中看到了那种金子一样稀缺珍贵的东西。

“你也许不是个好的时尚摄影师，但我相信你会成为一名真正的艺术家。我觉得你这些产品摄影几乎不逊于荷兰小画派的静物画。所以也许是拍摄对象的问题，你是不是可以考虑专攻静物摄影？不不，也可能只是模特的问题，的确像你说的那样，她们美得有点不真实，而且看得出你的确非常忠诚，对这些美丽的模特毫不动心，这对玛丽来说是件好事。你刚才问我是怎么把人体画成那样的，因为我会让自己爱上模特，然后画出她们在我眼里闪闪发光的样子。哦，抱歉玛丽，这可能不是个好建议。”常玉认真地对罗伯特分析着。

玛丽爽朗地笑起来：“好了罗伯特，你就别卖关子了，快给 Sanyu 看看你在南美拍的那些照片。Sanyu 别信他那些鬼话，这都是他的工作，为了挣钱不得不干的活，等会儿你看到的才是罗伯特真正的创作。”

“恭喜您通过测试，Sanyu 先生，我只想把最重要的作品拿给真正的行家看。感谢您的真知灼见，尤其感谢您分享的创作秘诀。”罗伯特一边笑着一边递过来一本装订严整的手工相册，与其说是相册，不如说是一本手工书来得恰当，因为里面相片的排版显然是精心设计的，有些照片被放在书页的边缘，有些放在中间，还有些延伸到了相邻的书页上，通过排版产生一种叙事的韵律与节奏。照片的内容乍看上去平平无奇，没有一张是关于秘鲁标志性的印加古迹以及山地风光，罗伯特似乎只将镜头对准那些普通得不能再普通的当地人，他们做着任何一个国家的平民百姓都可能会做的事情，唯有当地人所戴的独特的尖顶帽子隐隐透出一丝异域风情。罗伯特运用镜头很有特点，他与被摄对象靠得很近，因此被摄对象的头或手等重要部位经常未被摄入镜头之内，仿佛被突兀地裁去。前景常做虚焦处理，展现高度个性化的观点，暗示摄影师也参与了现场事件而不是置身事外。

“这些照片让我想起自己刚到法国时的感受，我被那陌生的环境强烈地吸引，而且我知道自己未来将生活在这个地方，需要尽快融入其中，因此我关注的都是当地人的日常生活。但你不同啊，你明明只是短暂的游历，却能避免用游客的心态和眼光去观察，很不简单。我认为你也有双艺术家的眼睛，嗯，就像我一样。比如这样的照片，我猜你应该是跟了拍摄对象一段时间，终于等到了有趣的场面，然后抓拍的，就像猎人尾随猎物，伺机发动攻击，我说得没错吧？”常玉指着其中一张问罗伯特，照片呈现一个捣蛋的孩子被爸妈捉到面前的瞬间。

“哈，一点不错，我像个侦探一样打量着来来往往的人，搜索有趣的对象，预测可能发生的故事，然后就等着理想的画面出现。你怎么会这么了解我？”

“因为我也是这样啊，巴黎街头几百个姑娘里我一眼就能发现那些真正的美人，走近她，注视她，记住她那美好的姿态。绘画毕竟不同于摄影，不能瞬间完成创作。其实我也有台相机，有段时间也常用相机拍下我想画的对象，但后来不用了，因为我发现相机远不如我的眼睛，人的眼睛跟心连在一起，看到的那一刻，你记住的图像已经经过了心的加工，而相机的记录对我来说太客观，不但不能帮我复原当时的情境，还有可能削弱我心中的印象。所以后来我就尽量用眼睛，不，是用心

常玉在摄影师罗伯特·弗兰克位于纽约的工作室

去看，看够了就立刻找个能画画的桌面，不拘于用什么纸，把那美人画下来。如果实在没看够，就直接上去搭讪，把美人请到画室做模特，画个尽兴。不用担心，那时候在巴黎，很少有姑娘能拒绝一位艺术家。”

常玉回忆起在巴黎度过的浪漫不羁的青春岁月，不由得眉飞色舞起来。罗伯特对巴黎正充满向往，也好奇地问起二战前巴黎艺术界的逸闻趣事，寡言的常玉像忽然打开了话匣子，向罗伯特和玛丽描绘起二十多年前正处于黄金时代的巴黎。常玉讲到巴黎现代艺术的圣地蒙帕纳斯，位于蒙帕纳斯、汇聚了众多艺术家的蜂巢工作室，还有他从前辈们口中听说以及亲眼所见的那些传奇人物，比如风流浪荡的莫迪里阿尼、装腔作势的藤田嗣治、风情万种的蒙帕纳斯女王 KIKI。当然还讲起他与经纪人侯谢的合作、博弈，在斯泰因小姐那名流云集的沙龙上与毕加索的结识。常玉绘声绘色的讲述听得两个年轻人如痴如醉，罗伯特更加坚定了要去巴黎游历体验的决心，将常玉这位经历丰富、创作纯粹的前辈视为难得的知己。

· 纽约艺术见闻录 上

不消一周常玉便融入了罗伯特和玛丽的生活，比他预想的要快得多也彻底得多。两个年轻人极其容易相处，他们对待常玉完全不像陌生人那般戒备疏离，也不会像对客人一样过分客气或热情，他们用一种平常而令人舒适的态度与常玉相处，仿佛他已经和他们一起生活了很久一样。两个年轻人生活得十分松弛却不放纵，每天上午有规律地起床，做好早午餐，如果常玉恰好醒了，便邀请他一起用餐，假如常玉睡着也不去打扰。常玉和玛丽沐浴着温暖的阳光共同坐在餐桌前的画面，亦被罗伯特定格在胶片之上，当然还包括被玛丽放在窗前的那尊马雕像。罗伯特和玛丽也信守承诺，尽到了地主之谊，带常玉去遍了曼哈顿地区有趣的小餐馆和咖啡馆。玛丽不愧是从小在此地长大的地道纽约客，在她的指引下，常玉对纽约这座新兴的国际大都市有了更深入的了解，让老派的欧洲人略带鄙夷却又难掩羡慕的“新世界”便浓缩在这座城市当中。

纽约建市于 17 世纪末，19 世纪时便已相当发达，成为世界金融中心和美国最富裕的城市，吸引了众多富人在此定居。富人在赚得钵满盆满之后，开始追求精神的享受，艺术收藏这一雅好在纽约的富裕阶层中逐渐流行，像石油大王洛克菲勒、杂技大王约翰 · 瑞格林都是著名的艺术品收藏家。许多嗅觉敏锐的画商也追随着潜在藏家们的脚步来到纽约，接着艺术家、评论家、艺术类媒体也纷至沓来，于是一个完整丰富的艺术生态圈渐渐在纽约形成。到了 20 世纪，两次世界大战期间，欧洲各国陷入战争泥潭，只有美国远离战火，且能为受到迫害的犹太人、异见人士提供庇护，大量艺术家、知识分子以及富商纷纷移居美国，其中发达包容的港口城市纽约尤其受到青睐，丰厚的人才与财富的储备成就了战后纽约艺术圈的活跃。

常玉和罗伯特、玛丽同为艺术创作者，自然对艺术界的动态格外关注，他们三人时常结伴参观展览，馆藏丰富的 MoMA 纽约现代艺术博物馆、非具象绘画博物馆和众多时髦前卫的画廊，都留下了他们的足迹。

这项共同的参观活动刚开始的时候，常玉还很乐意和他年轻的朋友分享自己的观展体验，因为现代艺术博物馆里那些来自欧洲的现代主义绘画他看了相当亲切，马奈、莫奈、塞尚、亨利·马蒂斯、乔治·布拉克，都是常玉年轻时在巴黎感到触手可及的前辈，谈到这些艺术家他如数家珍。近些年在欧洲一直占据统领地位的超现实主义艺术以及抽象艺术，常玉也不陌生，但他并不是很喜欢康定斯基、蒙德里安的那种由几何图形构成的绘画，他总认为那些规则的图形冷冰冰的，缺乏感情。常玉比较欣赏超现实主义的作品，假如细究起来他自己画中那夸张到极致的"宇宙大腿"，色彩不拘于现实的花卉植物，无不含有超现实主义的因素，因此常玉也愿意聊聊达利或米罗。可随着三人观看的作品越来越新，且逐渐以美国本土艺术家为主，常玉变得越来越寡言。

· 纽约艺术见闻录 下

一次，三人去帕森斯画廊观看一场保罗·杰克逊·波洛克的展览。波洛克是纽约当红的艺术新星，几年前，热衷艺术的豪门女继承人佩姬·古根海姆通过一次青年艺术家群展偶然发现了波洛克，当时佩姬对这位来自怀俄明牧场的年轻人的创作尚存疑虑，她的艺术顾问荷兰结构主义大师蒙德里安认为波洛克的画是“迄今为止在美国看到的最有趣的作品”，佩姬才决定与波洛克合作。在佩姬的推动下，波洛克通过两次个人展览，在短短两三年时间内赢得了整个美国艺术界的瞩目，作品被纽约现代艺术博物馆收藏。恰逢二战后，国力蒸蒸日上的美国不满足于仅作为经济上的超级强国，在文化上也想要取代欧洲成为世界的文化艺术中心。美国亟需构建自己本土的艺术体系，培育具有代表性的本土艺术流派，于是“抽象表现主义”应运而生。这一流派脱胎于“纽约画派”——以阿希尔·戈尔基、威廉·德·库宁等为代表的生活在纽约的艺术家，他们虽创作方法和风格各异，但其共同理念都是要通过艺术表达自己的强烈感情，反映他们对二战后世界的感受，他们多数创作的是纯粹的抽象绘画，却和常玉一样，不喜欢蒙德里安等那种深思熟虑、毫无感情的几何抽象，“纽约画派”的画家们希望用更加富有表现力的笔触作画。保罗·杰克逊·波洛克出道不久，便以其充满激情又独树一帜的“滴画法”被奉为抽象表现主义的领军人物。

帕森斯画廊的这次展览展出了多幅波洛克的近作，画廊主贝蒂·帕森斯是佩姬·古根海姆的好友，两位女性不仅年纪相仿，在艺术事业上的雄心与魄力也不相上下。佩姬关闭她所创办的“本世纪画廊”移居威尼斯后，波洛克转而与贝蒂合作，获得其大力支持。贝蒂为了获得最佳展示效果，对画廊内部装饰进行了大刀阔斧的改造，去掉所有墙纸、墙裙、雕花等装饰，仅留几面粉刷一新的白墙，画廊空间如同一个极简的白盒子。这些简洁的白墙令波洛克那些尺幅巨大的作品完全突显出来，那些似乎是泼洒、喷溅在画布上的颜料，狂野的色彩组合，还有沙子、玻璃、烟头等意想不到的材料在画面上形成的肌理，在白墙的衬托下更加动人心魄。

“太了不起了，这是新的艺术革命，我敢肯定波洛克会载入史册。我在他的画里看到了创作的自由，那么随心所欲，那么灵活、迷人，我也希望自己的创作少一些提前预设，多一些灵光乍现。”罗伯特兴奋地对玛丽说。

“可是这还能叫作绘画吗？整幅画甚至都不用笔。”玛丽显然心存疑虑。

“我觉得这并不重要，重要的是这些绘画也好或叫作其他什么也好的作品，对时代情绪的把握非常准确，我在这些横冲直撞的颜色里看到了迷茫和愤怒，我自己经常会感受到的那些。我也不知道为什么会这样，战争结束了，按理说人们应该开始过平静幸福的生活，但好像仍然有很多事物会让人紧张焦虑。”

“也许是原子弹，一想到世界上还有这种可怕的武器，而且一触即发，我就毛骨悚然，咱们都在新闻上看过蘑菇云，我觉得就像个巨大的骷髅头。你这么一说，我的确更能理解波洛克这些画了，恐惧和焦虑都化成愤怒的能量，在画布上爆炸，可是我看着它们，感到心里很狂乱，更不舒服了。它们有什么价值呢？激发人破坏的欲望？难道是因为传承了美洲原住民的沙画吗？波洛克说他的滴画法受到沙画的启发。”玛丽认同罗伯特的一些看法，但没有完全信服。

“哦，亲爱的，讨论意义是评论家的工作，作为创作者，我们最重要的是体验和感受。而且我觉得将强烈的情绪转化成视觉语言，这本身就是很重要的意义。”

“你说得有道理，可我还是对这些画喜欢不起来。用视觉语言表达情绪也有很多方式，难道贝克曼老师的画表达得还不充分吗？Sanyu 的作品里情绪和情感也很饱满，而且相比起来我还更喜欢 Sanyu 的方式呢。对了 Sanyu，你认为波洛克的画怎么样？”

“嗯，我觉得罗伯特说得很对，这些画有它存在的价值，但我跟你一样，并不喜欢它们。”常玉言简意赅地说，其后便陷入了沉默，任由玛丽叽叽喳喳地追问，也不再发表任何评论。其实常玉对这些作品并非没有认知和思考，只是他不想再说下去了，因为尽管他出于个人偏好并不喜欢波洛克和他所代表的抽象表现主义绘画，但他敏锐地感觉到且不得不承认，这就是艺术的未来。

常玉回忆起这些年来自己所经历过的那些新兴艺术潮流。少年时在东京初见马蒂斯为代表的野兽派绘画，因那时见识少，以为西方绘画都应是文艺复兴以来精细入微的写实样貌，没有想到绘画还可以像野兽派这样狂野大胆，那时他感到何等的激动与震撼，以至于他早期的创作不免受到野兽派的些许影响。后来到了巴黎，置身于现代主义艺术的大本营，立体主义、未来主义、达达主义、构成主义，一个又一个新潮的艺术流派轮番登场，令人目不暇接。尽管常玉从来不是追逐潮流的艺坛先锋，但他那时总是抱着好奇与热情看待那些新兴的艺术样式和流派，并试图从中汲取营养。比如对于立体主义绘画，常玉虽然觉得那些拼凑在一起的破碎图像缺少他所欣赏的诗意和美感，但其独特的思考与观察角度还是给他一些启发。至于 20 世纪 20 年代后期开始大行其道的超现实主义，常玉对那些或荒诞或梦幻的形象十分着迷，他自己的画作也离不开充满想象的夸张造型。但如今来势汹汹的抽象表现主义，让常玉意识到，传统意义上精心绘制、主题明确的绘画和雕塑等日渐式微，当今和未来的作品甚至不是由画笔绘制在纸面、画布上的。世界艺术的中心已经由巴黎转向了纽约，一个时代即将落幕。面对纽约光怪陆离的艺术世界，常玉全无年轻时一探究竟的热情，他不得不承认自己老了。

“Sanyu，我听贝克曼老师说，现在很多时髦的艺术家都号称自己是从中国的书法中获得的灵感，包括抽象表现主义画派的罗伯特 · 马瑟韦尔、弗朗兹 · 克兰都是，尤其是那个阿道夫 · 戈特利布，他的作品干脆就叫‘象形文字绘画’。Sanyu，你从一开始就是像写书法那样画画，比他们都早多了，其实你才是真正的前卫。”玛丽在艺术学校内的老师是马克斯 · 贝克曼，他是德国表现主义新客观画派的代表性人物，他饱含愤怒绝望、极具表现力的绘画曾在二战期间遭到纳粹的疯狂攻击，他正是因此来到纽约。贝克曼教给玛丽不少东西，对她艺术观念的形成影响深远。

“老头子了，哪里还前卫得起来。也许他们理解的书法和我理解的书法并不是同一个东西吧。”

“所以才要把你的作品给他们看一看，让他们知道什么是真正的从书法而来的绘画。对了，你来了这些天，我还没见你画过画，你一定有计划了吧？真期待你的新作品。大画家常玉在美国的新作，是在我的工作室、我的画架上诞生的，想想就激动！”玛丽兴奋地说个不停。

常玉温和地笑笑，没做声。少女天真烂漫的话刺痛了他，来到纽约已经大半年时间，除了那次在济远家画了两幅毛笔速写，他再没画过任何东西。现在在罗伯特的工作室，环境舒适，所有条件都具备，可常玉一直迁延着不肯动笔。他把这归结为乒乓网球事业发展不顺利，导致自己无心画画，却从未深究。直到今天，面对波洛克的画作，那些狂野无序的线条和痕迹仿佛在不停翻涌，从画布直抵常玉面前，将他逼到角落。常玉感到自己在这个极简、纯白的空间里无处躲藏，不得不面对那个自己一直在逃避的残酷问题——在这个时代，他的画还有意义吗？还有人需要他画的那些花卉、动物和慵懒的胖女人吗？

如果有人问年轻时的常玉这样的问题，他也许会感到诧异，甚至不屑去回答。画画，像这样画画，在那时的他看来是自然而然的，不证自明的。通过绘画来表达个体独特的感受，这不就是意义所在？为什么要考虑别人是否需要，自己画得过瘾难道不是最重要的吗？曾经认为天经地义的事情，如今却遭受到拷问；曾经笃定的信念，如今已然动摇。

· 迷失纽约

罗伯特是个行动力很强的人，他着手为巴黎之行做准备，而且在到巴黎之前，他打算先带玛丽回瑞士的家中看一看。三月末，罗伯特和玛丽启程前往瑞士苏黎世。这间位于纽约中心地带的宽敞明亮的工作室属于常玉一个人了，可他仍然毫无创作的愿望。自从住进罗伯特和玛丽的工作室，常玉便没有创作过任何作品，去帕森斯画廊参观波洛克的展览之后更是心灰意冷，任由玛丽软磨硬泡也不想画哪怕一根线条。

乒乓网球的推广也依然没有进展，常玉初来纽约的热情和冲动已经消磨殆尽，但想到此行专为推广乒乓网球而来，且已经为此投入了大量的时间和精力，实在不甘心就此放弃，仿佛只要不离开，就有可能发生奇迹。幸亏有这间免费的工作室，让常玉得以继续留在纽约，然而他每日既不画画，也没有出去为乒乓网球奔走，只是终日在工作室发白日梦或在附近闲逛，中央公园的每棵大树都倾听过常玉的喃喃自语。想当年他刚到巴黎时，也总在巴黎街头无所事事地游荡，可如今的心境、状态都大为不同，对于一个家境优渥的青年来说，这是增长见识和享受生活，然而对于一个落魄的中年人来说，这是一种折磨和消耗。

常玉险些陷入浑浑噩噩之时，提前从欧洲返回的玛丽拯救了他。她和罗伯特原计划要在巴黎长住一段时间，罗伯特在那里结识了一些摄影界的同行，他们建议他利用这个机会多走访几个欧洲国家，就像他去年在南美的游历那样，因此罗伯特的行程里又加上了西班牙和意大利以及法国南部的多个城市。玛丽本想一直留在巴黎，但罗伯特不在，她独自一人在陌生的城市多有不便，她在布鲁克林艺术学校的学业亦未完成，于是罗伯特启程前往西班牙后，玛丽便回到了纽约。

有了玛丽的监督，常玉的生活规律了许多。玛丽常拉着常玉去动物园观察动物，纽约数量众多的动物园充分满足了他们这项喜好。中央公园内部便有一座小小的动物园，离工作室不远，常玉经常光顾。但这里面积有限，动物种类也不齐全，常玉有时会去位于纽约北部的布朗克斯动物园。这是当时全美规模最大的动物园，不仅面积巨大，动物种类也极为丰富，像美国许多公共设施、机构一样，布朗克斯动物园的齐全和庞大，直白地坦露着这个国家独占鳌头的野心。常玉仍然不太适应这种暴发户式的豪放，但他喜欢这里地广人稀，动物有足够的活动空间，更加接近野生状态，更加自由。从前常玉曾苦恼于巴黎的动物园空间过于狭小，动物看起来孱弱疲惫，缺少应有的活力，很难达到他想要呈现在画里的理想状态，而今布朗克斯动物园里，矫健的野马、敏捷的猎豹、壮硕的非洲象……，这些常玉往日求而不得的模特举目皆是，但他却失去了画的愿望。

玛丽对常玉的突然弃笔十分不解，也感到惋惜，她试过很多办法想让常玉继续创作，可无论是有理有据的劝说、充满激情的鼓励、半是耍赖的央求，甚至激将法，统统不奏效，常玉一律用淡然一笑应对，玛丽的努力好像拳头打在棉花上。玛丽仍不死心，还在不断尝试，常玉则任由她折腾，有时明知是玛丽为引他动笔设的小圈套，也故作不知，配合玛丽进行表演，只在最后关头戳破玛丽的幻想，气得她跳脚，这几乎成了两人之间的一个游戏。

一天，玛丽从艺术学校放学后，带回一位同学来家做客。这是个非常漂亮的小姑娘，年龄看起来或许比玛丽还小，一头蓬松的卷发衬着圆鼓鼓的小脸，显得稚气未脱。

“Sanyu，这是爱丽丝，我在布鲁克林艺术学校的同学，别看她年龄小，可是很有天分，学画也很勤奋，跟我一样，梦想做一名艺术家。”“爱丽丝，这就是 Sanyu 先生，来自巴黎的大画家，等会儿我带你看看他的画，你就知道我没有吹牛。而且我敢跟你打赌，你看完之后就不会认为老贝克曼是这世界上最厉害的画家了，Sanyu 绝对不比他逊色。”

玛丽介绍时的语气一本正经得有些过分，旁边的爱丽丝脸憋得通红，似乎在强忍着笑，十分郑重地与常玉握了握手，两个少女跑进了玛丽的房间。常玉听着那边传来的窃窃私语声和压抑不住的大笑声，不禁也微笑起来，无奈地摇摇头，不知道两个小丫头在搞什么把戏。

不一会儿，玛丽和爱丽丝走出了房间，玛丽央求常玉把他带来纽约的那些画作给爱丽丝展示一下，常玉轻车熟路地将靠墙叠放的画作沿墙壁一字排开，将一些较小幅的挂在墙上预留好的挂钩上。这些画原本被他装箱放在床下，可玛丽很喜欢它们，假如不是墙面有限，她甚至想把这些画全部挂起来，于是隔段时间便要求常玉摆出来给她看，常玉懒得一次次拿出再收起，索性堆在墙边，方便玛丽不时来欣赏。

爱丽丝在看画时表现得十分夸张，眼睛睁得大大的，不停捂嘴尖叫，像一个演技浮夸的女演员，常玉猜测这又是玛丽提前安排好的，他笑着站在一旁，看两个小姑娘还能搞出些什么花样。爱丽丝看着看着似乎忘记了自己的任务，不再夸张而空洞地称赞，她安静下来，在每一幅画前驻足流连，仔细观看，最后认真地对玛丽说：“洛克斯潘塞，你确实没有吹牛。我也相信 Sanyu 是最厉害的画家。”

常玉和玛丽也都相信，这是一句由衷的赞美。

“咳咳！”玛丽装模作样地清了清喉咙。爱丽丝仿佛如梦初醒，立刻恢复了之前的活泼。两名少女一齐拥到常玉面前，双手放在胸前做出乞求的姿势，齐声对常玉说：“Sanyu，请你教我们画画吧。”

玛丽还挤眉弄眼地说：“我们在班上成绩不好，Sanyu，快把你的厉害招数教给我们，不然老贝克曼不让我们结业呢。”爱丽丝也在一旁帮腔。

常玉知道这又是玛丽为了让他画画想出的鬼点子，可看到女孩们渴求的眼神，撒娇嘟起的小嘴，常玉心中突然涌起一股莫名的柔情。她们跟自己相差三十多岁，自己的年龄做她们的父亲绰绰有余，假若当年和玛素要了孩子，也该有这么大了。常玉不禁有些恍惚，愈发不忍让两个女孩失望。

"好吧，我答应你们。爱丽丝，请坐到那边的椅子上给我们当模特，你自己也可以对着镜子画一幅自画像。"

两个女孩一阵欢呼，摆好画架、纸笔各自就位。常玉拿了支铅笔坐在爱丽丝的侧后方，他打算规规矩矩画一张人像素描，就像自己初到巴黎学画时那样。起初他有些担心自己很长时间没有动过笔，尤其是没有像这样一板一眼地画素描，手上会生疏，然而他一拿起笔，他的手便自然地挥动起来，仿佛手成了一个独立的生命体，并不需要大脑额外费神控制，准确优美的线条便从笔下流出。不一会儿，常玉便完成了他的范画，玛丽和爱丽丝立刻扔下自己的画笔跑过来看。画面一如既往的简洁，并没有过多使用明暗调子强调光影，因为常玉笔下的线条已足够丰富，它们仿佛有不同的色彩和温度，不仅能准确塑造人物体感，还充分表现出不同部分的质感。平滑流畅的线条画出少女苹果般圆润的脸颊，弧线丰富的线条令卷发充满弹性，略带棱角的曲折线条显出羊毛呢连衣裙挺括的质地。

爱丽丝带着崇拜的语气说："玛丽你看，Sanyu画的线条那么柔美，不像老贝克曼，总是直通通、硬邦邦的，把人画得都像刀削出来的木雕一样，表情也总是龇牙咧嘴的，好像很痛苦。"

玛丽却一副非常惊讶的样子，她仿佛不相信似的看向常玉："Sanyu，真没想到，你画素描是这个样子，你为什么不画你油画的那种风格？"

常玉知道她指的是自己所画人体那样极为简单，造型却夸张到有些超现实的风格，但那需要创作的激情，而此刻他半分全无。况且两个小姑娘是初学者，她们在这一阶段应该打下坚实的造型基础，常玉不想让自己的风格过分地影响她们。

“现在的艺术潮流变化太快了，跟这世界一样。你们年轻人接受新的东西更快，轮不到我来教，如果一定要教你们一些什么，我觉得不如从最基础最经典的东西入手。我想起一位老朋友，他曾言之凿凿地告诉我‘素描是一切造型艺术的基础’，我当年觉得他的那套理论太老派、太迂腐了，艺术不就是要自由吗？但现在回看我这么多年走过的路，我不得不承认，早期那些扎扎实实的人体写生训练成就了我后来创作的自由，你首先要有能力准确才能自由地变形。如今我仍然觉得他的话过于绝对，但我赞同要先打好造型的基础，而且我很怀念这位老朋友。”

常玉想起徐悲鸿和自己当年在朱利安学院时的场景，不禁微笑起来。

学素描本来就是一个骗常玉画画的幌子，玛丽见劝说常玉创作毫无希望，索性作罢。倒是爱丽丝又来过几次，诚心诚意地向常玉学习，后因路程较远也没再坚持。

常玉的生活重归平静，他偶尔去之前联系过的网球俱乐部，查看留在那里的几副乒乓网球器材，运气好时会碰上感兴趣的客人，他便卖力讲解并演示一番。多半时候是一无所获，他也会细心拭去球具上的灰尘，因为这几乎是他留在纽约的唯一理由了。

· 黯然离去

转眼到了秋季，常玉已不奢望乒乓网球能取得多大的进展，不禁动了回巴黎的心思。玛丽对这位和蔼又有才华的长者颇为不舍，罗伯特也在信中挽留常玉，请他多多照顾年轻的玛丽。常玉便也作罢，他想回到巴黎也不过是这般波澜不惊地生活，过几个月再走不迟。

十月初，济远专程来访，跟常玉讨论《纽约时报》所报道的新中国成立的消息。毫无政治嗅觉的常玉并不能理解这一事件的重大历史意义，他只模糊地意识到，对许多人来说到了该考虑何去何从的时刻。他家乡为数不多的亲人，大多选择留下，而朋友们则各有抉择。选择留在大陆者居多，如徐悲鸿、邵洵美、庞薰琹、刘海粟等。而有些朋友则选择奔赴台湾，比如张道藩等。还有像谢寿康、郭有守这类 20 年代末便学成归国，回去后在欧洲驻外工作的人才也走着不同的道路。郭有守在国内期间一直致力于教育电影事业，将《渔光曲》《大路》《农人之春》等优秀中国电影推向国际舞台。战后作为顾问参与筹备中国参加联合国教育、科学、文化组织。中国成为联合国教科文组织成员国后，郭有守便被聘为首任教育处处长，携妻儿供职巴黎，和常玉偶有联系，目前仍然在任，看起来并无求变之意。老谢回国后只在国内任了一年文学院院长，次年便被派往欧洲从事外交工作，曾任中国驻瑞士使馆代办、中国驻罗马教廷公使等职。据说近期想要弃政从文，重新追求他年轻时的文艺理想，到纽约哥伦比亚大学谋一戏剧专业助教职位，但他没有主动和朋友们联系，也不知何时会来。常玉猜测老谢中年突然投身戏剧除了真的热爱戏剧艺术外，大概也并不排除在政治上的无所适从，常玉知道这位老朋友虽处事圆融，却并不是政客官迷，也许戏剧才是真正适合他施展的舞台。

常玉和王济远谈起旧时朋友，大家相识时风华正茂，如今都已到了知天命的年纪，且天各一方，不知此生是否还有机会再见。更有英年早逝的徐志摩和江小鹣、孙佩苍，早已与朋友们天人永隔。提到志摩，济远便想到常玉托付给自己的那张画像，因自己的迁延，竟未能在志摩生前交与他手中，于是又陷入内疚中不能自已。常玉赶紧好言相劝，两个老友相对又是一阵唏嘘，那些政局变化的家国大事反而抛在了一边。

临近圣诞节，几乎与节日同时到来的是罗伯特寄来的邮件。这是一本手工摄影集，封面上手写着标题“玛丽的书”，七十多张小照片被精心排列在十二页内页上，并配以手写的题词，有的是对照片的评论、说明，有的是人物的对话。这些照片都是罗伯特在欧洲期间拍摄的，可以看到一些风格上的新变化。很多照片没有人物，但处处能感觉到人的存在，这种留白反而给人更多遐想的空间，再加上那些个性化的题词，整本影集充满了诗意。常玉从中看到了罗伯特在艺术性上的大幅提高，他开玩笑说这是罗伯特给玛丽的情书，也是最浪漫的圣诞礼物，并预言罗伯特一定会取得成功。

果然，罗伯特给瑞士《相机》杂志主编沃尔特·劳比利也寄去了一版《玛丽的书》，劳比利对罗伯特大为欣赏，当期杂志刊发了罗伯特的大幅报道和这本摄影集的内容，并撰文称赞罗伯特“代表了一种新的纪实摄影类型，用相机挑战生活”。

玛丽陆续收到影集和杂志后欣喜若狂，常玉为这位年轻朋友的成长感到高兴，可相形之下更觉自己毫无进展，愈发沉默寡言，越来越多地把时间消磨在中央公园的动物们身上。

早春二月，罗伯特终于回到了纽约，常玉陪玛丽去码头接他。罗伯特一见到玛丽便迫不及待地向她求婚了。看着玛丽羞涩地点头同意，两个年轻人幸福地拥抱在一起，常玉恍然回到了二十多年前的巴黎火车站，他和玛素也是这样接受众人的祝福，那时他们也是这样年轻。如今他只是一个孤独的观众。

罗伯特听说了常玉的困境，很想为朋友做些什么，他和玛丽都觉得常玉的作品相当出色，只是缺乏宣传和展示。此时的罗伯特是摄影界一颗冉冉上升的新星，各大摄影杂志、时尚刊物争相刊登他的作品，自然也有一些嗅觉灵敏的画廊老板邀请他举办展览。罗伯特尝试与这些画廊商谈，为常玉举办一次展览，常玉觉得这样会给朋友添太多麻烦，再三推辞，罗伯特却十分坚决。在他的运作之下，画展的事情竟很快确定下来，巴撒朵画廊刚好临时空出一个档期，画廊老板答应为常玉举办画展，条件是罗伯特要在此做一次新作展。于是常玉带到纽约的三十余件油画、雕塑作品便在巴撒朵画廊略显狭小的空间中展出了。由于画廊与艺术家本人都没有余力顾及宣传，展览的参观和销售情况十分惨淡。

常玉前些年在巴黎办展时，尽管销售也并不尽如人意，但因他在巴黎艺术界小有名气，至少展览开幕时人气颇旺，业内也多有正面的反馈和评论。然而在纽约，他只是个无名之辈，要和初出茅庐的美院学生、来自世界各地怀揣艺术梦想的年轻人们同场竞技。跻身艺术圈内的年轻人们对成名充满渴望，他们不仅作品竞相标新立异，还不惜以充满话题性的形象和言行夺人眼球。这在常玉看来并不新奇，毕竟早在三十多年前，藤田嗣治、莫迪里阿尼等在巴黎的画家们已经有意识地为自己创造一个令人印象深刻、有助于加强其艺术家身份的造型。而当下的艺术界，艺术家形象、身份的塑造变得尤为重要，甚至成了他们艺术的组成部分。而且特立独行的形象也是年轻的艺术逐梦者们想要进入纽约核心社交圈层的入场券，在顶级的艺术、时尚派对中吸引到媒体或者重要人物的注意，不失为一条成名的终南捷径。

在纽约，并不缺少这样的机会和场合，例如著名的阿斯特酒店宴会厅。宴会厅位于奢华的阿斯特酒店九层，号称全美最大，被许多年轻艺术家视为梦开始的地方。当红的抽象表现主义艺术家海伦·弗兰肯瑟勒（Helen Frankenthaler），便是凭借一身如同毕加索绘画女主角的出位装扮，在当年五月阿斯特酒店的“春天幻想曲”化装舞会大放异彩，照片被刊登在《生活》杂志上，受到全国范围的瞩目。这虽然并非专属于年轻女性的特权，但常玉历来不喜在公众场合引人注目，他宁愿寂寂无闻，也不希望自己成为一个哗众取宠的小丑。于是他甘于接受展览的惨淡，索性买了返回巴黎的船票，不待展期结束便要离开纽约。

玛丽仍不甘心，还在极力挽留常玉："Sanyu，你也不急着这几天，至少等到展览结束再走嘛。我觉得你就是缺少宣传，如果能有更多的人看到，一定会引起轰动的，肯定有不少人会喜欢。咱们再想想办法，主动去找找媒体。"罗伯特比玛丽更了解纽约艺术界的势利与残酷，通过一两家媒体的报道就想受到广泛的关注，这样的想法未免天真，尽管他也不愿常玉就这样一无所获地离开纽约，但他认为常玉是个超脱凡俗的艺术家，很难用世俗的想法去揣度。罗伯特不再苦劝，而是给了常玉一个真诚的拥抱，动情地说："Sanyu，认识你我真的很荣幸。我们第一次聊天我就感觉遇到了知音。我从你身上学到很多，尤其是你的豁达。以前我经常会为一些现实中的小事困扰，比如投稿没有被刊登，操作失误导致底片报废，那次你给我讲了中国古代哲学家庄子写的故事，让我感到豁然开朗。那些生活在夏天的虫子，不知道冬天是怎么回事，而有些菌类甚至只有一天寿命，连夜晚都没见过。跟地球和宇宙比起来，我们的生命也像虫子一样短暂，我尝试像你一样从更宏观的角度看待这些事，那些烦恼就显得微不足道了。我想你选择在这个时候回去一定有你的考虑，我也不挽留你了，等展览结束，我会把你的作品妥善寄回，你不用担心。"

常玉心中五味杂陈，他何尝甘心就这样黯然退场，然而残酷的现实摆在眼前，继续在纽约逗留徒劳无益，只会给罗伯特增添更多麻烦，在一切尘埃落定前潇洒离去，或许还能给自己留得一丝体面。不过此次纽约之行也并非完全失败，他至少见识了新一代摩登大都会的样貌和最前卫的艺术潮流，尤其是交到罗伯特·弗兰克这样一位朋友，这是他此行最大的收获，对于这批画，他早就有所打算。

“不用麻烦，罗伯特，我想把这些作品送给你，作为对你的感谢。”

“这怎么行，这礼物太贵重了。”

“其实这些画一文不值，至少在纽约的艺术市场上是这样，到现在一幅画也没有卖掉。在画商看来，没人买的画只是涂着颜料的破布而已。但这些画包含了我的心意，我想在欣赏它们的人眼里，还是有一定价值的。所以我想把画留在你这儿，让它们更有价值。”

罗伯特见常玉十分坚决，便不再推辞，况且他也的确非常喜欢常玉的画。

“好吧，Sanyu，我非常荣幸能够成为你作品的收藏者，我会一直珍藏起来，不会轻易转手的。等你大红大紫的时候再考虑销售出去，发一笔横财。”罗伯特一本正经地开起了玩笑。

“但愿我上天堂之前能看到你发这笔横财。”

“Sanyu，回到巴黎一定要给我写信，如果地址有变化一定要告诉我。不管在哪里，我们都要保持联系。说真的，我总担心有一天你像个世外高人一样隐居或者四处游历，我们再也找不到你。”

“放心好了，我这么贪恋红尘，怎么可能去过那种清心寡欲的生活。等你成了著名摄影师，我会追着你写信索要签名的，每天一百个，你想甩都甩不掉。”

“你又蒙我，你怎么会需要那么多签名呢？”

“当然是帮我的模特朋友们要啊，你知道，我很难拒绝那些漂亮姑娘的请求。”

“这么说，你还会继续画画？”

“也许吧。人的生命可比虫子和菌类长多了，谁又知道几年之后会怎样。我希望自己能重新找到创作的信心。”

常玉见罗伯特一副为自己担心的神情，其实内心对这位才华过人的忘年之交也十分不舍，但他为了让朋友放心，便故作轻松地拍了拍罗伯特的肩膀：“中国有个成语叫作‘后会有期’，我们一定会再见面的，我和绘画也一定能再会。”

第六部分　晚景

第二十三章　重返巴黎

· 新居与故知

常玉回到了阔别近两年的巴黎。从勒阿弗尔驶来的列车由北郊驶入巴黎城区，眼前的风景逐渐熟悉起来。在纽约看多了崭新的建筑和亮铿铿的汽车，经过岁月和战争洗礼的巴黎在常玉眼中不仅没有陈旧失色，反而因时光的沉淀增添了迷人的韵味。巴黎就像一位极富见识、涵养的沙龙女主人，她的大门为每一位仰慕者敞开，不会为某位贵宾的光临而激动失态，更不会因来客的贫寒而拒人千里，她以包容大气的姿态让每个人都如沐春风。对于常玉这样一位失意的老朋友，巴黎更有许多办法带来慰藉。在蒙帕纳斯熟悉的穹顶咖啡厅轻车熟路点一杯朴实的黑咖啡和可颂面包，那位头发斑白的老侍者还在，他一眼认出了常玉，像老朋友一样招呼他。咖啡和面包端上桌，常玉深深地吸了口气，他感觉自己被一种由香水、咖啡、黄油、油墨、颜料混合而成的味道包裹起来，这种味道是那样优雅、温暖、自在又熟悉，尽管知道这种感受太过主观，但常玉认定这就是巴黎的味道，他感觉自己终于回家了。

这次重回巴黎，这座城市带给常玉的归属感比任何时候都更加强烈。在常玉过往的人生中，他历经数次迁徙，从家乡顺庆到赵熙先生的家乡荣县进学，又出蜀经沪去日本东京游学，之后在上海短居，不到二十岁来到巴黎。人在年少时都不免向往外面的世界，常玉尤其如此，总期盼着别处更精彩的生活，未曾有过在某处安家落户的打算。然而随着年龄的增长，常玉对安居的渴望逐渐增强，经过这次和纽约的对比，他愈发清楚巴黎对于自己如同第二故乡的意义。于是常玉回来后将工作室彻底整饬一番，虽然是租来的房子，但是他工作兼居住的空间，容纳了他全部的生活所需，他已认定从今往后这就是他的家。常玉以最省钱又出效果的方式装修房屋。他首先对工作室堆积的物品进行清理，丢掉不少经年累月积攒下来实则毫无实际用处的旧物。之后自己重新粉刷了墙壁，颜色采用最简单的白色，因为要悬挂画作，完全不用担心过于单调。他还从打工的家具厂弄回边角木料，自己设计制作了几件简单实用的家具。翻修完成后工作室焕然一新，赵无极、谢景兰等友邻来参观后无不称赞工作室简洁朴素的美感。谢景兰见新粉刷的空间宽敞明亮不禁兴致大发，在工作室翩翩起舞。她受了现代舞蹈家玛莎·葛兰姆的影响，于一年前开始学习现代舞，此时已颇有成绩。

赵无极夫妇还送了常玉一盆常春藤做礼物，以祝贺他住进“新居”之喜。繁茂的绿叶在雪白墙壁的衬托下尤显青翠欲滴，给整个空间带来了勃勃生机。常玉之前主要钟情于鲜花，玫瑰、菊花、百合、海芋、剑兰、莲花都曾入他画中。在巴黎很容易买到鲜切花卉，街上花店和卖花的小贩随处可见，价格也比较低廉。买一束盛放的鲜花回到家中，只需一点清水便能拥有好几天美丽心情。常玉在旧货市场淘到的宝贝们此时派上了用场——白瓷观音瓶、白底黑色纹饰的磁州窑梅瓶等中式花器配菊花、梅花、莲花等中国传统文化中寓意高洁的植物，显得格外古朴雅致；造型简洁的透明玻璃瓶、玻璃樽里插上百合、海芋、剑兰等茎叶鲜嫩的花卉，愈发碧绿可爱；有时玫瑰、牡丹等艳丽的花朵就简简单单插在草编的花篮中，朴实的容器反而突出了花本身的美。这一次借由赵无极夫妇赠送的常春藤，常玉发现了观叶植物独特的美感，也发现了盆栽的好处，盆栽植物比鲜切花卉要持久得多，如果照顾得当能够陪伴主人数年，而且会用花繁叶茂来回报主人的培育，也会用发黄、枯萎来提醒主人，它是一个不容忽视的鲜活的生命。常玉在为常春藤浇水、剪枝的过程中收获了不少乐趣，便又陆续“收养”了多盆植物花卉，多是仓促搬家的人所遗弃的，被他拾回家精心养护，重新焕发生机。没过多久，工作室的各个角落都变得绿意盎然。

尽管常玉以较低的经济成本改善了居住环境，工作室的房租也不算高，然而居大不易，无论身在哪座大都市，生存都不是件轻松的事。尤其是对于一个好几年未曾卖出作品的画家来说，巴黎的生活成本很高。为维持生计，常玉不得不继续在家具厂做漆绘或接一点简单的木工活，此外，常玉靠之前积累的一点人脉，在零星几个接受了乒乓网球的俱乐部里继续担任教练，教几位老人和儿童练习乒乓网球，收取一点微薄的学费。

有一点值得高兴的是，常玉在纽约一度中断的绘画，回到巴黎后不久便自然而然地重新拾起，仿佛某种水土不服的症候，在回归故里后不治自愈。不过也没有完全恢复，常玉回巴黎后的绘画实践仅限于信手涂画的速写，没有轻易开始油画的创作。

某日在旧货市场，常玉淘到了一本印刷质量不错的《初拓张猛龙碑》。《张猛龙碑》成于北魏正光年间，以结构精绝、变化无端而著称，为后世书家所推崇。常玉对这篇名碑并不陌生，想当年在赵熙先生门下读书时，先生便曾让他练过《张猛龙碑》，先生那手著名的“赵家书”也对《张猛龙碑》多有吸收借鉴。常玉对该碑帖独具特色的用笔印象尤为深刻，碑文笔画的起笔及转折处刚硬方折，点画呈锐利的三角形，斩钉截铁般利落。一些撇、捺、钩等斜向笔画又采取圆笔，不失温润敦厚，整体刚柔相济、灵活多变。如今在巴黎的旧货市场淘到这本碑帖，常玉仿佛他乡遇故知般激动，当年与恩师赵熙学书时的情景历历在目，竟勾起了他习字的瘾头。他回到工作室便翻出了已经蒙尘的笔墨纸砚开始临摹。时隔三十多年再临《张猛龙碑》，常玉的体会远比少年时更加深刻和丰富，他不再一味追求字形的近似，而是用心揣度刚劲有力的用笔，一笔笔勾画那金戈铁马般的线条。随着运笔愈发得心应手，常玉隐隐感到有些东西像深埋已久的种子，一直在他心中积蓄力量，只待春风吹来便要破土而出。

· 金石入画

又到早春时节，宜人的天气便于人们外出活动，工作室周围多了不少搬进搬出的租客，这对常玉来说是“淘宝”的好机会。一天傍晚，常玉散步时习惯性地拐到垃圾站，那里果然堆了不少“宝贝”。常玉对那些大件家具没有兴趣，绕过一张半旧的沙发，在一个缺了门的衣橱里发现了一盆植物。常玉凭经验判断大概是株梅花，现在花期已过，只剩几根枯枝。花盆是一只白色瓷盆，造型简洁且完好无损，旁边还丢着一个木质的花盆托架，似乎能配成一套。常玉本想将枯枝拔出扔掉只留花盆，但一眼瞥见还有一片小小的嫩叶倔强地长在枝头，感觉似乎有救，便将盆栽连同木托整个端回了工作室。

常玉将花盆放在窗台上，给这株枯梅浇足水，便忙着去赏玩他前几天找到的“宝贝”去了。那是一只瓷瓶，虽然质地普通，但胜在器型和颜色很美，细长的瓶身，乳白的釉色在案头台灯的照射下更显柔和匀净，像巴黎时装周上穿着高定礼服的模特，简洁而高级。常玉一边欣赏花瓶流畅优美的线条，一边设想哪些花卉适合插在这只瓶中。浮想联翩之际困意悄悄袭来，常玉随手关掉台灯伏案小憩。

再睁眼时已是月上中天，房间里十分幽暗，只有一道月光从窗外照进来。常玉走去窗前赏月，却被地上的奇异景象所吸引，清冷的月光铺满窗前的一小片地面，像块等待落墨的素绢，窗台上那盆枯枝的影子则刚好投在画面中央，似一株用淡墨画成的小树，造型极为简洁，短短的主干分出三个枝杈，错落有致，纤细却不柔弱。常玉欣赏着这幅浑然天成的月下树影图，心中慨叹，毫不起眼的“枯枝”，竟有如此挺拔耐看的姿态。他又转动花盆，借着月光从各个角度仔细观察这株梅花，实物要比地上的影子更加生动美丽，树枝的表面并不光滑，可神奇的是，月光照在其上却又反射出幽光，在四周黑暗的映衬下竟像是一棵银树。尽管它还处在花期之后的休息状态，却充盈着一股勃勃生气，蕴含在枝头一个个小小的芽苞凸起里，流动在柔韧而有张力的枝条之中。常玉忽然福至心灵，这些枝条形成的线条及其走势和他近期在练的金石书法异曲同工，这不正是以书入画的绝佳载体吗?

时值深夜，常玉却兴奋异常，他已经等不及次日白天对着天光创作，反正他的重点是造型而非色彩。常玉打开灯，将一块姜黄色底褐色如意纹饰的织锦铺在桌上，再将花盆摆在当中。这块织锦还是与玛素结婚前那次回国从家中带来的，如今伊人已离开，这些布料倒还忠实地留在常玉身边，经常被他当作衬布使用，给画面增添些许东方韵致。常玉翻出许久未用的油画颜料，又抽出一块裁好的纤维板，这还是德国占领巴黎物资紧缺期间常玉用来替代画布的材料，现在巴黎早已恢复了繁荣，但常玉却不舍得轻易丢掉这些板子，毕竟他自己仍处于匮乏的时期。

坐在画架前，常玉有些犯难，与月光相比，灯光过分明亮了，月下枯梅的朦胧美感消失殆尽，他决定抛却眼睛所看到的，画出刚才月下的场景留在心中的惊艳印象。他在黑色颜料中调入绿色和深蓝色，果断在画板上大面积薄涂这种底色，仅将画板下方约十分之一的宽度预留给衬布。之后便不疾不徐地调出衬布的姜黄色，薄薄涂在空白处。待深黑底色差不多干了后，常玉选了支大小适中的新画刷，饱蘸白色颜料，感受着画刷在画板上的行进，不断调整发力，以近日练习碑帖的运笔方式“书写”枯梅的主干和枝杈，尽管线条和造型并不复杂，他却下了很大功夫，额头上甚至沁出细细的汗珠。尽情挥洒之后，刚刚那股极其强烈的创作冲动终于得以纾解，困意也渐渐袭来，常玉关灯就寝，

梅花盆景　常玉
纤维板油画 | 90.5cm×63.5cm | 20 世纪 40 年代

腊梅　常玉
木板油画｜126cm×69cm｜20 世纪 50 年代

将剩下的细节留待明日继续完成。

再睁眼已经天光大亮，常玉爬起身便去看昨夜的成果，尽管只大致铺了颜色，但整体感觉已经出来，常玉对目前的效果颇为满意。深色的背景在黑中隐隐透出青苍之色，正像夜空般深邃却通透。下面姜黄的衬布虽然也是薄涂而成，却显得温暖厚实。最精彩的还是白色的梅枝，在深色的背景的衬托下仿佛真的发出幽幽的微光，简洁有力的线条赋予画面书法艺术所特有的生动气韵，相比他以前的画作，更添了古拙遒劲的金石味道。常玉又用更小号的画刷在枝头添上细枝、叶芽，补全了花盆和盆托，以及衬布上的纹饰。完成后，常玉对纽约归来后的首件油画作品颇为满意，郑重其事地署上自己标志性的签名。

此后，常玉又陆续以工作室中其他植物为模特，进行以金石书法入画的实验。首先是赵无极夫妇送的常春藤。沿着木杆向上缠绕的藤蔓有着蜿蜒曲折的线条，给了常玉巨大的发挥空间，他将藤条的每一处转弯都处理得方折有力，就像北魏碑文中那些力透纸背的笔画。常春藤多角的叶片也十分入画，常玉在窄长的画布和画板上精心营构藤和叶的位置，将中国写意花鸟绘画中疏密对比强烈的构图方式用于油画，使其呈现令人惊叹的视觉效果。之后，常玉又画了多幅牡丹、梅花，这些花卉无一例外都是木本植物，更适宜体现常玉想要的那种金石韵味，他将花枝画得方折苍劲，形态如同鹿角，形式感极强，与柔和繁茂的花朵相互映衬。常玉犹嫌不过瘾，索性在公园的梅树上挑选一些姿态优美的枯枝剪下，插在自己淘来的素白瓷瓶中，再稍作修剪，去掉多余的枝蔓。绘画过程中进一步加工，删繁就简，画出心中最纯粹的线条，仅用零星叶芽和花苞略作点缀，鹿角状的枝干森然骨立，线条遒劲如秦汉碑刻的线条，与枯寂中蕴含生命力的梅枝相得益彰。这段时间常玉所画的花卉作品，已不是他早期那种纤柔甜美的风格，而是随着艺术家对生命的体悟变得浑厚有力起来。

常春藤　常玉
木板油画 | 123cm×64cm | 20世纪40年代/50年代

· 孩子的眼睛

几乎刚刚找回巴黎的生活节奏，罗伯特和玛丽的信便翩然而至，带来了一个喜讯——罗伯特和玛丽在1951年的6月正式结婚。常玉回想起两个年轻人心心相印的幸福模样，由衷替他们感到高兴，此后常玉和罗伯特书信往来不断。次年农历春节过后不久，常玉再次收到来自罗伯特和玛丽的好消息，他们的第一个孩子出生了，是个男孩，取名巴勃罗。生长于北欧的罗伯特为何给孩子取了一个拉丁文的名字，而且和大画家巴勃罗·毕加索同名，常玉不知这是罗伯特在向大画家致敬，还是单纯只是一种巧合，无论如何还是送上他真诚的祝福。

转眼已是常玉从纽约回来的第二个春天，罗伯特又给了常玉一个惊喜，他决定举家迁往巴黎生活，已经在蒙马特高地附近的维克多大街找好了住处。此前罗伯特一直往返于纽约、伦敦、巴黎等多个城市，玛丽因有身孕或孩子过于年幼，不能经常与他同行，一家三口难得团聚。这次罗伯特刚好有一个在巴黎的拍摄计划，便果断决定带全家前往。这就是罗伯特，无论工作上还是生活上都是说干就干，行动力极强，而且玛丽总是很支持他，常玉对此佩服又羡慕。

罗伯特一家在巴黎安顿好后便来看望常玉，常玉为迎接他们专门提前打扫了一番。尽管分别只有短短两年时间，常玉却感觉年轻的罗伯特夫妇变化很大。罗伯特比之前更加成熟干练，他的笑容依然温暖，但似乎包含了更多内容，不笑的时候总是一副若有所思的表情。玛丽的变化简直令常玉有些惊讶，在纽约时那个天真爱做梦的少女，竟变成了如今这个温柔慈爱的年轻母亲，令常玉连连感叹母性的神奇力量。当然玛丽还是玛丽，在不需要照料婴儿的时候，她便又是个精灵古怪的少女了，毕竟她今年还不满二十岁。

一家三口的到来，让平日寂静的工作室热闹起来。尤其是小巴勃罗，虽然还只是个不到一岁的婴儿，却能量十足，爬遍了工作室的地板。小巴勃罗对常玉堆在墙边的画尤其感到好奇，总想将这些大板子一张张推倒。玛丽有些紧张，怕巴勃罗弄坏作品，赶紧把这个好动的小家伙抱起来。常玉却觉得很有趣，索性一张张在墙边排开，让巴勃罗看个过瘾。

“Sanyu，这些画跟你带去纽约那些不太一样，似乎更沉稳更有力量，是什么时候画的？”抱着一个不停乱动的孩子，玛丽依然十分敏感。

“回巴黎之后画的。”

“这么说你重新开始画画了！太好了！”

常玉和巴勃罗·弗兰克在常玉工作室

玛丽忍不住激动地尖叫，把怀里的巴勃罗吓得哭了起来。

在窗边欣赏植物的罗伯特闻声走来，也十分激动。

“太好了！祝贺你，Sanyu，你果然又和绘画再会了。”

罗伯特仔细地观看常玉的新作，巴勃罗咿咿呀呀地用小手指挥着他的母亲走向他喜欢的画，玛丽只好依着他的意思移动。

“给我们讲讲，你是怎么重新开始画画的？为什么在纽约的时候我好说歹说你都不画呢。”

“那个时候面对纽约五花八门的前卫艺术，我十分困惑，再加上带去的作品无人问津，我对自己产生了深深的怀疑。我感觉我的作品无人欣赏没有价值，找不到继续创作的意义，我甚至不确定自己是谁。而且在我看来，创作是件十分私密的事情，你们虽然非常尊重我，尽力给我空间，但那毕竟不是我自己的地方，不可能像在这里一样随心所欲。回到巴黎，回到我熟悉的地方，我感到放松，那些怀疑、自卑的情绪自然而然地减弱了。最重要的是，我终于想通了，画画对我来说意味着什么。”

“是什么呢？”玛丽急急追问。

常玉有些不好意思地笑笑说：“也许可以说是我的全部。刚回到巴黎，我并没有马上开始画画，因为我总以为必须对他人有用，并且能够赚到钱满足自己的需求，这样的事才能带来价值感，然而目前画画并不能帮我赚钱。我尝试用烹饪、做家具彩绘和乒乓网球填满自己的生活，但总感觉缺少了什么，其实我知道我内心深处是渴望画画的，但总有各种各样的顾虑阻碍我拿起画笔，担心自己画的东西太落伍了，担心没有人喜欢，担心画不出自己理想的效果。有一次我很愁闷，独自去穹顶咖啡厅喝得微醺，看到邻座坐着一个美人。也许是酒精给了我平日缺少的勇气，我不管那么多了，抓起笔来就在餐巾纸上画了她的速写，凭这画博得美人一笑，她还赠我一个香吻呢。这之后我仿佛迈过了一个坎，不再那么畏惧了，慢慢恢复了创作的状态。”

“哇！Sanyu，你的经历总是那么传奇，原来是美女的一个香吻挽救了你呀，那她算是你的灵感缪斯喽？”玛丽兴奋地问。

“她当然也很重要，但充其量只是一个催化剂，真正让我突破障碍的是画画这件事本身。在给她画像的过程中我体验到一种极致的愉悦和忘我，这是一种久违的感觉，在几十年前我刚刚摸到绘画的门道时，总是画到废寝忘食，经常产生这种体验，后来逐渐归于平常，有些麻木了。而这次因为中断了一段时间，反而积蓄起了对创作的渴望，我又重新找回了那种强烈的感受，那是我在做其他任何事情中都无法体验到的。只有在画画时，我能强烈地感觉到自己活着，明确地知道我到底是谁。”

“那你现在不再在意别人是否喜欢你的作品了吗？还有所谓的艺术潮流，你也不再在意了吗？”

“我想通了，再前卫的艺术潮流终有衰落的一天，完全没有必要为赶不上潮流而遗憾，更不应该因此就怀疑自己。我其实从来也没有走在潮流前线，以后更加不必。至于别人喜不喜欢，我已经没有那么在意了。因为我越来越发现艺术是极其主观和私人化的，我越来越理解中国古代士大夫对艺术聊以自娱的态度，意思就是随手画画，抒发心中情绪，自己高兴就好。”

“但是不被人喜欢的非常现实的结果就是没有人为你的作品买单，如果一件事情完全不能创造收益，怎么能带来成就感呢？”

“这件事我也想开了，或者说我一度有些迷失，现在找回了自己的初心。我曾经将艺术视为一片圣地，拼命守卫它，不让它沾染上丝毫铜臭。别说主动推销自己的作品，甚至有人想买我的画都被我拒绝了。如果有人来求画，我若见他的确发自真心喜欢，分文不取送给他。这当然也有些矫枉过正，但完全将成就感与金钱的收入挂钩肯定是错误的，所以才有我在纽约期间的患得患失。其实想一想我已经在画画的过程中得到了极大的精神满足，这是无法以金钱衡量计算的。我能感觉到自己真切地活着，有的人终其一生也没有过一次这样的体验，我觉得我不应该再要求其他了。当然人总是贪婪的，但我允许自己在精神上贪婪一些，在物质上要知足。其实人的物质需求很容易满足，无非是吃饱穿暖，有住处能够遮风挡雨。反而是精神的需求却宽广得多，很难获得圆满。我在画画时通常精神愉悦，偶尔苦恼也是因为没有达到自己理想的效果，我就想尽办法去达到，一旦问题迎刃而解，终于画出了自己心中所想，那种感觉真是无以言表，觉得自己似乎能把握世间的一切。我想这也许才是成就感吧。”

罗伯特听了若有所思，不住地点头。

“你说得对，Sanyu，也许我在创作时也该少些顾虑，更加遵从自己的内心。如果创作时总是考虑别人的喜好，只会让自己患得患失。每次跟你谈话，都给我很多启发。”

“被很多人喜爱当然也会带来成就感，但我想一个创作者要时刻记住，自己的想法和感受才是最重要的。这世界这么大，有这么多的人，只要能把自己的想法和感受真诚、完整地表达出来，相信自然会吸引到你的同道中人。你看我已经有一位小小的同好了。”

常玉笑眯眯地说着，罗伯特顺着他的目光看去，只见小巴勃罗正坐在一幅盆菊画作前，伸着小胳膊想要够画上的白菊花，菊花画得高，他胳膊短够不到，急得用胖乎乎的小手去拍画板。罗伯特见状赶紧跑过去一把抱起巴勃罗，小家伙不能再摸到画，气得哭叫起来。玛丽闻声赶紧接过巴勃罗，轻声哄着他，她原本看画看得出神，全然忘了要看住这个小调皮。常玉见巴勃罗在母亲怀中依然奋力扭动着向那幅盆菊伸着手，便把画举到他面前，孩子立刻朝着菊花伸过手去。玛丽连忙握住巴勃罗的小手以防他弄坏了画，常玉却笑呵呵地让玛丽放开手，任由孩子那沾着口水的小手对着菊花又摸又拍，边摸还边咯咯地笑着。常玉见孩子这样开心，更加高兴起来，又换了一幅画给他看，这是幅白牡丹，构图与盆菊大同小异，都是峥嵘的虬枝上开着繁盛的花朵，下方一个简洁的花盆。巴勃罗对这幅也很感兴趣，又是一番带着口水的“赏玩”。常玉又摆出几幅动物题材的作品让巴勃罗“鉴赏”，巴勃罗比较喜欢那些猫、狗、马占据画面中心位置、姿势憨态可掬的早期作品，对40年代中后期那种广阔背景中一只渺小的动物的类型不感兴趣。玛丽分析也许因为巴勃罗太小，这些画又有些抽象，他识别不出画中的动物，所以兴趣寥寥。至于人体绘画，小家伙更是不屑一顾，看来看去最

盆菊　常玉
纤维板油画 | 90cm×73cm | 20 世纪 50 年代

喜欢的还是常玉画里形态各异的植物，其中尤以最开始看到的盆菊和白牡丹为最，这两幅是花朵最为繁盛的。

常玉笑着说：“嘿，小家伙眼光不错，这两幅正是我最近的得意之作。看来以后要多请你来帮我点评点评。”

说得几个人都笑了，小巴勃罗也开心地拍起小手。

盆中牡丹　常玉
木板油画 | 82cm×74cm | 20 世纪 50 年代

· 与古为徒

自弗兰克一家定居巴黎，常玉的生活变得热闹起来，他们时不时相互拜访，以弗兰克一家三口去看望常玉居多，因为他的工作室更宽敞，而且小巴勃罗一到那儿就眉开眼笑，似乎把那里当成了游乐场。常玉有些惊讶地发现，每到弗兰克一家约定来访的日子来临，自己就不自觉地期盼。他开始无心画画，会提前打扫工作室，采买食物，当然主要是根据巴勃罗的口味，小家伙特别喜欢吃 Sanyu 伯伯做的马姑面，让常玉充分体验到被需要的感觉。

时间就在这一次次的探望、聚会中悄然流逝，倏忽间大半年滑过，只有孩子是时间最好的标尺。巴勃罗能扶着墙站起来了。巴勃罗会走了。巴勃罗开始牙牙学语了，他学会的第一个词是妈妈，第二个词是爸爸，然后是 Sanyu 和花。巴勃罗开始跑来跑去乱翻东西了，开始尝试用他的小手沾上颜料进行创作，有时会在常玉的画上进行二次创作，每到这时玛丽便十分紧张，常玉却满不在乎，还夸巴勃罗锦上添花。有一次，巴勃罗从忘了上锁的箱子里翻出了一幅刺绣，正兴奋地要拿给他的母亲看，常玉见状一反常态，赶紧从小巴勃罗手里抢下绣片，仔细查看是否被小孩子弄脏弄坏。这还是十几年前回国为大哥治丧时在家里老宅中发现的古旧缂丝，上面的纹饰是大哥喜爱的菊花。他不远万里将这件破损的丝织品从家乡带到巴黎，只为留个念想，可实际上回来后他一直将这物件仔细收在箱子最深处，从来未曾取出过赏玩过，也说不清是真的遗忘了，还是潜意识里不敢触碰，仿佛一旦打开，那小心翼翼封存起来的对亲人和家乡的思念也会随之决堤。

小巴勃罗的意外发现，让常玉不得不重新面对这片织绣。他正思考是否再用布将它重新包好放回箱底，玛丽不知从哪找了副白线手套，戴上后轻轻地将绣片展平，边看边赞不绝口。一会儿夸织绣的色彩搭配亮丽又不俗气，一会儿夸织绣工艺精美绝伦，最令她欣赏的是一株菊上开出五颜六色花朵的巧妙构思。

“哇，Sanyu，真看不出你还藏着宝贝。这件刺绣应该很古老吧？你们的传家宝吗？”

“没错，是从家里带来的，兄长做丝织生意，收藏了一些古代织绣，他去世后家人也不懂这些，都没有好好保管，好多都破损或散失了。我拿回这件也不是因为它有多值钱，只因为这图案特别有纪念意义。具体是哪个朝代的我也说不准，总有个两三百年了吧。”

“原来是有特殊意义的纪念品，怪不得你那么在意，巴勃罗弄坏你多少东西也没见你紧张。不过这么美的刺绣整天放在箱子里也太浪费了，应该装上玻璃框挂起来，就挂在这几件小雕塑上方吧。”

玛丽边说，边小心地托起绣片在墙上比量着。一直翘首张望的巴勃罗，这下终于看清了盆菊刺绣的全貌，兴奋地指着绣片叫起来。常玉从孩子含糊不清的话语中隐约分辨出花、多、Sanyu 这些词汇，仍不知到底是什么让巴勃罗如此激动，玛丽向他“翻译”道：“巴勃罗说花花，好多颜色花花，好多虫虫，宝宝要，Sanyu 画。”原来巴勃罗是要常玉也仿照这幅刺绣画多种颜色的菊花，同时添加蜻蜓、蝴蝶等昆虫。常玉心头一动，之前只把这幅刺绣看作一个有关家乡、有关亲人的念想，怎么就没想过学学古代匠人的智慧呢？自己已经创作过无数花卉植物题材的画作，菊花的数量尤其多，虽然植物本身摇曳生姿令他百画不厌，但呈现出来的效果未免略有些单一，适当加入一些想象的元素，正可以打破单调，常玉决心一试。

前几日常玉在废品站淘到了一扇旧门板，他将破损不平的部分锯掉，改造成了一块厚实的画板，这次刚好就可以用了。常玉架好画板准备颜料时才发现巴勃罗做的另一件“好事”，他把常玉常用的几管颜料都挤在了调色板上，并且用刮刀搅成一团，完全不能使用了。只有红色和黄色两管颜料未开封，从而免遭“毒手”。常玉历来手头拮据，很少储存备用的画材，他在工作室翻了个遍，也没有发现更多可用的颜料。玛丽为此十分抱歉，批评了巴勃罗几句，小家伙被母亲严厉的样子吓到了，撇撇嘴巴哇哇哭了起来。常玉赶紧安慰道：“巴勃罗好孩子，不哭，Sanyu 伯伯给你画花和虫虫好不好？”小家伙立刻破涕为笑，开心地拍起手来。常玉又说：“可是你看，因为你把颜色都混在一起了，只剩下红色和黄色，我就没法给你画各种颜色的花了，只能是一种颜色了。”巴勃罗懵懵懂懂地听着，虽然不是很满意，也只得点头。于是常玉准备好材料，开始用仅有的红、黄两色作画。这块门板改造而成的画板很大，正适合创作细节丰富的作品，常玉打算好好构思一下，在以往的花卉作品基础上形成一定突破。他边盯着画板琢磨各个细节

传宋绣盆菊诗意帘　常玉　台北故宫博物院藏

的安排，边用笔蘸着少许颜料勾勾画画，很快便沉浸到创作当中。他打算以家中最为茁壮的那株菊花为原型，以夸张的手法特别突出它的高大茂密，呈现出超现实的效果。

常玉构思得差不多，刚要起笔画出菊花的主枝，忽然被一声嘹亮的哭叫吓了一跳。原来是巴勃罗好半天也没等到他的花花、虫虫，实在等急了就哭起来。以前他也经常让常玉画一些他感兴趣的东西，常玉在速写本上信手一画，他的愿望就能实现，现在他的小脑袋想不通，一向有求必应的 Sanyu 伯伯为什么还没“变”出他想看的蜻蜓、蝴蝶和花，难道 Sanyu 伯伯的魔法失灵了？罗伯特见常玉已经进入了创作的状态，便赶紧将巴勃罗安抚好，向常玉告辞了。常玉也的确顾不上礼数周全，甚至没有到门口送客，一心投入盆菊的创作中。他先将画板整体铺上底色，仅剩的红色颜料是浓艳的正红色，如果作为背景恐怕过于抢眼，于是常玉便因陋就简，将巴勃罗混成一团的颜料里挑出一些，混入正红色中，降低了色彩的明度与纯度，形成一种深沉的暗红色。画面下方十分之一处，则调出一种柔和的土黄色涂满，表示水平的台面，与暗红的墙面相区别。之后他开始用黄色画主体菊花，在画枝干时，他仍然采用类似金石书法的用笔，画出张力十足的鹿角状枝条，并参照那幅缂丝的图式，将菊花的主枝画成现实中不可能达到的高度。同时常玉还借鉴传统花鸟画中线条穿插的方法，细心经营每条分枝、每片叶子、每朵花的位置，将上百条细枝和数十朵花以及叶子安排得疏密有致、繁而不乱。常玉还从遭到巴勃罗“毒手”的颜料中抢救出半管白颜料，配合黄颜料调出深浅变化，体现菊花的阴阳向背，使其层次更加丰富。之后常玉用混脏的那堆颜料画出一只四棱的瓷花盆，巧妙利用了多种颜色混杂且不均匀的特点，画花盆的笔迹呈现渐变的颜色，轻松画出迷人的窑变釉色。最后到了点睛之笔，常玉围绕菊树的上半部画了六只蝴蝶和一只蜻蜓，尽管只用了黄、白、黑三种颜色，然而经过巧妙的搭配和精心绘制的花纹，使得每只昆虫各具特色。常玉看了看整体的效果，通体黄色调的高大菊株在深红色墙壁的映衬下显得金碧辉煌，精灵一般上下翻飞的昆虫使画面更加生机盎然，常玉颇为满意。

· 关于天赋和努力的讨论

一周后，常玉又迎来了弗兰克一家，小巴勃罗看到金灿灿的菊花和他心心念念的虫虫们，激动得尖叫起来，给了常玉伯伯一个带着口水的吻。玛丽专门买了一套价格不菲的油画颜料送给常玉，常玉想要推辞，玛丽却说：“Sanyu，这是巴勃罗让我送给你的，他一定要让你再画一幅有彩色菊花的画，你躲不掉的。”善解人意的玛丽总是让人无法

盆菊与蝶　常玉
木板油画｜152cm×78.5cm｜20 世纪 50 年代

拒绝，常玉只好收下了这份厚礼，他决定给巴勃罗一个大大的惊喜。

等到巴勃罗再一次来访时，常玉把他带到一幅盖着苫布的大画前，“嗒哒！”随着常玉的提示音，苫布应声落地，整个画面完全展现在巴勃罗的面前。这是怎样的一幅画呀，画里的这棵植物上长着各色各样的花朵和果实，颜色那么漂亮丰富。这朵红花像是鸡冠花，高处那朵黄花又有点像菊花，低处几朵白色带红色斑点或纹路的好像百合花，右边三颗一簇的粉色果实像三只并蒂而结的小桃子，长在小桃子们上方的两枚明黄色果实又像枇杷，还有外皮裂开露出晶莹籽粒的小石榴。更妙的是植物的周围还环绕着翩翩起舞的彩蝶，植物靠下的枝干上趴着一只黄绿色的小蛙，另有一只黄鸟立在青蛙对面的枝上与它相对而视，这一棵花果树简直成了一座小小的动物园。同一棵树上花朵、果实和小动物应有尽有，这就是传说中的宝树吧！这可比那幅古代的刺绣精彩多了，巴勃罗小朋友被这棵宝树弄得目不暇接，玛丽却注意到了画中浅黄色瓷盆上的中国文字。她好奇地问常玉文字的内容，常玉赞赏地看看玛丽，很高兴能有人注意到这个细节，这是他很喜爱的诗句“万物静观皆自得，四时佳兴与人同”，出自北宋哲学家、宋代理学主要奠基者程颢的《秋日偶成》。

“这是一首写于宋代的古诗里的句子，作者是一位哲学家。他的哲学理念是基于儒家纲常伦理那一套，我其实并不是很赞成，这首诗也是在讲他那套道理的，不过我很喜欢这两句，尤其是单独把它们摘出来，我可以单纯按照字面的意思理解为，心情平静地观看世间的万事万物，都能感受到它们悠然自得，也能同步地感受到一年四季各个时节的美好。别看这只是一株种在盆中的花果树，如果静下心来可以看到许多有趣的细节。”

“哇！这就是佛教教义中所说的‘一花一世界’吗？”

“玛丽，你理解得很到位，不愧是我的知己。”

“Sanyu，我真羡慕你的天才，你总是很轻松就能画出让人惊叹的作品。我也热爱艺术，也想拥有无穷的灵感，可是对我来说一点点新的创造都好难啊。就说你这幅画的背景颜色，简直叫不出名字，勉强算是墨绿色吧，单独看起来是多么肮脏黯淡，可是偏偏放在这幅画里就那么恰如其分，把那些花果和动物衬托得明亮又鲜艳，像宝石一样熠熠生辉。我感觉艺术女神只嘉奖天才，努力并不值得称道。”

“亲爱的小姑娘，你未免太看轻自己了，你不知道你多有天赋吗？有的人也许只是对色彩敏感，或者对形状敏感，或者只是造型能力比较强。而你是对艺术本质性的东西有一种敏锐的感知，这是非常难得的，我认识你没多久就发现了，不然以我那时自顾无暇的状态，也不会愿意去教你。”

“真的吗？ Sanyu，你真会安慰人。”

“事实如此，我其实并不擅长安慰人，尤其是为了安慰去编造好听的话，你有天赋就是有，这是事实。再说说天才跟努力，天才当然重

青蛙、鸟、蝴蝶与盆景　常玉
木板油画｜128×72cm｜20 世纪 50 年代

盆中的果树　常玉
木板油画｜131cm×72cm｜20 世纪 50 年代

要，尤其在艺术的世界里，如果没有天赋，即便再努力也不可能取得大的成就，从这个角度来说艺术是很残酷的。我年轻时也跟你一样，唯天赋论，而且仗着自己有几分才能就自鸣得意，甚至有些看不上那种练习特别刻苦的人。但是随着年龄越来越大，得到的教训越来越多，我渐渐明白努力的重要。其实我不喜欢努力这个词，有些勉强、辛苦的意思，我觉得说为了自己的热爱投入更合适。而且我现在发现，天赋是命定的，投入并不会让你的天赋变得更高，但是它会让你原本具有的天赋充分显露出来。毕加索是公认的天才，但是人们在赞叹他过人的天赋之余，也应该看到他那堆积如山的手稿。据我所知，他不是在创作就是在思考和谈论艺术，当然他也留了不少时间追女人，天才嘛，的确精力过人。反之，即使你有一定的天赋，如果不投入时间、精力进行专业训练，不去深入思考，原本的能力也会慢慢衰退，渐渐地天赋也被埋没了。你以为我画这幅画就那么轻而易举吗？你看到的只是最终的成品，我可以让你看看之前的试验品是多么惨不忍睹。”

说着，常玉将一幅面向墙壁靠着的画翻了过来，一片暖红色夺人眼目。这幅画无论整体构图还是花果树上一些花果的细节，都和常玉之前展示的那幅十分接近，甚至尺寸都相差无几，只是没有虫、鸟等动物，花盆上也没有诗句，而且上半部分的背景色换成了一种混入了杂色的洋红。单看这幅画也会觉得是一幅风格独特大胆的作品，可是跟玛丽夸赞的暗绿色背景相比便高下立见，这种混浊的暖色调显得很不清爽。

“看啊，我调出这个颜色的时候相当得意，画完才发现有多难看，简直像一锅煮熟的甜菜。其实这也已经是调整很多遍之后的结果了，你看这些反复涂抹又刮掉的痕迹，你还觉得我画得很轻松吗？”

“其实还好吧，也没有你说的那么糟，不过的确有点像我做坏了的番茄酱，哈哈。我感觉好一些了，我已经有段时间没碰画笔，总是借口要照顾孩子，其实我是害怕，今天我突然想画点什么。谢谢你 Sanyu。”

“我都明白，我刚刚经历过这些，经验还是热腾腾的呢。所以玛丽，不要再怀疑自己，全情投入就是了。”

常玉一口气说了这么多，连他自己都有些惊讶，也许因为看到年轻的玛丽，他想起了年轻时的自己。如果年轻时有位长者跟自己说这样一番话，他也许会更早领悟到绘画本身对于他的意义，更早开始忘我地投入练习和创作。旋即常玉便因自己竟然陷入这种老套的思维窠臼中轻轻笑了起来，早一些又怎样呢？也许会比现在更有名，更接近所谓的成功，那又如何？重要的是领悟的过程，在这过程中他已经享受了艺术创作带来的价值感，任何时候悟到都不算晚。

· 别后寂寥

这一年巴黎的冬天来得比往常早，宜人舒适的秋天飞快地结束了，一同结束的还有常玉和弗兰克一家经常性的聚会。因为罗伯特计划去伦敦拍摄在金融街工作的银行家们，全家都将随他搬去伦敦生活一段时间。作为摄影界冉冉升起的一颗新星，罗伯特需要不时开启新的拍摄计划，以保证持续不断的创作输出。

临行前弗兰克一家和常玉依依惜别，小巴勃罗尤其舍不得 Sanyu 伯伯，一直嚷嚷让 Sanyu 伯伯也一起去伦敦，难过得差点哭起来。常玉还在心里笑小孩子就是喜欢小题大做，又不是以后再也见不到，有什么好伤心的呢，没想到弗兰克一家离开后，最不适应的竟然是他自己。每到节假日来临前，常玉会不由自主地受到节日气氛的感召，总想去市场采购些什么、准备些什么，似乎潜意识里还在期盼着弗兰克一家来做客。常玉经常在市场里漫无目的地逛上半天，才恍然只有自己一个人度过这个假日，于是更觉寂寥。和弗兰克一家相聚时，常玉感受到了一种久违的家庭氛围，牵起儿时与父母及众多兄弟姐妹其乐融融的珍贵记忆。常玉从少年时期便独自离家求学，早已习惯了一个人生活，他一度十分享受这样的状态，可未曾料到随着年岁的增长，心中的孤独感会越来越强烈，像是一个逐渐扩大的黑洞，越来越需要热闹、温馨、人气这类东西去填满。而且越试图去满足，需求的缺口就变得越大，与之相矛盾的却是，随着年长越来越固化的生活习惯，越来越难以对人敞开心扉，交到知心朋友或开启一段亲密关系都愈加困难。

重新开始创作后，常玉和巴黎艺术界也恢复了联系，他的作品又入

常玉与好友摄影家罗伯特·弗兰克在巴黎
约1964年

常玉与好友摄影家罗伯特·弗兰克的友情延续多年，罗伯特的一对儿女巴勃罗·弗兰克和安迪利亚·弗兰克与常玉亦十分亲密

选了独立沙龙，他却并不感到开心，一方面是因为已经多次参展，早就失去了初次入选的兴奋感，另一方面是常玉发现自己经常参加的独立沙龙、秋季沙龙，已经从三十多年前反对学院保守艺术、具有一定先锋性质的姿态，逐渐过渡为主流艺术展览，直至现在几乎沦为当下落后守旧艺术的代名词。举目望去，墙上挂的画都是熟悉的风格样式，展签上的作者常玉大多认识，都是十几二十年前就一同参展的老熟人，鲜少有年轻的新面孔。常玉看着这些熟悉的名字，感觉自己跟这些老朋友正随着沙龙展一同衰落。

常玉不愿就这样老朽下去，他希望结交更多年轻的朋友，让自己也能保持活力，可是近几年因战争和政治的原因，留法的中国学生越来越少，本就为数不多的在法华人联系也十分松散，远不是20、30年代留学生群体经常聚会、交流那种欣欣向荣的状态。而且常玉在试着接触了一些留学生后发现，这时的年轻人相较于他们那一代人更加实际甚至有些功利，他们乐于去结交那些在当地有一定影响力的人物，那些显而易见会对自己的前途发展有帮助的人物。在华人联谊聚会的场合，人们都打扮得衣冠楚楚，通过衣着这种最直接的方式向他人展示自己的地位和实力，而常玉总是不修边幅，偶尔还会穿颜色过分鲜艳的衬衫或裤子，和周围西装革履的精英人士格格不入，让那些眼光毒辣的年轻人们一看便知这是个毫无结交价值的潦倒怪人。赵无极、谢景兰夫妇仍是常玉重要的朋友，但年轻人有年轻人的忙碌。一方面二人都处于事业上升的关键时期，赵无极目前在法国艺术界的影响力蒸蒸日上，而谢景兰也在努力探索自己的艺术道路；另一方面夫妻双方在家庭生活中难免产生一些矛盾，常玉隐约听说有位法国音乐家在疯狂地追求兰兰，而常年与孩子身处异地，也让这位年轻的母亲经常心情低落。常玉对此爱莫能助，便也不好意思总去占用他们的时间闲聊，于是联络日渐稀少。

不甘寂寞的常玉也渴望温暖的亲密关系，他虽然已不再年轻，经济也不宽裕，但胜在有艺术家的光环加持，而且为人风趣又慷慨，着实吸引了不少追求浪漫的年轻女孩。只是甜蜜短暂的恋爱初期阶段过后，随着交往的深入，女孩们在接踵而来的问题和矛盾冲击下迅速看清了现实，很少有年轻的姑娘敢于把自己的未来跟一个潦倒、脾气还有些古怪的老男人绑定在一起。而常玉也沉迷于结识不同样貌、不同背景的女孩，既能享受恋爱的浪漫感觉，又让作画有了模特。但他并无意做出长久的计划和承诺，双方各取所需，共同度过一段美妙的时光，给彼此的生命增添一段特别的经历，通常都能够好聚好散，只是分手后难免会经历一段格外低沉的日子。

· 万物静观皆自得

倍感寥落的时刻，幸而有绘画为伴，常玉试图通过绘画排遣心中孤寂。只是心随境转，因为没有了巴勃罗在时那种活泼热闹的氛围，他便很难再画出那种花团锦簇的宝树图式。于是常玉又将眼光投向了当初启发他画出鹿角状枝条的灵感缪斯——那盆他在废品回收站捡回来的梅花。这盆梅花的确是个相当入画的模特，即使常玉精心养护，它仍然保持着最初恹恹的样子，枝头总是零星几片叶子，开花也是极零落的几朵，然而正因如此，它虬曲的枝干便能够充分地展露出来，还显得它颇有古代文人所赞赏的清高孤傲的气质。

这株梅花的状态恰好符合常玉此时的心境，他忘我地创作起来，几天时间便画出一幅梅枝图。画中一株栽在青花方盆中的梅花，主干从寸许高处便一分为二，左侧分枝在一个近乎直角的有力转折后陡然直上，在上端三分之一处又长出一个丫形细枝。右侧分枝则以微妙的弧度向右倾斜，到二分之一的高度又分出一枝，也采用了富有张力的弧线，没有明显的转折。枝干所用线条十分洗练，无更多旁逸斜出，只在枝头疏落地挂着几片叶子。左右两枝一刚一柔，统一又富于变化，在白色墙面的衬托下更显得高洁雅致。

然而常玉左右端详却不甚满意，画面似乎过于空寂，有些缺乏生趣，尤其是空荡荡的左侧枝条，需要添上点睛之笔。常玉未及苦思冥想，头脑中便闪现出一个画面，仿佛预先见过一般。常玉立即抓起画笔，迅速调了些黄颜料，在左侧分枝上画了一只身形苗条的小鸟，鸟身的轮廓极为流畅，轻盈地立在树枝上，立刻便打破了画面的空阔单调，使其变得鲜活灵动起来。鸟的头部和身体大部分是黄色，翅膀上则夹杂着深褐色的翼羽，特征颇为鲜明。常玉在有青蛙、蝴蝶的花果树那幅画中画的也是这种鸟，这是他幼时在家乡常见的一种小鸟，身材小巧，叫声婉转动听，人们称其为黄莺，也有说是黄鹂鸟的。常玉不算是爱鸟之人，对黄莺的印象已经因时间久远而十分模糊，然而最近在巴黎郊游时，他听到了一阵阔别已久的清脆鸟鸣，他从树叶的缝隙间努力分辨，瞥到了一个似曾相识的小巧身影。常玉问了懂鸟的当地人，他们管这种鸟叫“Coracius garrulus”，常玉查了一下，果然是黄鹂的意思。虽然法国的黄鹂品种和家乡的略有差别，但常玉关于儿时的许多记忆都被这小小的鸟儿勾连出来，和伙伴们在山野中追逐嬉戏，在父亲书房

鸟与盆景　常玉
木板油画｜90cm×75cm

中读书学画，和大哥一起去丝厂的路上，都伴着黄莺的歌声。在已过知天命之年的常玉看来，在异国他乡邂逅的黄莺，正是故乡和生命活力的绝佳象征物，他便信手拈来加入画中。

这幅黄莺梅花之后，常玉又画了一幅深绿色背景的，依然是遒劲坚韧的梅枝，枝干的造型和穿插关系更为复杂，除了立在枝头的黄莺外，常玉还在对面添画了一只翠绿的螳螂，黄莺目不转睛地盯着螳螂，后者却浑然不觉，颇有“螳螂捕蝉，黄雀在后”的意趣。

这段时间黄莺成了常玉画中的主角，梅花枝头、牡丹花下都能看到黄莺灵巧的身影。画了几幅类似的图式后，常玉又在画面中加入了新的形象，是一只黑白花色的小猫。这是常玉在附近街区散步时偶遇的一只流浪猫，当时它形单影只，看上去十分孱弱，应该才几个月大，还没到能够脱离母猫独立生存的年龄，不知是和母亲走散了，还是被主人遗弃了。小猫黑白相间的毛也让他想起当年和玛素感情甜蜜期间一起养的“奶牛先生”，常玉不禁心生怜悯，他决定收养这只小猫。新的奶牛先生十分活泼好动，它在常玉的工作室里到处淘气，打翻花瓶，抓破花朵，追逐飞虫，还曾在常玉未完成的作品上留下梅花形的小爪印，常玉却毫不生气，反而觉得这个小家伙十分有趣，似乎把对小巴勃罗的宠爱之情投在了猫咪身上。常玉饶有兴趣地关注着奶牛先生的一举一动，并将它瞬息万变的姿态用画笔记录下来，于是有了白牡丹下打滚的

猫与雀　常玉
纤维板油画｜154cm×77cm｜20 世纪 50 年代

奶牛先生，与黄莺和蝴蝶嬉戏的奶牛先生，用小爪子奋力抓向瓶插剑兰的奶牛先生。其中一幅最妙，画中一株梅枝长在素净的白瓷花盆中，奶牛先生两只后爪踩着花盆沿，两只前爪扒着树枝，用力抬头仰望，露出下颌及腹部一片雪白的皮毛，这是个十分有趣的姿势，像一个好奇的小孩子。尽管很多艺术家画猫，但几乎没有人从这样的视角来表现过。到底是什么在吸引着奶牛先生的注意呢？顺着猫咪视线人们会发现，树的枝头搭着一个极其小巧的鸟窝，一只雀鸟正抓着上方的树枝倒悬着喂窝里的两只雏鸟。显然嘴馋的猫儿想要吃鸟，可常玉夸大了幼鸟的弱小，将它们画得如此可怜无助，怎让人忍心看着它们落入猫口。然而常玉也没有将捕食者画得面目可憎，他笔下的奶牛先生格外憨态可掬，即使做了残忍的事情，也令人无法责怪，因为捕食是猫的天性。常玉在画中花盆上题写了与花果树那幅画中相同的诗句：“万物静观皆自得，四时佳兴与人同。”再次表明自己对生命一视同仁的尊重。这幅常玉的得意之作在当年的独立沙龙中展出，有人表示想要收藏，常玉却没有舍得卖掉。

· 新朋旧友

注重实际的华人同胞们大多不能理解常玉的这种敝帚自珍，因而更觉得他落得如此潦倒的境地是咎由自取，愈发排斥他。幸而常玉本就不太在意世俗的眼光，而且老朋友们也一直关心着他，令他倍感安慰。

弗兰克一家已经回到美国，玛丽又生了一个可爱的女儿，取名安迪利亚。罗伯特得到了古根海姆基金会一笔不小的赞助，正计划启动一个非常重要的关于美国的项目，准备在美国各地自由拍摄，号称要用更广泛、更大量的照片记录美国的历史与现状，最终提供一份“对文明的视觉研究”。据玛丽说，罗伯特为了这个雄心勃勃的拍摄计划废寝忘食，根本没有精力照看孩子，家务都落到玛丽一个人身上，她对此多有抱怨。但罗伯特却没有忘记关心常玉，他之前因举办展览结识了摄影画廊主朱海伦女士，她是旅美华人艺术家朱沅芷的前妻，致力于摄影史的研究。罗伯特得知海伦要带女儿去巴黎，还专程拜托她代自己去看望常玉。

此外通过罗伯特的引荐，常玉结识了法国艺术家雅克·莫诺利和他的妻子萨宾娜，摄影师丹尼尔·勒维，还有雕塑家菲力·伊其理，他们虽比常玉年轻许多，却都和罗伯特一样认为常玉风趣又开放，并没有把他看成一位严肃的长辈，而是当作平等的朋友来对待。常玉和这些年轻的欧洲艺术家相处起来也十分放松自在，经常和他们聚在穹顶咖啡厅闲谈，不过更多时候常玉喜欢在穹顶独坐，他每次都会固定坐在一个窗边的位置，独自啜饮、沉思、读书、速写、看路边风景，穹顶咖啡厅的侍者们也已经习惯了这位安静的中国艺术家的存在，会特地为他保留他的专属座位。

常玉和久违的阿尔伯特·贾科梅蒂也恢复了联系，阿尔伯特在二战期间去了瑞士日内瓦避难，巴黎解放后重新回来，工作室离常玉不远。二战前，贾科梅蒂结识了萨特和波伏娃，他们频繁聚会谈论艺术与哲学，贾科梅蒂深受存在主义哲学影响，逐渐形成极具标志性的个人风格，他塑造的火柴杆一样纤细脆弱的人像，与他自己年轻时的创作偏好一脉相承，精准地敲中了战后欧洲人饱受折磨的神经，呈现了一个时代人们的精神肖像。

常玉在天狗会时代的好友兼老乡郭有守战后一直在联合国教科文组织任职，两人虽都在巴黎，但郭有守公务繁忙，少有机会和常玉见面。最近郭有守主动联系常玉说要带朋友来拜访，话语间似乎对这位朋友十分看重。常玉许久未见子杰，对此很是期盼，提前把工作室打扫了一番。

初夏的一个周末，郭有守携友如约而至。常玉觉得老友变化不大，头发虽有些稀疏，但依然穿着考究，神采奕奕，一副标准的文化官员派头。前几年听闻郭有守的夫人杨云慧独自回国定居北京，夫妻因聚少离多已经离婚，如今看来子杰似乎未受婚变影响。老郭带来的这位朋友应该也是中国人，年纪大概与常玉相仿，打扮得颇有些仙风道骨，头顶已寸草不生，后脑的残发却留得很长，披散在身后，斑白长髯直垂到胸口，身着一袭中式长袍，看不出是俗家、佛家还是道家，总之不是凡夫俗子。这身装扮在现在的中国应该也极罕见，更别说在人人西装革履的法国，可以想象走在街上是多么引人注目，常玉不禁想起了擅于经营自己形象的藤田嗣治。

1956 年朱海伦在巴黎期间，应常玉好友罗伯特·弗兰克的请求去看望常玉，图为常玉和朱海伦在工作室合影

“Sanyu，这是著名画家大千先生，张大千。这次来是应邀在赛努奇博物馆举办个人展览，是卢浮宫博物馆馆长萨尔先生专程邀请的，这次的展览规格和待遇不输当年的悲鸿和刘海粟啊！我们中国人的骄傲。对了，大千是内江人，咱们都是四川同乡，说起来还是我族中表亲，真乃我家族之荣耀。”

“子杰，这位就是著名的旅法艺术家常先生吧？久仰久仰，常听子杰提起您，说您在二十几年前就经常参加巴黎主流的艺术展，现在已经多次举办过个人展览了。中国人能在世界艺术之都受到认可，非常了不起，为我们这些后来者做出了榜样。不才初来宝地，人生地不熟，还请先生多多关照。”

郭有守一进门就一口气介绍了一大串来客的成就，连常玉都忘了介绍，倒是这位大千先生言辞客气、礼数周到。他边说边恭恭敬敬向常玉作个揖，并自然地把手中提的礼盒放到门口，常玉瞥见似乎是一家十分有名的酒庄所产的红酒，售价历来不菲，来客出手相当大方。他待要推让，大千连说：“区区薄礼不成敬意，还望先生笑纳。”

常玉听张大千这个名字有些耳熟，但一时没想起在哪里见过。正好郭有守又补充道：“大千先生山水、人物、花鸟无一不精，工写兼能，摹古仿古更绝，他早年间仿的大涤子册页，让多少鉴藏大家走了眼。悲鸿兄对他也是赞不绝口，称大千是‘五百年来第一人也’。唉，说到悲鸿兄真是可惜，正是创作的鼎盛时期，却早早走了。许是因为我帮他调解过和碧薇嫂的婚姻纠纷，我总觉得他的早逝跟这离婚脱不开关系，为了偿还债务拼命画画，学校事务又繁杂，怎能不心力交瘁。一叹天妒英才！二叹英雄难过美人关啊！”

提到两年前英年早逝的徐悲鸿，常玉一阵默然，虽然他们的艺术理念并不相同，但悲鸿对艺术事业的投入和热忱令他感佩，况且他与徐悲鸿、蒋碧薇相识于青年时代，那是多么珍贵的友情。据说悲鸿是因过度操劳累坏了身体，走时还不到六十岁，着实令人惋惜。不过经郭有守此番提醒，常玉猛然想起 1933 年徐悲鸿组织的那次颇具规模的巴黎中国画展中，自己可能见过大千的作品。当时数百幅展览作品中，花鸟画所占比例不小，一众彰显清雅格调的写意梅兰竹菊当中，一幅金碧辉煌的《金荷》排众而出，给常玉留下了深刻的印象。这是一幅工笔重彩荷花，金箔背景上，数十朵娇艳的红莲和碧青翠绿的荷叶相互掩映，荷花是用极细的金线勾边并画出脉络的，游丝般均匀细密的线描极见笔下功力。虽是精工细笔却毫不僵化死板，荷花从含苞到盛放的各个阶段，荷叶的正背卷舒，都被刻画得生机盎然、姿态万千。而金地上大红大绿的配色居然能做到富丽而不俗艳，尤为难得，足见画家高超的技艺和审美。法国人也识货得很，展览过后宣得堡姆美术馆斥资收藏了其中十二幅中国绘画精品，其中便有这幅《金荷》。常玉记画不记人，在多达百人的参展名单里张大千的名字惊鸿一瞥，现在终于将张大千本人和作品联系到了一处。

“大千先生过谦了，初次来巴黎办展便是博物馆级别的个展，起点之高，我辈望尘莫及。凭您的精湛画艺，定能一鸣惊人，惊艳西方画坛。我对您当年在巴黎展出的《金荷》印象十分深刻。很期待您此次在赛努奇博物馆的展览。”

还不等张大千开口，郭有守便迫不及待代为回答：“常兄一向眼界极高，想不到也被大千先生的画所折服。这次大千带来的作品可不得了，是他 40 年代初深入敦煌莫高窟，历时近三年临摹古代壁画的成果。其间克服无数艰难险阻，悉心研究，终于用自己的妙笔把精彩绝伦的古壁画重现世人眼前，当然大千先生自己的艺术水准也飞跃到了新的境界，早就超越当年的《金荷》了。这批画不仅是艺术家个人成就的标志，更是我东方艺术中华文明的展现，这次展览绝对会引起西方艺术界的轰动，大千先生在世界画坛大放异彩指日可待……”

“好了子杰，我知道你素来偏爱我，但常先生才是国际化的大艺术

20 世纪 50—60 年代，常玉与一些年轻的欧洲艺术家交往较为密切，图为常玉和马赛・范甸南、萨宾娜・莫诺利

家，就不要在他面前替我夸口了。”

郭有守也意识到在常玉面前一味夸赞张大千不太恰当，便赶紧夸起常玉来：“大千兄说得有理，Sanyu 可算是旅法艺术家的先驱和佼佼者了，不但在巴黎办过展览，在荷兰也多次举办个展。想当年，有人把 Sanyu 称作东方的马蒂斯呢。马蒂斯大千兄可知？现代绘画大师，野兽派代表，当年可是被毕加索当作头号竞争对手。对了 Sanyu，你是不是和毕加索很熟？大千兄很仰慕他，我托无极给牵线搭桥，过阵子大千兄携夫人去毕加索的“加尼福里尼”别墅拜访，你若有空陪我们同去如何？”

常玉素来对需要寒暄客套的场合有些畏难，年轻时考虑到事业发展不得不去应酬，近些年则愈发随性，能躲便躲。他与毕加索虽相识多年，但两人名气、地位差距甚大，常玉不愿让人觉得自己总是沾名人朋友的光，故而没有重要的事情很少登门。他一听说大千初次拜访毕加索，必定相当隆重，少不了要说许多场面话，又有赵无极从中引荐，自己作陪并不必要，赶紧找个借口婉拒。

郭有守又接口道：“本来我们也都不大赞成他主动去拜访，恐对方反应冷淡，薄了我中华艺术界的面子，但大千先生执意如此，毫不介意自己是否屈尊，足见大师胸怀和风范。”

· 惺惺相惜

郭有守意识到自己又忍不住盛赞张大千，便赶紧圆场，提议一起欣赏常玉的作品。在自己的工作室中常玉无法拒绝这一请求，也很好奇张大千这位精研传统绘画的大画家会怎样看待自己的作品，便将自己近来得意之作逐一展示给两位来客，主要是盆栽花卉题材，包括几幅盆菊、牡丹，给巴勃罗画的多宝花果树系列，枯梅系列，还有一幅盆栽莲花。

张大千本来出于客气，打算走马观花看过作品再礼貌赞扬一番，没想到看着看着便看出了意思。常玉见张大千在枯梅和多宝树前都驻足良久，脸上表情颇为严肃，刚想问大千有何见解，张大千却率先开口道：“常先生的画令老朽大开眼界，佩服佩服。我先前仅知道以书入画，因中国绘画与书法技同意通，工具也相同，这种转化不难，但常先生竟能将书法用笔运用在西洋画之中实属难得，关键是意韵不减，很见境界和功力。”

大千这番夸赞，固有一些礼貌成分在，但常玉也能够感受其中发自肺腑的欣赏。常玉感到高兴，大千对自己的态度明显有所转变，刚进门时他虽十分客气，但那不过是将自己当作一个熟悉当地情况的同乡，而现在对自己作品认真中肯的点评，则是真正将自己看成一位专业的、值得尊敬的艺术家同行。

郭有守从旁插言道：“士别三日，果然当刮目相待，Sanyu 这花卉画愈加成熟老辣了，大千是画荷的绝顶高手，你这盆中莲花和大千的相比竟毫不逊色，大千野逸，Sanyu 清雅，环肥燕瘦各有千秋。”

“那我便是杨玉环咯，人肥花也肥。哈哈，正好人和花我都爱肥一点的，我认为一等的美人定要满足肥、白、高三点。”

“巧了，我跟大千先生所见略同，花我虽偏爱瘦些的，但是美人还是略丰满些的更美，最重要的是要骨肉匀停。”常玉听大千谈起美人竟也来了兴致。

“哈哈，大千兄算是遇见同道中人了，Sanyu 对美人也是相当有心得，当年他那‘英国女人用脚走路，美国女人用腿走路，巴黎女人用下身走路’的名言，传遍了欧洲留学生圈子。”郭有守想起当年情景不禁大笑。

大千捋着长须连连点头：“妙哉妙哉，细细想来这几国的女人还真是这样的，法国女人尤其有风情。看来常先生的确对女人很有研究。”

常玉倒面露惭色道：“子杰不要再提了，当时年少轻狂，整日在那儿大放厥词，现在想来真是惭愧。女人不可轻看。”

“真想不到，当年远近闻名的浪荡公子竟有了这等觉悟。也不知去年是谁跟自己的小女朋友赌气，竟然把人家姑娘的衣服从窗户扔下楼，害得人家大冷天光着身子跑出来捡衣服，某人当时怎么没有想起尊重女性这回事来。”郭有守说的是有一次他难得来工作室拜访常玉，却不巧撞见常玉和当时的女朋友汉娜吵架。汉娜是个高大健美的日德混血少女，还不到二十岁，偶尔会耍小女孩的脾气，常玉空长了好大年纪，却并不是成熟体贴的伴侣，两人发生矛盾时常常像两个小朋友在闹别扭。郭有守仗着多年交情揭了常玉的老底，本来是打趣老朋友来活跃气氛，他以为常玉也会一笑了之，没想到常玉却变了脸色，很不客气地对郭有守说："你知道什么？那个女人犯了原则性的错误，她贬低我的作品，说她五岁的侄子都画得出来，还说咱们中国绘画还不如他们欧洲小孩涂鸦。"常玉说完便铁青着脸不理人了。

郭有守和张大千对常玉的突然发作十分意外，不禁面面相觑。郭有守尤其纳闷，他印象里的常玉是一位性格温和的人，话虽不多却十分幽默，并不像这样喜怒无常，他并不知道这许多年来绘画和乒乓网球两项事业的屡次失意，让常玉逐渐失去了他的好脾气，而且越是在亲近的朋友面前越不去掩饰。

还是张大千八面玲珑，赶紧岔开话题道："常先生只专注于花卉画吗？您对美人这样有见解，是否也画人物画呢？"

郭有守赶紧接口道："可叫大千兄问着了，Sanyu 画的女人体相当出色，让新月派大诗人徐志摩都念念不忘。因为画里女人的腿都很丰满，还专起个名字叫'宇宙大腿'。"

"果然如此？老朽刚才看得意犹未尽，还望常先生不要吝啬，把那些私藏精品也拿出来供我们一饱眼福，老朽便不虚此行了。"

常玉正为刚才情绪失控而尴尬，见大千说得恳切，便顺水推舟拿出了他前段时间画的几幅人体绘画。当年在纽约王济远寓所中，常玉对着健美开朗的苏菲画出了两幅新的人体图式，他回巴黎后依然念念不忘，他隐隐感到那是自己人体绘画的未来方向。30 年代自己痴迷塑造的草莓蛋糕般白软丰腴的女人体固然很美，但随着这些年阅历的增长，

裸女坐像　常玉
纸本油画裱于木板｜68.5cm×58.5cm｜20 世纪 50 年代

屈腿裸女　常玉
纸本油画裱于木板｜46.5cm×49.5cm｜20 世纪 50 年代

对自我与世界的认识的变化，还有对女性的更深刻的理解，常玉已不满足继续以那样绵软甜腻的方式表现女人，他现在已深切地感受到女性所拥有的力量。她们可以妩媚风流，甚至搔首弄姿，但未必是要展示给什么人看，她们也许更想要取悦自己。在纽约用报纸信手画的两幅人体画稿，碑刻般粗重有力的轮廓线和坚如磐石的姿态，恰能表达出常玉对女性的新的认识，正好又有了汉娜这位现成的模特，常玉便画了个痛快。他不仅用油画的材料重新绘制了两个屈腿的图式，还让汉娜摆出多个突出腿部的姿势——有的是侧卧，左腿交叠于右腿之上；有的是仰卧，右腿屈膝脚撑地，左脚搭在右膝之上；也有坐姿，右腿屈膝紧贴地面，左腿支起，左脚别在右膝后面，形成一个漂亮的等边三角形。几个姿势无一例外遮挡了面部和上半身的大部分，弱化五官，突出人体的整体姿态和轮廓，历来是常玉人体绘画的特征，在这几件作品中尤其突出，乍看去甚至看不出是女性的身体，而像是一座重叠起伏的山峦。这几幅画的确是常玉有所保留的，因风格与之前很不一样，他并没有十足的把握，故而未曾公开展览或发表过，这天如果不是因为遇到大千这样的行家，且赶到此情境，常玉断然不会轻易示人。

张大千对着几幅画啧啧称奇，感叹道：“老朽也自认为是画美人的行家，一辈子看过的古今中外的美人图不计其数，可从来没见过像常先生这样画人的。竟能将女人体画得如同山峰岩石一般气魄雄浑，常先生境界果然不凡。”

郭有守也附和道：“我的确应该对你刮目相看了老常，竟能把女人体画出山水画的格调，不简单。看来你那小女友对你的艺术事业还是做了不少贡献。”

郭有守说者无心，张大千却听者有意，连忙问：“子杰，你见过常先生这位模特？她样貌如何？我一直想找一位有异国情调的模特，可惜没碰到合适的。常先生独具慧眼，想来这位模特相貌也不会差，不知常先生可否给老朽引荐一下？我愿意付高出巴黎平均行情的酬劳。”

常玉历来怜香惜玉，虽说和汉娜已经分手，但他依然希望这个天真任性的女孩过上更好的生活。常玉觉得给大千做模特对于汉娜来说算是个不错的工作机会，便欣然答允了。张大千很高兴，不住对郭有守说此行不虚。又寒暄了片刻，二人便告辞了。

六月，张大千临摹敦煌石窟壁画展在巴黎赛努奇博物馆如期举办，常玉也出席了开幕式，见识到了法国人对张大千作品的喜爱，也见识到张大千高超的社交才能。没过几日，又听说张大千与毕加索会面的消息，连巴黎的报纸都将其作为艺术界的重要新闻进行报道，更有媒体“推波助澜”，称之为“东西方艺术高峰会”。七月，张大千竟又临时受邀在巴黎近代美术博物馆举办了展览，也大获成功。常玉不得不感叹大艺术家们的成功皆有共性，除了精湛的技艺、领一时风气之先的艺术理念，自我营销也是不可或缺的能力，张大千、毕加索无不如此。

· 锦上添花

常玉本以为此后自己与青云直上的张大千再无交集，不承想时隔五年之后，郭有守再次登门拜访，转达张大千的请求。原来张大千再受赛努奇博物馆之邀举办个人展览，大千计划展出一幅近期力作，高3米多、长达8米的《泼墨巨荷》，他对这件作品颇为满意，因此对其首次公开展出十分重视，打算专门请人设计宣传册页。可找了几位设计师均未入大千的法眼，他嫌职业设计师的设计商业气息太浓且流于程式，思来想去竟想到了常玉，他简洁的艺术风格和高级的审美令大千印象深刻。

常玉本想推辞，可大千信中言辞恳切，又给出诚意十足的酬金，郭有守也力求常玉出手相助，而最终打动常玉的是信中所附的照片。这些照片不仅有《泼墨巨荷》的作品图片，还有大千在巴西的八德园画室创作过程的照片，尤其是其中一张，刚刚完成尚未装裱的《泼墨巨荷》铺在地上，几乎将宽敞的画室铺满，张大千站在画前端详，巨幅的画面竟让身材算得上魁梧的张大千显得十分矮小。常玉喜爱《泼墨巨荷》飘逸而又雄健的气度，也敬佩大千的天才和对艺术孜孜以求，便应承下来。

常玉设想这本宣传册要轻便而不失质感，因此他选择最简单的骑马订作为装订方式，选用亚光的轻型纸印制。封面简要列出展览题目、艺术家、时间、地点等必要信息，字号、字体皆精心设计，配以《泼墨巨荷》一处精彩局部。封面简约摩登，让人想要翻阅一探究竟，内里更是大有乾坤。常玉为突出《泼墨巨荷》的恢宏气势，采用了小册子很少见的拉页设计，以这一开本能够承载的最大篇幅尽可能还原作品带给观者的冲击。又精选四张大千的创作照，其中就包括在《泼墨巨荷》画前端详的那张，另外三张都是大千全神贯注作画的照片，其中一张还有大千夫人在一旁红袖添香。此外还单设一页专门列出大千常用

翘脚裸女　常玉
纤维板油画｜125cm×95cm｜20 世纪 50 年代 /20 世纪 60 年代

斜倚裸女　常玉
纸本油画裱于木板 | 57cm×72cm | 20世纪50年代

的几方印章，让观者对艺术家有更加全面的了解。

常玉为大千设计的宣传册十分受欢迎，开幕式上被宾客们取用一空，不少人还专门向大千称赞册子精美，为展览锦上添花。大千亦对常玉大加赞赏，还为当年介绍模特一事向他致谢。原来大千见到汉娜果然十分满意，她东西融合的混血儿长相，还有那一双纤纤玉手，恰好符合张大千的审美。大千对女性的手极为看重，也精于画手，特意画了一幅汉娜以手掩口的肖像，她的凤眼和纤手都得到了充分的展现。大千对此作颇为满意，就在前不久再次展卷题跋："五年前在巴黎，常玉绍介一模特儿，颇有资致。此写其貌也。重展戏题。"也算是常玉和他这段交情的见证。

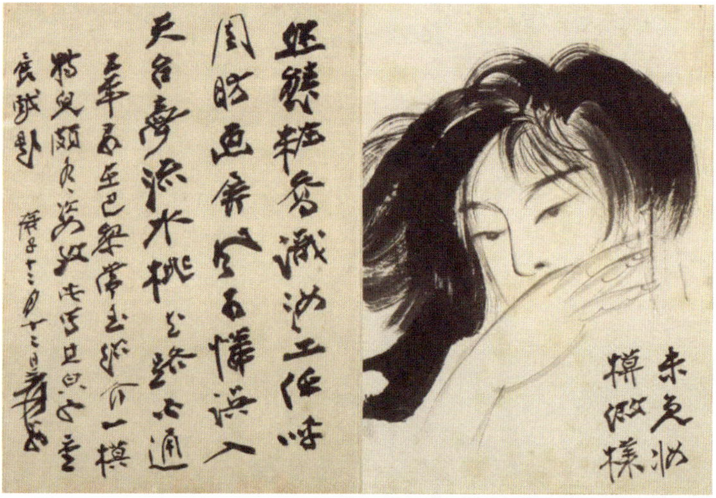

模特肖像　张大千
纸本水墨｜1955—1960 年
（此为张大千为常玉所介绍的模特所作肖像）

社交逐年减少的常玉在开幕式上还见到了久违的朋友潘玉良和谢景兰。玉良看来有些郁郁寡欢，原来其夫潘赞化于不久前病逝，她还沉浸在丧夫之痛当中。想当年大千初次在巴黎办展时，玉良也到场祝贺，彼时她刚受邀拍摄完法国纪录片《蒙帕纳斯人》，她是片中唯一的亚洲艺术家，又在希腊、英国多国举办展览，事业上风光无限。张大千还在她新创作的《豢猫》上题写："为国画正派，尤可佩也。"谢景兰当年为探望儿子，同时也为逃避和赵无极、马赛 · 范甸南之间的感情纠葛回到国内，未能出席大千巴黎首展的开幕式。而今谢景兰已不再是隐身于大画家赵无极身后的赵太太，而是以艺术家 Lalan 的身份在抽象绘画领域努力探索。她于四年前离开赵无极，和马赛成婚，并于去年在巴黎举办 Lalan 首次个展，从此在绘画及作曲、编舞领域大放异彩。

常玉看着两位自己结识多年的女艺术家，回想自己和她们近十年

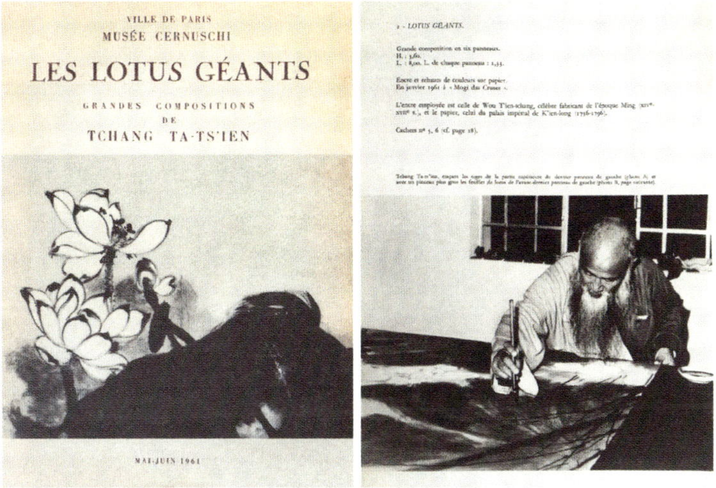

常玉为张大千在巴黎赛努奇博物馆举办的展览所设计的宣传册

来的人生起落，不禁感叹命运的无常和人力的微茫。人生得意须尽欢，他这样劝慰着自己。

· 和老搭档重逢

尽管常玉总想忘记自己的年龄，但难免有些事情会一再提醒他老之将至，意识到朋友的衰老便是其中之一。一天常玉偶然在报纸文化版面看到一条书讯，标题很是夸张，大意是“七十六岁高龄作家再写绝美三角恋”，常玉很反感这种哗众取宠的新闻，正要移开视线，却瞥见书的作者竟是亨利 · 皮埃尔 · 侯谢。会是自己认识的那个侯谢吗？真不知道这个艺术经纪人居然还会写小说。而且他有那么大年纪吗？常玉疑心自己弄错了，擦擦花镜再仔细看，没错，介绍写着收藏家、艺术顾问，果真就是自己曾经的合作伙伴亨利。掐指算算，侯谢与自己合作的那几年正是富有成熟魅力四十几岁的年纪，而今已过了近三十年，可不已是年逾古稀的老翁。再一想，自己也是年近花甲的人了，如果一直生活在家乡，大概早就做爷爷了，时光流逝之快，令人骇然。

侯谢写的这本小说题目是《两个英国女孩与欧陆》，写的是法国青年克劳德与美丽的英国两姐妹安娜和米瑞尔之间的感情纠葛，小说的形式别出心裁，通篇由日记与书信组成。据介绍，这已经是侯谢的第二部小说，前几年出版的《朱尔与吉姆》也是一场三角恋爱，只不过是二男一女，那本书很受读者欢迎，常玉竟一点都没有听说，他有些惭愧于自己的孤陋寡闻和对朋友的冷淡。由于《朱尔与吉姆》的成功，出版社对侯谢的新作颇为重视，定于本周五晚上在著名的深夜书店（La Hune）举办新书发布会，常玉决定到时去看看老朋友。

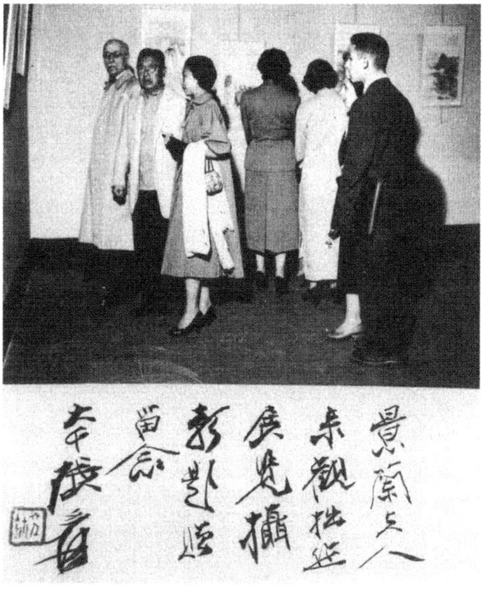

常玉（左二）和谢景兰（左三）在张大千展览开幕式上，张大千为谢景兰题词留念

深夜书店坐落在第六区圣日耳曼大街，位于著名的花神咖啡馆和双叟咖啡馆之间。常玉到达时，发布会已经开始了，亨利·皮埃尔·侯谢作为作者正在致辞。他谈到，《两个英国女孩与欧陆》与《朱尔与吉姆》一样，都是带有自传性质的小说，根据他年轻时的回忆写成。侯谢追忆起自己青春岁月的点滴，讲到自己在两个女孩间左右摇摆，态度坦诚而真挚，令台下许多年轻的读者十分着迷。

常玉看着台上侃侃而谈的老朋友，略显冷峻的瘦长脸庞和深邃的目光依稀是当年的模样，但脸上、手上遍布的皱纹和斑点，不再挺拔的身形，颤抖沙哑的声音，无不清清楚楚宣告着衰老，如果是走在街上遇到，常玉是断然不敢相认的。

讲话结束，侯谢便被一众热情的读者包围，他们争相请作者在新书上签名。终于等到书迷们散去，书店里的人渐渐稀少，常玉才走到侯谢的面前。

“好久不见，侯谢先生！想不到你从收藏家转型成为作家，而且看得出很受欢迎，祝贺祝贺！”

侯谢略一迟疑，马上认出了常玉，兴奋地大叫起来：“嘿！ Sanyu老朋友！这么多年你跑哪去了，也不和我联系，我还以为你早就不在巴黎了。我也算不上是转型，我一直是一位严肃的收藏家，只不过不再做经纪人了。要说写作，我从年轻时就开始了，你也知道我有记日记的习惯，咱们合作时的那些事我可都原原本本地记录下来了。”

“怪不得你还能回忆起那么多年前的恋爱细节，原来早有准备。以后万一写到以我为原型的人物，可一定把我的形象塑造得光辉一点啊。”

“哈，你来得正是时候，我正在写一本跟艺术收藏有关的书，可以算是我的收藏回忆录，里面一定会提到你的。什么时候再去你的工作室看看你的新作，我还想再吃你做的麻辣鱼呢。你的工作室还是卢梭街那一间吗？里面的女主人还是那位黑美人吗？”

“早就换了，现在是沙坑街 28 号，没有女主人，只有各种女客人，哈哈。欢迎你来吃鱼。”

二十多年前，常玉曾有一段时间和侯谢几乎形影不离，他们一起谈论艺术，一起去花街寻欢，一起去餐馆用餐，一起品评常玉的新作，尽管后来产生分歧中断了合作，但常玉从不否认侯谢对自己积极的影响。和侯谢合作的那几年，几乎是常玉整个艺术生涯中最高产的阶段。侯谢不仅为他引荐藏家，还带常玉出入巴黎文化圈，结识了毕加索、斯泰因等文化名流，也在经济上支持过常玉。抛却利益的冲突，侯谢对常玉的才华还是十分认可的。在二十几年时光的淘洗下，常玉和侯谢之间一点小小的恩怨早已变得微不足道，在重逢的欢笑中烟消云散。侯谢虽已不做艺术经纪人，但他仍以收藏家身份活跃在圈内，此次新书发布会便有不少艺术界的朋友前来捧场，侯谢专门将常玉引荐给来宾中的一对父子，希望能对老朋友有所助益。

父子中的父亲莱尼 · 祖彦（René Drouin）是一位建筑和室内装饰设计师，他曾在 20 世纪 30 年代末和朋友李奥 · 卡斯特里（Leo Castelli）合作开办画廊。他们当时代理的艺术家尚 · 杜布菲（Jean Dubuffet）、阿尔弗雷德 · 奥托 · 沃尔夫冈 · 沃斯（Wols）、让 · 福特里尔（Jean Fautrier）、亨利 · 米肖（Henri Michaux）等在当时以风格前卫而著称，现在大多功成名就，而祖彦的搭档李奥如今已是非常知名的画商。只可惜二战期间李奥举家迁至纽约避难，祖彦一个人精力有限，画廊生意逐渐冷清，便索性关闭了。

儿子尚 · 克劳德 · 祖彦对艺术品兴趣不大，倒是有意向体育相关行业发展，听说常玉的乒乓网球发明十分兴奋，表示愿意动用全部人脉资源和常玉共同推广乒乓网球。纽约之行的失败已让常玉对这项事业灰了心，面对小祖彦的提议他采取了一种死马当活马医的态度，他将乒乓网球的球具和规则说明交给小祖彦，由他去折腾。没想到这个年轻人的确有些办法，他不知通过什么渠道打通了法国体育部的关系，竟然说动体育部的官员考虑将乒乓网球作为网球运动的一项热身活动纳入中学体育课程。若此项草案能够顺利实施，乒乓网球可谓前途无量，纳入学校课程这一推广力度可是几个俱乐部无法比拟的。常玉又重新燃起了对乒乓网球的热情，跟小祖彦一起全身心投入这项事业当中，甚至连绘画都暂时放在了一边。

推广乒乓网球的过程中，常玉还结识了《法国晚报》的体育版编辑亚伦·邦勒。亚伦对乒乓网球很有兴趣也十分热心，不仅说服报社负责人购买多套球具作为员工健身设备，还将自己的记者同事阿尔伯特·达昂介绍给常玉。阿尔伯特也从事艺术创作，因此与常玉很有共同语言，常玉又多了一个知心的朋友，苦闷时会向他倾诉。

常玉和尚·克劳德·祖彦为乒乓网球东奔西走了将近两年的时间，开始时进展顺利，满怀希望，然而常玉按要求递交了全部乒乓网球相关的材料之后，便犹如石沉大海，再未收到任何来自体育部的消息。小祖彦再去找之前的联络人，却发现那人已去其他部门任职，无法继续帮助他们了。于是常玉的乒乓网球创业计划再次以失败告终。

第二十四章　成败皆因艺术

·忘年之交　上

感谢艺术，幸亏有艺术的疗愈和救赎，才让常玉这样失意的人不至于走向绝望和堕落。通过乒乓网球致富的希望再次破灭后，常玉对此不再抱有幻想，但仍免不了有些失落，他又无处倾诉，便于寂寥中画了不少动物题材作品。依然是广阔无垠的天地间一只小小的野兽，但常玉会在背景中加入沙洲、草原、河流等自然景观，使得这一时期的动物题材作品与前一阶段相比多了一些自然生机，不那么苍凉。

艺术也让不善交际的常玉收获了许多纯粹的友谊，细细想来常玉的朋友大多是因为欣赏他的艺术才华才走近他，进而发现他的真诚与魅力。邵洵美、庞薰琹、约翰·弗兰科、罗伯特·弗兰克、玛丽、谢景兰、阿尔伯特·达昂无不是这样，青年钢琴家张易安也是如此。

1956 年深秋，张易安来巴黎举办巡回演出过程中结识了常玉。在常玉简朴的工作室中，张易安被常玉格调高雅的画作所折服。她尤其偏爱那种风格温馨的动物和植物题材绘画，恨不得全部收入囊中。可是张易安当时事业刚刚起步，尽管名气不小却囊中羞涩，她以为常玉的作品这样精彩一定十分昂贵，根本不敢询问价格，看来看去终于鼓足勇气，指着一张跟画报差不多大的小画问道：“Sanyu 先生，请问这幅画多少钱？我实在是太喜欢您的作品了，无论如何也要收藏一件。”

常玉看出易安的窘迫，心中有些不忍，他对这位性格开朗的女孩印象非常好，虽然她已过而立之年，但真诚纯粹得像个少女。易安周正饱满的鹅蛋脸上总是挂着笑容，修长的柳叶眉和凤眼弯成好看的弧度，为她爽朗的笑容增添了含蓄的东方美感，让人看了从心里往外感觉舒泰。易安询价的这幅画是常玉早期的作品，画的是当年与玛素热恋期间一起养的宠物狗花花。画面中狗儿乖巧地趴在靠背椅上，常玉当时还在画法上做了大胆尝试，他没有用线条勾勒狗的轮廓，而是仅以红色和白色的大色块便巧妙地画出了花花小巧的身躯，又用三个黑点生动画出狗儿又圆又亮的眼睛和湿润的小鼻子，深得中国传统写意绘画之精髓。画中所使用的色彩并不多，狗红白相间的毛色、深棕色的木椅、本白色的墙壁和椅子下中黄色带咖啡色花纹的地毯，都统一在暖色调之中，看起来丰富而和谐。这幅画虽不属于极具分量的代表性作品，常玉个人却十分偏爱。创作这件作品时他风华正茂，爱情、事业一帆风顺，画中所呈现的温暖恬静的气氛，正是常玉和玛素两人恋爱状态的写照。常玉一看见这幅画，便不由得回想起那段浪漫关系和自己意气风发的青年时代，心中涌起无限柔情。只是近两年常玉总有往事不堪回首之感，反而不愿再忆当年，便甚少在这幅画前驻足了。初次来访的张易安单单询问这件作品，倒引起了常玉的好奇。

“这么多作品你单问这件，是因为觉得它可能尺寸最小价格最低吗？我想听听你对这幅画的看法。”

易安又笑了，大方承认道：“没错，我猜小画会便宜一些，虽然您的所有作品我都很爱，但以我目前的经济实力，更大更贵的作品我还不敢奢望。但这只是一小部分原因，绝不是全部。我的确非常喜欢这件作品，它让我感受到家的温馨，虽然我家里并没有这样一把椅子，也没养过这样的小狗，但看着它我就不由得想起小时候父母对我们的爱和

华人钢琴家张易安肖像照

家里的欢笑，这种色调就像泛黄的老照片，怀旧又温暖。我还特别喜欢这幅画里的中国元素，虽然我很早就离开中国了，但我一直十分怀念中国的一切。这种京巴狗在国内很常见，这种带凤凰、如意纹样的黄地毯我小时候似乎也见过。”

易安说得不假，虽然她讲英文、法文如同母语般自如，中文反而不甚流畅，但她的穿着打扮、神态举止，都带有旧时代的风华，反而像常玉的母亲、姐姐一辈的中国女性。在演出等正式场合，张易安更是一丝不苟穿起旗袍，梳起中式盘发，在一众西装晚礼服中间格外耀眼。

常玉总会被真诚打动，这次也不例外。他给易安讲了这幅画创作的背景，只象征性地要了 10 法郎，在战后法郎不断贬值的时代，这点钱还不够吃一顿像样的晚餐。易安开心极了，赶紧将画包好紧紧抱在怀里，生怕常玉会反悔。她也知道自己占了便宜，便提出请常玉听自己乐团的演奏会，常玉欣然接受了邀请。

趴在椅子上的北京狗　常玉
纤维板油彩｜46.5cm×37cm｜20 世纪 30 年代 /20 世纪 40 年代

一来二去，两人熟识起来，常玉逐渐了解到张易安显赫的家庭背景。其父张歆海是一位传奇人物，少年时便赴美留学，跟随著名学者欧文 · 白璧德（Irving Babbitt）学习英国文学，获哈佛大学英语文学博士学位。归国后曾被北京大学、清华大学、上海光华大学等高校聘为英语文学教授，并任系主任、院长等职。20 世纪 20 年代末张歆海进入外交领域，任外交部参事，此时还不满三十岁。后因受同事诬陷，张歆海从驻波兰公使任上辞职，回国后仍在上海光华大学、中央大学等高校任教，同时也是美国政治与社会科学院、英国皇家亚洲学会等欧美学术机构的成员。20 世纪 40 年代，张歆海举家移居美国洛杉矶，在好莱坞充当新闻电影顾问，指导片商摄制反日影片，并在美国各地进行演讲，为宣传抗日做了许多工作。还曾担任当时国民政府外交部部长宋子文的特别助理，张歆海还先后出演了三部好莱坞电影，20 世纪 50 年代后开始在美国的高校任教，教授中国历史及东亚历史。目前正在尝试写小说，希望通过著书向西方介绍中国文化。张易安的母亲韩湘眉也并非平凡主妇，她是早期公派赴美的留学生，回国后在东南大学任教，成为中国最早的大学女教授之一，与林徽因、凌叔华、冰心等并称民国文化界的“四大美人”，是一位才貌双全的优秀女性。

有这样的家庭背景支撑，张易安起点颇高。1933 年，不满十岁的张易安与弟弟张秉中随父母去欧洲旅行，途经法国、德国、意大利、西班牙、葡萄牙、埃及等十一个国家，历时四年方回中国。这样的经历，在交通通信尚不发达的 20 世纪 30 年代，对于普通百姓犹如天方夜谭。多数中国人可能一辈子都未曾离开过自己出生的村落。也无怪乎张易安一家回国后，出版界的重要人物、中外书局经理盛际唐便向小姐弟俩约稿，想将他们周游欧洲各国的经历成书出版。当然，除了认为这些海外见闻确能满足国内读者的好奇心，借给孩子出书拉近与张歆海、韩湘眉夫妇的关系，大概是盛际唐的真实初衷。于是张易安与弟弟在小小年纪便出版了自己的著作《张氏姊弟游欧记》，由他们的母亲韩湘眉担任主编。该书的出版还获得了另一位有分量的出版人、《时事新报》总经理郭虞裳的大力赞助。总之，对于寻常百姓来说难于登天的事情，张易安这样的名门闺秀却能轻而易举地实现。但也不能据此否认张易安本人的努力，她自幼接受良好的教育，小小年纪便展现出过人的音乐天赋，中学时期便成为远近闻名的音乐奇才，曾师从著名钢琴家瓦尔特·吉泽金（Walter Gieseking）。张易安的个人演奏会首演在好莱坞露天剧场举办，由著名指挥家列奥波德·斯托科夫斯基执棒指挥，在音乐界崭露头角，也因此才有机会来巴黎巡演，得以结识常玉。

常玉得知易安的出身后，曾开玩笑说："早知你是名门千金，我就不会要价那么低了，真应该狠狠敲你一笔竹杠。"

易安便撒娇道："还请 Sanyu 先生高抬贵手哟，您知道家父完全是西人做派，我们姐弟俩成年后他立即便断了对我们的经济资助，我现在随团巡演报酬有限，真的是穷学生一个。等我出了大名，赚了大钱，一定把您的作品都收藏在家里，您现在就当是资助我，也算长线投资了。"

常玉笑说："你是穷学生，你男朋友可是有教职的人，现在已经是小有名气的作曲家了，让他买了画来送你吧。"

一提起男朋友，易安便忍不住笑逐颜开。她的男友周文中是作曲界的青年才俊，是当时绝无仅有在西方获认可的华人作曲家。1954 年受著名的路易斯维尔乐团委托创作的管弦乐《花落知多少》，因其优雅凄婉的中国情韵与西方管弦乐的完美融合，令周文中一鸣惊人。易安与文中也是因为音乐结缘，现已到了谈婚论嫁的程度。常玉虽没见过文中，但凭易安讲述的他们两人对音乐共同的追求、门当户对的出身背景以及相处的细节，常玉由衷觉得他们是佳偶天成。

没有演出和排练时，易安喜欢到常玉的工作室闲坐，这里虽有些杂乱，却自由舒适。他们都不把彼此当作外人，易安来了，常玉并不特别招待，易安也一切自便，主客皆轻松随意。易安除了来欣赏常玉的作品，还爱翻看常玉保存的中国书刊。这些书刊都有些年头了，有常玉从国内带来的《红楼梦》等书籍，也有邵洵美当年兴办杂志时寄来的《新月》《狮吼》《金屋月刊》等期刊。这些中文书刊对于常玉来说都相当有纪念意义，他数次搬家也不舍丢弃，但又懒得整理，便一股脑儿堆在墙角，经年累月，积了厚厚的灰尘。易安从不嫌脏，每次来都寻宝一样翻看那摞旧杂志，因为她发现不少期刊几乎和自己同龄，上面记录的正是她尚未离开中国时发生的事情，她想借此重温自己的童年时代。

有一次，易安正翻着旧杂志，忽然发出惊喜的叫声，她激动地指着一本旧《新月》杂志里的一篇文章对常玉说："真没想到，居然翻到了家母的旧文，还是悼念我非常喜欢的一位长辈的。"常玉戴上花镜定睛一看，文章标题赫然是《志摩最后的一夜》。粗略扫视几眼，字里行间透露着对诗人徐志摩的怀念与追忆，以及对他意外罹难英年早逝深深的哀悼和惋惜。才女韩湘眉的文章也勾起了常玉对志摩的回忆，虽然只有数面之缘，但志摩那妙语连珠的幽默口才、诗人式的好奇与浪漫气质，都让常玉终生难忘。

"这也是我非常怀念的一位朋友，真想不到，令堂大人也是志摩的挚友，我们还真是有渊源啊。"

"哇！我就说怎么跟你一见如故，虽然你和家父年纪相仿，但我从未把你看成长辈，总感觉你就是一位可亲的朋友。我对志摩也是这种感觉，当年我很少喊他伯伯，而是管他叫'Boo Boy'，其实是年纪小说不清楚'Good Boy'，因为他对人特别温柔礼貌，而且同我们讲话从不敷衍。原来你和徐伯伯也是知己，果然是人以群分。"

"我们的交情的确不一般，我请他欣赏过人体模特，给他画过头像，他把我写在游记里。只可惜他还没看过我给他画的像，曾经许给他的‘宇宙大腿’也没能及时给他，这是我的一大憾事。”

“我也想看你给徐伯伯画的像呢。你们都通过创作来怀念彼此，真让人羡慕。我最遗憾的是没能见上他最后一面，尤其是出事前那天晚上他其实就在我家。我还记得那时虽然已经入冬，但那天天气特别好，母亲带我和弟弟去明陵、灵谷寺一带游玩，玩了一整天，黄昏才到家。听用人说白天徐伯伯来过，见父母都不在家便又走了，说是晚上再来。可是那天晚上父母早和友人约好要去家中赴宴，怕徐伯伯空等，便让他十点钟过来。我和弟弟年纪太小，白天游玩又累，哪里撑得到十点，没等徐伯伯来便睡着了。人没见到，第二天早上倒是吃到了徐伯伯给我们带的点心。那点心是金陵咖啡馆的，在南京颇有名气，徐伯伯每次来做客，都给我们姐弟带些礼物。我记得那点心还没有吃完，就听说了徐伯伯飞机失事的噩耗。我听大人说他的飞机从天上掉下来，人也烧死了，也说不清是因为伤心还是害怕，嚎啕大哭起来。我弟弟连死是怎么回事也不懂，见我哭，只会在旁边一个劲地问，哭什么？哭什么？徐伯伯走时太年轻，现在我都快到他那个年纪了，我感觉人生才刚刚开始。”

易安忆起当时的情景竟忍不住红了眼圈，常玉赶紧安慰道：“也许是天妒英才吧，志摩从小家境殷实，本人又才华横溢，朋友遍天下。他已经走了这么久，至今还令人怀念，如果他在天之灵看到咱们两个在这里讨论他、回忆他，应该会很高兴吧。而且志摩生前经历丰富，比普通人活几辈子加起来都精彩，已经不枉此生。你想想，有几个人年纪轻轻就在文坛开宗立派，还能得世界闻名的大诗人的青睐？有几个人少年留洋，还随心所欲从金融转到文学？又有几个人能结识大画家常玉，得他亲笔画像？有谁能给著名钢琴家张易安买糕点，还见过她哭鼻子？”

易安不禁破涕为笑。

· 每逢佳节倍思亲

时至年底，当地人们忙着筹备圣诞与新年，整个巴黎一派喜庆热闹气氛。常玉和张易安两个异乡游子没有亲人共度佳节，唯有抱团取暖。他们相约元旦前夕一起去勒杜姆咖啡厅共度跨年之夜。巴黎的咖啡馆平时就是漂泊的异乡人的收容所，新年前夜更成了一间公共客厅，无论认识不认识，人们相互举杯祝福，在这里短暂地扮演着临时家人，抚慰彼此孤寂的心灵。

常玉觉得新年之于法国人，有些像中国的元宵节，而圣诞则像是中国的除夕和春节。圣诞夜及平安夜人们都在家中与家人团聚，而到了新年，人们便呼朋引伴，与亲朋好友赏游街景。此时巴黎的重要街道，如香榭丽舍大道便张灯结彩装饰一新，从凯旋门到协和广场都灯火辉煌，那种热闹的景象和元宵赏花灯特别相像。这年也不例外，街上游人熙熙攘攘，尽管天气寒冷，却丝毫没有减少人们的游兴。临近午夜，原来待在室内的人们也开始涌到街上，欢乐的跨年氛围达到顶峰，结伴游玩的学生们，年轻的情侣们，扶老携幼的大家族，都在街头翘首企盼即将敲响的新年钟声。常玉和易安都不喜喧闹，他们端着香槟来到咖啡馆二楼的露台上，不过这里也并不清静，因为零点时经常有人燃放烟花，二楼的观看视野更佳。常玉和易安好不容易在露台边上找到一个位置，两人端着酒杯凭栏而立。

“Sanyu 你看，当地人都和亲友们一起度过新年，好羡慕他们，我觉得好凄凉。”

易安有些酸楚地说，她因男友文中不能来巴黎与她共度圣诞、新年而耿耿于怀。

“每逢佳节倍思亲，你大概头一次一个人在外度过节日，心里有些不好过是难免的。”

“那么你呢，Sanyu？你在法国这么多年，每次这种节日都是怎么度过的呢？你会很想家吗？”

即便常玉再洒脱，他又何尝不思念亲人和家乡。年轻时一心向前奔，又有爱人、情人及众多朋友陪伴，无暇追忆过往。而今年事渐高，交际圈逐渐狭窄，少年时家乡的人、事反倒越来越频繁地浮现在脑海。中国人讲究落叶归根，常玉也不是没有考虑过回国，然而回去哪里呢？大哥走后，家族便失去了核心，兄弟姐妹分完遗产后四散各地，祖宅早已推倒重建，没有他栖身之所。况且新的政府对海外回去的人会是什么态度，能否接纳他这个身无长物的落魄之人，常玉都毫无头绪，索性便不去想了。

“吾心安处是吾乡，我只能这样想。不过这次我们一块儿过新年也算入乡随俗了，法国人认为圣诞节是留给家庭的，新年的不眠夜是留给友人的。你看这些当地人，今天其实大多数都是和朋友一起聚会。这个新年与你共同度过我是很高兴的，你觉得怎么样呢，小朋友？你还没告诉我，送你的圣诞礼物喜欢吗？”

前几日常玉新画了几幅池塘游鱼题材的小画，想借夏天的明媚印象打发冬日的昏暗漫长。作品用油画颜料画在一块纸板上，画板只有杂志大小，常玉却率性地使用大号画刷，以土黄、深绿和暗绿色大刀阔斧地画出池塘背景。他仍习惯用薄涂的方法，几种颜色相互交叠，宽大硬朗的笔触也清晰可见，形成深浅错落的池水效果。到了最关键的鱼的部分，常玉改用小号画笔，点画出几条红色的小鱼，虽然每条鱼仅用两三笔画出，但相对于粗线条涂抹的池水，已经是十分精细了。和印象派作品一样，在一定距离外整体来欣赏这幅画，会看到红色锦鲤在碧绿的池塘中悠游的美景，充分勾起人们对池边清凉夏日的美好回忆。如果凑近观看，又像是在欣赏一幅中国写意画或书法，看似随意勾勒出的游鱼姿态活灵活现，虽没有精雕细琢的细节，但单看笔触也颇有韵味。

易安忙不迭地说：“喜欢，当然喜欢。Sanyu，你的作品真是太美妙了，我最佩服的就是你独特的想象力和化繁为简的能力。你的每幅作品都显露出你独特的见识和眼光，看似天真却又世故。尤其是鱼的这幅，乍一看好像开玩笑似的涂鸦，其实每一笔都很有功力，是了不起的艺术品。你的作品和人一样，仿佛游戏人生，实则意境深远。”

“易安，你这些话可是说到我心里了，哈哈。人生能遇到你这样的知己，足矣！”

“为友谊干杯！”

常玉和易安举杯相碰，恰逢新年钟声敲响。伴随着悠扬浑厚的钟声，有人开怀畅饮，有人纵情高歌，有人拥吻身边的伴侣，有人向孩子、父母和亲友送上新年祝福。异乡的节日气氛如此欢腾奔放，可常玉却觉得不是味道。

“走，我带你去一个地方，咱们过自己的节去。”

常玉领着同样倍感落寞的易安七绕八绕，来到第八区的维尼翁路上，一众彩灯圣诞树装饰的店面中间，赫然出现一座中式牌楼，原来是个中餐厅的门脸，匾额上书“翠华楼”三个金字。店门两侧吊着两盏大红灯笼，上面浓墨题写的汉字书法无疑是整个店面装饰的点睛之笔，俊秀飘逸的字迹布满灯笼，在通俗喜庆中增添了书卷气息，在大俗之中注入大雅。餐馆内部的装饰亦是古香古色，周围的侍者和食客都是东方面孔，耳边萦绕着粤语，间或夹杂几声四川话和普通话，中餐馆特有的香气和喧闹声，让常玉和易安感到分外安心和喜悦。

鱼　常玉
纸板油画 | 23cm×35.5cm | 20 世纪 60 年代

“怎么样，是不是感觉这里才有过节的气氛？门口的灯笼是我写的，我可是这里的顾问。”

常玉不无得意地告诉易安。

这时一位身着绸缎唐装的中年男子过来与常玉打招呼：“Sanyu，好耐冇见哦，新年快乐！”

“新年快乐！侯老板，恭喜发财！”

原来这便是翠华楼的老板侯成庚，易安虽听不大懂他的粤语，但感觉他对常玉十分敬重。此前他们二人经朋友介绍认识，尽管年龄相差近二十岁，口音又相差许多，却难得十分投缘。侯成庚身为堂堂粤菜馆老板，竟喜欢吃四川人常玉下的面条，两人经常在一处用餐，由常玉下厨煮面。侯成庚给常玉挂了个翠华楼顾问头衔，逢年过节写写对联，给店面装潢出出主意，每月象征性付他点工资，也让常玉生活稍有改善。

这日新年，洋人们少有光顾中餐馆的，华人也多要到农历春节才来吃年夜饭，食客反而比平日少些，于是侯老板便有闲暇陪二人聊天。

见侯成庚主动入席，常玉便调侃他："侯老板难得赏光，是不是想吃我煮的面了？我这就去给你下一碗。"

"莫讲笑，喺度一定系我请。重有呢位靓女，仲要食啲好嘅。你都唔介绍一下，呢位靓女。"

"忘了介绍，张易安小姐，青年钢琴家，首场个人演出是在好莱坞露天剧场举办的，我们华人的骄傲。易安，这是翠华楼老板侯成庚先生，做粤菜一绝，专治肚肠乡思病，也是华人之光，著名艺术家 Sanyu 亲自认证。"

"侯先生，幸会。我从小随父母，嗯，怎么讲……reside abroad（居住国外），其实早就习惯了欧美的饮食，冇得中国胃，但是会怀念小时候在南京过年过节时的那种氛围，今天在这里我忽然找回了童年的记忆，非常感谢。"

三人当中，侯成庚讲粤语，常玉说川味的官话，张易安中英法文夹杂，中文还偶尔带点金陵方言。三个人口音天南地北，虽说都是中国话，差别却不亚于欧洲不同国家的语言。然而翠华楼的环境氛围，激活了他们对中华传统文化的共同记忆和认同。人所共通的家乡亲人的思念与乡愁，拉近了他们的距离。几位游子终于找到了一个与故乡产生精神联结的角落，暂时忘却了独在异乡的愁绪。

· 新年联谊

与一两位挚友共度佳节，虽有些清寂，但常玉觉得刚刚好。反而那种需要靠不停与不熟悉的人寻找话题以维持热闹氛围的聚会，更让常玉无所适从。熟悉常玉的朋友都知道这一点，郭有守也不例外，可他作为驻法国办事人员，身在其位，必须定期组织文化相关的活动以完成工作，必要时便会拉上常玉参加。

1963 年元旦刚过，常玉便接到郭有守的邀请，作为艺术界前辈嘉宾参加一场为艺术类留学生举办的座谈会。郭有守特意将日期定在 1 月 24 日，地点便是他在巴黎的寓所。这一天是农历除夕，他想借座谈会将大家聚在一起，过个热闹的春节。郭有守为筹备这次座谈会颇下功夫，除常玉外，还邀请了赵无极和朱德群、熊秉明等旅法艺术家。

赵无极早已从前几年婚姻破裂的打击中缓过来了，目前在法国是画廊争相合作的热门艺术家。朱德群则是赵无极国立杭州艺专的同学，两人关系很好。朱德群也和赵无极一样，毕业当年因成绩优异留校任教，但他没有赵那样富裕的家庭，虽然也想出国深造，却舍不下赖以养家的教职。后来已过而立之年的朱德群去了台湾的师范学院任教，终于在妻子柳汉复的支持下赴法留学，却在邮轮上与他之前欣赏的女学生董景昭重逢并相爱，上演了一场轰轰烈烈的师生恋，在华人圈子颇为轰动。然而从事业发展的角度来看，朱德群却没有辜负前妻的信任和付出，刚到巴黎的第三年，朱德群便入选巴黎春季沙龙并获得银奖，获奖作品为《景昭画像》。翌年，朱德群在巴黎奥伯威画廊举行了首次个展，并大获成功。如今朱德群来法不过八年，已成为颇有名气的油画家，又与昔日同学赵无极并驾齐驱了。熊秉明的经历也很不平凡，他出身知识分子家庭，其父熊庆来是著名数学家，曾任教于国立东南大学和清华大学，后任云南大学校长。熊秉明从西南联大哲学系毕业后，获公费留法资格，入巴黎大学哲学系攻读博士，却在一年后进入巴黎高等美术学院索比克教授石雕工作室学习雕塑，也曾像常玉一样在大茅屋画室习画。熊秉明作为雕塑家在巴黎获得一定名气之后，又开始尝试水墨和书法，现于瑞士苏黎世大学和巴黎东方语言文学学院教授哲学。

常玉知道郭有守拉自己参加这样的活动也是想提高自己在华人圈中的声望，而且老朋友工作需要支持，便勉强答应出席。座谈会当日来了不少各艺术专业的留学生，郭有守邀请的嘉宾们也都到齐了，十几位艺术人才在郭有守的公寓济济一堂。因为本就有节日联谊的意思，这个所谓的座谈会并没有十分严谨的议程安排，只是郭有守作为组织者向大家致辞，大致介绍了今日来宾，并希望诸位在法华人艺术家加强联系云云，之后大家便自由交谈，还配有点心饮料，氛围十分轻松。

留学生中虽也有几位学习音乐、舞蹈等专业的，但美术专业学生还是占大多数，他们大多听说过朱德群、赵无极的大名，都围在二人身边讨教创作问题或与画廊合作的经验，一些有心的学生甚至带了自己的小幅作品或作品图册请两位成名前辈指导。朱德群、赵无极二人也耐心倾听并对这些后辈提出中肯的建议，一时间二人成了聚会的中心。与之对比鲜明的是坐在房间角落无人问津的常玉，他穿着一件对他的年龄而言过分鲜艳的红衬衫，独自在单人沙发上默默啜饮，毫不理会旁人疑惑探寻的目光。最近几年常玉格外青睐鲜艳夸张的服饰，他觉得这些高饱和度的色彩能给人带来活力。

常玉边自斟自饮，边环顾四周，子杰这套公寓他还是第一次来访，虽然不算很大，但对于一位单身人士而言还是相当宽绰，且打理得井井有条，虽然已没有了女主人，但却还处处保留着前夫人杨云慧的印记，比如书架上的全家福，家中随处可见的充满女性优雅气息的装饰物和陈设，令常玉对他们夫妇的真实感情状态感到好奇。常玉又看向那些围绕在朱德群、赵无极身边的留学生，那一张张年轻热切的面孔，让他仿若回到了自己当年初到巴黎的时刻。常玉正怡然自得地陷入回忆当中，老朋友郭有守却看不下去了，尤其是听到两个女孩子用略带轻蔑的语气谈论着“沙发上一直喝酒的那个圣诞老公公”，郭有守忍不住用力敲了敲手中的香槟杯。众人听到这个主人有话要讲的信号，便都降低了音量，望向郭有守。他清清喉咙，语气郑重地对在座嘉宾讲道：“诸位朋友、同学们，今晚来的嘉宾当中有一位我有必要重点介绍一下。他 20 世纪 20 年代就来到巴黎，短短几年便获得巴黎当地艺术界的认可，几乎每年都会入选主流的沙龙展，巴黎秋季沙龙、独立沙龙、杜乐丽沙龙参加个遍，还曾多次在巴黎、纽约、阿姆斯特丹等欧美城市举办个人展览。他被法国人称为‘东方马蒂斯’，提起他的法文名 Sanyu，在蒙帕纳斯艺术区几乎无人不知，著名画家张大千也对他的作品赞不绝口。因向来行事低调，这位留法先驱式的人物在咱们华人圈子并不为人所知，他就是常玉先生，他近年深居简出，今天十分有幸请他莅临我们的座谈会现场。”

说着郭有守便示意众人看向角落里的常玉。常玉正翻着一本电影类杂志看里面的美女明星，突然被点名介绍很是意外，只好欠身向好奇的众人点头示意。饶是如此介绍，学生们对常玉的名字和面孔仍十分陌生，只有一两位特别积极的学生捧着自己的作品来请常玉指导。常玉这几年越发觉得艺术没有统一标准，更不愿意摆出长者姿态来点评别人的创作，学生追问得紧了，便含糊其词夸赞一番，几个学生面面相觑。又有学生向常玉索要名片，他便从口袋中翻出几张写着自己姓名、住址的用过的地铁票，这其实便是常玉为节省费用精心设计的名片，这番巧思还曾得到张大千、张易安等友人的赞赏，可是在今天这个场合，自制的名片加上不甚得体的衣着，都更加让人疑心他只是滥竽充数。郭有守见状，恨铁不成钢地直摇头，只得再次发声，他指着客厅墙上悬挂的一幅《双马》对众人说道：“大家请看这幅精彩绝伦的画，便是常先生的作品。我很珍视这件作品，这么多年我辗转多个国家城市，这幅画一直珍藏着，除了我个人非常喜爱画的风格色调，还因为这幅画创作于 20 世纪 30 年代，是 Sanyu 先生创作的鼎盛时期，他那时的状态不可复制。Sanyu，现在你可未必能画得这样好了吧。”尽管最后一句话听起来有些刺耳，但常玉知道这是老友在鞭策自己，他本想一笑了之，没想到郭有守却不依不饶接着说道："我感觉你这几年几乎都没怎么创作，手上的功夫都荒废了吧，我料你已经江郎才尽。今天无极和德群都在场，这么多同学也可以见证，咱们立个赌约，改日去你工作室参观，看你能拿出几幅最近十年的画，我打赌不超过十幅，而且和几十年前画得也差不多。要是超了算我输，我自掏腰包帮你办展。要是你输了，就再送我三张画，我可知道你还藏着不少精品，当年有人出高价都没舍得卖的。怎么样，敢不敢赌？"

常玉再怎样淡泊，也很难忍受自己的艺术才能被当众质疑，他被郭有守激起了斗志，大声应道："你们随时可以来工作室看。老郭，你就等着掏钱给我办展吧！"

"我们公道点，给你一个月准备时间，2 月 24 日我带咱们在座所有人去 Sanyu 的工作室一探究竟。这些天你还可以临时抱抱佛脚，再画几张凑数。"

常玉冷哼一声没再说话，他对老友这样咄咄逼人有些生气，喝空了杯中酒便不辞而别。

· 工作室的展览

2 月 24 日，郭有守带领留学生们如约而至，参加座谈会的学生们多数都来了，同行的还有郭有守的同事，赵无极有事未能到场，朱德群和熊秉明饶有兴致地出席了，此前他们没有认真看过常玉的作品，因此颇为好奇。一行人的到来令常玉的工作室热闹非凡，郭有守一进门便煞有介事地声明："老常，打赌的时候我说得不够严谨，十年十张画也太容易实现了，我得要求一平方米以上的油画，你可不能拿些纸上速写敷衍我们。”常玉胸有成竹地笑道：“你这分明是耍赖，不过我不跟你计较，即便按你的要求，我的新画的数量两倍也不止呢。还是那句话，老郭，你就等着掏钱给我办展吧。画都摆出来了，各位参观请自便。”

工作室内展示出的绘画约有五十幅，常玉最喜欢的花卉、动物、人体三种题材兼而有之，错落有致地悬挂在墙面，或摆放在画架上、台子上。常玉在布展时颇为用心，他没有简单地按题材归类排列，而是将色彩、气质接近的几幅画作放置在一起，相互间巧妙地呼应，自成一个颇具意味的小世界，比单一的画作具有更多可解读的空间。于是众人看到被夜色染成深蓝的菊花在奔跑的斑马群旁边盛放，这群斑马在赤红的大地上驰骋，奔向无尽的黑夜。另外一边，插在透明玻璃瓶中的剑兰姿态挺拔，翠绿的茎叶和洁白的花朵映着暖黄色的墙面和灰白色的桌面，色彩清新柔和，右侧一只灰黑条纹的小虎斑猫正趴在桌子边缘，奋力将小爪子伸向花瓶，这点睛之笔给宁静的画面增添无限生趣。和剑兰与猫相对的是两个趴在暗红色毯子上的裸女，简洁凝练的黑色线条勾勒出她们凹凸有致的身体，姿态慵懒放松，和活泼俏皮的猫咪一静一动相映成趣。桌案上，几幅金灿灿的太阳菊从浓褐色的背景中脱颖而出，簇拥着一幅裸女图，画中裸女呈侧坐姿势，右腿盘曲，左腿自然伸直垂地，绾着低发髻的秀美的头部慵懒地倚在右手臂弯上。画面右侧一条窄窄的浅黄底色条幅上题写着“人约黄昏后”几个字，写得并不清晰，似乎隔着雾气般影影绰绰，仔细分辨，还能隐约分辨出下面被薄薄的颜料盖住的“月上柳梢头”几个字。“月上柳梢头，人约黄昏后”是宋词《生查子·元夕》中的名句，传为北宋文豪欧阳修所作，以通俗易懂的语言描写了痴女子等待爱人而不得怅然失落的情景，当年被认为是淫词艳曲，放在而今开放的现代社会却是相当含蓄委婉。因着词句的烘托和女子慵懒的姿态，虽然画中连椅子都没有出现，却仍令观者不由自主地联想到美人、浴后、卧榻、深闺幽情等共同构成的香艳意境。

也许是因为来自相同的文化背景，这些来访的年轻同胞们颇能欣赏常玉画作的美感，几乎每个人都能从某幅画中得到共鸣。对色彩感

旅法艺术家和留学生们参观常玉工作室，后排左一为熊秉明，左二为常玉，左四为郭有守，后排右一为朱德群

受敏锐的人大概尤其会喜欢常玉的动物题材绘画，因为近几年的动物绘画在用色上十分锐意大胆，而意境又如此空寂苍茫：一黑一白的两匹马，身处绿色和红色相间的平原，旁边一株枯树，其构图也许借鉴了中国传统山水画经典的一江两岸图式，显得静谧而悠远；两只花豹位于金黄的沙漠和蓝黑的夜空，带些神秘的异域风情；有时花豹所处的风景又换为蓝天红土和一棵白骨般的巨树，充满超现实的魔幻色彩。而注重线条、用笔的人，几乎都会被那些植物花卉题材绘画所吸引，因为植物的茎和枝干是线条最好的载体，常玉挥洒自如的笔下功夫得以充分发挥。荷花修长的茎弧度优雅、充满张力，菊花、牡丹等花卉的枝方折苍劲，形态如同鹿角，极具装饰美感。那几幅枯梅获得了诸多赞赏，褪去繁花茂叶的梅枝森然骨立，无论灰白底色上的棕黑色枝条，还是别出心裁的全黑背景上的白色枝条，其线条无不遒劲如秦汉碑刻，与枯寂中蕴含生命力的梅枝相得益彰。真正让众人眼界大开的，则是那

人约黄昏后　常玉
木板油画 | 122×83cm | 20 世纪 50 年代

第二十四章　成败皆因艺术　p. 540—541

枯树双马　常玉
木板油画｜106cm×178cm｜20 世纪 50 年代

些姿态和表现视角独一无二的人体绘画。

郭有守发现，除了几年前和张大千一同拜访时看到的五六幅着重表现女性腿部的单人画之外，常玉又创作了好几幅同系列的作品以及多个人体组合的新作，而且对同一图式会反复进行推敲，例如三个女人将头凑在一块儿俯卧谈心，还有三或四个女人头脚颠倒并排躺在地毯上，都画了多次，显然是想要精心打磨出最理想的画面。

金黄色地毯上四个仰卧的裸女，女人暖调的肤色和金毯的色调十分接近，全凭轮廓线区隔，那线条有急有缓、有曲有直，从腰肢到腿部行云流水，臂弯和手部等转折较多的位置曲折顿挫，仿佛乐曲一般具有韵律和节奏。

但这些都不及一幅抱腿姿势的单人裸体引人注目。这幅画也是从非常规的视角突出表现模特的下半身及腿部，应属单人系列。画中女人将双腿紧紧抱在胸前，双臂遮住膝盖，双脚抬起，两只赤裸的脚底板

蓝夜花豹　常玉
木板油画｜128.5cm×167cm｜20 世纪 50 年代

木下双豹　常玉
纤维板油画｜42cm×56cm｜20 世纪 50 年代

枯梅　常玉
木板油画｜126cm×69cm｜20 世纪 50 年代

坦荡地展示出来。夸张得近似葫芦状的臀部上，女人暴露无遗的私处、肛门被高度概括为一根短粗的竖线和一个圆点。整个人体都由这种粗重的篆籀般的线条勾勒，简化得近乎抽象，毫无色情低俗之感。大家都为常玉对人体魔法般的艺术转化而感到惊奇，不知谁喊了声："这不就是个惊叹号嘛！"众人立即会意，这说的是勾画女性隐私部位的那两笔神来之笔，真是一语双关。

看过常玉的画作之后，包括朱德群在内的来客们对这位落拓的老画家皆刮目相看。学生们纷纷围拢来请教创作经验，常玉一向认为绘画必须用心观看体悟，言语的解释总是显得苍白，他尤其不喜欢阐释自己的作品，因而只是微笑不语。郭有守最见不得老友这样一再错失宣传自己的机会，又忍不住开腔："老常，年轻人向你这前辈请教，你怎

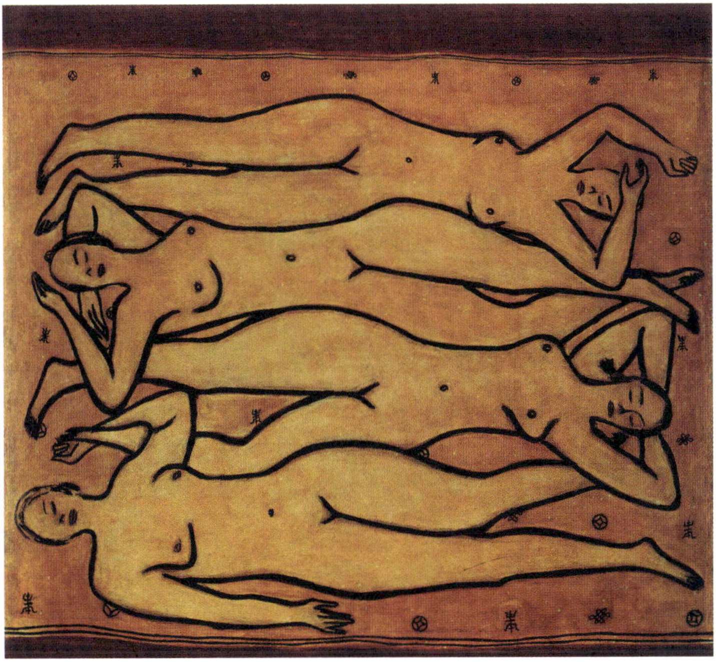

金毯上的四裸女　常玉
木板油画 | 123cm×141.5cm | 20 世纪 50 年代

么老是支支吾吾，是不是怕人家都学了去抢了你的饭碗？”常玉见老友又使出了激将法，知道无法过关，只好老老实实地说：“我绝非对诸位有所保留，而是觉得艺术家对作品解释太多像是在标榜自己。关于我的作品，我认为无须赋予任何解释，当观赏我的作品时，应清楚了解我所要表达的……只是一个简单的概念。”

尽管他讲得仍有些词不达意，学生们却感受到了常玉的口拙和真诚，他过分鲜艳的衣着和用地铁票自制的名片，也变得合理起来。还有学生见常玉所作多人体绘画姿态生动、构图巧妙，便问常玉如何雇用模特，如何指导模特摆姿势。常玉依然一脸莫测的笑容，似乎有什么秘密不便细说。场面将要陷入尴尬时，桌边突然发出一阵响动，原来一个女生只顾聚精会神观看作品，不小心撞到身后的桌案。桌上高高摞起的书报纷纷掉在地上，尽是些时装杂志，间或夹杂着一些色情小报，上面还有不少被剪掉的窟窿。女生赶紧将掉落的书刊拾起，其中一本硬面速写本跌散了架，许多纸片从本子里掉落出来，四散在地上，原来正是从杂志报纸上剪下来的图片，无一例外的美女照片，有一部分的姿势相当露骨，令现场几个女孩面红耳赤。

“我的模特宝藏被你发现了，没关系，让她们各归其位就行了。”常玉温和地对那慌乱的女孩说。

众人才恍然，原来常玉现在已经不再对真人写生，转而以报纸杂志上刊印的美女照片作为替代。一方面是因为常玉经几十年积累，对人体结构了然于胸，不必非真人模特不可，照片上姿态丰富，可根据心中构思任意组合；另一方面委实因近年生活拮据，只能割舍此项爱好，心中实有不甘。郭有守深知常玉年轻时的秉性，见他居然连最看重的写生都放弃了，定是到了穷困潦倒的地步，不由得替老友心疼。

朱德群自打进门一直默默看画，此时开了口：“Sanyu 先生，久仰大名。之前听无极和郭先生对您的作品极力夸赞，果然百闻不如一见，

抱腿裸女（惊叹号） 常玉
纤维板油画 | 124cm×102cm | 20 世纪 50 年代 /20 世纪 60 年代

尤其知道了您是以这些照片为素材进行创作，更是佩服您艺术加工的能力，同样的姿态出自您的笔下就自然天成，毫无造作媚俗之气。您本人更是深藏不露，如世外高人一般，不流于世俗追名逐利，这种对艺术的纯粹令我等后辈钦佩。”

“过奖过奖，并没有您说的这样高尚，并非不想追名逐利，实在是年龄大了追不上了。”

常玉一本正经地回道，惹得众人哄然一笑。

“怎么样，老郭，愿赌服输，我这批作品做一次个展绰绰有余，就等你兑现承诺。”

常玉又借机将了郭有守一军。

朱德群也在一旁附和：“Sanyu 先生的作品中西合璧，若得办展大力推广，让西人见识我华人高超的艺术水准，是件功德无量的大好事。还请郭先生早日成全。”

学生们也跟着起哄，常玉一副嬉笑面孔，双手抱臂看向老友，心想：在巴黎办展也没那么容易，老郭其实也没多大实权，手上并没有太多资源可用，自己也并不像张大千那样善于经营，能找到钱和场地的赞助。老郭若是实在为难，就给他个台阶下好了。

郭有守看着倒是气定神闲，他等众人安静下来，缓缓开口道：“Sanyu 先生的才华有目共睹，实在不应继续在此默默无闻，尤其不应墙内开花墙外香。我有信心帮 Sanyu 先生扩大在国内的影响力，今年之内便会有所进展，也请诸位做个见证。”

“郭先生英明！”众人热烈鼓掌，一片欢腾，常玉却有些莫名，不知老友有什么办法帮他在国内推广。他悄悄问郭有守：“老郭，你这葫芦里卖的啥子丹药？”郭有守却卖起了关子：“老常，你现在不必多问，过一阵子自会有人联系你，到时候你就知道我老郭不是吹牛。”

· 贵人相邀

郭有守果不食言，金秋十月，就在常玉都快把这个赌约彻底忘在脑后时，他在工作室迎来了一位“贵客”。时任台湾教育事务主管部门负责人的黄季陆来法国考察访问，经郭有守引荐，黄季陆在国民党政府常驻巴黎联合国教科文组织代表陈源和外事工作人员傅维新的陪同下，正式到常玉工作室拜访。而此时郭有守已由法国调任至比利时，正处于新任职的繁忙阶段，还没忘记对老友的承诺，令常玉颇为感动。

只是不巧，常玉前几日修窗户时不慎从梯子上跌落，摔伤了脚踝，只能跛着脚接待黄季陆一行，而且时至深秋，巴黎近几日阴雨连绵，常玉租住的公寓还没有开始供暖，人在室内只能穿着厚厚的衣物，对于常玉的伤腿是真正的雪上加霜。黄季陆三人进门便感到一阵寒凉，连外套也未敢脱掉，黄季陆打了一个大大的喷嚏。傅维新之前作为郭有守的助理，参与组织了新年座谈会和留学生参观常玉工作室的活动，与常玉也算是老相识，一见面他便向双方殷勤介绍：“Sanyu 先生，这是黄季陆先生。黄先生此行行程安排十分紧凑，专访工作室可是所有旅法艺术家里独一份的待遇，这要归功于郭先生对您的力荐。”

常玉心想，这小子真能替自己长官邀功。正要调侃调侃傅维新，黄季陆却抢先开了腔：“呵呵，也不尽然，郭先生的大力推荐只是助推因素。我这次来法之前就知道常先生的，本来也打算拜访，没想到和子杰不谋而合了。常先生，咱们可是很有渊源的，听说您是顺庆人，我的老家在叙永，咱们都是四川同乡，所以我和子杰也比较亲厚。而且多年前，我与您曾有过一面之缘。”

这黄季陆身材十分富态，大腹便便，下巴脖颈连成一片，从五官依稀可以看出年轻时周正清秀的相貌，可人一发福又上了年纪，就愈发像尊慈眉善目的弥勒佛了。常玉对黄季陆颇有眼缘，听说是同乡，便又多了分亲近。他好奇地问：“不知黄先生何时曾见过鄙人？”

季陆又哈哈一笑：“常先生没有印象情有可原，当年邵家公子大婚，您担任傧相，风度翩翩伴在新人左右，全场瞩目，我只是席下默默无闻的小宾客之一。当年便对您的风采印象深刻。”

原来是洵美婚礼上见过，当时场面隆重，宾客成百上千，常玉怎可能一一认得。

“哪里哪里，黄先生过谦了，邵家邀请的客人都是名流精英，想必您当年已是身居要职。不像我，只是恰好在洵美留学时认识了他，整天带着他胡混，也忝列贵宾之席。现在也不过是个落魄的跛脚老头。”

“常先生才是过谦，邵公子对您的才华可是极其仰慕的。”

黄季陆晃着他弥勒佛一样的肉脑袋，几句话便博得了个性桀骜的常玉的好感。黄季陆的确不是等闲之辈，他自幼聪慧过人，小小年纪便极具政治才能和志向，具有远超其年龄的早慧头脑。黄季陆十二岁还在读高小时，便受到民主革命影响，组织小学生保路同志会。而常玉在这个年龄时连“民主”这个词还没怎么听过，书画天分倒是有所展露，被父兄送去随赵熙先生习字。有道是“三岁看老”，如今二人果然一个在政坛风生水起，一个如愿成了艺术家。两人实际年龄其实仅相差两岁，然而略为年长的黄季陆看起来比实际年龄更加老成持重，一副典型的身在高位却平易近人的官员形象。相比之下，戴着粗框眼镜的常玉，则像个脾气古怪、桀骜不驯的知识分子。

黄季陆环顾工作室墙上所挂的常玉作品，边看边频频点头，且不论是否真的喜欢，至少其神情极为肃穆，让身为作者的常玉感到很受重视。黄季陆看罢作品沉吟了片刻，郑重其事地对常玉说：“常先生，我久仰您的才华和盛名，如今又看到您这些杰出的画作，果然不负天才之名。可是再看您目前的居住环境、生活条件，实在是过于简朴，完全配不上您的才华。我听说您在法多年，却仍保留着中国国籍，没有向法国政府申请过一法郎的补助，完全靠个人奋斗，这种名士风骨实在令人感佩。以您的品格和才华，如在国内绝不会被如此埋没，至少在我

1963 年 10 月，时任台湾教育事务主管部门负责人的黄季陆来法时到常玉工作室拜访

黄某人能力范围内，必须让您这样的人才获得应有的地位和待遇。”

“不敢当不敢当，黄先生过誉了，鄙人只是不思进取得过且过，换国籍、申领补贴都麻烦得要命，我这人只要有口饭吃、有地方睡就知足，唯独嗜好看看美人，好在巴黎美女如云，免费观光，于是我就心安理得住了这许多年。”

常玉胸无城府，对黄季陆发来的信号毫无感知，依旧嘻嘻哈哈应对。其实黄季陆这样的官员所讲的话都不是随口说说，而且他看起来像是发自内心替常玉惋惜。傅维新听出端倪，赶紧附和：“黄先生，郭先生和我们都跟您有同感，觉得常先生在法国实在是浪费人才，可我们鞭长莫及，又官微言轻，实在是爱莫能助。如黄先生能设法将常先生请回台湾，对台湾的美术事业而言必是一大幸事。”

“哎哟哟，傅先生，你们这些人果然不得了。你们这么多年也没给常先生丁点儿实惠，顶多搞活动拉人家撑撑场面，亏你们郭先生和人家还是老相识。我这来了还没有一小时，高帽子刚扣上，任务就派下来了，把你们自己的责任推个干净。”

“岂敢岂敢，黄先生说笑了。哪里敢给您派任务，可是谁不知道您在教育界一言九鼎，常先生这样的高端人才适宜在高校担任教职，这不正是您的管辖范围。而且我也不是推卸责任，我们这个职位是公认的表面光鲜，其实没有实权，内外都管不着，况且我们又负责文化艺术领域，在很多事上都没有话语权，哪里敢轻易许诺常先生什么事。”

傅维新这一唱一和，给足了黄季陆铺垫。黄季陆思索片刻说道：“傅先生这番话倒启发了我，常先生这种耿直纯粹的性格，果然蛮适合去高校教书。现在台湾省立师范大学正筹备升级，拟在现有教育、文、理三学院基础上增加艺术学院，正亟需艺术方面师资人才，而且此时加入便是参与学院创建的元老人物，不失为一个好机会。再者，近年台湾大力发展高等教育，高校教师无论社会地位还是薪资都蛮体面，常先生去艺术院校任教授也不算屈才，您若同意，我回去便安排启动引进海外人才的流程，然后让师大颁发聘书。顺利的话明年您就可以正式入职，不知常先生意下如何？”

黄季陆发出的邀请令常玉感到有些意外，台湾这座小岛对他而言太过陌生，如今他年纪大了，对生活的巨大改变难免有些抗拒，因此本能地推辞：“我一个连野鸡大学都没有念过的人，岂敢去教大学生。”

“常先生千万不必有此顾虑，您的艺术水准有目共睹，而且这些阅历和成就可不是一纸轻飘飘的文凭可以相提并论的。我正是有心破除台湾高等教育界唯学历论的不良风气，才大力引进多元化人才，还请常先生多多支持。”

黄季陆又向常玉介绍台湾自然环境如何优美，风土人情如何淳朴，高校教师待遇如何优厚，说得常玉有些心动，但仍未点头应允。黄季陆再三追问常玉还有何顾虑，常玉终于犹犹豫豫开口道：“请问黄先生，我听说学校要求军事训练，每日都要跑步，我这跛脚的老朽可是难以执行。”

其实常玉主要是不喜被约束，之前从王济远、徐悲鸿等在高校任职的朋友口中听说，除了教学工作，教师们的行政事务也并不少，动辄组织开会传达上头的精神，想想这些事情常玉就很头大，便随口找了这么个借口。

季陆哈哈大笑：“常先生简直纯粹得可爱，台湾担任教学工作的教师自由度很大，没有课程安排不必到校。尤其是您这样海外引进的专门人才，学校还会给您配备工作室，尽量满足您教学创作所需，放心好了。”

常玉去了这个心头隐患，又想起自己最关切的画展一事，转向傅维新问道：“你们郭先生蛮会借花献佛，让黄先生帮我谋了份差，就想把答应我的画展给抵了吗？”

傅维新也笑了，摇着头说：“常先生可真是艺术家思路，您大概有所不知，现在在台湾大学教职可是一岗难求，因为都知道大学待遇优厚，有了教授这个身份很容易获得学校和社会各种资源支持，到时候您再想办展还不简单。郭先生拜托黄先生出手也是对您用心良苦了。”

“我这人一根筋，大学教职我能否胜任还未可知，你说的那些资源如何争取，里面的道道儿我也不懂。我只懂画画，画出得意之作希望公之于众，所以展览对我来说还是比较实在的。可是老郭现在人都跑到比利时去了，看这意思是打定主意抵赖了，那我只能一客不烦二主，继续拜托黄先生帮忙想想办法了。”

黄季陆倒也豪爽，大手一挥保证道：“常先生放心，展览的事就包在黄某人身上了，您这些精彩的作品就该引进回国，让国人开开眼界，看我们中国人也能把油画画好，而且不失自己的民族特色。回去我就让助理落实这件事情，必须是博物馆级别的展厅才能配得上这些作品，您只需选好展览作品，届时交给运输公司便可，包装、运费一应由我们承担。展览结束后说不定能让博物馆永久收藏这批作品。您看这样安排如何？”

“感谢黄先生！我真是无以为报。”

说着常玉向黄季陆鞠了个躬，黄季陆连忙上前搀扶。傅维新更是惊讶不已，因为他通过几次和常玉接触，以及郭有守讲述他们年轻时的趣事，对常玉狷介的个性略有了解。向来淡泊的常玉，这次居然为办展览向黄季陆鞠躬请求自有缘故。数日前他听一位消息灵通的朋友说，自己的作品目前正在被大量拍卖，原来是侯谢的遗孀丹尼丝要将已故的侯谢生前收藏的三千多件艺术作品全部出售，其中就包括常玉的一百多幅油画和数百幅素描。常玉获悉此事后百感交集，一是听闻故人竟然已于四年前便去世，自己却毫不知情，他震惊又遗憾，想不到侯谢新书发布会上那次相见，竟然是最后一面；二是一想到那些自己盛年时精心创作又被侯谢欣赏珍藏的作品即将面临未知的命运，他心中很不是滋味。

常玉深知自己的作品肯定不会像侯谢收藏的马蒂斯、毕加索等名家画作那样受藏家追捧，假如在拍卖会上无人问津，它们将被怎样对待——不奢望能被真正喜欢的人收藏，能被一个附庸风雅的艺术爱好者买回去，挂在自家的起居室或餐厅，已算是很好的归宿，甚至有可能出现在画材店中被当作二手画布出售——常玉不愿去想。他忧心忡忡，就像父母担忧经历了失业或婚变的子女的未来，只恨自己没有财力去将画作悉数购回。而现在黄季陆承诺为他在博物馆办展，并有可能由博物馆永久收藏这些作品，常玉自然十分感激，这一鞠躬发自内心。

“常先生如能去师范大学任职，多培养些艺术人才，便是对我、对教育界最大的支持。您若同意，我们给您提供旅费，提前配好人才安置公寓，您只需带着自己的行李物品，来师大报到便可。台湾的气候温暖湿润，四季如春，您起码不会像在这儿一样受冻了。”

话已说到这个份上，常玉原本便有些动心，此时更没有理由再推辞，应下了生平第一份工作邀约。常玉心想，自己年轻时未能出人头地，老来能回到故国在大学混得一教职，安稳、闲适、体面，实属不赖。常家不是书香门第，但父兄十分尊师重道，大学乃最高学府，师范大学是先生的先生，自己也算是光耀门楣了。他这么一想便很知足，开始畅想起任职后的生活。

· 履新前的心愿

黄季陆信守承诺，回台湾后即开始运作常玉的展览和聘任等事宜，定于台北历史博物馆为常玉举办个人展览，转年开春便通知常玉寄送作品，并汇款四百美金作为常玉来台的旅费。常玉见展览进展顺利自是十分高兴，精心挑选了四十多幅作品寄往台湾，其中包括两幅花果树，那几幅夜色迷离的动物绘画，几幅屈腿裸女，还有一幅几乎未曾示人的翠竹图，都是常玉近些年的得意之作。

台湾教育事务主管部门催问他何时来台就任，常玉却耍了点小心思。他声称埃及国王法鲁克一世邀请他去埃及观光访问，自己盛情难却，打算从埃及回来再去台湾。实际上，常玉想要去埃及游览一番是真，他也的确认识法鲁克一世，不过只是多年前侯谢带他参加的一次聚会上的一面之缘，这位国王对美女和美食强烈的欲望令常玉印象深刻。可常玉却不知道法鲁克一世早在 1952 年埃及“七月革命”爆发时便被迫退位，早就不再是一国之君，至于国王的邀请更是子虚乌有。

埃及一直是常玉魂牵梦绕的国度，当年未及弱冠的常玉初次远行赴法求学，苏伊士运河河畔一望无垠的沙漠之上金红的落日，给常玉留下刻骨铭心的印象。在法国的许多年里，他多次想亲眼去看看金字塔、狮身人面像和妖娆的肚皮舞，总没找到合适的时机，手头也总是拮据，便一直未能成行。这一次常玉感到是个难得的机会，他粗略算了算去埃及和台湾的旅费，发现若俭省一些，台湾教育事务主管部门预支的四百美金绰绰有余。他想着自己年事渐高，旅行的机会只怕越来越少，便决心在搬去台湾之前去一趟埃及，也算了却自己一桩多年的心愿。

黄季陆和傅维新对常玉的旅行计划都不大赞同，他们认为常玉应尽快将在法国的事务处置妥当，做好在台湾长居的准备，先到台湾办完大展和入职手续，再考虑其他，以免横生枝节。可常玉一向随心所欲，而且他唯恐就任之后庶务缠身无法自由出行，便对两人的劝告置若罔闻。

为了实现埃及之行，常玉少有地迅速行动起来，没想到办理签证的过程却一波三折。他带着护照去埃及驻法领事馆办签证，却被告知自己的护照失效了。常玉百思不得其解，再三询问签证官，怎奈那位大胡子签证官的法语口音浓重，常玉费力听了半天，似乎也没有听明白。常玉只好又去驻法办事处咨询，办事处位于巴黎第八区乔治五世大街11号，这条街连接香榭丽舍大街和塞纳河上的阿尔玛桥，实属巴黎的黄金地段。常玉对这里并不陌生，多年前回中国便是在此办理出入境等事宜。常玉轻车熟路来到乔治五世大街，却没想到在办事处门口吃了闭门羹。他不死心，透过窗户向里面张望，果然看到里面有人影晃动，常玉奋力敲门，隔了半天终于有人应门。里面的人并没有请常玉进去，只将侧门开了条小缝，门缝里露出一只眼睛警惕地盯着常玉，不耐烦地问道：“你来干什么的？”常玉讲了自己在埃及驻法领事馆的遭遇，不解地问：“为什么我本来就有护照还让我换护照？”对方大概见常玉年龄又大还跛了只脚，动了恻隐之心，压低声音对他说：“你来这儿没用，去中华人民共和国驻法使馆试试吧。”

“中华人民共和国？那个使馆在哪里？”常玉的问话被砰的一声关在了门外。

常玉扫兴而归，不过好歹算是得到了一个有用的信息。常玉向相熟的华人朋友打听中华人民共和国是怎么一回事，对方惊讶于他的无知闭塞，见一时很难给这个政治盲普及知识，便拿给常玉不少报纸和杂志让他回家消化。常玉这才了解到，原来中华人民共和国就是 1949 年成立的新中国的全称，随着新中国国力的不断强盛，西方国家无法再忽视北京的政权，与美国对新中国的敌对与封锁不同，法国总统戴高乐高瞻远瞩，率先向新中国抛出橄榄枝。1964 年 1 月 27 日，中、法两国政府发表联合公报宣布建立外交关系，法国成为第一个与新中国建立正式外交关系的西方大国。此消息一出，举世哗然，中法建交被西方媒体称为“外交核爆炸”，法国媒体对此事更是大力报道，积极宣传中法建交对法国的好处，并对美国的反对声音进行针锋相对的还击。身边发生这么大的事情，常玉居然浑然不觉，他自己也有点惊讶何以能够两耳不闻窗外事。至于埃及，早在 1956 年便与新中国建立了正式外交关系，埃及政府立场鲜明，在与新中国建交的同时，便撤销了对台湾当局的承认，常玉原来的护照自然失效了。

终于搞清楚原委，常玉便准备去中华人民共和国驻法大使馆换领护照，华人朋友们都劝他三思，毕竟换了护照会不会影响他赴台任职都应多加考虑。可常玉去埃及心切，哪里顾得上想那么多，眼前他只想知道中华人民共和国驻法大使馆在哪里。几经辗转，常玉终于打听到，中华人民共和国驻法兰西共和国大使馆目前在巴黎西北郊诺伊居住区内，他即刻动身前往。

换乘了几趟地铁和公交车后，头昏脑涨的常玉终于来到中华人民共和国驻法大使馆的临时馆舍前，这是位于居民区内的一栋三层洋房，听说使馆入驻前此处曾是一位意大利军火商的别墅，军火商因破产负债自杀，房产被变卖。常玉见使馆内外装潢颇为奢华，还带点地中海风情，应该是维持了房子原有的装修，只在作为办事大厅的起居室壁炉上方悬挂了一幅硕大的领袖画像。

负责接待的使馆工作人员是位中年女性，一头微卷的齐耳短发，发卷有些生硬，显然是新做的发型。她身着一件小方领白衬衫，下穿黑色长裤，没有佩戴任何饰品，衣着十分朴素，脸上的腮红却有些过浓，似乎化妆还不熟练，要知道化妆可是每个巴黎女孩必备的技能。见常玉盯着自己的脸，女工作人员愈发不自在起来，结结巴巴说了句："Bonjour！（你好）"常玉说："女士，我也是中国人，您可以讲中文。"女工作人员闻言似乎大松了一口气，脸上的表情也生动起来："同志您好，请问您要办什么业务？""同志"这个称呼让常玉感到十分新鲜，差点忘了自己的来意。

"我想去埃及旅行，埃及签证官说我的护照失效了，让我换领中华人民共和国护照。请问我必须这样做吗？同……志。"

"您如果想去埃及，那就必须换领中华人民共和国护照。因为目前世界五大洲将近五十个国家已经和新中国建立了正式外交关系，不再承认台湾当局，因为只有一个中国！法国就是我们最新取得的胜利成果。埃及更是早在 1956 年就跟咱们建交了，是第一个同新中国建交的阿拉伯国家和非洲国家，当然只认咱们中华人民共和国的护照。"

"可是，我从埃及回来还要……"

"同志您不用犹豫，中华人民共和国护照和原来的护照在出入境方面的功能是一样的，而且效力只会更强。您换了新护照后，去这五十多个已建交国家畅通无阻，而且随着我们外交工作的不断进展，会有越来越多的国家认可中华人民共和国护照，中国人民在国外会受到越来越多的礼遇，您这次换领可谓一劳永逸。”

女工作人员介绍起中华人民共和国护照滔滔不绝，脸上露出自豪的笑容，一反刚才严肃的表情。她的热情也感染了常玉，他想新中国一定是很好的，否则生活在其中的人不会感到发自内心的幸福。他又回忆起年轻时在上海所见的令他极为愤慨的一幕，仗势欺人的巡捕无故殴打黄包车夫，车夫那张饱经苦难的面孔和眼前这位女士洋溢着幸福的笑脸，在他眼前交替出现，对比如此鲜明。旧中国社会的腐败与不公，是促使年轻的常玉远走他乡的原因之一，如今祖国已旧貌换新颜，正是回去的大好时机，刚才女士说“只有一个中国”，那么就是说去台湾跟回大陆是一样的吧，那么换了新的中华人民共和国护照一样可以去台湾呀。常玉如此乐观地理解道。

“那就请给我换新的护照吧！”

女工作人员闻言，对常玉的态度更加亲切了，她飞快地跑进内室，小心翼翼地捧出一个纸盒，还专门戴上了一副白手套。她掀开盒盖，里面是一盒崭新的护照。护照的封皮是棕色的，印着烫金的“中华人民共和国护照”楷体字，中央有一个圆形的标志，乍看像一枚古代玉璧，但上面有很丰富的现代设计的细节。

“这是咱们新中国的国徽，外面这一圈图案是齿轮和麦稻穗，象征着工人阶级领导下的工农联盟。四颗小五角星环绕一个大五角星，跟五星红旗是一样的，象征着中国共产党领导下的全国人民大团结。下面是天安门城楼，是我们伟大祖国首都北京的象征，毛主席就是在天安门城楼上向全世界人民宣布中华人民共和国成立了。这批护照是今年刚启用的新版本，字体和设计比原来更美观合理了。”

女工作人员热情地介绍道。她看那些护照的表情十分庄重。她轻轻拿出一本，翻到个人信息页，按照上面的事项，逐一询问常玉，并用娟秀工整的字迹填写其上，之后又郑重其事地盖上钢印。全部完成后，女工作人员将新护照双手呈递给常玉，他赶紧双手接过，崭新的护照本还散发着油墨的香气，摸着凸起的钢印，常玉不由得激动起来，仿佛埃及的金字塔也像护照一样触手可及，当女工作人员要求收回旧护照时，他想也没想便交出了那个已经泛白的旧本子。

· 如愿成行

护照问题解决后，接下来的旅程果然十分顺利。埃及签证官见到常玉持中华人民共和国护照，态度十分友善，几乎没问任何问题就给他发了签证，还祝他在埃及旅途愉快。

在埃及，常玉如愿参观了吉萨的大金字塔群，对这些建造于四千多年前的建筑超乎寻常的精密和宏伟叹为观止。不过最让常玉心心念念的还是那神秘魅惑的肚皮舞，他一到开罗便开始寻觅可以观看肚皮舞表演的场所。他果然没有失望，因为20世纪50年代、60年代正是来埃及旅游的好时机，在开明的总统纳赛尔的领导下，埃及经济文化全面复苏，进入蓬勃发展的黄金时代，吸引了大批来自世界各地的观光客，肚皮舞也成为旅游产业中不可或缺的一环，获得长足的发展。开罗的大街小巷肚皮舞表演随处可见，从正式的剧场舞台到俱乐部、小酒馆，甚至尼罗河的观光游船上，都可以欣赏到。常玉仿佛来到天堂，在不同场地，欣赏了不下十次肚皮舞表演，充分满足了他对这种神秘舞蹈的想象与好奇。

传说肚皮舞的起源与宗教、祭祀有关，远古神话当中的地母神是掌管繁育及象征大地恩惠的女性神祇，对于古人至关重要，供奉地母神需要有专门的仪式。祭祀时女祭司要光着脚，保持与大地最紧密的联系。动作则以腰部、腹部、胯部、臀部的扭摆抖动居多，像是对分娩过程的模拟，借以赞颂自然和人类繁衍的循环不息，庆祝大地丰收、妇女多产。因此肚皮舞确实非常适合女性来跳，胸腹部波浪形的起伏，腰、胯、臀部高频率的抖动，由腰臀曲线突出的女性舞动起来尤其动人心魄，再配上那些金光闪闪的首饰，缀满亮片的胸衣、腰带，色彩缤纷的纱巾和裙子，肚皮舞表演堪称一场集中展示女性魅力的视觉盛宴。

埃及号称肚皮舞最早的起源地，常玉所见的舞娘们的技艺水平都很高，其中最厉害的舞娘能够精准地控制自己的每一块肌肉，她的胸脯、肚皮、腰肌、臀部仿佛都拥有独立的生命，随着音乐的节奏精确地颤动，尤其是那丰满雪白的乳房好似两只白兔一样跳到人眼前，腹部大幅度随心所欲地凹凸起伏，让常玉大开眼界。多数舞娘都相貌出众，拥有大而魅惑的眼睛，高挺略带鹰钩的鼻子，丰满的双唇。阿拉伯血统赋予她们西方式深邃立体的五官和东方式柔美的轮廓及神秘的韵味，让人挪不开双眼。只是十几场表演看下来，常玉感到有些疲倦了，动作都高度重复，甚至舞娘们都是一样的妩媚妖娆，变化的只是首饰的样式和裙子的颜色。难道传说中令人心醉神迷的肚皮舞不过如此吗？常玉略微有些失望，算算自己来到埃及也有半个多月，黄季陆给的四百美金旅费竟已花去大半，再继续挥霍，去台湾的路费就有危险，是时候回去了。

· 开罗最后一夜

常玉买好回巴黎的船票，离开前的晚上打算再次欣赏一下开罗的夜景，他去了侯赛因清真寺附近的哈利利市场，这里是当地人也经常光顾的地方，可以切身体验埃及普通人的日常生活，常玉喜欢这种融入其中的感觉。

傍晚时分华灯初上，常玉来到哈利利市场，远远便听见鼎沸的人声。走近连成片的摊位店铺，浓郁的阿拉伯风情扑面而来，各种阿拉伯风格的服装、饰品、铜制器皿、玻璃制品，还有埃及特有的香料、莎草纸、椰枣等特产，看得人眼花缭乱。在常玉看来，比琳琅满目的商品更值得看的是市场里的人，尤其是风情各异的女人们。哈利利市场里的商家都是本地居民，女摊主虽不多见，却无疑是一道独特的风景。她们多数身着全套的阿拉伯传统服饰，以异国情调吸引来自海外的顾客。逛市场的顾客既有当地人，也有来自世界各地的游客，埃及本地女孩们有穿长袍的，也有不少穿着活泼的短裙露出一双双美腿，其开放程度毫不逊色于欧洲的都会女孩。常玉的目光犹如飞入百花丛中的蝴蝶，一会儿被一双迷人的眼睛吸引，一会儿停留在一段白皙的脖颈上，一会儿又流连于一副线条优美的臂膀，真是目不暇接。一转眼常玉又见到两位穿传统黑袍的阿拉伯美人，她们姣好的面容和裹在长袍里摇曳的身姿让他看入了迷，不知不觉跟着拐进了一个较为僻静的小巷。

两位黑袍美人又一拐消失在巷子的尽头，常玉腿脚不便，无法继续跟着欣赏了。他正怅然若失想要返回热闹的集市，忽然被人拦住去路，吓了一跳，不知哪里冒出一个留着尖尖山羊胡的干瘦老头，神秘兮兮地对着常玉说了一串阿拉伯语，见他听不懂，便蹦出几个英语单词，肚皮舞，酒。原来是地下小酒馆拉客的掮客，埃及是伊斯兰国家，禁止公开饮酒，可是私售酒精几乎是人尽皆知的秘密，一些小酒铺会售卖其他东西掩人耳目。

常玉见门票不贵，去看一看也不会有什么损失，便跟着山羊胡老头朝巷子深处走去。七拐八绕之后，两人来到一扇不起眼的小木门前，老头有节奏地叩了叩门，似乎是某种暗号，门应声而开。老头闪身请常玉进去，只见里面别有洞天，一个不算大的房间里，四周摆了十几套桌椅，都坐满了人，中间围出一方空地当作舞台，一位中年琴师正在有一搭无一搭地弹奏鲁特琴。常玉发现绝大多数客人都是当地人且年纪偏大，似乎是常客，少数几个愣头愣脑四下打量的都是游客打扮，显然跟他一样是被拉来的。常玉点了杯啤酒，慢慢呷着等待肚皮舞开场。不一会儿，琴师停止弹奏退了场，舞台上的灯光暗了下去，原本在喝酒闲聊的熟客们仿佛得了命令似的，放下了手中的酒杯，停止了交谈，有的还鼓起掌吹起了口哨。一个瘦小的身影抱着一只阿拉伯手鼓坐在了舞台边的椅子上，客人们的掌声和口哨更加热烈了，常玉定睛一看，这鼓师赫然是刚才拉客的山羊胡老头。一个女舞者来到舞台中央，人们突然安静下来。常玉见这位舞娘并不美貌，年纪也着实不小，刀刻般的皱纹让她的面孔看来愈发严肃，远没有常玉之前所见舞娘的妩媚艳丽。舞者的手臂、大腿十分粗壮结实，腰肢也并不算纤细，腹部赘肉不少，看起来简直像个长期从事体力劳动的村妇。舞者穿一身黑色舞衣，头上和腰间的装饰也较为朴素，这在肚皮舞中十分少见。常玉之前并没有对这次表演抱有多大的期待，这舞者一反常规的样貌装扮倒引起了他的好奇。

“咚咚”，鼓声响起，舞者闻声而动，同时一束灯光打在舞者身上，顶光效果显得她的脸愈发沧桑和莫测，她身上所戴的配饰却光华大盛，朴素的黑色舞裙也隐隐透出闪烁的银光，原来她的服饰暗藏玄机，那些首饰应该是货真价实的金子和宝石，而非现在常见的廉价玻璃珠。初时鼓声节奏较慢，舞者的动作也很缓慢，幅度也不大，每一次抬臂、提胯、迈步却十分凝重，好似蕴含了极大的能量。随着舞者的动作，她身上的首饰熠熠生辉，织入银线的黑色舞裙则像流动的银河，呈现出神奇的光影变幻，每动一下还伴有清越缥缈的铃声，愈发烘托出一股神秘气息。在肚皮舞服饰上加缀铃铛等响器以丰富视听效果是较为常见的做法，但这铃音格外不同，仿佛经过时间长河穿越而来。

鼓点节奏渐渐加快，从珠落玉盘转为疾风骤雨，舞者舞动的频率也急剧加快。常玉自认为已见识过顶级肚皮舞娘的表演，然而看了这一支舞，常玉才真正感受到了肚皮舞的魔力。看其他优秀的舞娘，人们也许会欣赏她美丽的容貌、性感的身材，也许会对其超凡的身体控制力拍案叫绝。而这位舞者在台下毫不起眼，一旦起舞，就像得到光照的金子变得光芒四射，让人无法挪开双眼。人们不会注意到她的相貌身材，只被那舞姿所吸引，时而轻盈优雅如蝴蝶翩跹，时而狂野奔放如蟒蛇狂舞，时而汹涌起伏好似裹挟千钧之力的巨浪。舞者的舞姿占据了人们的全部注意，大家忽略了乐师的演奏，实际上这伴奏也是极其关键的。鼓声与舞步一直完美契合，有时甚至让人产生一种错觉，仿佛鼓声来自舞者身体的内部，是由于舞动而发出的声音。而有时鼓点和舞步又会故意错开，犹如一对势均力敌的情侣，相互挑逗、相互比试。常玉注意到，舞者和鼓师时常对视，密切关注着彼此的状态，以这种无声的语音进行交流，他们应该是多年的搭档，才能如此默契。

鼓声几起几落，舞步几急几缓，舞蹈进入了高潮的部分。鼓师的手指疾速弹动，快得叠起重影，鼓声如暴雨敲打大地。舞者飞快地颤动、旋转，舞动的黑裙如一朵魔花，忽开忽闭，像是要吞噬什么，又像被巫术操控的乌云，遮天蔽日。舞者越转越快，常玉看得眼花缭乱，感觉舞者的频率和动作已经超出人类所能达到的极限，仿佛真的有神灵附体。周围的观众也如痴如狂，用原始的呐喊代替喝彩。常玉不知是不是酒的原因，精神异常亢奋，身体也控制不住想要跟舞者一起旋转。恍惚间四周的桌椅消失了，酒馆的墙壁也消失不见，常玉仿佛看到自己置身于一座宏伟的神庙前，眼前的舞者依然在舞动，赫然是那神庙前献祭的女祭司。在舞蹈达到最高潮的时刻，舞者突然以不可思议的姿态骤然归于静止，鼓声也戛然而止。神庙消失了，常玉重新置身酒馆，情绪却依然沉浸在迷狂的状态之中，他想哭，想笑，想把女祭司的形象诉诸笔端，想把自己最有价值的东西贡献出来，就是不想让这舞停下，就像婴儿不想离开母亲的怀抱。

此时一名侍者递上一个铜盘，山羊胡鼓师双手捧起走向观众，原来是要讨要小费了。山羊胡老头一放下鼓便又恢复了略显猥琐的神态，谦卑地向众人弯腰鞠躬。舞者倒昂首立于舞台中央，依旧如起舞时一样，不讨好不谄媚，一副不卑不亢的神情，显得十分高贵。客人们倒也豪爽，纷纷慷慨解囊，花花绿绿的钞票很快布满铜盘。盘子转到常玉面前，他一向不吝于为自己的喜好一掷千金，毫不犹豫掏出一张 10 美元的钞票放入盘中。美元在当时购买力可观，10 美元便是非常大额的小费了。山羊胡老头十分激动，冲着女舞者嚷了一串话，招手让舞者过来致谢。可那舞者傲然立着，脚步纹丝没动，只眼波流转，向着常玉略点点头，并缓缓抬起右臂，抬至与肩平齐时滑向侧边再缓缓放下，好似一位睥睨天下的女王示意觐见的臣子免礼平身。见到舞者向自己致意，常玉心中竟生出一阵狂喜，真好似获得女王青睐的侍臣。对面的桌子传来一声大喝，一个本地装扮的络腮胡男子向老头扬了扬手中的钞票，厚厚一叠埃及镑，看起来金额也不小，这是向常玉叫板的意思了。山羊胡老头的小眼睛里放出贪婪的光，忙不迭地跑去，躬身接过那一沓子钱。女舞者依然没有大的动作，却向着络腮胡微微一笑，并不妩媚，却让人感到沐浴在春日阳光之中。

眼前一片炫目的光芒。

我这是在哪？天堂吗？

常玉艰难地扭头看看四周，原来自己和衣躺在酒店的床上，只是时候已经不早，阳光径直照在了脸上。不得了！几点了？常玉挣扎着坐起身，抓起床头的闹钟。还好还好，现在是上午十一点，船票是下午两点的。

他揉揉自己隐隐作痛的太阳穴，下意识地伸手摸向贴身的衣袋。这次出游常玉几乎把四百美元都换成现金带在身上了，一直装在上衣内兜里，饶是一路花钱散漫，也还余下一百多美元，口袋里应该有一张百元面额的大钞压兜。可此时那百元大钞居然不翼而飞，再向内摸，居然掏出一只极小的铜制铃铛。常玉一时蒙住了，呆呆看向手中的铜铃，略一晃动，铃铛发出悦耳的铃音，像道闪电劈开常玉脑中的混沌，前晚的经历逐渐清晰浮现。

那络腮胡男子与常玉竞争，给了舞者更高额的小费。常玉见络腮胡竟博得了佳人一笑，心中蓦地腾起一股妒火，燃遍五脏六腑，烧得头脑阵阵发热，立即从贴身衣兜里掏出此行所剩的全部身家，将那张百元大钞甩到老头眼前。一百美元足够当地普通人家生活一年，常玉的出手阔绰引得全场哗然，也掐灭了络腮胡的气焰，山羊胡老头简直要对常玉顶礼膜拜。舞者终于有所触动，她轻移莲步来到常玉面前，右手抚胸对常玉说“色俩目”。常玉知道这是穆斯林较为隆重的问候礼仪，赶忙答礼，女舞者冲他笑笑，顺手从腰间解下一枚小小的铜铃递给常玉，他如获至宝，紧紧攥在手中。舞者带着山羊胡老头施施然下了场，常玉怅然若失，用残存的清醒叫了计程车，跌跌撞撞回到旅店。

常玉原本想奢侈一把，体验一下昂贵的民航服务飞去台湾，这下彻底断了念想。不过千金难买一笑，他并不后悔，还庆幸多亏提前买了船票，否则可能连巴黎都回不去。回想起了巨款的下落，常玉反倒安下心来，索性把玩起这只铃铛。阳光下，铜铃上面古朴的纹饰愈发清晰生动，岁月的痕迹也掩不住精湛的做工，常玉怀疑铜铃表面采用了鎏金工艺，否则不会如此金光灿灿。也难怪昨晚在酒馆灯光下舞者如此光彩夺目，原来她的一身行头都是货真价实的珠宝，哪是其他舞娘佩戴的那些廉价的人造玻璃可比的。舞者的形象如放电影般出现在常玉眼前，那不正是自己心目中最理想的女性人体吗？丰腴，健壮，充满蓬勃的生命力量，还有些许地母般的神性。而亲眼目睹那段如神祇附体般的舞蹈，更是无法用金钱衡量的超现实体验，这样一想，常玉觉得这一百多美元的花费真是太超值了。

· 任性的代价

回到巴黎，常玉立即赶去中华人民共和国驻法使馆，想早点换回护照。这次接待他的是一个年轻小伙子，三十上下年纪，白面书生的长相，戴着一副黑粗框眼镜，也是一丝不苟地穿着尖领白衬衫，黑色裤子，令人怀疑这是使馆的统一制服。小伙子很有礼貌，而且法文明显强于之前那位女士。他对常玉格外热情，似乎好不容易见到了一位来办理业务的侨胞。常玉唯恐自己将中华民国、中华人民共和国等专有名词搞错，便特地讲中文，可接待的小伙子却好像得到了宝贵的练习口语的机会，即使常玉向他讲中文，他也专要以法文回复。两人中法夹杂对话了半天，小伙子终于搞清楚常玉想要将刚换领的中华人民共和国护照再换回。

“同志，您的旧护照已经收回销毁了，而且现在国际上也不承认‘中华民国’了，您要旧护照有什么用呢？”

“销毁了？凭什么销毁我的证件呢！”常玉抗议道。

“您来办理新的中华人民共和国护照，就意味着旧的作废，一个中国公民不允许同时持有两种护照，因为只有一个中国。”

“可是我要去台湾教书呀！”

常玉认为工作是再正当不过的理由，使馆理应想办法帮他解决，没想到小伙子对常玉热情的笑容瞬间消失，毫不客气地对常玉下了逐客令：“您快走吧，我们这里满足不了您的需求，请快离开。”

常玉见继续纠缠也无济于事，只好离开使馆，心情十分糟糕，未能换回护照是一方面，白白花费的地铁票更让常玉心疼，旅费本来就所剩无几，这下又糟蹋了好几法郎，要知道他最近每天的生活费已经被压缩到三法郎。不过常玉对去台湾这件事还是相当乐观，他想当然地认为既然是黄季陆亲自邀请，只要找他们通融一下就没问题，只是提前花光了旅费令他有些难以开口。

于是常玉打算先不惊动台湾教育事务主管部门的人，先找他认识的相关工作人员试一试。然而，出乎常玉意料的是，去台湾绝不像他想的那么简单。此时他最熟悉的傅维新已调任回台，联络不上，到后来其他工作人员都对他退避三舍。终于有一位官员愿意见常玉，此人喜好文艺，欣赏常玉的才华，不忍见他像没头苍蝇一样到处乱撞，便委婉提醒道：

“常先生，您可知道岛内现在是什么局势？可知道我们现在和对岸关系有多紧张？别说是两岸之间通信，就连岛内各地都不允许随便流通，说是临时管控措施，禁止通信、集会、游行，这些都是台湾当局为保稳固，不允许民间有质疑的声音，最不能容忍的就是和大陆互通往来。举报一次奖励 20 万新台币，您想想这是多么大的诱惑。以您这艺术家的秉性，完全没意识到自己的情况有多严重。您主动去领了大陆的护照，正撞在枪口上，哪个敢帮你再去台湾？”

一席话听得常玉瞠目结舌，如果不是人家好心提醒，他无论如何也想不到台湾竟是处于如此高压氛围之中。确认了自己已不可能再到台湾，常玉竟隐隐感到一阵轻松，可旋即他想起已经运去台湾的那四十几件作品。如果自己无法亲自到场，展览能否如约举办？展出后还回得来吗？那些作品可都是他这几年的精心之作，常玉少有地紧张起来。

为了讨回作品，常玉硬着头皮试图和黄季陆委派的对接人联系，可寄出的信件全都石沉大海。无计可施的常玉甚至想到了多年未曾联系的老友王季冈，季冈倒是很快回了信，只是他身在美国鞭长莫及，只能在信中宽慰常玉想开一些。常玉只得听天由命，想到原是因自己对艺术的执着与纯粹打动了黄季陆，才获得这次展览机会，而今也是由于自己的单纯任性又得而复失，还丢了一批心血之作，真是成也萧何，败也萧何！

第二十五章　过尽千帆仍不悔

· 重振旗鼓

物品堆叠得乱七八糟的工作室里，常玉闭着眼歪倒在沙发上，仿佛这样就不必面对这一地鸡毛。年轻的作曲家帕梅拉 · 弗里斯特倒像个女主人，在他身边忙忙碌碌，一点点将那些原计划带到台湾或无法带走打算分赠给友人的物品各归其位。帕梅拉是摄影师丹尼尔 · 勒维的妻子，这对伉俪经罗伯特 · 弗兰克介绍结识常玉。由于对常玉的欣赏，丹尼尔又将自己的哥嫂埃蒂安 · 勒维和娜塔莎 · 勒维引荐给常玉，他成了整个勒维家族的好朋友。帕梅拉和常玉尤为投缘，经常一起观看网球比赛，还一起给他们养的植物播放音乐。近日帕梅拉等年轻朋友们便常来看望安慰常玉。

“ 哇哦！看哪，Sanyu ！你在世上还有两法郎！ ”

帕梅拉夸张地大叫着，把她在杂物堆里翻出的两块硬币用一张旧法国《 世界报 》托着，在常玉眼前晃了晃。这是常玉经常用来逗朋友笑的小把戏，把一法郎包在《 世界报 》里然后大喊：“ 我在世上只有一法郎了！ ”可今天这个屡试不爽的小把戏却在他本人身上失效了。他勉强挤出一丝微笑对帕梅拉说：

“归你了，小帕，把我最后的遗产留给你吧。”

“嘿，Sanyu，笑一笑，你不是常跟我讲，中国有句古老的谚语，讲一个叫塞的老头丢了马，并不能立即判断就是件坏事。你没去成台湾我觉得就是件好事，那种氛围真是太可怕了。虽然得不到小青我有点遗憾，但你继续留在巴黎我真是太高兴了。”

常玉没能去成台湾这件事，在他不少朋友看来非常值得庆幸，尤其是帕梅拉，她认为常玉浪漫不羁的个性就适合在法国生活。小青是当年赵无极夫妇为庆贺常玉乔迁新工作室送给他的那盆常青藤，帕梅拉一直很喜欢。

“小帕，你知道的，我并不是遗憾没有去成台湾，至少我不用搬家了，也不用把小青留给你了。我心疼的是那些作品，那可真是我花了好多时间和心血创作的。我越来越老了，那条伤腿还总是疼，我可没有信心还能再画出那样的好画来。”

“不要灰心嘛，Sanyu，我们对你可是很有信心的，我们都认为如果有个好的经纪人帮你推广，你的名气不会比毕加索小，至少能赶上贾科梅蒂。而且别忘了你现在可是有地母神保佑呢，哈哈。过段时间我和丹尼尔再陪你去医院看看腿，听说圣文森保罗医院治疗骨伤很厉害。周末你如果感觉还好，可以和我们一起去郊外采草莓，菲勒、丹尼尔还有唐都会去。”

也许是帕梅拉的鼓励起了作用，或者常玉真的得到了地母神的庇佑，他的确很快找回了状态，甚至比前几年更勤于创作。或许在外人看来，常玉的新作无甚变化，还是那些动物、花卉、女人体，但他自感埃及之行后下笔更加游刃有余。常玉绘画时的运笔方式原本就取自书法，他深谙书法用笔放逸之要诀，在埃及观看的那场难忘的肚皮舞，让常玉见识了真正的超验状态。他推想自己作为观众尚且有这样的体验，舞者在迷狂地舞动时又达到了怎样忘我的境界呢？常玉热切期盼那超验一刻的降临，但他并不想效仿那些曾在自己年轻时风靡一时的超现实主义者的做法，他们常通过服用致幻药物主动放弃清醒的自我，把自己交给混沌的无意识。常玉认为这样未免过于极端，他只需小酌一点，达到微醺的效果，便能够忘却自己内心的彷徨、失意，肉身的伤痛、衰老，一头扎进自己创造的世界。

常玉的振作让帕梅拉等关心他的朋友十分欣慰，他们开着常玉的玩笑，说他爱情和事业都开启了新的春天。此时常玉的确在追求一位年轻的模特，某日好不容易把姑娘约到家里，却发现没有什么可以招待的，急中生智临时找娜塔莎借了一瓶红酒，因此屡次被娜塔莎揶揄。常玉已记不清这是他单身以来交往的第几任女友了，其实这几年他早已没有年轻时那样强烈的欲望了，他追求年轻的女性更多出于一种心理需要，他爱慕她们年轻健美的身体、旺盛的生命活力，他需要这些能量摆脱自己对衰老孤独的畏惧。而创作上，常玉自己回想起来偶尔也感到有些惭愧，历数入行三十多年所作的油画，满打满算也才二百多幅，最为高产的创作阶段还是与侯谢合作的三年，那期间他画了一百多幅油画，占迄今创作油画总量的一半，速写更是不计其数。而 30 年代后期到 60 年代初，年富力强的大好时光，他居然只画了区区一百多幅油画，平均到每年不足五幅。听说毕加索一年的作品量就有一百多幅，这还没算上版画和陶瓷作品，目前单是油画数量已经过千。巨大的差距令常玉赧颜，同时也有些释然。毕加索如此天才还如此勤奋，取得巨大声名也是理所当然。而自己终日在巴黎街头闲逛、打网球、拉小提琴、追逐女人，真正花在艺术创作上的时间少得可怜，今日仍默默无闻，也不能怨天尤人。

· 孤独的象

一日，常玉正在创作一幅《孤独的象》。他最近画动物较为频繁，相比于40年代、50年代同类题材的绘画，这一时期的背景更加简化，通常是大色块的拼接碰撞，极少描绘具体的环境，或像辽阔草原，或像水边洲渚，或像无垠沙漠，引人无限遐想。马、象、花豹等动物通常只有一只或两只，虽在画面中心位置，所占面积却比以往更小，在空旷的背景中茕茕孑立，愈发显得渺小而孤独，恰如常玉近几年心境的写照。这一幅《孤独的象》也不例外，灰黄色与深棕色相交的背景中，出现一只黑色剪影一般的小象，象虽小却是精心描绘，象牙、长鼻、尾巴等细节皆以尖锐工具刻画而出，却毫不刻意造作，于细微处流露大师风范。常玉画着画着，渐渐与笔下这头离群的小象合为一体，以象的视角观察世界，在一望无际的荒漠中踽踽独行，前路茫茫，没有家人的引领与陪伴，人生这场痛苦的跋涉似乎没有尽头。即便在搁笔后，常玉依然久久无法摆脱那种无比孤寂的

孤独的象　常玉
纤维板油画 | 80cm×130cm | 20世纪60年代

心境，他迫切需要找朋友倾诉，可不巧的是勒维家族都去尼斯度假了，常玉思来想去，可以深入讨论艺术、倾诉心事的朋友屈指可数，还好他想到了兼搞创作的《法国晚报》记者阿尔伯特·达昂，他们已相识多年，虽联系并不频繁，每次聊起艺术却总有相见恨晚之感。

常玉拨通了阿尔伯特的电话，省去客套的寒暄，开门见山地说："嗨，阿尔伯特，我是 Sanyu，我画了一张画。"

"是什么样的画？"

阿尔伯特对常玉的突然来电没有感到丝毫意外，最为关心的还是常玉的作品。

"一只小象，你一定会看到的。"

"我这就去欣赏一下。"

"还不到时候。"

朋友的热情令常玉十分感动，但他觉得这幅画还没有完全达到自己的理想状态。

"要等到什么时候？我都迫不及待了。"

"再过些天吧，我先画，然后再简化它，再简化它，直到我想要达到的境界。"

"我太期待了，Sanyu。"

"可是画这幅画让我感到很孤独。"

“也许孤独正是你的作品要表达的情绪吧，只是你过于投入了，就像演员太入戏一样。这对艺术创作是好事，但对作者本人却是一种伤害。”

“跟你说一说，我就感觉好很多，有你这样懂我的知己，我并不是很孤单。”

· 公寓展览 上

勒维一家度假回来后，常玉深深的孤独感终于得以缓解，埃蒂安和娜塔莎夫妇经常邀请常玉到家中做客，让他感受到些许家的温暖。时至初冬，常玉去埃蒂安家更加频繁了，因为他们居住的公寓宽敞整洁又温暖，相比之下自己的工作室显得格外凌乱冰冷。

一日，常玉在埃蒂安家用过午饭后，在他最喜欢的提花扶手大沙发上打了个盹，一睁眼发现埃蒂安、娜塔莎、丹尼尔和帕梅拉四个人围坐在他身旁，丹尼尔正把盖在他身上的毛毯向上拉。见常玉醒了，娜塔莎笑吟吟地对他说：“Sanyu，我们想和你商量件事。”

“是不是又要请客，想让我下厨做几道厉害的中国菜呀？”

“不，你猜错了。我和埃蒂安想以这间公寓做展厅，邀请你在这里举办个人作品展。我们可以借此机会邀请亲朋好友聚一下，让他们都来欣赏著名艺术家常玉的精彩作品。发请柬和开幕酒会这些事都不用你操心，你只提供作品就好，然后指挥我们挂在合适的地方，你觉得怎么样？如果你作品都准备得差不多了，我们就可以尽快开始，圣诞节之前开幕可以吗？”

对于常玉来说，这可真是一个巨大的惊喜。作为一个不算特别知名的画家，随着年事已高获邀展览的机会越来越少，近几年甚至连秋季沙龙、独立沙龙等常玉曾连续多年参加的展览都不再专门邀请他，也许大家默认这个年纪的人早已停止创作，在家含饴弄孙了。其实常玉是非常渴望展览机会的，所以他才会对黄季陆所许诺的台北历史博物馆的展览寄予极大的希望，也因此在计划落空后失望至极。最近他勤奋创作，又积累起了一批满意的作品，此时勒维一家愿意提供场地为他举办展览，无异于雪中送炭。更让常玉感动的是，这些年轻的朋友们还如此顾及他的面子和感受，明明是给他展览机会，却好像请他帮忙一样，而且还愿意承担展览相关的琐碎工作。面对这份深厚的情谊，常玉自觉无以为报，只有拿出自己最好的作品，方不负朋友们的厚爱。

回到工作室，常玉立即着手盘点现有的作品，从自己从业三十余年来的珍藏中挑选出二十余幅油画和几件动物雕塑，并对其中不甚满意的再次润色加工，然而其过程并不一帆风顺。由于多年未参与公开的艺术活动，常玉竟一度对这次展览感到有些害怕，尤其是那些他鲜少示人的珍藏之作，都是最能够代表他的理念和态度的，公开展示无异于将自己的内心向众人剖白，常玉担心自己的创作已不符合现在的潮流，担心自己的一腔赤诚不被人接纳。

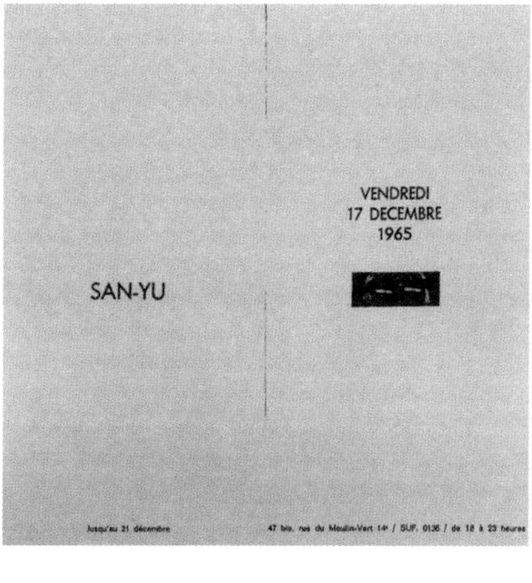

1965 年 12 月，常玉在埃蒂安·勒维和娜塔莎·勒维的公寓举办展览，这是他生前最后一次展览，图为常玉展览邀请函

多亏勒维家两对年轻夫妇经常去工作室了解作品的进展，还专门设计印制了展览邀请函，他们总是不吝表达对常玉的欣赏。在朋友们的鼓励下，常玉终于不再那样焦虑了。经过讨论，展览开幕日期定为12 月 17 日，圣诞节前一周的周五。常玉一反以往散漫拖延的常态，12 月初就准备好了所有参展作品，丹尼尔夫妇帮他运到埃蒂安的公寓。埃蒂安夫妇早就将家中一切装饰物清理一空，墙上、桌上、柜子里等所有适合放置作品的地方都虚位以待。常玉此前曾多次在公寓、工作室等地举办展览，对如何在非常规的展示空间呈现作品有丰富的经验，再加上他对埃蒂安的家非常熟悉，心里早就计划好了布展方案，在两对年轻夫妇的帮助下很快便完成了布展。

常玉在勒维公寓展览开幕式上与勒维家族成员的合影

常玉将两幅不同姿态的屈腿裸女作为这次展览的核心，虽不是新作，但是常玉对它们进行了精心的调整，线条更加果决有力，并剔除一切不必要的细节和装饰，让画面简化再简化。这两幅屈腿裸女不仅尺幅较大，也决定了展览的基调——简洁而富有生命力。两幅画分别占据了公寓中两个最主要的墙面，其余作品都是围绕着它们而布置的。女人体近旁各放一幅瓶花，盛放的花和饱满的人体相映成趣。转角窗边一面极窄的墙面也没有浪费，挂上了一幅小而精致的《屈腿马》。这还是常玉在与玛素婚姻存续期间的创作，画时饱含着对当时妻子的深情，常玉珍藏多年，甚少公开展出。娜塔莎看着挂满了艺术品焕然一新的家激动不已。

"埃蒂安，这还是咱们的家吗？我简直不敢相信自己的眼睛。艺术太神奇了！ Sanyu，我真恨自己太穷，不然一定把你这些作品原封不动全留下，一件也别想离开这间公寓。"

"亲爱的，原谅我不是百万富翁，不过你可以挑一件最喜欢的，我买下来送你作圣诞礼物。而且往好处想，至少展览的这个月，你天天都能看到这些画和雕塑，你就生活在这座艺术的天堂里，想想这有多么幸运。"

"就是的，娜塔莎，别不知足了。我如果想看还得专门跑过来，说不定还要带着礼物讨好你这女主人。"帕梅拉故作嫉妒地说。

看着自己和朋友们的劳动成果，常玉也十分欣慰，心中的不安得以缓解。他太喜欢这次布展的效果了，美术馆、画廊的展览固然显得更加专业，然而常玉更喜欢自己的作品被置于真实居住环境的状态，尤其是自己亲爱的朋友的家里。作品对居室的氛围产生微妙却关键的影响，也跟居住在此的人产生情感的联结，它不再单纯是一个物件，而渐渐拥有自己的情感、记忆甚至生命。

常玉微笑着对两个女孩说："圣诞节我会给你们一个惊喜。亲爱的娜塔莎，这些作品你想挂多久就挂多久，它们也不愿意回我的工作室挨冻，我替这些家伙感谢你。"

· 公寓展览 下

开幕那天，埃蒂安家门庭若市。来宾们有勒维家族的亲友，更多的是常玉和勒维家共同的朋友，法国艺术家雅克 · 莫诺利及妻子萨宾娜、雕塑家菲力 · 伊其理、抽象画家唐 · 芬克等。当然也少不了在巴黎的华人艺术家们，赵无极、朱德群、潘玉良、席德进等悉数前来捧场。谢景兰因想避免和赵无极见面的尴尬，开幕中途才和现任丈夫马塞 · 范甸南一起到场，不一会儿又匆匆告辞。

"祝贺！ Sanyu，这是给你的花。"

"Sanyu，祝贺祝贺！新作品真是太棒了！ Cheers！（干杯）"

"我太喜欢这张剑兰了！"

"大艺术家，快跟我合个影！"

朋友们的祝贺赞美声不绝于耳，常玉穿梭在宾客当中应接不暇，手中的香槟杯根本没有放下的机会。迎来送往间，常玉不禁有些恍惚，眼前热闹的景象和记忆中的某些瞬间重叠在了一起。他事业刚刚起步初次入选秋季沙龙的那次开幕，看着艺术经纪人侯谢和风情万种的蒙帕纳斯女王 KIKI 在自己的参展作品前表示要结识作者，常玉就站在一旁心中充满得意；斯泰因小姐的沙龙上，博学的女主人和大画家毕加索对自己的认可、赏识；荷兰哈勒姆的德柏画廊的个人展览开幕式上，音乐家好友约翰·弗兰科殷勤地向来宾推荐常玉的作品，尽管听不懂陌生的荷兰语，但却很容易读懂宾客们对作品欣赏和赞叹的神情。这样的神情常玉已经久违了，但今天却重现在来宾们的脸上，如同雨后阳光，驱散了常玉心中担忧的阴霾。

随着天色渐晚，一些宾客陆续离开，赵无极、朱德群等艺术家朋友也纷纷向常玉和公寓主人告辞，公寓里终于不那么拥挤了。这时潘玉良走到常玉面前，认真地问："Sanyu，你有空陪我转一转吗？我想了解你创作的一些细节。"

"乐意至极！"

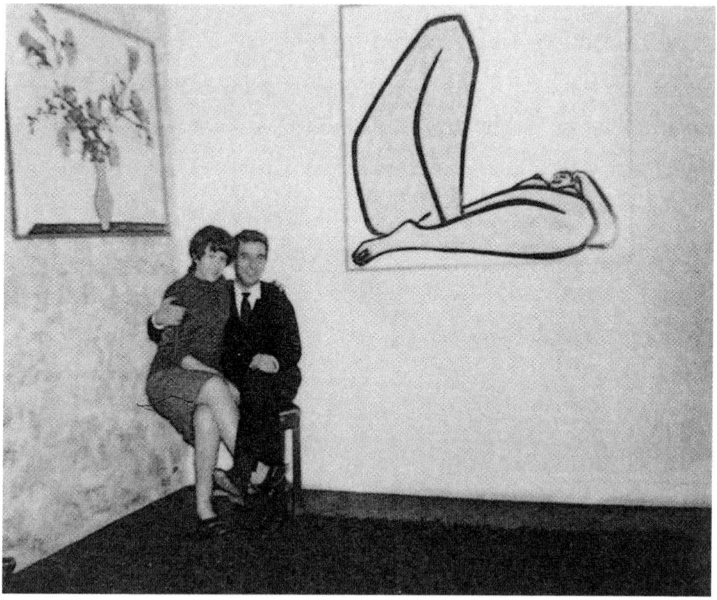

埃蒂安·勒维和娜塔莎·勒维在常玉展览上的合影

于是常玉陪着潘玉良从头到尾看了一遍展览，潘玉良仔细地观看每一幅作品，不时询问常玉创作年代、材料等细节。看完所有作品后，潘玉良由衷地说："Sanyu，你的画一直随着时代演变在进步，真是难得。"

从潘玉良这位出色的艺术家口中得到如此高度的评价，让常玉大受鼓舞，更加坚定了自己的方向。

预计的开幕时间接近尾声，阿尔伯特 · 达昂终于气喘吁吁地赶到，他刚刚结束一个采访，连采访设备都来不及放下便直奔展览。

"抱歉Sanyu，我来迟了。先带我看看你上次电话里说的那幅画吧，自从你说了以后我一直在想象它的样子。"

常玉将阿尔伯特带到那幅孤独的小象前，它被挂在起居室一个僻静的角落。

"天哪！这不就是你吗？我觉得你完全画出了自己的内心世界。"

阿尔伯特指着黑色的小象惊呼。常玉笑着点头表示同意。

"是的，我也越来越觉得这就是我。孤独，但并不绝望，仍然努力地在人生道路上跋涉，虽然瘸了一条腿。"

"希望你下次把我也画进去，我愿意化身为一只小鸟陪伴你。"

"嘿！这不公平！凭什么只把阿尔伯特画进去。我们也是小象的朋友，我强烈要求入画。把我画成一棵猴面包树吧，我最喜欢的一种植物。"

帕梅拉路过时听到常玉和达昂的对话，佯装生气地抗议道。

“好了，帕，你还不打算告诉常玉那个好消息吗？”

娜塔莎在旁边温柔地提醒。

“好吧，我本来打算再等几天来着，多卖几件一起告诉他。向您汇报一下，Sanyu 先生，我们今晚的销售业绩不错，有两件作品已经售出了，还不算埃蒂安预订的那件。”

这可真是意外之喜，因为勒维家这几位年轻人都不是专业的艺术经纪人，公寓展览的观众又十分有限，展览前常玉并未奢望有人会买作品。一连串积极的反馈，让常玉重拾自信，竟在六十多岁的年纪再次感到自己的事业蒸蒸日上，他由衷感谢这些可爱的年轻朋友。

“我打算画一个象群，你们都会在里面。”

· 千里归乡一梦遥

“哇，这个常氏龙须面果然名不虚传。好辣，可就是停不下来。出版社那帮老古板真没眼光，要是你那本中国菜谱出版了肯定会大卖的，我保证先买一百本。”

萨宾娜一边猛灌冰水，一边像小狗一样张着嘴哈气，却还舍不得那盘喷香的面条。

“Sanyu，你怎么不来，我们都快吃光了。”

萨宾娜的丈夫雅克 · 莫诺利招呼着常玉，常玉正站在煤气灶边笑着看几个年轻人大快朵颐。年轻真好啊！那样旺盛的食欲。常玉在心中感叹，这几年他食欲下降得厉害，自己吃不下多少东西，却越来越喜欢招呼朋友们来家里聚餐，精心烹制美食，只为看年轻人们饕餮一番。

常玉笑着走到餐桌旁坐下。

“Sanyu，你的入籍申请通过了吗？你不是去年就递交了材料吗？”

“还在等着呢，你们法国政府效率真低，只有地铁票印得不错。”

“他们就是这个德行，我的驾照也快一年了，还没补办好。”

“Sanyu，你什么时候开始画你的舞娘系列？”

“等我的‘阿喀琉斯之踵’稍微好点，打算再去一次埃及，积累更多素材。”

“哈，你就是找借口再去看肚皮舞。”

“要提前准备好红酒，在埃及可没人再借给你了，哈哈。”

听着年轻人们肆无忌惮地调侃自己，常玉不仅不恼反而笑意更浓，自己已经完全融入了这些小朋友们，而没有被当成老古董。

“Sanyu，晚安，做个好梦。”

“晚安，雅克。晚安，萨宾娜。”

莫诺利夫妇贴心地帮常玉清理完狼藉的杯盘才最后离开，常玉有心留他们继续喝茶聊天，可酸疼的腰背和隐隐作痛的右脚踝却不允许他这样做。简单洗漱后，常玉查看了一下工作室里大大小小十几盆植物，尤其是帕梅拉临行前托付给他的那几盆，勒维一家又去尼斯度假了。常玉放上德彪西的《夜曲》给植物们听，最近下了几场雨，空气较为湿润，上周浇过的花土还未干透，他打算后天再浇。不过常玉不喜欢阴雨天，每到这种天气他脚踝的旧伤便会加重。

常玉有些艰难地走进卧室，缓缓地把伤腿挪到床上，又小心地将一块折叠成桥状的硬纸板架在脚踝上方，这是他为自己的伤腿特制的护具，避免压到或碰到伤痛处，最近那里脆弱得连毯子的重量都无法承受。安顿好了这条糟糕的老腿，常玉又拿起床头的《红楼梦》第一卷，这套书已陪伴了他四十余年，其中人物、情节可谓烂熟于心，然而每次展卷却总有新的收获。常玉最近总要借助阅读暂时摆脱腿部的伤痛才能入眠，但有时却适得其反，越读越兴奋，久久不能入睡。没想到今晚刚读到“游幻境指迷十二钗”一回，他便像书中的宝玉一般眼饧骨软，一头扎进黑甜乡。

朦胧之中，一阵悦耳的铃音响起，一个女子来到常玉床前，她身姿曼妙，面笼轻纱，竟是那位舞技通神，令常玉念念不忘的舞者。舞者对常玉摇摇手中铜铃，常玉只觉自己轻飘飘离开了床铺，步履轻盈地跟随着舞者，全不似往日拖着伤腿那样费力。

四周仍漆黑一片，常玉不知自己身在何处，唯有眼前的舞者精灵一般通身发出柔和的银光。舞者开始起舞，似乎只服务于常玉这唯一的观众，她的舞姿格外魅惑，常玉看着激动不已，正遗憾自己无法记录下这动人的舞姿，岂料刚一动念，画笔、画架便一应俱全出现在手边。常玉忘乎所以地画了起来，且下笔如有神助，如同相机快门般快速又准确地捕捉舞者那些精彩的动态。画着画着，常玉发觉舞者好像一团流动的液体，不仅舞姿千变万化，她的体态、容貌也在不断地变化。一会儿变得高大健美，酷似汉娜。旋即又缩短了身体，变成了小巧玲珑、红头发的艾娃。一会儿皮肤颜色渐渐变深，鼻宽唇厚，像他曾经画过的露皮塔等一众黑美人。眨眼间又变成了黑发雪肤的 KIKI 的模样，连那头标志性的短发都别无二致。接着娃娃脸的爱菱、身材绝佳的薛托漾……还有常玉去朱利安画室找徐悲鸿时第一次见到的人体模特，游学日本在“风吕屋”中初次带给他异样悸动的洗浴的少女。常玉曾经画过的一众美人模特，以及让他心动过的女性，都借由舞者的身体一一重现在常玉眼前，唯独不见玛素。常玉略为失望地停了笔，可舞者似乎洞悉他的心思，背对常玉站定片刻，再一转头，赫然是玛素在朝着常玉回眸一笑。眼前的玛素还是他们初识时的模样，丝毫没有被岁月侵蚀的痕迹，瞬间唤醒了常玉对自己人生高光时刻的回忆，他难掩激动，冲上前去想要一诉衷肠，可这个散发着银光的玛素却像海市蜃楼，倏然飘远，他越是想靠近，越是无法触及。

常玉追着玛素越走越远，眼前逐渐开阔，不再漆黑一团，而是灰蒙蒙一片混沌。玛素越发遥不可及，那个银白色的身影渐渐变得稀薄，仿佛溶解在这混沌的荒野中，再现形时成了一匹银白的小马。常玉不再追赶，只停在原地遥遥看着，马儿几个跳跃忽而消失不见，取而代之的是一头小象。象步履蹒跚地缓缓走出地平线，视野中又出现一只矫捷的花豹。花豹忽以迅雷不及掩耳的速度扑向常玉，唬得他一惊，紧紧闭上眼。再睁眼时，却见一只黑白花猫咪正悠闲地蹲在他面前舔毛，酷似他曾养过的两任奶牛先生。奶牛先生舔罢身体，高高翘起尾巴，得意洋洋地跳上一只青瓷花盆，抓扑盆中高大的木本植物。植物花繁叶茂，每个枝头都有花有果，每朵花都形色各异，树顶立着一只歌喉婉转的黄鹂。常玉怕猫伤害鸟儿，赶紧将猫赶开。猫儿跳走，黄鹂也扑棱棱振翅飞了，那树转眼成了墙上一幅缂丝织绣。

常玉正待摸摸这幅绣品，却听到一个熟悉亲切的声音：“小六子，莫要动，这可是古董哟。”常玉激动地回头，果见大哥言笑晏晏地站在面前，赫然还是壮年时的样貌，而他们正置身常玉儿时最喜欢的丝厂库房。大哥又笑：“该回家了，小六子。”常玉正自诧异，祖屋不是推倒了吗？哪还有家呢？却见大哥背后流光涌动，像阳光透射的一泓碧水，从那里传出许多声音，从遥远逐渐切近，一声声亲切地唤着："廷果……""小六……""廷果，该回家了。"有父亲、母亲、大姐、二哥，常玉依稀还听到恩师赵熙先生的声音。常玉不由自主地趋向那些声音的源头，他很是想念这些亲人、故人。可一忽儿心里又惦记起自己尚未开启的舞娘系列新作，多少有些不甘。又想到自己多年在外，着实混得不入流，实在有些愧对家人的厚望，便又止步不前，近乡情怯起来。

"该回家了，回家去把欠我的菊花样子画了。"

大哥依旧笑着，像小时候那样向他伸出手来。年轻时一往无前想要在外面的世界闯出一番天地，理所当然地享受着大哥和家中亲人的支持，却从未施与关心回报，亏欠他们的何止菊花样子，等人到中年醒悟到这一点，欲尽孝道而亲不待。常玉不再犹豫，奔向大哥，如同飞燕还巢，归心似箭，一同浸没在那流光之中。

参考文献

一、图书

顾跃.常玉[M].石家庄：河北教育出版社，2010.

蒋碧微.我与悲鸿——蒋碧微回忆录[M].长沙：岳麓书社，1986.

庞薰琹.就是这样走过来的[M].北京：生活·读书·新知三联书店，2005.

邵洵美.儒林新史[M].上海：上海书店出版社，2008.

邵绡红.我的爸爸邵洵美[M].上海：上海书店出版社，2005.

孙元.寻找孙佩苍[M].桂林：广西师范大学出版社，2014.

徐志摩.巴黎的鳞爪[M].北京：中央编译出版社，2013.

衣淑凡.常玉油画全集[M].台北：财团法人国巨文教基金会，2001.

衣淑凡.常玉油画全集第二册[M].台北：财团法人立青文教基金会，2011.

［法］彼埃尔·阿苏林.康维勒——一个巴黎画商的传奇[M].韦德福，唐珍，译.上海：上海人民美术出版社，1999.

［法］雷奈·詹泊尔.画商日记[M].李嘉熙，文佩琳译.北京：金城出版社，2012.

［法］罗拉.卢芹斋传[M].卞婉钰，译.北京：中国文联出版社，2015.

［美］欧内斯特·海明威.流动的盛宴[M].汤永宽，译.上海：上海译文出版社，2016.

［德］瓦尔特·本雅明.巴黎，19世纪的首都[M].刘北成，译.北京：商

务印书馆，2013.
［法］瓦拉德.一个画商的回忆[M].陈训明，肖先治，等译.长沙：湖南美术出版社，2000.
Sarah Greenough. *Looking In: Robert Frank's The Americans*[M]. Washington: Steidl, 2009.
高玉珍.相思巴黎：馆藏常玉展[M].台北：台北历史博物馆，2017.
常玉：中国现代主义艺术的先锋[M].台北：耿画廊，2013.
常玉：身体语言[M].巴黎：吉美博物馆，2004.

二、现代论文、报道

包立民.成也子杰 败也子杰——张大千进军巴黎艺坛前后[J].荣宝斋，2012(4).
蔡国威.1933年巴黎中国美展上的古画和徐悲鸿[J].中国美术，2018(4).
蔡涛."不中不西"之间——王济远的现代美术实践[J].文艺理论与批评，2021(2).
曹俊杰.赵嘉陵：我的父亲母亲[N].第一财经日报，2009-07-14.
陈岗.近代四川猪鬃业的开发与经营[J].史学月刊，2008(4).
陈炎锋.巴黎的一曲乡思——常玉[J].雄狮美术，(132).
陈智.也说郭有守其人其事[J].文史杂志，2007(2).
杜少虎.合群开蒙——民国早期"新派画"的引入与传播[J].美术馆，2009(1).
杜少虎.沪上晨钟——天马会之九次绘画展览[J].美术观察，2009(6).
公孙訇.李石曾与留法勤工俭学运动[J].近代史研究，1992(4).
郭细英，徐胜萍.赴法勤工俭学热潮兴起的原因探析[J].湖南师范大学社会科学学报，2002(6).
郝兆杰.郭有守:中国早期电化教育的行政推动者[J].现代教育技术，

2011(11).
华天雪.徐悲鸿的“写实主义”[J].美术观察，2009(6).
华天雪.以柏林和巴黎为“战场”的又一次角逐——20世纪30年代刘海粟、徐悲鸿的赴欧巡展[J].中国美术，2019(2).
霍益萍.法国政府对留法勤工俭学运动的立场和态度[J].近代史研究，1997(1).
李安源.菊与丝——常玉的思乡曲[J].读书，2020(3).
李超.决澜社研究[J].美术研究，2008(1).
李天垠.一把折扇，两面情缘[J].紫禁城，2008(1).
刘晓路.20世纪中国美术的留学生[J].美术，2000(7).
秦瑞丽.20世纪上半叶上海西画展览考略[J].美术，2017(9).
邵晓峰.芳菲菲兮袭余——陈师曾家族与徐悲鸿的情愫与交游[J].美术，2018(1).
水天中.话说常玉[J].荣宝斋，2004(2).
谭刚.西南土产外销与大后方口岸贸易变迁（1937—1945）——以桐油、猪鬃、生丝和药材为中心[J].近代史研究，2013(2).
唐玉清.中法文化交流中的谢寿康[J].现代传记研究，2015(2).
田雪梅，鲜于浩.四川留法勤工俭学生与旅欧党团组织[J].四川师范大学学报（社会科学版），2003(4).
鲜于浩.论留法勤工俭学运动的历史地位[J].西南民族大学学报（人文社科版），2006(4).
颜廷颂，阮荣春.论“惑”与“不惑”——1929年关于西方现代艺术的一场论争[J].南京艺术学院学报（美术与设计版），1993(4).
姚玳玫.守护自我：潘玉良与她的画作（1928—1937）[J].文艺研究，2010(12).
曾焱.法国媒体在“七七事变”前后[J].三联生活周刊，2012(27).
曾焱.花园街27号[J].三联生活周刊，2012(1).

张长虹.1933年“巴黎中国美术展览会”研究[J].艺术探索，2013(5).
郑洁.汪亚尘、王济远与上海美术专科学校（1913—1937）[J].美术研究，2016(1).
周爱民.庞薰琹与“决澜社”现代美术运动[J].美术研究，2009(2).
周芳美.1920、30年代上海艺坛对于中西融合画风新国画之评论[J].美术学报，2014(2, 3).

三、民国期刊、报纸文章

韩湘眉.志摩最后的一夜[J].新月，1932, 4(1).
柯定盦.天马会看画漫记[N].申报，1927-11-08(16).
李毅士.我不“惑”[J].美展，1929, (8).
刘海粟.天马会究竟是什么？[J].艺术，1923(13).
吕琴仲.新画派略说[J].东方杂志，1917, 14(7).
倪贻德.美术联展之回顾[N].申报，1927-10-07(5).
庞薰琹.决澜社小史[J].艺术旬刊，1932, 1(5).
邵洵美.邵洵美君给天马会的信[N].申报，1927-11-12(6).
王济远.天马会筹办六届画展的经过[J].艺术，1923, (13).
徐悲鸿.巴黎中国美术展览会[J].艺风，1933, 1(11).
徐悲鸿.惑[J].美展，1929, (5).
徐悲鸿.惑之不解[J].美展，1929, (9).
徐志摩.我也“惑”[J].美展，1929, (5, 6).
天马会筹办第八届美术展览会[N].申报，1927-03-15(7).
美术联合展览会今日开幕[N].申报，1927-09-10(7).
中华留法艺术协会成立[N].安徽教育行政周刊，1929, 2(15).
决澜社宣言[J].艺术旬刊，1932, 1(5).

常玉年表
（1901—1966）

1901

10月14日，生于四川顺庆（隶属于现在的南充），排行第六，父亲常书舫为其取名廷果，字玉，号幼书。

1913

追随以画狮子和马闻名于顺庆的父亲学习传统绘画。稍后，接受父亲安排，受业于四川知名的文人书法家赵熙。

1917—1918

赴日本，并探访二哥常必诚。其间，有书法作品刊载于日本的艺术刊物。

1919

五四运动发生之前，已返回上海。

为二哥在上海成立的“一心”牙刷公司设计广告装饰图案。

1921

响应蔡元培等人所成立的“留法俭学会”的号召，前往法国巴黎。与徐悲鸿等多位文艺留学生结识，一同成立“天狗会”，嘲讽1919年在上海成立的以刘海粟为首的绘画组织“天马会”。

8月，前往德国柏林，与徐悲鸿夫妇等人会合，后在此居住两年。

1923

从柏林返回巴黎，租住在拉丁区（第五区）圣米歇尔大道附近一条小街里的老旅馆三楼斗室（森麻乐街9号）。

1925

经常与邵洵美、郭有守及法国友人聚会，并同往枫丹白露登山郊游。

在“大茅屋画室”结识玛素·夏绿蒂·哈祖尼耶小姐。

作品展出于法国秋季沙龙。

12月21日，徐志摩以常玉为对象，写成散文《巴黎的鳞爪》。

1926

年底，画家庞薰琹（1925年抵达巴黎）拜访常玉工作室，两人结为好友。

1927

经常与庞薰琹共赴“大茅屋画室”画速写。

可能返回过中国一趟。另外，画家陈抱一曾回忆指出，常玉1926—1927年回过上海一次。

1928

4月10日，与玛素·夏绿蒂·哈祖尼耶小姐于巴黎第五区市会堂成婚，并迁居至巴黎南郊马勒哥夫卢梭街1号的公寓。

作品展出于法国秋季沙龙。

1929

随着大哥常俊民丝厂业务衰退，来自中国家中的接济紧缩，常玉陷入财务困境。

结识法国知名画商兼收藏家亨利·皮埃尔·侯谢，并确立一段经纪关系。

参考文献

p. 590—591

1930

为留法友人梁宗岱翻译的法文版《陶潜诗集》绘制三张中国山水铜版画插图。书中有法国著名诗人瓦雷里写的序，巴黎勒马盖出版社印行（限量306册）。

作品展出于杜乐丽沙龙。

1931

结识荷兰青年作曲家约翰·弗兰科，之后频繁通信往来。

被马索·施密特编入《法国艺术家名人录》。

5月，大哥常俊民病逝。在此之前，家道已经中落。

7月，与玛素·夏绿蒂·哈祖尼耶离婚。

9月，前往荷兰阿姆斯特丹拜会弗兰科夫妇，并一同前往海牙。

10月24日至11月3日，在巴黎波拿巴出版社举办展览。

11月中旬以后（确切日期不详），作品在巴黎梵欧易安画廊展出。

作品分别展出于巴黎独立沙龙与杜乐丽沙龙。

1932

10月1日至31日，在荷兰哈勒姆的德柏画廊举办展览。

10月，庞薰琹与倪贻德等人在上海成立艺术团体“决澜社”，邀请常玉加入。

11月，侯谢结束与常玉的经纪关系。

收到家书，才知道长兄已于去年病逝。

雷内·爱德华-约瑟夫编撰的《当代艺术家生平辞典1910—1930年》第三册出版，常玉名列其中。

1933

元月底，徐悲鸿为筹办“中国美术展览会”（展期5月10日至6月25日）前往巴黎，借用常玉的住处宴客，常玉亦以一幅花卉画受邀参展。

5月13日至31日，在荷兰阿姆斯特丹的凡莱画廊举办展览。

1934

4月14日至5月3日，作品在荷兰阿姆斯特丹的凡莱画廊二度展出。

9月起，开始在中国餐馆工作。

1936

作品展出于杜乐丽沙龙。

居住在第十四区的卢额道7号。

发明乒乓网球运动。专程前往柏林观看奥运会，结识德国网球冠军戈特弗里德·冯·克拉姆，试图推广“乒乓网球”，以获经济上的成功。

1938

可能为了领取家中分配的遗产，回中国短暂停留，也是最后一次回国。

作品展出于独立沙龙。

居住在第十四区的维星古托斯路50号。

1941

常玉尝试以石膏作为材质创作雕塑。

1942

雕塑作品展出于独立沙龙。

居住在德蒙菲勒街17号。

1943

雕塑作品展出于独立沙龙。

迁居至巴黎蒙帕纳斯区南端（第十四区）的沙坑街28号，这也是常玉在巴黎的最后一次搬迁。

二战中法国沦为德国军事占领区期间（1940年6月至1944年8月），常玉除了创作雕塑，也以寄售自己所作的陶艺品维生。

1944

雕塑作品展出于独立沙龙。

1945

1月19日，于《巴黎解放日报》发表文章《一个中国艺术家对于毕加索的省思》。

1946

改回以绘画作品参加独立沙龙展出。

12月，在巴黎妇女俱乐部举办展览。

12月25日，《巴黎解放日报》刊载法国作者皮耶·若富义撰写的《本质主义的发明者：常玉》一文，对常玉予以深刻的讨论与极高的赞誉。

1947

作品展出于杜乐丽沙龙。

1948

作品展出于独立沙龙。

9月28日，常玉致函中国艺术史学者苏立文，说他已经到纽约三个月，所欲推广的“乒乓网球”毫无业务上的进展，而随行携带的29幅画也没有卖出一幅。

9月底稍后，他住进瑞士裔的青年摄影家罗伯特·弗兰克在纽约的工作室，与弗兰克成为室友。

1950

在弗兰克的协助下，常玉于曼哈顿的巴撒朵画廊举行个展，却未能卖出任何作品，之后从纽约返回巴黎。

与赵无极和谢景兰夫妇熟识。

1954

作品展出于独立沙龙。

1955

作品《猫与雀》在独立沙龙展出。

在巴黎认识绘画名家张大千。

1956

作品展出于独立沙龙。

秋末，结识从纽约前往巴黎巡回演出的女钢琴家张易安。

1958

继续推广“乒乓网球”，仍遭挫败。

据张易安透露，常玉生前最后八年甚为潦倒，甚至做过油漆工和水泥工。

1959

经弗兰克介绍，常玉结识法国艺术家贾克·莫诺利夫妇，并与他们成为往来频繁的友人。

据张易安回忆，常玉晚年不见容于当地华侨，多与较为开放且比他年轻的欧洲友人往来。

1961

常玉为张大千在巴黎赛努奇博物馆的展览设计目录。

1962

巴黎巴格迪俱乐部的负责人兼经理妮科·派伦有意开班，让常玉教授“乒乓网球”，却因报名人数太少而作罢。

冬天，因修理工作室设备，常玉攀高不慎跌倒，脚踝受伤。

1963

认识从台湾前往巴黎游历的画家席德进。席德进指出，此时的常玉甚为潦倒，“每天靠三个法郎过活下去”。

2月24日，巴黎观摩性质的“春秋画会”的成员聚集于常玉工作室，有熊秉明、朱德群、郭有守及年轻的留法艺术家。

10月，时任台湾教育事务主管部门负责人的黄季陆来法，参观常玉工作室，邀请常玉前往台湾师范大学任教并举办画展。

1964

春末，常玉整理并交寄44幅油画，稍后由傅维新辗转取得，由比利时交运的另外5幅，均到达台湾，原定在台北历史博物馆展出。遗憾的是，常玉最后因故未能顺利抵台，49幅作品意外地在常玉身后成为台北历史博物馆的永久收藏。

1965

12月17日，在勒维夫妇家中举办生平最后一次个展，参与开幕式的中国画家包括赵无极、谢景兰、朱德群、潘玉良、席德进等人。

1966

8月12日，因疏忽炉火，导致煤气中毒，不幸逝世于巴黎寓所，享年65岁。

p. 592—593

后记——他不会被世人遗忘

1966年8月16日一早，翠华楼老板侯成庚敲响了常玉位于沙坑街28号的公寓房门，他的外甥初到巴黎，侯成庚带这位年轻人拜会一下侨居多年的老友，也讨教些经验。可是敲了许久无人应门，侯成庚感到蹊跷，这几年常玉睡眠很轻，即便还未起床，也早该被叫醒了。侯成庚和外甥绕到常玉卧室窗户一侧，高声喊他，仍未得到回应，侯成庚多年从事餐饮的灵敏鼻子却闻到一股熟悉的瓦斯味道。他们急忙喊来公寓管理员，用备用钥匙开了门，浓烈的瓦斯味扑鼻而来。管理员赶紧开窗通风，侯成庚直奔常玉在阁楼的卧室，在床上发现了已经气绝的老

常玉生前好友摄影家罗伯特·弗兰克和常玉研究者衣淑凡女士在修整后的常玉幕前，1998年拍摄于巴黎潘桐墓园

友，右脚踝盖着纸板，胸前还捧着一本书。

勒维一家度假归来便获知了常玉意外去世的噩耗，这让他们震惊又悲伤，帕梅拉发现自己临行前托付给常玉的植物已经枯萎，随常玉一同去了天国。

常玉自藏于工作室的作品也被清理拍卖，巴黎画商易夫·毕朵怀着捡漏的心态以低廉的价格购买了这些画，不久后他便将其中一大部分转手给了一位同行——年轻的尚·克劳德·里德尔。里德尔是当时为数不多真正欣赏常玉作品的人，早在 1963 年，当侯谢遗孀丹尼丝抛售常玉作品时，就是当时年仅 23 岁刚刚入行的里德尔接手了侯谢的这批收藏。受到丹尼丝误导的里德尔以为常玉回了中国，便没有坚持寻访他，而彼时的常玉是多么需要经济上的支持和精神上的认可，真是造化弄人。里德尔坚信常玉是一位被忽略的伟大艺术家，他忠心地收藏着这批作品，并于 1977 年在巴黎古格诺路开办画廊，将常玉作品作为开幕展，以此向其致敬。

2019 年香港佳士得秋拍“二十世纪及当代艺术晚间拍卖”上（常玉 |《五裸女》| 油彩纤维板 120cm×172cm | 20 世纪 50 年代 | 成交价 3.039 亿港币）

法国警方无法联系到常玉的家人，只得委托法中社区服务协会帮常玉料理后事。服务协会在位于巴黎市郊的潘桐墓园为常玉租了墓地，他的遗骸被埋在一块水泥板下，成了一具编号为“TR/1296/1966”的无名尸骨。而这块墓地的租期只有 30 年，1996 年 8 月租约便到期。此后如无人再为常玉续约，他的遗骸将于 1998 年 8 月被移至另一个公用墓穴中。如果让常玉本人来看此事，他也许并不会在意，在他看来生前尽情活过已经足够，不必担心那具终将腐朽的躯体，然而这却会让牵挂他的人们无处凭吊，也无法接受。

幸运的是，老朋友罗伯特 · 弗兰克发现多年未获常玉的消息，于 1997 年专门到巴黎寻访他的下落，恰好在常玉尸骨被移走之前找到了他的葬身之地。弗兰克不但及时为常玉续上墓穴的租约，还雇人修葺了已经荒塌的坟地，并为常玉竖立了墓碑，用中法双语刻上了他的名字。

为了让更多人了解常玉，纪念这位富有才华的艺术家，罗伯特 · 弗兰克忍痛割爱，将陪伴了自己近半个世纪的 29 件常玉作品全部售出——这些作品是常玉于 20 世纪 50 年代初带到纽约的，为感谢弗兰克和玛丽对他的帮助，临别时全数送给了他们——所得资金全额赠予了以弗兰克爱女安迪利亚 · 弗兰克命名的基金会，隔年该基金会出资在耶鲁大学成立了“常玉奖学金”，专门资助中国籍艺术科系留学生。此外，该基金会还捐助给台北历史博物馆一笔经费，用于修复馆藏的常玉作品。

历史博物馆这批作品，正是 1964 年常玉受黄季陆之邀寄至台湾准备参展的 44 幅油画。本来傅维新为筹备展览，还专程向女高音歌唱家费曼尔借了 4 幅，再加上郭有守的 1 幅，准备一起在台北历史博物馆展览，然而却因常玉本人没有去成台湾，便未能按计划展出。后来这些作品陆续被历史博物馆登记在册，成为正式馆藏，并于 1978 年首度在该博物馆展出。此后这些作品又先后在一些旅法或海外艺术家联展中亮相，让更多人认识了常玉。1995 年历史博物馆编辑出版了《常玉画集》，首次系统地梳理、展现常玉的创作及生平。

越来越多的人被常玉的作品和不同凡俗的人生选择所深深吸引，其中包括从事艺术拍卖业的衣淑凡女士，她以极大的热情和严谨的态度收集爬梳常玉流散的作品和生前的各种资料与信息，先后编纂出版的《常玉油画全集》《常玉油画全集第二册》等书为后来的研究者提供了宝贵的素材。

还有一些独具慧眼的台湾画商，不遗余力将常玉的作品引入台湾艺术市场。在各方合力之下，常玉这颗海外遗珠重新被发现。逐渐扩大的影响力直观地体现在拍卖数据上，2004 年左右，常玉的作品价格一路攀升，至今已连续创造数个惊人天价，屡破华人艺术家拍卖纪录，目前其市场价格动辄以千万人民币为计数单位。倘若常玉在天有灵，看到现在自己的作品千金难求，说不定会淡然一笑。若他仍在世，很可能会用卖画所得去享用美食、游历美景，体验一切美好的事物，只是绝不会因画价飙升就增加产量，把自己变成印钞机器。

被常玉吸引的，也包括我自己。起初作为一名普通的常玉作品爱好者和读者，我渴望读到一部关于常玉的综合性研究著作，以满足自己对他艺术和生平经历的喜爱与好奇。然而此类读物的空缺，让我意识到常玉的艺术史价值与其艺术史地位仍存在很大落差——他的创作既得纯正的现代主义艺术精髓，又具有鲜明的民族和个人特色，在 20 世纪的中国画坛中是稀有而珍贵的。而常玉的人生经历以及与同时代国内外文艺界人士的交往，也牵涉到 20 世纪初期上海艺术社团、中国留法艺术家群体、现代主义艺术对中国的影响等重要课题。这激发了我的写作冲动，我是不是也可以尝试写一本关于常玉的书，满足跟我相同诉求的读者呢？

基于钻研美术史多年的经验，我大抵能推想到这项工作的困难。

可真正开始动笔，我发现其难度远超预期——常玉独自旅居海外多年，生前并无太大名气，且无子女、生徒，离世后也没有人整理保存关于他的资料，与其直接相关的可靠史料简直凤毛麟角。于是我只能竭尽全力在历史的边角中发掘出关于常玉的吉光片羽，并凭借这些极为有限的内容想象、塑造常玉的形象。

常玉的生平主线主要依据衣淑凡编著的《常玉油画全集》中的大事记年表，出生年份也采纳了衣淑凡所考证的1901年。常玉的个性特征、言谈举止、生活习惯、交友往来等，则通过与常玉有交集的同代人的日记、自传、回忆录、访谈等，钩沉出与常玉有关的片段，如庞薰琹《就是这样走过来的》、邵洵美《儒林新史》、徐志摩《巴黎的鳞爪》、蒋碧微《我与悲鸿——蒋碧微回忆录》，试图从朋友、经纪人等多个角度，拼凑出常玉的音容笑貌。至于常玉曾生活过的城市及时代背景，则广泛参阅了海明威的《流动的盛宴》和《康维勒——一个巴黎画商的传奇》《卢芹斋传》等几部20世纪初期知名画商的传记，以及大量关于20世纪初期中国西画发展、欧洲现代主义绘画、巴黎画派、巴黎城市生活等主题的论文、历史文献，其宽泛庞杂从所附参考文献中便可略知一二。在写作中，我力求贴近常玉真实的生活环境，然而由于学识所限，难免挂一漏万，还望广大读者指正。

纵然苦苦搜求，所能得到的仍然只是一些关于常玉的模糊碎片。所幸，常玉是一位艺术家。常言道“画如其人”，他留下近三百幅油画、约一千幅速写（散落各地，未经系统整理）及仅存的六件雕塑作品，供我们解读、想象，得以将其形象补充得更加立体完整。对于常玉作品的分析，一方面参考已有学者、评论家的研究成果，另一方面则发挥我的专业所长，从个人的角度阐述我对常玉的理解。

此外，尚有诸多史料覆盖不到的缝隙，例如常玉与家人的关系，他的感情生活，他日常工作、生活的细节等，就要借助一些我自认合理的推测和想象来填充。于是以常玉生前留下的只言片语、极为有限的文献资料和为数不多的作品作为原始素材，经过适当的虚构加工，最终形成了目前这样一部传记小说。

我深知自己有限的文笔难以还原真实的常玉之万一，这些文字与常玉不受拘束的自由天性相比如此干瘪无趣，但我仍勉力而为。因为除了美术史研究者的责任使然，我还意识到，常玉无视任何既定轨道，走向人生的旷野，追寻艺术的纯粹，即使跌落也不后悔抱怨，仍然兴味盎然地生活。这样的人生故事，在这个人人目标明确却又焦虑不堪的时代具有抚慰人心的力量。假如有人因为这本书，而对这位生于一个多世纪前的先锋人物产生好奇，继而不断探寻、丰富、续写他的故事，那么这本书便真正起到了抛砖引玉的作用。唯有如此才能对抗遗忘。

图书在版编目（C I P）数据

原来你是这样的常玉 / 陈琳著. -- 长沙 : 湖南美术出版社, 2025. 8. -- ISBN 978-7-5746-0719-4

Ⅰ. K825.72；J205.2

中国国家版本馆CIP数据核字第20252Q4173号

原来你是这样的常玉 YUANLAI NI SHI ZHEYANG DE CHANG YU

出 版 人：黄　啸
策　　划：郭　煦
著　　者：陈　琳
责任编辑：郭　煦　潘旖妍
封面设计：连连连
责任校对：伍　兰　佘冬莲
出版发行：湖南美术出版社
（长沙市东二环一段622号）
制　　版：嘉偉文化 JARLV CULTURE
印　　刷：深圳华新彩印制版有限公司
开　　本：889 mm × 1194 mm　1/32
印　　张：19.25
版　　次：2025年8月第1版
印　　次：2025年8月第1次印刷
定　　价：138.00元

销售咨询：0731-84787105
邮　　编：410016
电子邮箱：market@arts-press.com